民 法 研 究 系 列

民法学说与判例研究

第一册

王泽鉴 著

北京大学出版社
PEKING UNIVERSITY PRESS

北京市版权局著作权合同登记号　图字:01 - 2009 - 3922

图书在版编目(CIP)数据

民法学说与判例研究·第一册/王泽鉴著.—北京:北京大学出版社,2009.12

(民法研究系列)

ISBN 978 - 7 - 301 - 15803 - 6

Ⅰ.民…　Ⅱ.王…　Ⅲ.①民法 - 法的理论 - 研究 ②民法 - 审判 - 案例 - 研究

Ⅳ.D913.04

中国版本图书馆 CIP 数据核字(2009)第 167434 号

简体中文版由元照出版有限公司(Taiwan)授权出版发行

民法学说与判例研究·第一册,王泽鉴著

2005 年 1 月版

书　　　名:民法学说与判例研究·第一册

著作责任者:王泽鉴　著

责 任 编 辑:苏燕英

标 准 书 号:ISBN 978 - 7 - 301 - 15803 - 6/D·2413

出 版 发 行:北京大学出版社

地　　　址:北京市海淀区成府路 205 号　100871

网　　　址:http://www.yandayuanzhao.com　电子邮箱:law@pup.pku.edu.cn

电　　　话:邮购部 62752015　发行部 62750672　编辑部 62117788

出版部 62754962

印　刷　者:三河市北燕印装有限公司

经　销　者:新华书店

650 毫米×980 毫米　16 开本　21 印张　328 千字

2009 年 12 月第 1 版　2021 年 10 月第 14 次印刷

定　　　价:49.00 元

总　　序

拙著民法研究系列丛书包括《民法学说与判例研究》(1—8 册)、《民法思维:请求权基础理论体系》《民法概要》《民法总则》《债法原理》《不当得利》《侵权行为》及《民法物权》,自 2004 年起曾在大陆发行简体字版,兹再配合法律发展增补资料,刊行新版,谨对读者的鼓励和支持表示诚挚的谢意。

《民法学说与判例研究》的写作期间长达二十年,旨在论述 1945 年以来台湾地区民法实务及理论的演变,并在一定程度上参与、促进台湾地区民法的发展。《民法思维:请求权基础理论体系》乃在建构请求权基础体系,作为学习、研究民法,处理案例的思考及论证方法。其他各书系运用法释义学、案例研究及比较法阐述民法各编(尤其是总则、债权及物权)的基本原理、体系构造及解释适用问题。现行台湾地区"民法"系于 1929 年制定于大陆,自 1945 年起适用于台湾地区,长达六十四年,乃传统民法的延续与发展,超过半个世纪的运作及多次的立法修正,累积了相当丰富的实务案例、学说见解及规范模式,对大陆民法的制定、解释和适用,应有一定的参考价值,希望拙著的出版能有助于增进两岸法学交流,为民法学的繁荣与进步作出贡献。

笔者多年来致力于民法的教学研究,得到两岸许多法学界同仁的指教和勉励,元照出版公司与北京大学出版社协助出版发行新版,认真负责,谨致衷心的敬意。最要感谢的是,蒙　神的恩典,得在喜乐平安中从事卑微的工作,愿民法所体现的自由、平等、人格尊严的价值理念得获更大的实践与发展。

王泽鉴

二〇〇九年八月一日

目　录

雇用人无过失侵权责任的建立

一、序　言

现代社会生活复杂，交易频繁，事必躬亲，殆不可能，因此在法律允许的范围内，常须他人辅助从事一定的工作，尤其自现代企业兴起以后，雇用他人从事企业活动，更属必要。然而，于此即产生了一个问题：若受雇人于执行职务之际，不法侵害他人法益时，应由何人负担赔偿责任？纯从理论言，损害的发生，既系基于受雇人的行为，则被害人只能对受雇人请求赔偿。但受雇人资力通常较为薄弱，向其请求，恐将有名无实。再者，雇用人因雇用他人扩张其活动，其责任范围亦应随之而扩大。基此理由，现代国家莫不规定雇用人就其受雇人，因执行职务所加于他人的损害，应负赔偿责任。

雇用人就其受雇人因执行职务所加于他人的损害，应负赔偿责任，固为现代法律发展的共同趋势，但关于雇用人责任的构成要件及法律效果，各个国家和地区的规定殊不一致。就“民法”第 188 条*规定与他国及地区立法例比较观察，其内容亦诸多不同之处，可谓别具风格。然异同何在，现行法的特色如何，立法政策是否妥当？实值注意。雇用人侵权责任，无论就理论与实务而言，在现代法律生活上具有重要意义。本文拟借比较法上之分析，讨论诸此问题，并阐释“现行法”在解释适用上的疑义及困难，再以此为基础，说明在修改民法时，在立法政策上所应采取的原则。

---

* 本书中法律条文如无特别注明，皆为台湾地区现行“民法”之规定。——编者注

二、基本立法类型的分析

各个国家和地区的法律关于雇用人侵权责任的规定,各有不同,就其基本内容加以分析,可以归纳为三个基本类型,即:① 英美法上的 Vicarious Liability;② 德国法上的 Haftung für den Verrichtungehilfen;③ 台湾民法上雇用人的侵权责任。分述如下。

(一) 英美法上的 Vicarious Liability

在英美法上,雇用人(Master)对其受雇人(Servant)从事职务时,因侵权行为致他人遭受损害应负赔偿责任,判例学说称之为 Vicarious Liability[①],台湾学者有译为雇用人的代理责任的。[②] 然代理一词在民法上具有特定的意义,仅适用于法律行为,故以代负责任称之,似较妥当。Vicarious Liability,论其性质,系属一种无过失责任,雇用人不得主张选任或监督受雇人已尽相当注意而免责;雇用人本身虽无任何过失,仍应就受雇人之行为负责。

就他人行为负责的思想,在古代法上甚为普遍,各民族似皆有之,在英国亦未构成例外,夫对妻、家主对家员的侵权行为负责,即其著例。降至盎格鲁-撒克逊时代,随着封建制度的崩溃,此种思想乃渐趋式微。[③] 据著名法制史学家 Maitland 的研究,在此时期,雇用人仅于命令或同意受雇人从事不法行为时,始应负责(特别命令说 Particular Command Theory)。但自 17 世纪以后,由于工商业急剧发展,此项狭隘的理论显不足适应社会的需要,英国法院特于 1697 年创设雇用人代负责任的理论,认为雇主对于受雇人为一般授权时,即可推知其有默示的命令而应负责。19 世纪以来,此项默示命令说(Implied Command Theory)终为职务范围的理

① 参见 Winfield, Law of Torts, 1954, pp. 136-177; Salmond, Law of Torts, 1965, pp. 643-668; Fleming, The Law of Torts, 1965, pp. 355-363; Prosser, Law of Torts, 1965, p. 470; Atiyah, Vicarious Liability in the Law of Torts, 1967,本书系继 1916 年 Baty 所著 Vicarious Liability 之后最重要的著作。

② 参见史尚宽:《债法总论》,第 180 页。

③ Vicarious Liability 整个制度的历史沿革与发展过程,详阅 Wigmore, Selected Essays in Anglo-American Legal History(1909); Holdworth, History of English Law, Ⅷ, pp. 427ff.; Holmes, Agency, 4 Harv. L. Rev. 345.

论(Scope of Employment)所取代,雇用人就其受雇人在职务范围内所为一切不法行为皆应负责。

此项雇用人严格责任的依据何在,英美判例学说说法不一:有谓雇用人对于受雇人行为得予控制,故应负责;有谓损害的发生源自雇佣行为,无雇佣行为,即无损害,此为雇用人应负责任的理由。① 判例则采"归责于上"(respondent superior)之理论,Salmond 对此颇有批评,认为此项理论仅言及责任之结果,未足说明责任之原因。② 今日英美学者均承认代负责任的主要依据,在于公共政策(Public Policy),即危险分担之思想,雇用人得借着提高商品或劳务的价格,或依责任保险的方式,将所受的损失分散给社会大众。此外,无过失责任可促使雇用人慎重选任受雇人,并严格监督,以维护社会安全。Mechem 谓:"归责于上之原则,适合现代工业文明,为一个自明当然的制度,时至今日,已无须再提出其他论点,为其辩护。"③

(二)德国法上的 Haftung für den Verrichtungsgehilfen

依照德国民法的规定,雇用人(Geschäftsherr)对其受雇人(Verrichtungsgehilfe)因执行职务所生的损害,仅在雇用人本身对于损害的发生具有过失,即对受雇人的选任监督未尽必要注意时,始须负责。此项原则肇自普通法(Gemeines Recht),当时学者基于其对罗马法的研究,力倡应以过失主义为侵权行为法的伦理基础,并且强调此项原则对于雇用人亦应绝对适用。德国学者耶林曾言:"使某人负担损害赔偿责任,并非因有损害,而是由于过失。此项理论,与化学家所谓使燃烧者,并非光,而是空气中之氧,其道理同属浅显易解。"④

德国普通法上的过失责任主义,在 18 世纪及 19 世纪前叶虽被奉为

---

① 英美法上关于 Vicarious Liability 的理论上的依据,最具参考价值的论述,系 Harold Laski, The basis of vicarious liability, 26 Yale L. J. 105; W. O. Douglas, Vicarious liability, 38 Yale L. J. 584; Harper & James, The Law of Torts, 1596, p. 1361; G. Williams, Vicarious liability, 20 Mod. L. Rev. 220, 437;关于各家学说之分析批评,详见,Atiyah, Vicarious liability, pp. 3-34.

② Salmond, p. 644.

③ Mechem, Outlines of the Law of Agency, 1952, p. 349.

④ Jhering, Das Schuldmoment im römischen Privatrecht, 1867, S. 40: "Nicht der Schaden verpflichtet zum Schadensersatz, sondern die Schuld, ein einfacher Satz, ebenso einfach wie derjenige des Chemikers, dass nicht das Licht brennt, sondern der Sauerstoff der Luft".

圭臬,但在19世纪之后,已受到若干限制,除劳工灾变外,最主要者为企业者对危险装置(gefährliche Anlage)亦应负无过失责任。1871年的国家责任法(Reichshaftpflichtgesetz von 1871),除明定铁路企业者,应负无过失责任外,并规定矿场及采石场的经营者,对居于监督地位之人因执行职务所加于他人的损害,虽无过失,亦应负责。此后,学者屡有主张此项对他人过失负责之原则(Haftung für fremdes Verschulden),应扩张适用到其他雇佣关系之上。1884年第17届及1886年第18届德国法学家年会(Deutscher Juristentag)曾就此问题,进行深入讨论,第18届年会中并曾作成类似建议。①

现行德国民法的起草人,态度较为保守。他们虽明白承认,雇用人无过失责任亦含有若干道理,此因雇用人役使他人,增加活动范围,则对于第三人因受雇人不法行为所受的损害,必须负责,始符合公平原则;但在他一方面亦以为,此种思想仅适用于特种企业类型,宜于特别法中加以规定,并应俟强制保险实施后,始可普遍适用,否则一般企业负荷过重,恐难胜任。② Leonard教授曾于第18届法学家年会中,从经济观点,再三强调过失责任原则应予维持,认为雇用人虽无过失而应负责,势必导致工业不振,商业停顿,经济不景气,其结果对被害人亦会产生严重不利益。③

在此种思想背景下,1887年之德国民法第一草案在第711条及第712条,关于雇用人责任仍采过失责任,即雇用人仅在选任或监督受雇人未尽相当注意的情形,始应负责。草案公布以后,学者哗然,严厉批评此项规定不合现代损害赔偿的原理,不足以适应现代社会经济的需要。在第二次委员会上,有人提议改采无过失责任,但不为多数委员所接受。经过了几度研讨,最后决定在原则上仍然采取第一草案的规定,但雇用人之选任监督过失则先由法律推定,被害人不必举证,此系现行《德国民法》第831条的立法经过,该条规定全文为:"使用他人执行事务者,就该他人因执行事务不法加于第三人之损害,负赔偿责任。使用人于选任受雇人

---

① Verhandlungen des 18 Deutschen Juristentags, Bd. Ⅰ, S. 275; Bd. Ⅱ, S. 67ff.,其建议文为:Es empfiehlt sich, die Arbeitgeber außerhalb obligatorischer Verhältnisse für den von ihren Arbeitern einem anderen zugefügten Schaden insoweit für haftbar zu erklären, als die Beschädigung in Ausführung der den Arbeitern übertragenen Verrichtungen begangen worden ist.

② Mugdan, Ⅱ, S. 1094.

③ Verhandlungen des 18 Deutschen Juristentags, Bd. Ⅱ, S. 388.

及关于装置机械或器具,或指挥事务之执行,于为装置或指挥时,已尽交易上必要之注意,或纵加以注意仍不免发生损害者,使用人不负赔偿责任。依契约为使用人担任处理第 1 项第 2 段所定之事务者,亦负同一责任。”

就上述《德国民法》第 831 条规定加以分析,有两个特点必须说明:① 雇用人的责任既系基于其对受雇人选任监督的过失,并先由法律推定,故得反证推翻法律的推定而免责;② 受雇人因执行职务加害于他人时,雇用人即应负责,受雇人是否具有故意过失,在所不问。据 Esser 教授的解释,此项规定的目的在于防止雇用人借使用无责任能力人,以逃避责任。①

(三) 台湾现行“民法”上雇用人的侵权责任

第 188 条规定:“Ⅰ. 受雇人因执行职务,不法侵害他人之权利者,由雇用人与行为人连带负损害赔偿责任,但选任受雇人及监督其职务之执行已尽相当注意,或纵加以相当之注意仍不免发生损害时,雇用人不负赔偿责任。Ⅱ. 被害人依前项但书之规定不能受损害赔偿时,法院因其声请,得斟酌雇用人与被害人之经济情况,令雇用人为全部或一部之赔偿。Ⅲ. 雇用人赔偿时,对于为侵权行为之受雇人,有求偿权。”依本条规定,受雇人除不法行为外,是否尚须具备故意或过失的要件,学说上尚有争论。有学者认为,“只需行为人系不法侵害他人,即足使雇用人负本条之责任,至行为人有无故意或过失,则非所问,盖本条侧重于雇用人之过失责任也。”②但通说认为,第 188 条既然规定雇用人与行为人负连带责任,受雇人当然亦须具备故意或过失要件,否则,连带侵权责任无由成立。③

三、台湾现行制度的特色与雇用人责任的性质

(一) 现行制度的特色

雇用人就受雇人因执行职务所加于他人之损害,应如何负责的立法

---

① Esser, Schuldrecht Ⅱ, 1969, S. 427.

② 参见梅仲协:《民法要义》,第 143 页。

③ 参见王伯琦:《民法债编总论》,第 92 页;胡长清:《民法债编总论》,第 171 页;郑玉波:《民法债编总论》,第 183 页。

基本类型,已说明如上,兹更进而分析三者之异同,用以显示台湾现行法的特色。分两点说明如下:

(1) 就受雇人之行为言:依台湾现行"民法"及英美法规定,须受雇人构成侵权行为,即除其行为属不法外,尚须具备故意或过失,始足使雇用人负赔偿责任。至于德国民法则不以行为人之故意过失为要件,故受雇人系患精神病或为无识别能力之人,其不法侵害他人,虽无故意或过失之可言,但雇用人仍不能免负赔偿责任。

(2) 就雇用人之责任言:依英美法的原则,只需受雇人系因不法行为侵害他人,即足使雇用人负责,但在台湾现行"民法"及德国法,皆以雇用人违反选任或监督的注意义务为责任原因,此项选任或监督过失,均先由法律推定,但雇用人得反证推翻之。依德国民法的规定,雇用人反证推翻法律推定之后,即可不负任何责任,但依台湾现行"民法",法院尚可依被害人之声请,斟酌雇用人与被害人的经济情况,令雇用人为一部或全部的赔偿。

综观分析之,关于雇用人责任的内容,与英美法及德国法相较,有类似前者之点,有不同后者之处,但亦有为台湾现行"民法"所特有,而为其他法律所无者,此即法院依被害人之声请,得斟酌雇用人与被害人之经济情况,令雇用人为一部或全部损害赔偿的制度。

(二) 雇用人依第188条第1项规定所负责任的性质

在英美法上,雇用人对受雇人因职务上不法行为所负的责任,系属严格责任(Strict Liability)。[①]《德国民法》第831条所规定的雇用人责任,通说认为系过失责任(Verschuldenshaftung)。[②] 至台湾现行"民法"上雇用人责任的性质如何,向为学者争论之中心,聚讼日久,迄乏一致见解,有待辨明。兹先分别第188条第1项及同条第2项两种情形,说明雇用人责任的性质,再综合通盘观察之。

关于雇用人依第188条第1项规定,对因受雇人的侵权行为所负赔偿责任的性质,有谓系属过失责任,有谓系属不纯粹结果责任,亦有认为系属中间责任。主倡过失责任说者,以梅仲协先生为代表,略谓:"本项规

① Fleming, p. 335; Salmond, p. 643; Atiyah, p. 3.

② Esser, Schuldrecht Ⅱ, S. 427; Larenz, Schuldrecht Ⅱ, 1965, S. 445.

定,亦系采过失责任主义,雇用人仅于选任及监督受雇人而有过失时,始负责任,要非无条件地就其受雇人之过失而负责也。”[①]胡长清先生采中性责任说[②],郑玉波先生另称之为中间责任,而所以称之为中间责任,系因举证责任转换之故。[③] 史尚宽先生主张不纯粹结果责任说,略谓:“依民法规定,应解释为不纯粹之结果责任。盖依第 188 条规定,雇用人与受雇人负连带责任,即以受雇人之成立侵权行为为前提,而代负责任。其责任有从属性,非为自己之侵权行为独立负责,乃就他人之行为代负其责,故应解释为结果责任。然仍许其为免责之证明。其责任为附有条件,故为不纯粹之结果责任。”[④]诸说分歧,究以何者为通说,实难确言。

前述学者的争论,有为用语的歧异,例如中性责任说与中间责任说,但亦有为实质上的差异,例如过失责任说与不纯粹结果责任说。学者用语歧异或见解不同的原因,依我们的分析,主要是由于“现行法”的两项规定,即:① 雇用人所以负责任,系以受雇人的侵权行为为前提。② 雇用人选任监督过失系先由法律推定。此两项因素应如何予以评价,学者见解不一,此即为学说争议症结之所在。中间责任说,虽以雇用人选任监督过失为基础,但认为因有举证责任倒置的规定,其责任之性质乃发生变化。史尚宽先生之所以主张不纯粹结果责任,系鉴于第 188 条系以他人之侵权行为为前提,其观点又有不同。依余所信,第 188 条第 1 项规定之性质,虽具若干特色,但既仍以选任监督为雇用人责任之原因,基本上系属过失责任,兹分两点说明之。

(1) 依第 188 条第 1 项规定,雇用人的责任,固以受雇人成立侵权行为为前提,但不得据此而认为雇用人系代负责任,盖该项规定,系仿自《德国民法》第 831 条,雇用人系就自己选任监督的过失负责,此观之于雇用人得证明已尽选任监督注意而免责之规定而益明。雇用人系就自己之行为而负责,非系代负他人侵权行为之责任。

(2) 选任监督系雇用人与受雇人间之内部关系,第三人无法窥知,证明自属非易,故法律先予推定,免除受害人积极举证责任。此项举证责任的倒置,纯系一种立法技术的运用,旨在使被害人多获赔偿的机会,并不

① 参见梅仲协,前揭书,第 143 页。
② 参见胡长清,前揭书,第 162 页(注 6)。
③ 参见郑玉波,前揭书,第 181 页。
④ 参见史尚宽,前揭书,第 180 页。

影响雇用人责任的性质,若必斟酌此项举证责任的因素,则此项雇用人之责任,似可称为推定过失责任。

(三)雇用人依第188条第2项所负责任的性质

第188条第2项的规定,在外国立法例上并无类似制度,实为台湾地区现行"民法"所特有,前已述及。雇用人依此项规定所负责任的性质如何,学者意见,亦甚为分歧,有称之为结果责任①,有称之为无过失责任②,有称之为危险责任③,亦有称之为衡平责任④。台湾现时对于法律名词的意义,尚多未能统一,对于法律科学基础的建立,阻碍甚大,实有详加检讨的必要。

就法律发展史观察之,结果责任系最原始的制度。在初民时代,人之行为多本于直觉,鲜有发动于理智,受到损害,即予报复,行为人是否有故意或过失,在所不问,一以行为之结果为准,故称为结果责任。嗣后民智渐开,乃有过失概念的发生,其无故意或过失,即行为非由于人之意思而发动者,不使负责。欧陆在17、18世纪后,自然法大昌,一切法律制度皆以理性为基础,此项过失责任,遂告确立,而为欧陆诸大法典之最高准则。⑤ 及至近代,由于工艺技术之进步,铁路、汽车、航空、矿业、电气、原子能等危险事业日益增加,损害事件层出不穷,过失责任已不足适应现代社会的需要。此等企业所致的损害,纵尽科学上最新的技术,亦难防范其发生,故为加强保护受害人,维护人群共处的安全,特规定此种企业经营者,对于损害的发生,虽无过失,仍应负责,如"工厂法"及"民用航空法"等是,学者称之为无过失责任。

由上述法律发展史可知,结果责任与无过失责任虽皆不以行为人的过失为负责原因,但其理念完全不同,即无过失责任系为补救过失主义的弊端所创设的制度,而结果责任系初民时代,人类未能区别故意或过失时的产物。

无过失责任与结果责任性质不同,已如上述,不宜混用,然则无过失

---

① 参见胡长清,前揭书,第173页。
② 参见史尚宽,前揭书,第186页。
③ 参见梅仲协,前揭书,第144页。
④ 参见郑玉波,前揭书,第186页。
⑤ 参见王伯琦,前揭书,第67页。

责任与危险责任的关系又如何？过失责任虽为近代民法的基本原则，但行为人的过失，并非系损害赔偿的唯一归责原则。在民法以外，尚有若干情形，法律并不以行为人之故意或过失为要件，学者概称之为无过失责任，其种类至为繁杂。近年来学者对此从事研究者日多，或探讨其性质，或从事分类。依德国权威民法学者 Larenz 教授的见解，无过失责任可分为三个类型[①]，而其中最重要者是从事具有危险性企业者所负之责任，此项责任的原因并非是行为人之过失，而系企业的危险性，故特称为危险责任。企业者所以要负此种责任，系基于不幸损害合理分配的法理，其主要依据有三：① 企业者制造危险的来源；② 企业者能于某种程度控制危险；③ 企业者经营危险事业获取利益。依照我们前面的说明，结果责任是原始制度，因此用结果责任称谓雇用人依第 188 条第 2 项所负之责任，似未妥适。无过失责任一词，失诸广泛空洞。危险责任系基于企业危险性而来，另有其法理。本项规定系以伦理为出发点，为法律道德化的具体表征，称之为"衡平责任"最为妥洽，最能表现此项制度的特质。

（四）结语

关于雇用人依第 188 条所负责任的性质，学者多分别第 1 项及第 2 项两种情形而加说明，已分别分析如上。实则，欲理解现行"民法"雇用人责任的特性，宜综合此两项规定而考察之。现行"民法"虽仍以过失为责任的基础，但设有举证责任转换及衡平责任两项制度，以补救过失责任之缺点，在实际适用上，殆已脱离过失责任，而带有浓厚无过失责任的意涵。假若雇用人举证不能使法院确信，或法院基于政策上的考虑，对举证责任特别严格要求，则雇用人虽无过失，仍应负责。又依第 188 条第 2 项规定，雇用人纵能免责，法院亦得因受害人之声请，令其为全部或一部之损害赔偿，由是观之，本条规定与无过失责任，已甚接近。

---

① Larenz 教授将德国法上损害赔偿之原则，归为四类，即：① 过失责任。② 由特定危险事物享受利益者，对于由此危险所生损害之责任。③ 法律特许利用他人物品情形时所生损害之补偿责任。④ 基于法定担保义务，尤其是因自己行为创造某种信赖要件而生之损害。后三类系属无过失责任。详见 Larenz 教授著，拙译：《德国法上损害赔偿之归责原则》（Die Prinzipien der Schadenszurechnung, JuS 1965, 373f.），载《思与言杂志》第 4 卷，第 6 期，第 21 页。

四、雇用人侵权责任与其他类似制度的比较

在现代私法制度上,个人应仅就自己的行为负责,系属基本原则,对他人行为所生损害亦须负责,则为例外,属于此种情形者,除雇用人之侵权责任外,主要尚有两种制度:① 为法人对其董事或职员不法行为所负的责任;② 为债务人对其代理人及使用人行为所负的责任。雇用人侵权责任与此两种制度在性质上有何差异?其关系若何?对于理解雇用人责任之特色及确定其适用范围,甚为重要,特再略加叙述。[①]

(一)雇用人侵权责任与法人侵权责任之比较

(1)性质上的差异。第 28 条规定:“法人对其董事或其他有代表权之人因执行职务所加于他人之损害,与该行为人负连带损害赔偿责任。”本条系规定法人之侵权能力,即法人因其机关而行为,故机关之行为在其职务范围内,视为法人自身之行为,从而法人就其董事或其他有代表权之人因执行职务所加于他人之损害,亦应负赔偿责任。[②] 由是观之,第 28 条所规定的法人侵权责任与第 188 条所规定的雇用人侵权责任,性质上实判然有别。在前种情形,机关之行为即被视为法人之行为,法人系就自己行为负责,故自概念以言,法人自不得主张其对于机关的选任监督无过失而不负责任。在后种情形,雇用人乃系就其自己对受雇人选任监督的过失而负责,故得举证免责。

(2)适用范围。在第 28 条的情形,董事或其他有代表权之人执行职务的行为,应归责为法人本身之行为,故就适用关系而言,应认为第 28 条排除第 188 条的适用,盖董事或其他有代表权之人之行为,既被视为系法人之行为,自不能再认为董事或其他有代表权之人系第 188 条的受雇人,使法人得证明其选任监督并无过失而脱卸责任。[③]

---

① 关于“为他人过失负责”(Haftung für fremdes Verschulden), Westermann(JuS 1965,148)有专文分析各种制度及其相互间之关系,足资参考。

② 参见梅仲协,前揭书,第 46 页;史尚宽,前揭书,第 141 页。此外,并请参见郑玉波:《民法总论》,第 130 页,第 179 页。

③ 参见梅仲协,前揭书,第 144 页;郑玉波:《民法债编总论》,第 181 页。

(二) 雇用人侵权责任与债务人对其使用人责任之比较

(1) 性质上的差异。第 224 条规定,债务人的代理人或使用人关于债之履行,有故意或过失时,债务人应与自己之故意或过失负同一责任。本条规定与第 188 条相较,有两点不同:① 前者所规定者,系债务不履行之归责问题,后者所规定者,则属侵权行为;② 债务人依第 224 条所负之责任,系属担保责任[①],而雇用人所负之责任,系属推定过失责任,故雇用人得证明其于选任监督受雇人无过失而免责,债务人则不得为此主张。

(2) 适用范围。第 224 条所规定者即系债务不履行归责问题,而第 188 条系属侵权行为,其适用范围各有不同,不发生排斥问题。但应注意者,雇用人若对于被害人有契约关系存在时,例如游览车公司对于司机驾驶监督疏懈,肇致车祸,致侵害乘客权利时,被害人除依第 188 条之规定,向雇用人请求损害赔偿外,并得依据第 224 条规定,使雇用人负契约上之责任,因而发生侵权责任与债务不履行责任竞合之问题。[②]

五、雇 佣 关 系

(一) 决定标准

某人所以应就他人不法行为所生的损害负连带赔偿责任,显然的,必须该人与行为人之间有某种特殊关系存在,此项归责始属合理。民法称直接为不法行为之人为受雇人,应连带就此行为负责之人为雇用人,由是可知"雇佣关系"之存在系雇用人责任之基础。然则此种雇佣关系究于何时存在,依据何种标准判定,为决定雇用人责任首应究明之问题。

谁为雇用人? 学者见解不一,有谓依现行"民法"用语(参阅"民法"第 482 条以下规定),雇用人系指依雇佣契约而服劳务之人,故第 188 条

---

① 参见梅仲协,前揭书,第 170 页;Larenz, Schuldrecht I, 1970, S. 217ff.

② 参见梅仲协,前揭书,第 144 页。又关于请求权竞合之理论,近年来有重大演变,有主倡竞合说者(Anspruchskonkurrenz),有倡单一请求权多数基础说者(Ein Anspruch mit verschiedenen Grundlagen)。中文资料,请参见王伯琦:《侵权责任与债务不履行责任之竞合》,载《大陆杂志》第 4 卷第 12 期;拙文:《契约责任与侵权责任之竞合》,载本书。关于德文最新文献请参见 Georgiades, Die Anspruchskonkurrenz im Zivilrecht und Zivilprozessrecht, 1967; Schlechtrim, Vertragsordnung und außervertragliche Haftung, 1972.

之雇用人亦应从此意义,不能为相异之解释[①];有谓何谓雇用人应依关于雇佣之规定及本条之目的定之,盖本法既以雇用人之选任监督为其责任之所在,故其意义较雇佣契约所称之受雇人一方面为狭,一方面为广,即雇佣契约之受雇人不受雇用人之监督者,无本条之适用,而外表虽无雇佣关系,但其性质,极似受雇人者,亦有适用[②]有谓雇用人原应指基于雇佣契约服劳务而受有报酬之人,然此定义用于第188条规定,未免过狭,不能达保护被害人之目的,故应扩张解释,认为凡为他人服劳务者,均可视为受雇人。[③]

以上诸说均以第482条所定的雇用人意义为基础,解释第188条所称雇用人之意义,从而发生宽严解释的争论。实则,在解释第188条雇用人的概念时,不可拘泥于第482条的定义,盖法律概念具有相对性(Relativität der Rechtsbegriffe),其内容范围如何,应探求法律之目的而定,不必强其必同。[④] 雇用人依第188条所负之责任,即系以选任监督过失为基础,则雇佣关系是否存在,自应以选任监督之有无为决定标准,换言之,即某人受他人之选任监督以从事一定劳务者,即为该人之受雇人,至劳务之性质,时间之久暂、报酬之有无、是否授予代理权,皆所不问,纵构成从事劳务基础之法律行为无效,对于本条所称雇佣关系之存在,亦不生任何影响。1956年台上字第1599号判例谓:“第188条所称之受雇人系以事实上之雇佣关系为标准,与受雇人间已否成立书面契约,在所不问。”又1968年台上字第1663号判例谓:“第188条所谓受雇人并非仅限于雇佣契约所称之受雇人,凡客观上被他人使用为之服劳务而受其监督者均系受雇人。”亦采同样论点。[⑤]

---

① 参见胡长清,前揭书,第169页。

② 参见史尚宽,前揭书,第181页。

③ 参见王伯琦,前揭书,第92页;何孝元:《民法债编总论》,第82页。

④ 关于法律概念的相对性,请参见 Engish, Einführung in das juristische Denken, 1956, S. 78, 157ff.

⑤ 1956年台上字第1599号判决:“第188条所称之受雇人系以事实上之雇佣关系为标准,与受雇人间已否成立书面契约,在所不问。”又1968年台上字第1663号判决:“第188条第1项所谓受雇人并非仅限于雇佣契约所称之受雇人,凡客观上被他人使用为之服劳务而受其监督者均系受雇人。”亦同此见解。

（二）受雇人的选任

依“民法”规定，雇用人仅对其所选任受雇人的侵权行为连带负赔偿责任，故某人虽有为他人服务的事实，但非为该人所选任时，应无第188条规定适用之余地。例如按规定，行驶某地域游览车的驾驶员，均须由“政府”直接选派，则就该驾驶员因执行职务所肇致之损害，游览公司似不必负责任，盖驾驶员既非由其选任，而系由指派，自不发生选任上之过失，从而责任要件亦不具备。但受雇人在被选任之前，应经官厅准许者，雇用人仍应负责，此因官厅准许系仅就资格或技术加以认定，而其人从事职务之行为，仍属于使用主之监督范围，使用主漫不加察，竟任此疏忽之人执行业务是亦显有过失，由此过失所生之侵权行为，当然不能免责（参阅1929年上字第2041号判例）。

受雇人的选任，通常系由雇用人亲自为之。惟在大企业，对于低级员工，则多授权高级干部代为选任或监督，在此种情形，企业所有人与该低级员工亦成立雇佣关系，同时亦仅在企业所有人与该低级员工之间成立雇佣关系。在担任实际选任工作之高级干部与受雇人间，并不发生雇佣关系，从而对其侵权行为亦可不负连带责任。假若受雇人未经授权选任次受雇人，例如家仆奉命修理冷气机，因工作繁重，为期速成，请其友人协助，因该友人的疏忽致冷气机自楼上掉落，伤害行人，在此情形，受雇人未经授权，擅自利用他人，在原雇用人与次受雇人之间原则上并不发生雇佣关系，故应由受雇人自负责任。[①]

（三）受雇人的监督

监督系指雇用人依劳务的性质，对劳务实施的方式、时间及地点予以指示或控制而言。只要有监督权即为已足，事实上是否行使，在所不问。监督之有无，于决定第188条的雇佣关系，尤为重要，例如计程车司机虽由乘客选任，依契约有将乘客运送至某地的义务，但关于劳务的实施，并不受乘客指挥，服从其命令，故乘客对于计程车司机肇事损害他人，不负责任。

在农业及手工业时代，雇用人对于所从事之劳务，多具备必要的知

---

① 参见史尚宽，前揭书，第182页。

识、技术或经验,对受雇人得实际加以指示或控制。但在今日,各种职业渐趋专门化,对医师、飞机驾驶员或特种技术员,雇用人实难为具体的指示或控制。在英国 Mersey Docks and Harbour Board v. Coggins & Gritfith (Liverpoo1) Ltd. 一案,肇致损害之起重机操作师,于被询及是否接受他人监督时,声称"吾固不接受任何人命令"(I take no orders from anybody)。[①] 足见雇用人对专门技术人员指示或命令实施之不易,故在此种情形,监督的概念,宜加弹性解释,着重于一般监督权之有无,不宜采取严格解释,致减少第 188 条适用机会。

(四) 一人受雇数主(Servant with two masters)

受雇人受一人的选任,并服从其监督,系一般通常的现象,但在现代分工之社会,一个人同时受雇二人或二人以上者,不乏其例,至其形态或为数人共同雇用一人,或为数人各为自己事务雇用一人而分享其劳务,或一人独立为数人服务,或暂时借用他人之受雇人。在诸此情形,数雇用人究应共同或分别对其受雇人行为负责,实务上甚为重要,殊值研讨。[②]

(1) 共同雇用:数人为共同事务共雇一人,实例甚多,在合伙尤称普遍。在此种情形,数合伙人对其受雇人因执行职务不法侵害他人所生之损害,应负连带赔偿责任。若受雇人因执行职务致侵害另一雇佣人之权利时,其他共同雇用人应否负责,则有疑问。依余见解,应分别情形加以处理,即侵权行为系因执行通常职务发生者,受害之雇用人,应不得请求赔偿;若侵权行为系针对某特定雇用人者,例如诈欺或毁谤,则其他雇用人仍应负责,但由于受害之雇用人其本身对损害之发生,亦有选任监督之过失,故应适用第 217 条过失相抵之规定,使其分担发生损害之责任。[③]

(2) 数人分享一受雇人之劳务:与前述类型不同者,系数人各为自己事务,共同雇用一人。在此种情形,原则上应视受雇人于处理何人事务至发生侵害为标准,而决定应负责之人。假若受雇人于处理雇用人甲之事务,致生损害于雇用人乙时,则雇用人甲对雇用人乙亦应依第 188 条规定负责。

---

① [1947]A. C. 1. 关于本案之讨论,参见 Salmond, p. 651.

② 对此问题之讨论,最深入广泛者系 Atiyah, pp. 145-168,本文之分类系参考该书之观点。

③ 参见 Atiyah, p. 149.

(3) 一人独立为数人服劳务：一人同时为数人服劳务，亦常有之，其究为何人服劳务，致生损害，若能确定，则由该人负责。若受雇人适同时为数主执行职务而损害他人，例如某甲同时受雇于乙、丙两人为其搬运商品，某日甲承乙之命，载运货品至码头，丙恰亦为同样指示，无论乙、丙彼此之间是否知悉此事，若甲途中驾车失慎，伤害行人时，乙、丙两人应与甲连带负损害赔偿责任。①

(4) 借用他人之受雇人(The borrowed servant)：情况较为复杂，难于处理者，系原雇用人(一般雇用人)基于契约或其他关系，将其受雇人让与他人使用(临时雇用人)，而于执行职务时致生损害，例如某百货公司增建房屋，以自己司机供建筑商使用，搬运材料，司机于执行职务之际侵害他人权利。在此种情形，首应说明者，系一般雇用人与临时雇用人之间纵有求偿办法之约定，亦属内部关系，对被害人依侵权行为法规定请求赔偿之权利，不生影响。受雇人因执行职务损害一般雇用人之权益时，应由何方负责，原则上应解释当事人间之契约内容定之。至出借之受雇人侵害第三人时，究应由原雇用人或临时雇用人负责，应斟酌雇用人责任之基本思想，采两项标准决定之，即：① 在损害发生时，谁监督或控制受雇人之行为；② 雇用人究为谁之利益在执行职务。有疑义而不能决定时，则基于政策上之考虑，应使一般雇用人与临时雇用人负连带责任。对此问题，前述英国 Mersey Docks 一案，足资参考。Mersey Docks 公司拥有数部起重机，某日将一部起重机出租予某公司，起重机之操作师亦随同前往。依当事人之契约，起重机之操作师系为承租人之受雇人，但由出租人支薪，并仅其有权免职。操作师于搬运货物之际，略有疏懈致伤害他人，于事故发生时，承租人对于运搬何种货物虽得为指示，但对于起重机之操作，则无权指挥。英国法院认为，Mersey Docks 公司系一般雇用人，故应负责。Porter 法官谓："处理类此案件，并无固定标准，可资遵循，责任谁属，应斟酌由何人支薪，何人有权免职，工作时间及使用之工具而决定之。"②

---

① 参见 Atiyah, p. 150;《美国代理法诠释》Restatement of Agency, 2d. Vol. 1, p. 499.

② 英美学者对此问题讨论甚多，参见 Atiyah, p. 152; Salmond, p. 654; Fleming, p. 344. 并参见 1932 年上字第 257 号判决(判例)："船舶出租人选任之船员于船舶出租后，受承租人之雇用而为船员者，如因执行职务不法侵害他人之权利，仅承租人应依第 188 条之规定，负损害赔偿责任，其出租人即已失其雇用人之资格，即不得本于其最初之选任使负赔偿责任。"

六、执行职务范围

(一) 方法论上的考虑

某人受他人选任监督以从事一定劳务,仅此雇用事实尚不足以令雇用人就受雇人之不法行为负责,例如受雇人在自己家中作个人私事,致生损害于他人时,雇用人不必负责,系属当然,无待深论。在发生损害的事由与受雇人所从事的职务之间必须有相当的关联存在,雇用人的责任,始有合理之依据,故民法规定损害的发生必系“因执行职务”而发生,雇用人始须负责。《德国民法》规定之“In Ausführung der Verrichtung”,英美法上之“In the course of employment”等规定均具有类似思想。此项要件在解释时生困难,大多数案例固然可以毫无疑义地归摄在此概念之下,但在若干情形,则不易确定,尤其是政策上之考虑,更使问题趋于复杂。因此欲切实把握此项不确定法律概念之适用,应从两方面着手,即首先应该确定判断执行职务范围之一般标准,然后再根据此项标准,就具体情形,斟酌各种因素,从事类型观察,在此方面,德国及英美法上丰富之案件,颇具参考价值。

(二) 一般标准

关于执行职务之范围若何,学说上向有三说:① 以雇用人之意思为标准者,即执行职务之范围应依雇用人所命办理事件决之;② 以执行职务之外表为标准者,即执行职务之范围固应依雇用人所命其办理之事件决之,然如外表上系以执行职务之形式为之者,亦属于职务之范围;③ 以受雇人之意思为标准者,即执行职务原则上固应依雇用人所命办理之事件决之,然如受雇人系为雇用人之利益而为之者,亦应属于执行职务。台湾学者主张第一说者似无其人;采第二说者有胡长清[1];赞成第三说者有史尚宽、郑玉波、何孝元诸氏。[2] 戴修瓒则认为诸说的争点,皆因第一说范围过狭,雇用人易免责任,应采更广义解释,即凡第二说及第三说均以

---

① 参见胡长清,前揭书,第171页。

② 参见史尚宽,前揭书,第183页;郑玉波,前揭书,第184页;何孝元,前揭书,第81页。

为扩充范围的标准,即执行职务与有外表之牵连或内部牵连的行为,均可谓因执行职务所为行为。① 法院系采客观说,1953 年台上字第 1224 号判例谓:第 188 条第 1 项所谓受雇人因执行职务不法侵害他人之权利,不仅指受雇人因执行其所受命令或委托之职务或执行该职务,所必要之行为而不法侵害他人之权利而言,即受雇人之行为在客观上足以认为与其所执行职务有关,而不法侵害他人之权利者,就令其为自己利益所为,亦应包括在内。②

所谓职务,若仅限于雇用人所命办理的事件,其范围诚嫌过狭,不足采取。受雇人为雇用人利益的意思亦难采为一般标准,盖此项因素纯属主观判断,难以确定,易滋困扰。在甚多情形,受雇人虽有利益雇用人的意思,亦不能据此而令雇用人负责。例如公共汽车车掌因司机逾时未到,为疏散旅客,擅自开车,致肇车祸,损害他人。在此情形,车掌的行为,固在利益雇用人,但显然逾越其职务范围。③ 又受雇人利用执行职务图利自己,例如律师事务所之书记员,图自己不法之所有,伪称诉讼上之需要,使当事人交付金钱或契据者,雇用人亦难免其责任。④ 由是可知,利益说实不足作为判断之标准。至客观说,以行为之外观为决定标准,形式上虽较易判断,是其优点,但忽略了决定职务范围,系属价值判断,含有政策上之考虑,不能纯从外表上加以认定。

如前所述,雇用人责任之依据,在于使役他人,享受利益,雇用人在经济上并具有较佳负担能力,得借商品或劳务之价格或保险以分散其损失。基于此项认识,吾人认为所谓职务范围,应指一切与雇用人所命执行之职

① 参见戴修瓒:《民法债编总论》,第 189 页。

② 1967 年台上字第 2829 号判决亦可供参考,略谓:按第 188 条第 1 项雇用人应与为不法侵害行为之受雇人负连带损害赔偿责任之规定,以受雇人因执行职务行为为要件。又所谓执行职务,虽不以受指示执行职务为限,但至少在外观上,该受雇人所为之行为,依一般情形观之,得认为系执行职务,始属相当(例如医院之护士,穿着医师制服为病人治病,而致病人于死,系执行职务。而医师于为病人治病之际,乘机窃取病人衣物,则非执行职务是)。本件原判决事实仅载:“共同被告蒋锦连,系被告医院雇用之男护士,原告因患精神分裂症住院治疗,讵蒋锦连于 1966 年 3 月至 6 月间,以打针、电疗或不给饮食相威胁,使原告恐惧先后强奸五六次……”等语,既未认定蒋锦连为强奸行为时,系执行其护士职务,亦未认定自外观上,蒋锦连系执行其护士职务,则其遽令上诉人应与蒋锦连连带赔偿被上诉人新台币 5 万元,自嫌速断。上诉论旨,就此指摘,声明废弃原判决,非无理由。

③ 参见 Beard v. London General Omibus Co., [1900] 2. Q. B. 530;参见 1953 年台上字第 1224 号判决。

④ Lloyd v. Grace, Smith & Co., [1912] A. C. 716.

务通常合理相关联的事项。此种事项,与雇用人所委办事务,既具有内在之关联,雇用人可得预见,事先可加防范,并得计算其损失于整个企业之内而设法分散。[①] 例如某油行司机于搬运汽油之际,用打火机取火吸烟,致火花外溢,引起爆炸,酿成损害,雇用人应对此负责。受雇人抽烟虽为自己之便利,但此在执行特种职务时通常会肇致损害,实可预见,原则上应认为系属职务范围。[②] 至若受雇人擅凭己意,从事与职务毫无关联之事务,例如受雇人奉命耕田,竟在途中杀人,雇用人对其行为自不必负责。

(三) 特殊类型及因素之分析

决定受雇人的职务范围,除确定一般原则外,尚应斟酌各种因素,从事类型观察,前已言之,于此应予考虑者,除受雇人利益雇主之意思(To benefit the master),已详前述外,兹再就其他事项,略加说明,用供参考。

(1) 职务之时间或地点:受雇人行为之时间或地点,于决定职务范围,甚为重要,在某种情形,且为主要决定因素,但就原则而言,受雇人之侵权行为,须在劳务时间或地点发生,并非系必要或充分条件。在劳务之时间或地点外之行为,若与其职务有内在关联时,亦足令雇用人负责。例如某人奉命在某地挖掘沟渠,在中午休息时间,擅自骑在工地使用之马匹回家,未妥为照顾,致伤害邻人,即为其例。[③] 反之,在工作时间内的行为并非均属执行职务范围,例如某甲在加油站服务,职司收费,因顾客乙离去之际未付油费而生争吵,顾客声言,即将此事报告雇主,甲愤而挥拳将乙击倒于地,损害行为虽在执行职务之时间及地点发生,但雇主仍不应负责。[④]

(2) 职务上予以机会之行为:受雇人借职务给予之机会而为侵权行

---

① 参见 Esser, Schuldrecht Ⅱ, S. 428; Larenz, Schuldrecht Ⅱ, S. 446; Atiyah, p. 171; Restatement, Agency, 2d. Vol. 1, p. 507: "The ultimate question is whether or not it is just that the loss resulting from the servant's acts should be considered as one of the normal risks to be borne by the business in which the servant is employed".

② 参见 Century Insurance Co., Ltd. v. Northern Ireland Road Transport Board, [1942] A. C. 509. 不同见解,请参见 Herr v. Simplex paper Box Corporation, Supreme Court of Pennsylvania, 1938, 330 p. 1298, 198A 309, in: Keeton, Law of Torts, 1964, p. 476.

③ 参见 Whatman v. Pearson[1868] L. R. 3C. p. 422.

④ 参见 Warren v. Henlys Ltd. [1948] 2 All E. R. 935.

为,可否认为系属雇用人应负责之职务范围,甚有疑义。对此,依吾人之见解,除受雇人所利用职务机会之行为,与职务有内在之关联者外,原则上宜认为非属职务范围。例如建筑房屋之工匠窃取屋顶镀皮,或电器匠修理吊灯时,顺手取走屋内设施[①],诸此行为皆非属职务范围。至于律师事务所之书记员,伪称诉讼上之必要,诈骗当事人财物或店伙计送交缝就衣服,复托言修改骗逃,车站夫役携行李上车逃逸,或邮政局员私拆信件,抽换内容,则因其行为原为执行职务之行为,而在行为人乃以之为方法,而不法侵害他人之权利,应认为其行为与职务间有内在关系。[②]

(3)禁止之行为:受雇人之行为违反雇用人所命令禁止者,雇用人应否负责,台湾地区学说判例皆未论及,在英美法上案例甚多[③],原则上应分别所禁止者究系限制职务之范围,抑或仅系该职务范围内之行为方式。如属前者,雇用人原则上不负责任,若属后者,则仍应负责。二者之区别理论上虽甚明显,实际上则不易判断。在 Rand v. Craig 一案,运送员奉命将废物在白天由某地运至某地,但为图自己便利,在途中将之丢弃于邻地,法院认为系属前种情形。[④] 在 C. P. R. v. Lockhart 一案,某木匠获准得在户外工作之际驾驶自用汽车,但以经保险者为限。某日该木匠乘用未经保险之汽车而伤害行人,法院判令雇用人负责,盖其所禁止者,非不可使用自用车,而系不得使用未经保险之汽车,其目的在使保险公司负担因车祸而生之危险,而非限制其职务范围。[⑤] 由是可知,所禁止者,若仅系执行职务之方式而未限制其范围者,雇用人仍不免其责任。

(4)嬉乐及迂道行为:受雇人奉命从事委办事项,趁机处理自己个人私事,人之常情,实所难免,就此而生之损害,雇用人应否负责,应视受雇人之行为是否与其职务有内在关联,抑或纯为个人利益而定,例如某甲奉命自台北驾车运送货物至基隆,途中转入某熟悉小巷,拟在某小店休息,取用饮料解渴,致撞伤行人时,应认为与职务有关。反之,假若该司机在

---

① 参见 BGHZ 11, 151; Esser, Schuldrecht Ⅱ, S. 428.

② 参见王伯琦,前揭书,第 94 页。1929 年上字第 875 号:"邮政局员所为开拆信件抽换内容之侵权行为,邮局应否负赔偿责任,既为邮政条例及邮局章程所未规定之事项,当然依普通法则应负责。"

③ Fleming, p. 347; Salmond, p. 662.

④ [1919]1 Ch. 1. 参见 Fleming, p. 348.

⑤ [1942] A. C. 591, 参见 Fleming, p. 348.

南港转赴研究院探视亲友,就途中所肇致之车祸,雇用人不必负责。又马夫于完成1日工作后,擅自驾车携带女友赴近郊小游,亦属个人私事,与其职务无关。①

(5) 故意行为:受雇人执行职务,故意加损害于他人,若其行为与职务有内在关联者,纵出于图利自己,如前述伙计诈骗衣服,役夫携走行李逃逸,皆其适例。在1968年台上字第3735号判决一案,司机寻仇报复,故意违规超车,蛇行阻挡他人之车,致使该人避让不及而受伤,"最高法院"认为,受雇人之行为在客观上足认为与其执行职务有关,可资参照。

(四) 结语

据上所述,可见职务范围如何认定,非单凭一项固定原则或某项单一因素所能确定。此项认定,实系斟酌各种情况所为之价值判断。在从事此项判断时,必须认识法律所以规定,雇用人仅就受雇人因执行职务而生的损害负赔偿责任,系折中于两项原则:① 增加被害人求偿之机会。② 避免过分加重企业经营者之负担。因此在具体案件,应参酌各种因素,使此两项原则获得最大之调和,达到合理妥当性。然而由于认定职务范围,系属价值判断,实难达到数学上之精确程度。关于个别具体案件,见解互异,实为无法绝对避免之事,补救之道,端赖判例学说共同努力,确定一般标准,组成类型,务使法院之判断趋于客观,避免己意出入其间,致影响法律适用之安定性。

七、过失推定与雇用人之举证免责

(一) 过失推定与反证推翻

1. 立法理由

第188条仿《德国民法》第831条之立法例,以选任监督之过失为雇用人责任的基础,惟此项过失,法律先予推定,被害人不必举证,但雇用人得证明其于选任受雇人及监督其职务的执行已尽相当注意,或纵加以相

① Mitchell v. Crassweller; [1853], 13 C. B. 237. 关于 Frolic and Detour 之问题,参见 Fleming, p. 349; Prosser, Cases and Materials on Torts, 1967, p. 624.

当注意仍不免其损害之发生而不负责任。此项规定借倒置举证责任(Umkehr der Beweislast)之方法,保护被害人,使多获求偿机会,系属高度立法技术之应用,就立法政策而言,诚有必要,盖选任监督系属雇佣关系当事人间之内部事务,被害人无由窥知,责其举证,不免苛酷,违反情理,致剥夺其求偿机会。① 依过失推定之制度,雇用人在事实上选任监督虽无过失,若其举证不能使法院确信,仍不免损害赔偿责任。

2. 双重推定

所谓过失推定具有两个意义,即先认为雇用人对于选任监督受雇人有过失,然后再认为此种雇用人之选任监督过失对于损害之发生具有因果关系,故可称之为双重推定。雇用人须首先证明其选任监督并无过失,申言之,即应证明依劳务性质,已尽交易上必要之注意,考察受雇人之技术能力及道德品行,足以胜任委办职务,不致生损害于他人。在通常情形,检查证件即为已足,但特殊技能,应斟酌情形,实地考察或测验。其次,雇用人亦得证明,其选任监督之过失,与损害之发生并无因果关系而免责。

3. 法院实务

法院对于雇用人之举证责任,采取颇为严格之要求,对于被害人之保护,颇为周全。兹举二则案例以说明见解:① 1931 年上字第 568 号判例谓:“法律上所谓雇用主必须注意之趣旨系预防受雇人执行业务发生危害之意,故注意范围除受雇人之技术是否纯熟而外,尚须就其人之性格是否谨慎精细亦加注意,盖性格狂放或粗疏之人执此业务易生损害,乃意料中事。”② 1950 年台上字第 1186 号判决谓:“……上诉人据第 188 条第 1 项但书规定谓受雇人本属机工,原有相当技术,其于选任实已尽相当之注意,不应与行为人同负赔偿损害责任。不知电机油箱漏油而用熔补乃最易爆炸之事,无论该行为人是否经上诉人注意选任之技工,而于执行时,未加注意监督,终致使他人发生损害,自与前述但书得以免责之情形不合。”在吾人查阅所及的资料中,尚未发现有雇用人举证免责成功的案例。

---

① 关于举证倒置所涉及之各项问题,请参见 Blomeyer, Die Umkehr der Beweislast, AcP 158, 97;骆永家:《民事举证责任论》,第 21 页以下。

(二)大企业之举证免责

1. 问题

雇用人为个人或小企业,雇用人得躬亲选任监督受雇人,但在大企业,雇佣关系已非建立在个人的选任监督关系上。在大规模企业组织内,系采取分层负责制度,企业负责人选任监督高级职员,再由高级职员选任或监督员工。在此情形,当低级员工因执行职务不法损害他人权利时,就举证免责而言,发生一项问题,即雇用人可否证明其于选任监督高级职员已尽相当注意而免责,抑或必须证明其对该低级员工亦已尽相当注意?若受命监督低级员工的高级职员已尽相当注意时,雇用人可否主张免责?关于此项问题,德国联邦法院1951年10月25日著有判决,可供讨论之基础。

2. 德国联邦法院判决(BGHZ4,1)[①]

(1)事实:被告系某农地之所有人,其管理人K嘱咐当时年仅16岁之农工B前往某地携取汽油,B骑一匹杂种马前往,在途中马突奔逸,撞伤行人。被告辩称对此损害不负责任,其理由为该马柔顺如羊,每日载运牛奶,久习容器振动声响,B系为优良骑士,深知马性。第一审驳回原告之诉,第二审判决原告胜诉,第三审废弃第二审判决并发回更审。

(2)判决理由:第二审法院认为,被告自己对农工B未善尽监督义务,所提出之免责证据,尚未能证明其已注意管理人K对农工B此次携取汽油之行程,已详为指示。管理人K虽曾嘱咐B小心从事,但鉴于该农工的年轻,道路之倾斜以及该马之难骑,实应予以更详尽的指示。

二审法院认为,被告对于B之行程未自己加以监督,疏于注意,故应负责。对此见解,本院(德国联邦法院,下同)未能赞同。

在本案,管理人K役使农工B并指导其工作,故成为受雇农工与被告(即企业所有人)之中间人,依前帝国法院的判决,我们不能责望雇用人自己选任监督所有之员工。如企业采上下监督分层负责之组织方式,则企业所有人对高级职员(经理人)之选任监督已尽必要注意义务者,即可免责。帝国法院认为此项原则,符合目的性及衡平原则。当然,企业所

---

① 关于此项问题及学者对本判决之批评,请参见Esser, Schuldrecht Ⅱ, S. 429; Larenz, Schuldrecht Ⅱ, S. 447.

有人必须对企业之经营与操作,为必要之管理与控制,使通常业务之进行及监督,得以实施。企业组织若有缺点,致生损害于他人,则企业所有者应依《德国民法》第 823 条第 1 项规定负损害赔偿责任。学者对帝国法院此项观点有表示不同意见者,认为如此减轻企业所有人的举证责任,未尽公平,与法律规定实有不符,从而主张在有中间人介入雇主与雇工关系之情形,雇用人必须证明不仅对于中间人(经理人)之选任监督已尽相当注意,同时亦须证明中间人于选任监督其下级员工亦已尽相当注意,始能免责,盖雇用人既选用他人为其工作,则对该人之过失,理应与自己过失同视,负其责任(《德国民法》第 278 条)①,假若行为人无力赔偿时,资本雄厚之企业所有人又可免责,殊不利于被害人,实失公平。

本院认为此项疑虑,并不足使我们放弃帝国法院的见解。关于辅助人行为的责任,现行"民法"区别契约上及契约外两种情形,纵使《德国民法》第 278 条关于契约上辅助人行为之责任原理,可被适用在类似契约关系,甚至在公法上之寄托关系,对侵权行为仍无适用余地。依《德国民法》第 831 条之明文规定,就受雇人之侵权行为,企业所有人可举证免责,此项原则,不分企业大小,均有适用余地,惟责望大企业之所有人,对每一个受雇人或依第 31 条所任命的代理人为选任监督,实属不可能。

据上所述,于本案首先应审查被告对其管理人 K 之选任监督是否已尽必要注意。若第二审法院认为被告未提出免责证据,应再审查被告是否已尽相当注意,仍不免发生损害,倘若如此,则损害与不注意之间即无因果关系。为此,被告须能证明即使再选任一个最审慎之管理人,也必发生同样损害。经理人本身无过失或对农工 B 选任监督之适当,虽不得即可认为系免责证据,但此项事实有助于证明损害与不注意间欠缺因果关系。被告倘能进一步提出更多之证据,诸如 B 一向与该马相处甚佳,熟知马性,骑术优良,平时任事负责,对于该次马行,小心从事,则对证明损害与不注意间因果关系之欠缺,尤具重要性。

3. 分析

在较具规模的企业,其所有人对所有员工自为选任监督,就企业管理的理论与实务言,实属不可能,故多采分层负责制度。基此事实,在法律

① 《德国民法》第 278 条规定:"债务人就其法定代理人及为履行债务所使用之人之过失,应视同自己之过失,负同一责任。"其内容与第 224 条相当。

上,我们亦不能强令企业者,对所有员工因执行职务所生之损害,皆应负责,而应斟酌企业管理情形,另寻合理解决之道。前述德国最高法院判决,认为企业所有人对整个企业设有适当之管理与组织者,若能证明其对中间人(即高级干部)之选任监督已尽相当注意,即可免责,至中间人于选任监督该肇事之低级员工,有无懈怠,对企业所有人责任之成立,不生影响。申言之,企业所有人不因中间人未尽相当注意,即须负责,亦不因中间人已尽相当注意即可免责,责任是否成立,端视企业所有人本身对中间人是否已尽相当注意而定。此种观点难免偏惠大企业,减少被害人求偿机会,似有商榷余地。

在台湾现行"民法"上,应采双重举证免责方式,即企业者必须证明:① 其对高级职员之选任监督已尽相当注意;② 该高级职员对肇事低级员工之选任监督亦无疏懈,然此非系直接适用第 224 条规定之结果[①],因本条系以履行债务为前提,在侵权行为,并非当然即可适用。本文的见解,系斟酌企业分层负责制度及衡量当事人利益所采的折中办法。

八、无过失责任之建立

(一) 立法的发展倾向

1. 英美法

英美法关于雇用人责任,系采无过失责任,前已详述,学者咸认为,此项规定颇能符合现代社会的需要,可称为良善制度。

2. 北欧诸国

关于雇用人责任,丹麦与挪威系采无过失主义,至瑞典及芬兰两国则设有与《德国民法》第 831 条相当之免责规定。为协调法律统一,及鉴于瑞典、芬兰两国规定之未尽妥适,北欧四国已拟定草案,采无过失责任制度。[②]

3. 法国法

依《法国民法》第 1384 条规定,雇用人就其受雇人因执行职务所加于

---

① 参见史尚宽,前揭书,第 186 页,同此结论,但以为应准用第 224 条之规定。

② 参见 Referentenentwurf eines Gesetzes zur Änderung und Ergänzung schadensersatzrechtlicher Vorschriften, 1967, S. 92f. ; Andresen, RabelsZ 25(1062), 5.245.

他人之损害,应予负责,无举证免责之可能性。雇用人责任在理论上之依据及在体系上之地位如何,颇有争论,通说认为,系就他人之过失而负责,换言之,即以受雇人之过失为自己之过失,论其性质,系属担保责任。[①]

4. 荷兰民法修正草案

依《荷兰民法修正草案》第 8 条规定,受雇人于执行职务,因其过失加损害于他人时,雇用人应连带负责,受雇人因精神或身体缺陷等事由而免责时,对雇用人之责任不生影响。在雇用人亦应负责之情形,在内部关系受雇人应单独负责,但基于法律关系或衡平原则,应使雇用人负担一部或全部责任者,不在此限。又依第 9 条规定,受雇人肇致损害,虽非因执行职务而发生,但其可能性因企业者委办事项而增加,而企业基于法律关系得为禁止者,对所发生之损害亦应赔偿,此项规定对机关之受雇人所为之不法行为,亦有适用余地。[②]

5. 德国民法修正草案

《德国民法》第 831 条系采过失责任,即雇用人选任监督受雇人之过失,系由法律规定,但雇用人得举证推翻而免责。此项免责规定,是否合理,向为德国学者所争论。1967 年德国司法部 10 人专家委员会,在其所提出之损害赔偿法修正草案(Referentenentwurf eines Gesetzes zur Änderung und Ergänzung schadensersatzrechtlicher Vorschriften 1967)中,曾对《德国民法》第 831 条规定实务上适用之问题,从事极深入之研究,认为充满甚多之疑义及困难,特建议将该条修正如次:“雇用他人从事工作者,就该人于执行工作时,因故意或过失所为不法行为所加于第三人之损害,应与该人连带负赔偿责任。”[③]与原规定加以比较,修正条文具有两点特色,即一方面删除免责规定,加重雇用人责任,但在他方面又因规定受雇人须具备侵权行为要件而减轻之。德国学者对此修正条文原则上多表赞同。[④]

---

① Referentenentwurf, 1967, S. 89; Amos und Walton, Introduction to French Law, 1967, pp. 226-231;《法国民法》第 1384 条,载《现代外国法典丛书》,1965 年,第 3 卷,第 315 页。

② Referentenentwurf, 1967, S. 92f.

③ Referentenentwurf, 1967, S. 94ff.

④ Esser, Schuldrecht Ⅱ, S. 430ff.

（二）台湾现行制度的检讨

台湾现行“民法”关于雇用人侵权责任之立法精神，系介于英美法及德国法之间，一方面严守过失责任之基本原则，但在其他方面，为使被害人多获赔偿的机会，除仿照德国民法规定，推定雇用人选任监督过失，借以免除被害人积极举证的困难外，复规定在雇用人举证成功后，法院尚得因被害人的声请，令雇用人为一部或全部之损害赔偿。由是观之，可知对被害人之保护实较德国民法为周密，已甚接近英美法之制度。然则，应否顺应发展趋势，再向前跨进一小步，使雇用人就其受雇人因执行职务所加他人之损害，径负无过失责任？

此项问题系属立法政策的范畴，事关价值判断，见仁见智，虽有不同意见，但应采取无过失责任较为妥适。首先应特别指出者，系“现行法”的规定为过失责任及无过失责任折中的产物，其结果的确不能满足我们的法律感情，亦不足适应现代社会经济之状况，兹再列举数项理由，详为说明：

（1）在采无过失责任的情形，受害人仅须证明受雇人的过失，即能请求赔偿，但依现行“民法”的规定，雇用人可以证明其对受雇人的选任监督无过失而免责，诉讼客体因而发生变动，当事人所争论的，不仅是损害案件本身的情况，而且是原诉讼标的以外的事实，即受雇人的品德、个性、教育、能力等，其过去的经历将因此全部暴露人前，曾犯侵权行为或有刑事前科之人，企业家顾及将来可能发生的责任问题，必然不愿雇佣，此从社会观点而言，诚值忧虑。

（2）在一般侵权行为，受害人认识发生损害的事实，故对于加害人的行为是否具有过失，易于判断，因而对于诉讼之成败，多少亦能预见。反之，在受雇人侵权行为之情形，法律状态对于受害人利弊兼具，诉讼结果如何，端视雇用人能否提出免责证明而定，受害人对此既难控制，亦无法预见。在另一方面，雇用人若不能提出免责的事实，则纵无过失，亦须负担损害事态不能阐明之不利益，责任能否成立，颇受意外因素的影响，造成法律适用之不公平。

（3）在组织完善之企业，当低级员工因执行职务加损害于他人时，企业所有人如何举证免责，颇有争论。如采德国最高法院的见解，不免偏惠大企业家，若采取双重举证免责方式，亦将增加实务上的困扰，举证能否成功将视律师的能力及技巧而定。

(4) 商品因具有瑕疵肇致损害,系现代工业社会一项严重问题。由于消费者与商品制造人之间并无直接契约关系,就其所受之损害,原则上仅能依侵权行为的规定,请求赔偿,但商品制造人可主张商品系由受雇人所制造,其于选任监督并无过失,无须负责,举证免责的规定,将构成合理解决商品制造人责任的障碍。

(5) 衡平责任多少虽能补救过失责任之缺点,予被害人较周密的保障,但被害人与雇用人间的经济状况,如何斟酌,有认为被害人非受赔偿,即足以影响其日常生活者,法院得判令为全部或大部分之赔偿,否则即令其赔偿微小之一部或径免其赔偿责任,亦无不合;有认为应以赔偿是否足以影响行为人之日常生活为标准,在不影响行为人日常生活范围内,可斟酌被害人之情况,令为全部或一部之赔偿。学者见解不一,适用上不免产生疑义。衡平责任,论其性质,虽系道德规范法律化的规定,但以当事人资产多寡,定其责任之轻重,是否妥当,亦值考虑。例如甲乙两人的受雇人分别侵害丙丁,若雇用人甲雄于资财,而受害人丙为贫苦无告之老妪,则依上述前说,甲应尽量赔偿丙所受之损害;反之,若乙亦为有资产之人,被害人虽受重大损失,但日常生活尚可维持时,则乙可不负任何责任,此种差别待遇,欠缺合理依据。

(三) 无过失责任之建立

现行“民法”关于雇用人责任的规定,系过失责任原则支配下所产生的制度,立法者明知过失责任不足适应社会需要,但因囿于当时法学思潮,难予摆脱,因此创设了倒置举证责任及衡平责任两项规定,系一时权宜之计,但亦因此使整个制度趋于复杂。时至今日,无过失责任的法理已被普遍接受,雇用人役使他人扩张自己活动范围,责任范围宜随之扩大,应承担受雇人职务上行为危险性,实属当然,此种过渡、折中性的规定,应无续予维持的必要。因此,在立法政策上应确立无过失责任,即受雇人于执行职务,因故意或过失不法侵害他人权利时,雇用人即应负损害赔偿责任,其对于受雇人之选任监督是否已尽必要之注意,在所不问。因此吾人认为,第 188 条之规定应修改如下:“受雇人因执行职务,不法侵害他人之权利者,由雇用人与行为人连带负损害赔偿责任”,换言之,即保留原条文第一项前段,至于该条第一项后段,第二项则均予删除。[①]

应特别讨论的是,无过失责任是否会加重雇用人的负担,使企业者难以经营,导致工商企业不振,阻碍经济发展?对此,我们不能仅作理论上的思虑,应就实际情况加以观察。在英美工业化国家采雇用人无过失责任已达数百年,对工商业的发达,并无任何不利影响。前述德国司法部10人小组在深入研究后,亦采同样观点,因此无过失责任不足抑压雇用人之活动及发展,殆可确信,盖雇用人可借保险或提高其所供给产品或劳务之价格,分散其负担,并严其选任监督,避免损害的发生,此对整个社会之安定,亦有裨益。[②]

---

① 关于第188条第3项规定:"雇用人赔偿损害时,对于为侵权行为之受雇人有求偿权。"在解释适用及立法政策的问题,请参见拙文:《连带侵权债务人内部求偿关系与过失相抵原则之适用》,载于本书第46页。

② 台湾学者亦认为:"由立法论言之,雇用人对于受雇侵权行为之赔偿责任,宜采无过失责任主义,盖无产阶级或小资产阶级,因缺乏经济能力,不能使用他人,无由借以免责,而资产阶级,则可使用他人,苟证明选用监督无过失,即可免责,两相比较,未免不平,且雇用人如无过失,即不负责,而受雇人多无资力,其负责又不易生效,虽受损害,难望赔偿,贫弱民众,徒供牺牲,亦非顾全社会利益之道,故应采无过失责任主义。"(参见戴修瓒,前揭书,第188页)。胡长清亦认为是说可供参考(参见胡长清,前揭书,第172页注6)。

人格权之保护与非财产损害赔偿[①]

一、现行“民法”之规定及其疑义

（一）现行“民法”规定

人格尊严及人格价值的保护，在现代个人自觉意识浓厚、工艺技术进步、大众传播发达的社会，具有特别重要的意义。现行“民法”对人格的保护设有规定，最主要的，计有四个条文：① 第 18 条规定：人格权受侵害时，得请求法院除去其侵害。前项情形，以法律有特别规定者为限，得请求损害赔偿或慰抚金；② 第 19 条规定：姓名权受侵害者，得请求法院除去其侵害，并得请求损害赔偿；③ 第 184 条规定：因故意或过失，不法侵害他人之权利者，负损害赔偿责任。故意以悖于善良风俗之方法，加损害于他人者亦同。违反保护他人之法律者，推定其有过失；④ 第 195 条第 1 项规定，不法侵害他人之身体、健康、名誉或自由者，被害人虽非财产上之损害，亦得请求赔偿相当之金额，其名誉被侵害者，并得请求为恢复名誉之适当处分。

由上述规定，可知民法已经承认一般人格权（Allgemeines Persönlichkeitsrecht），并就若干重要个别人格法益（特别人格权）（Besondere Persönlichkeitsrechte）设有特别保护规定，立法精神颇称进步。然而由于现行规定内容尚有未尽协调配合之处，致在解释适用上产生甚多疑义。

---

① 修改“民法”，深受各界重视。为提供意见，用供参考，前曾撰著《雇用人无过失侵权责任的建立》一文，发表于《法学丛刊》第 76 期，第 10 页（1974 年 10 月）参见本书第 1 页。本文为预定撰写一系列有关民法修改问题之第二篇。

（二）学说与判例

1. 学说

关于人格权之规定，学者议论甚多，见解不一。关于学说的整理，通常多以问题为中心，分析不同论点见解，然后再组成类型。但关于人格之保护，牵涉问题既多，彼此且有关联，为避免勉强加以割裂，致影响其整体性，特分别介绍各家见解！

梅仲协先生对人格权曾作如下解释：即凡保证吾人能力所及，对于第三人得以享受之权利，无论为精神的、道德的或经济的关系，其与吾人生存上不可分离者，均属之。关于依法律特别规定得请求损害赔偿或慰抚金者，依梅仲协先生之说明，有第 19 条、第 184 条、第 192 条、第 195 条及第 1056 条。①

王伯琦先生对人格权的保护，论述甚详，归纳言之，计有三项见解：① 人格权受侵害者，关于财产上之损害，得依第 184 条请求赔偿。人格权被侵害遭受非财产上之损害，其依特别规定，得请求赔偿者，有第 19 条、第 194 条、第 195 条等。他如贞操权、肖像权、营业权等是否为人格权，虽有争执，但其财产上之损害，仍得请求赔偿，盖第 184 条所称之权利包括人格权在内。② 财产上之损害，固得依侵权行为之一般规定请求赔偿，其在精神上所受之损害，则既难以估计，其在精神上所受之损害，亦非可一概而论，如贞操权、肖像权、营业权等是否为权利，其性质如何，迄无定论，如概许请求金钱赔偿，势将漫无边际，故非有特别规定，不得请求赔偿，从而第 18 条第 2 项所称之损害赔偿应系指精神上或非财产上所受之损害而言，至于损害赔偿之方法，有为恢复原状，如侵害名誉得请求登报声明道歉，有系慰抚其精神上所受之痛苦，是则只能以金钱赔偿，故第 18 条第 2 项所称之慰抚金，应系指精神上之金钱赔偿而言。③ 姓名权被侵害而发生之非财产上损害，只得请求恢复原状之赔偿，不得请求慰抚金，盖以侵害姓名权而使被害人精神遭受痛苦者，必于其名誉有所妨害，是为侵害名誉权，应依第 195 条请求赔偿。如仅侵害其姓名而于其名誉尚无妨害时，则使恢复原状既足以达赔偿之目的，尚无予以慰抚金之必要，将

---

① 参见梅仲协：《民法要义》，第 42 页。

姓名权特别规定于总则者,其意或在于此。①

依史尚宽先生的见解,人格遭受损害时,关于财产上之损害,被害人得依第184条规定请求赔偿,至于非财产损害赔偿,则仅于有特别规定时,始得请求赔偿(第19条、第194条、第195条、第979条、第999条第2项、第1056条第2项)。关于姓名权之损害赔偿,因设有规定,只须客观地为违法及受有损害,其主观是否出于故意或过失,在所不问。②

依洪逊欣先生的见解,第18条第2项所称之特别规定,计有第19条、第184条、第192条至第195条、第979条、第999条、第1056条,故对重要人格上利益之保护,似无所欠缺。又洪先生一方面认为,第18条第2项所定损害赔偿或慰抚金请求权,原属侵权行为法之问题,故须具备故意或过失及其他侵权行为之要件,始能发生,但他方面则认为:姓名权受侵害者,其被害人不论加害人有无故意或过失,均得请求除去其侵害,并得请求损害赔偿,盖民法甚重视人之姓名权,命令姓名权之侵害人,负担无过失损害赔偿之责任。③

依郑玉波先生的见解,第18条第2项所称"损害赔偿",系指对于财产的损害之赔偿而言;所称"慰抚金"系指对于精神的损害之赔偿而言。郑玉波先生认为依特别规定得请求损害赔偿或慰抚金者有第19条、第192条至第195条、第979条、第999条、第1056条。至于姓名权受侵害时不得请求慰抚金,仅得请求损害赔偿,且不以侵害人有故意或过失为必要。④

2. 实务

关于人格权之判决,多属于非财产损害赔偿之问题。依1961年台上字第1114号判例的见解:"受精神之损害,得请求赔偿者,皆有特别规定,如第18条、第19条、第194条、第195条、第979条、第999条等是,未成年子女被人诱奸,其父母除能证明因此受有实质损害,可依第216条请求赔偿外,其以监督权被侵害为词,请求给付慰抚金,于法究非有据。"

在此判决中,应特别提出的是,承认姓名权受侵害时,亦得请求慰抚金。然而,在解释上最令人感兴趣的,则为"最高法院",除上述特别规定

---

① 参见王伯琦:《民法总则》,第58页;《民法债编总论》,第73页。

② 参见史尚宽:《民法总论》,第110页。

③ 参见洪逊欣:《民法总则》,第102页。

④ 参见郑玉波:《民法总则》,第99页。

外,尚承认在以下三种情形,被害人亦有慰抚金之请求权:

(1) 诈骗离婚判决:上诉人明知被上诉人之所在,竟主使被上诉人之夫甲以生死不明已逾3年为原因,诉请离婚,并利用公示送达之方法,使被上诉人无法防御因而取得离婚之判决,致被上诉人受有精神上之损害,对于被上诉人自应负赔偿责任(1940年上字第740号判例)。

(2) 容留有夫之妇与人通奸:本件上诉人系在花莲市开设满春园妓女户,曾于1960年5月15日,留被上诉人等之妻陈吴玉娇、陈林美秀、陈林雪月与人奸淫,翌日即经被上诉人等赶至,由管区派出所派警前往带回,并经"刑事法院"判处上诉人对于军人之妻竟图营利,容留良家妇人与他人奸淫罪刑确定在案,均为不争之事实,被上诉人本于第184条之规定,而为上诉人应赔偿相当金额之请求。上诉人虽以其不知陈吴玉娇等系有配偶之军眷,及被上诉人等亦非被害人为抗辩。第按容留有夫之妇与人奸淫,依社会一般观念,既不得谓非有以违背善良风俗之方法加损害于人之故意,而被上诉人等均为现役军人,则其因此受有非财产上之损害,自非不得依据第184条第1项,请求赔偿(1963年台上字第225号判例)。

(3) 干扰婚姻关系:在实务上最为重要的,是配偶之一方与第三人通奸时,遭受侵害之他方配偶得否向通奸人(尤其是第三人)请求非财产损害赔偿之问题。法院自始即采肯定说,并著有甚多判决及决议:① 1952年4月14日民刑庭总会决议:"乙与甲之妻通奸,非侵害甲之名誉权。"② 1952年台上字第278号判例谓:"与有夫之妇通奸者,苟其夫由此受有财产或非财产之损害,依第184条第1项后段,自仍得请求赔偿。"③ 1955年6月7日民刑庭总会决议认为上述决议案及判例并无抵触,妻与人通奸,并无损害夫之名誉权。④ 1966年3月28日民刑庭总会决议:"甲与乙之妻通奸,究系侵害夫之何种权利?乙能否请求精神慰抚金?1952年台上字第278号判例,于此情形,认夫对于非财产上之损害,亦得请求赔偿,但仅说明系适用第184条第1项后段,而未及于同法第195条;1965年台上字第2883号判决,认为人之家室有不受侵害之自由,明知有夫之妇而与之通奸,并不构成侵害夫之亲属权或名誉权,但是否侵害其自由权,非无审究之余地。决议:仍维持以往1952年4月14日民刑庭总会之议决案。"⑤ 1971年台上字第86号判决:"按侵权行为,系指违法以及不当加损害于他人之行为,至于所侵害者,系何权利,则非所问。又夫妻互负诚实之义务,夫妻之任何一方与人通奸,其法律上之效果,均属相同,要不因社会观念不同而有差别。”⑥ 1971 年台上字第 498 号判决:“按婚姻系以夫妻之共同生活为其目的,配偶应互相协力保持其共同生活之圆满及幸福,而夫妻互守诚实,系为确保其共同生活之圆满安全及幸福之必要条件,故应解为配偶因婚姻契约而互负诚实之义务(即贞操义务),如果配偶之一方为不诚实之行动,破坏共同生活之平和安定及幸福者,则为违背婚姻契约之义务,而侵害他人之权利,易言之,妇固对夫有守贞之义务,即夫对妇亦然,上诉人上述行为,既已违背婚姻义务,侵害被上诉人之权利,其为权利被侵害之救济,依第 184 条第 1 项后段规定,仍得请求相当之慰抚金。”

(三) 四项问题

综据所述,关于人格权保护及非财产损害赔偿,具有甚多疑义问题,归纳言之,可有四项:

(1) 第 18 条所称损害赔偿或慰抚金在概念上如何区别?又第 18 条所称之损害赔偿与第 184 条及其他条文所称损害赔偿之意义是否相同?

(2) 第 18 条所称依法律特别规定得请求损害赔偿,究指何者而言?第 184 条所称权利是否包括人格权在内?

(3) 人格权遭受损害时,得请求慰抚金者,除第 194 条、第 195 条、第 979 条、第 999 条、第 1056 条外,是否尚包括第 19 条所规定姓名权受侵害之情形?因他人干扰婚姻关系受侵害时,得请求慰抚金之法律上依据何在?

(4) 第 19 条对姓名权特设规定,有何特别用意?损害赔偿之成立,是否不以加害人之故意或过失为必要?

(四) 研究目的

现行“民法”对人格权设有详细之规定,其所以仍然滋生疑义之原因有二:① 立法技术未臻严密,规定基本上采自德国、瑞士两国,而两国规定内容互有出入,台湾地区“民法”制定之际,疏于究明,致发生不协调之现象;② 以判决促进进步的方法与界限。鉴于人格权保护在现代社会的重要性,本文拟先介绍德国、瑞士两国之法制,借用比较法的研究,阐明台湾现行“民法”解释适用之疑义,并以此为基础,提出若干之建议,作为修改之参考。①

二、比较法上之观察

(一)德国法②

1. 现行规定

于1896年制定,1900年施行的《德国民法》,因受当时法学思潮的影响,尚未承认一般人格权,仅就个别特定人格利益,设有保护规定,其基本条文有三:① 第12条规定:姓名权人于其使用姓名之权利,遭受他人之争执,或因他人之无权使用同一姓名,致其利益受损害时,得请求他人除去其侵害。侵害有继续之虞者,得提起不作为之诉。② 第823条规定:因故意或过失,不法侵害他人之生命、身体、健康、自由、所有权或其他权利者,对于该他人,负赔偿因此所生损害之义务。违反以保护他人为目的之法律者,亦负同一之义务。依法律之内容,纵无过咎亦能违反该法律者,仅于有过咎时,始负赔偿义务。③ 第825条规定:以诈术、胁迫,或因滥用权力关系,使妇女应允为婚姻外之同居者,对于妇女因此所生之损害,负赔偿义务。《德国民法》第823条第1项所称之其他权利(sonstiges Recht),在第二次世界大战前,判例学说多认为并不包括人格权在内,因此,名誉权受侵害时,仅能依《德国民法》第826条规定(相当于第184条第1项后段)受到保护。③

特别人格法益受侵害时,被害人得依《德国民法》第823条规定得请求损害赔偿。所谓损害,系兼指财产上损害及非财产上损害(精神上损

---

① 关于比较法在法律解释学上及立法政策上之功能,参见Konrad Zweigert/Hein Kötz, Einführung in die Rechtsvergleichung, Bd. I, 1971, S. 12f.

② 关于德国法上人格权之一般问题,参见施启扬:《从特别人格权到一般人格权》,载《台大法学论丛》,第4卷,第1期,第133页(1974年10月),论述甚详,可供参考。德文资料请参见Esser, Schuldrecht Ⅱ, 1969, S. 401; Larenz, Schuldrecht Ⅱ, 1965, S. 414f.; Hubman, Das Persönlichkeitsrecht, 1967; von Caemmerer, Der privatrechtliche Persönlichkeitsschutz nach deutschem Recht, in: Feschrift für v. Hippel, 1967, S. 27.

③ 关于《德国民法》第823条所称“其他权利”之解释适用,参见Fabricius, Zur Dogmatik des Sonstigen Rechts gemäss §823 Abs. 1. BGB, AcP 160, 273.

害)而言。任何损害均以恢复原状为原则。若损害不能恢复原状,或恢复原状显有困难时,财产上之损害应以金钱赔偿(参阅《德国民法》第 249 条以下规定);但关于非财产上损害,《德国民法》第 253 条规定:“以法律有特别规定为限,得请求以金钱赔偿”;所谓特别规定指,① 第 847 条规定:“在侵害身体或健康,或侵夺自由之情形,被害人对非财产上之损害,亦得请求赔偿相当之金额。此项请求权不得让与或继承,但已依契约承诺或已起诉者,不在此限。对于妇女犯违背伦理之重罪或轻罪,或因诈术、胁迫、或滥用从属关系,使其应允为婚姻外之同居者,该妇女亦有同一之请求权。”② 第 1300 条规定:“品行端正之女方婚约当事人,经与他方同居而具备第 1298 条或第 1299 条之要件者,亦得就非财产上之损害,请求相当之金钱赔偿。前项请求权不得让与或继承,但已依契约承诺或已起诉者,不在此限。”

2. 学说与判例之发展

德国民法关于人格权之保护,未设一般规定,在第二次世界大战以前,虽有学者加以批评,但通说强调实体法之规定,应予尊重,不宜轻易变更。第二次世界大战之后,学者一致强调应加强人格权之保护,究其原因,计有三点:① 战后人口集中,交通便捷,大众传播普遍而深入,以及新工艺器材,如窃听器、远距离照相机及录音机之发明,人格随时有遭受侵害之虞,其情形之严重,诚非民法制定时所能预见。② 纳粹专政,滥用国家权力,侵害个人自由,唤起了个人对人格之自觉以及社会对个人人格之重视。③《波昂基本法》(宪法)规定人之尊严不得侵犯;尊重并保护人之尊严,系所有国家权力(机关)之义务(第 1 条第 1 项);在不侵害他人权利及违反宪法秩序或公序良俗规定范围内,任何人均有自由发展其人格之权利(第 2 条第 1 项)。

在这种时代思潮之下,德国学者一方面积极从事关于人格权之研究,他方面并检讨如何在解释适用现行法及在立法修正方面,加强对人格权的保护。有的学者认为,《德国民法》第 823 条第 1 项所称之“其他权利”应扩张解释,包括一般人格权在内;有的学者认为,《德国民法》第 253 条之规定,违反《波昂基本法》保护人格之价值体系,应属无效。[①] 值得注意的是,德国法学家会议(Der Deutsche Juristentag)对加强人格保护之研究

---

① 关于此项问题在学说上之不同见解,请参见 Soergel-Zeuner, §823 Bem. 55-67.

甚为重视,并著有卓著贡献。第42届德国法学家会议(1957年)曾建议制定特别法以保护人格权,并主张以支付金钱的方式填补对人格权侵害所生之精神上损害。第45届法学家会议(1964年)曾就“对非财产损害之金钱赔偿义务,应否新设规定?”(Empfiehlt sich eine Neuregelung der Verpflichtung zum Geldersatz für immateriellen Schaden),作深入广泛之研究,由Bonn大学教授Hans Stoll提出专题研究报告①,在详细讨论后,并作成加强人格权保护之具体建议。②

应特别注意的是,德国联邦法院为加强人格权之保护,著有甚多重要判决③,兹仅选择两个较为有名者加以说明:

(1) 骑士案件(Herrenreiter Urteil):有某骑士因其照片被滥用为增强性能力药物之广告,乃以名誉遭受损害为理由,请求非财产损害赔偿。德国联邦法院依据《波昂基本法》第1条及第2条规定之价值判断,类推适用民法第847条关于侵害自由权之规定,判给被害人1万马克,作为精神上之损害赔偿。④

(2) 人参案件(Ginsen Urteil):某大学国际法及教会法教授B,曾经在一篇学术性文章中被误称为欧洲研究韩国人参之权威。某制造含有人参增强性能力药物之药厂,在其广告中引述B教授的学术权威。B教授认为此项广告影响其在学术上之地位,受有损害。德国联邦法院在本案不再类推适用第847条规定,而是直接引用《波昂基本法》第1条及第2条规定,认为药厂侵害B教授之一般人格权,应负损害赔偿责任。关于非财产损害之金钱赔偿,则提出两项标准即:① 其他方式之补偿不适当或不充分。② 侵害人须有重大过失或客观上对被害人有较大的人格侵害。⑤

德国联邦法院以《波昂基本法》第1条及第1条规定为依据,建立一般人格权的观念,扩大非财产损害金钱赔偿的范围,虽然受到普遍的赞

---

① H. Stoll教授专题研究报告之要点,参见施启扬:前揭文,第134页。

② 参见Verhandlung des 45 deutschen Juristentags, Band I. Teil C, S. 127.

③ BGHZ 13, 334(公布信件,变更其内容);BGHZ 15,249(公布他人日记Cosima Wagnar);BGHZ 20, 345(为营业目的公布他人肖像);BGHZ 24, 72(公开他人病历);BGHZ 27, 284(秘密录制他人谈话);BGHZ 30, 7(为广告目的擅自使用知名艺术家之姓名)。此外,再参见第42页注2所引资料。

④ BGHZ 26, 349(1958年3月14日判决).

⑤ BGHZ 35, 363(1961年9月19日判决).

扬,但在法学方法论上,却遭受到严厉的批评;有学者认为,联邦法院超越了法院创造法律的权限;有学者认为,如此自由解释法律,对法律的安定性,殊有影响;有学者认为,《波昂基本法》第 1 条及第 2 条系公法的规定,不具有私法的性质,不能直接创设人民的权利义务关系。反对者虽众,其中且不乏权威教授[①],但人格权保护之加强,既为社会所需要,并为一般人民法律意识所支持,因此并未丝毫影响联邦法院以判决活动,强化保护人格权的决心。

(二) 瑞士法[②]

1. 概说

瑞士法对人格权的保护,在近代诸大法典中最称完备。依《瑞士民法》第 28 条规定,人格关系受不当之侵害者,得诉求法院除去其侵害(第 1 项);关于损害赔偿(Schadensersatz)或给付慰抚金(Leistung einer Geldsumme als Genugtuung)仅于法律就其事件有规定时,始得以诉提起之。

为理解瑞士民法关于人格权的保护,必须辨明 Schadensersatz 及 Genugtuung 此两项基本概念:Schaden 系指财产上减损(Vermögensminderung),因此所谓 Schadensersatz(损害赔偿)系专指财产上损害之赔偿而言,其方式有恢复原状及金钱赔偿两种;Genugtuung 是专指对非财产上损害之慰抚而言,或为金钱之给付(Leistung einer Geldsumme)(慰抚金),或为其他方式,例如法院判决之公布。[③]

2. 损害赔偿请求权

依《瑞士民法》第 28 条第 2 项规定,关于财产上损害之赔偿,以法律有特别规定者为限,其在《瑞士民法》上所规定之主要情形计有:① 侵害姓名权:因他人盗用姓名,致受损害者,得诉求法院禁止其盗用,于有过失时,得请求损害赔偿(第 29 条第 2 项)。② 违反婚约:婚约当事人无重大事由,违反婚约,或因可归责于自己之事由,致自己或他方废止婚约者,对于该他方或其父母,或代替父母地位而为行为之第三人,因期望结婚,在

① Larehz, Das allgemeine Persönlichkeitsrecht im Recht der unerlaubten Handlungen, NJW 1955, 521.

② P. Tuor Das Schweizerische Zivilgesetzbuch, 1968, S. 74f.; Oftinger, Schweizerisches Haftpflichtrecht, 1969, S, 40f.; Frank, Der Schutz der Pesönlichkeit in der Zivilrechtsordnung der Schweiz, AcP 172, 57.

③ Oftinger, aaO, S. 40.

善良信任中所为之准备,应给付相当之赔偿(第92条)。③ 离婚:因离婚致无过失之配偶,其财产权或期待权受损害者,有过失之配偶应予以相当之赔偿(第151条第1项)。④ 确认生父之诉:其诉讼有理由者,法院应命为下列损害赔偿:生产费用;生产前后各四周以上之扶养费;因受胎或生产所必需之其他费用。

应特别注意的是《瑞士债务法》对人格权之保护,亦设有规定,依第41条规定:"因故意或过失不法侵害他人者,应负损害赔偿义务,故意以违背善良风俗之方法,加损害于他人者,亦同。"又第49条第1项规定:"因过失侵害他人人格关系,应负损害赔偿责任。"在此两种概括规定之下,《瑞士民法》第28条第2项所设之限制,实际上已失其意义,申言之,即人格权遭受侵害时,就所生财产损害原则上已均得请求赔偿矣!

3. 慰抚金请求权

《瑞士民法》制定时,虽希望广泛承认慰抚金请求权,以加强人格权保护,但却顾虑到两方面不同之意见:① 报纸深恐报导自由受到限制,增加讼累;② 德国学者警告,以金钱赔偿精神上损害,将使人格价值商业化。

因此立法者乃规定于法律特定之情形,始得请求慰抚金:① 姓名权受侵害(第29条);② 违反婚约(第93条);③ 离婚(第151条);④ 确认生父之诉有理由(第318条)。此外,依《瑞士债务法》第47条规定:"对于致死或伤害,法院得斟酌特殊情事,许给被害人或死者之遗族,以相当金额之赔偿。"然而最重要者,是《瑞士债务法》第49条第2项规定:"人格关系受侵害时,以其侵害情节及加害人过失重大者为限,得请求慰抚金。"由是可知,人格权受侵害时,除法定情形外,原则上亦均得请求慰抚金,如瑞士最高法院认为,因他人干扰婚姻关系(Ehestörung)而遭受损害者,得以人格权受侵害为理由,请求慰抚金。①

三、解释适用疑义之澄清

(一)现行"民法"规定之法源

基于比较法的研究,可知现行"民法"关于人格权之规定,是兼采德

① P. Tuor, aaO. S. 82.

国、瑞士两国制度,兹为帮助理解现行规定之特色及其在解释适用上困难之所在,特就主要条文加以比较对照如下:

(1) 第 18 条系《瑞士民法》第 28 条之翻译,文义完全相同。

(2) 第 19 条相当于《瑞士民法》第 29 条,其最主要之不同,在于依瑞士民法规定,除损害赔偿外,尚得请求慰抚金,但均以加害人有过失为要件;反之,依第 19 条,仅得请求损害赔偿,未明白规定以加害人有过失为要件。

(3) 第 184 条规定相当于《德国民法》第 823 条及第 826 条,二者的最大差异在于德国民法关于人格法益之保护采列举主义,仅限于生命、身体、自由及健康;反之,台湾现行"民法"采概括主义,任何权利(包括人格权)皆受保护。

(4) 第 195 条规定相当于《德国民法》第 847 条,其最大之不同,在于依现行民法规定,名誉受侵害时,得请求相当金额之赔偿,但依德国民法则不得请求。

(二) 损害赔偿与慰抚金

关于第 18 条所称"损害赔偿"与"慰抚金"两项基本概念,在台湾学说上甚有争论。[①] 该条规定系仿自《瑞士民法》第 28 条第 2 项,因此从比较法的观点,应采同样解释,即"损害赔偿"应专指财产上损害之赔偿,而慰抚金则专对非财产损害而言。至于第 184 条及第 213 条以下所称"损害赔偿",应兼指财产上损害及非财产损害之赔偿在内,其意义与第 18 条殊有不同。此种概念不一致所引起之争议,虽可借比较法的研究加以说明,但在解释上却无法使其完全调和。

(三) 侵害人格权与财产上损害赔偿

台湾通说认为,第 184 条系第 18 条所称之特别规定;第 184 条所称之权利,又系包括人格权在内,而所谓损害赔偿又系指财产上及非财产上之赔偿。因此侵害他人人格权时,对此两种损害皆应赔偿。换言之,即皆应恢复原状;财产上之损害不能恢复原状,或恢复原状显有重大困难者,应以金钱赔偿(第 215 条),固无疑义,但关于非财产损害,则仅能于法律

---

① 参见王伯琦:《民法总则》,第 58 页;郑玉波:《民法总则》,第 99 页。

有特别规定者,始得请求金钱赔偿。台湾地区“民法”对此虽未如《德国民法》第253条设有明文,但基于第18条第2项及第195条等规定,应采如此解释,实无疑义,判例学说亦同此见解。[①] 兹就上述,图示如次。

(四)侵害人格权与慰抚金

人格权受侵害时,关于非财产损害,依法律规定,得请求慰抚金者有:① 不法侵害他人致死者,被害人之父、母、子、女及配偶,虽非财产上之损害,亦得请求赔偿相当金额(第194条)。② 不法侵害他人之身体、健康、名誉或自由者,被害人虽非财产上之损害,亦得请求赔偿相当之金额(第195条)。③ 当事人之一方因结婚无效或被撤销而受之非财产之损害,受害人亦得请求赔偿相当之金额,但以受害人无过失者为限(第999条第2项)。④ 夫妻之一方因离婚而受损害者,虽非财产上之损害,受害人亦得请求赔偿相当金额,但以受害人无过失者为限。除上述法定情形外,“最高法院”尚认为姓名权受侵害时,亦得请求慰抚金。然而第19条仅言损害赔偿,并未提及慰抚金,就文义而言,应不包括慰抚金在内,若为肯定,则属违法问题。

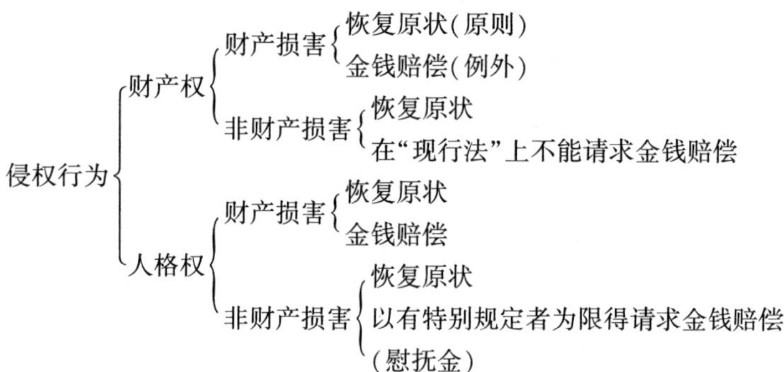

应特别讨论的,是在干扰婚姻关系之情形,被害人就非财产损害得否请求慰抚金之问题。此在“现行法”上并无明文规定,但“最高法院”自始即采肯定说,20余年一直在寻找一个适当的基础,先则否认系侵害配偶之名誉权,仅认为系故意以违背善良风俗之方法,加损害于他人;继则认为侵害被害人之自由权;最近认为系侵害夫妻圆满共同生活之权利,并有

① 同说,郑玉波:《民法总则》,第99页。

认为系名誉权受侵害之倾向。在干扰婚姻关系之情形，被害之一方配偶既应予保护，在法律适用上认为系侵害人格权，尤其是名誉权。“最高法院”判决之最近发展方向，实值赞同。盖在婚姻关系中夫妻双方以其全人格组织家庭，共同生活，实在含有浓厚的人格因素，当他人与一方配偶通奸，受害之一方配偶感到愤怒、沮丧、羞愧，受人讥笑或鄙视，应认为其人格，尤其是名誉，遭受侵害。关于此点另有专文讨论，兹不重赘。[①]

（五）姓名权侵害与无过失责任

第19条规定，姓名权受侵害时，得请求法院除去其侵害，并得请求损害赔偿。关于本条甚有争论，除就非财产赔偿得否请求慰抚金外，最值注意的是，甚多学者主张对于姓名权成立侵权行为而发生之损害赔偿，不以侵害人有故意或过失为要件。至其理由，有谓民法既不明定以故意或过失为要件，故应如此解释；有谓鉴于近来民法原则有由过失责任转向无过失责任之趋势，关于姓名权之侵害，应不以故意过失为必要。

此项见解殊难赞同，其理由有三：① 以本条法文未列入故意过失为损害赔偿责任之要件，即认为侵害姓名权之侵权行为系无过失责任，纯采反面推论，欠缺说服力。② 过失责任主义，系侵权行为法之基本原则，现行“民法”虽设有过失推定或衡平责任（第187条及第188条），以济过失责任之不足，但未设无过失责任之特例。生命、身体、自由、健康与名誉等人格法益远较姓名权为重要，但均以故意过失为侵权责任成立之要件，独以侵害姓名权为无过失责任，价值判断，显失平衡。③ 再就比较法而言，第19条规定系仿自《瑞典民法》第29条，而依该规定，侵害姓名权侵权行为之成立，应以故意过失为要件。综上所述，本文认为，关于人格权侵害除去或防止请求权，虽不以加害人之故意过失为要件，但关于损害赔偿，无论从“现行法”之基本原则，法律价值判断之平衡以及法律之比较，均难认定侵害姓名权之损害赔偿系采无过失责任。

---

① 参见拙文：《干扰婚姻关系之侵权责任》，载于本书第183页。另请参见陈计男：《人格权之损害赔偿案例研究》，载《法令月刊》第25卷，第3期，第1页（1974年3月）；孙森焱：《民事判例研究三则》，载《法令月刊》第2卷，第4期，第12页（1974年4月）；林荣耀：《通奸事件的非财产上损害赔偿》，载《军法专刊》第20卷，第8期，第6页（1974年8月）。

四、改进建议

(一)立法技术之改进

现行“民法”关于保护人格权规定之改进,得采两种方式:① 立法技术之改进;② 人格权保护内容之加强。所谓立法技术之改进,系以现行规定为基础,仅作技术上之调整或变动,而未涉及其实质内容。为此,谨提出三项建议:

1. 第一项建议

删除第 18 条第 2 项所规定之损害赔偿,而将该项改为:“人格权受侵害时,以法律有特别规定者为限,得请求慰抚金。”理由:第 18 条第 2 项所称之损害赔偿,系《瑞士民法》第 29 条 Schadensersatz 之翻译,专指财产上损害赔偿而言。第 184 条所称之“权利”包括人格权在内,因此人格权受侵害时,其财产上之损害,在“现行法”上均得请求赔偿。第 18 条第 2 项以法律有特别规定得请求损害赔偿,已失其意义,为避免无谓之争议,宜予删除。

2. 第二项建议

第 18 条第 2 项所称慰抚金与第 194 条等规定所称“虽非财产上之损害,亦得请求赔偿相当之金额。”两项概念,应加以统一。理由:慰抚金一语系瑞士民法之用语,而“对非财产上之损害,亦得请求赔偿相当之金额”系德国民法之用语,为避免因用语歧异,产生疑义,此两项概念应予统一化。慰抚金已成为习用之名词,似较可采。

3. 第三项建议

第 19 条规定应予删除。理由:在未承认一般人格权之立法例下,对姓名权另设规定,固有必要,如《德国民法》是;《瑞士民法》虽承认一般人格权,但关于慰抚金或损害赔偿以有特别规定者为限,始得请求,对姓名权另设规定,亦有理由。依第 19 条规定,姓名权受侵害时,仅得请求损害赔偿,而此项损害赔偿依第 184 条规定本得主张,因此该条规定已成赘文,并容易引起误会,宜予删除。判例及学说有认为姓名权受侵害时,得请求慰抚金,就第 19 条规定文义而言,似无依据,若有必要,则应在第 195 条设其规定。

（二）实体内容——慰抚金请求权之概括化

1. 利益价值判断

关于人格权受侵害时，设有三种救济方法，即：① 得请求法院除去其侵害。② 关于财产上损害，得请求赔偿，以恢复原状为原则，恢复原状不能或显有困难者，得请求金钱赔偿。③ 关于非财产上之损害，虽得请求恢复原状，但以法律有特别规定者为限（第 194 条、第 195 条、第 979 条、第 999 条、第 1056 条），始得请求金钱赔偿。实务上已有扩张适用的趋势，例如姓名权受侵害或干扰婚姻关系，被害人均得请求慰抚金。因此关于人格权的保护，所要特别考虑的是，关于非财产损害之金钱赔偿，应否扩张适用于其他特殊人格法益，甚至创设一般概括规定？

对此问题，牵涉甚多复杂的利益价值及思想观念，必须适当加以衡量，始能作明确的判断，其中最主要者，有：①"现行法"规定之充足性；② 人格之商业化；③ 请求权之滥用；④ 金钱赔偿量定之困难。[①] 在对此四项因素加以审慎考虑后，我们认为，关于人格权受侵害时，就非财产损害之金钱赔偿（慰抚金），实有扩大其适用范围之必要，兹分别说明之。

（1）依现行规定，生命、自由、健康、身体、名誉等人格法益受侵害时，均得请求慰抚金，虽称周到，但其他重要人格利益，例如秘私权并未包括在内，似嫌不足，例如擅自录制他人房事活动，被害人在"现行法"上，似无请求慰抚金之依据。

（2）人格权受侵害时，若概括准许以金钱赔偿，人格将成为商业化，不免降低人格价值，有损人格价值及人格尊严，此为《德国民法》起草人反对扩张承认慰抚金请求权之主要理由之一。然而，由于社会变迁，思想观念已有改变，在一切价值或精神活动多得以金钱衡量之今日，金钱赔偿非但不足减损人格价值，反而可以提高其被尊敬性，何况"民法"已广泛承认慰抚金请求权，未尝闻人格价值因此受有影响。

（3）关于慰抚金之请求，若采概括规定，是否会引起滥诉，增加当事人困扰，并加重法院负担，虽值顾虑，但此端视一般诉讼风气及法院态度

---

① 参见 Referententwurf eines Gesetzes zur Änderung und Ergänzung schadensersatzrechtlicher Vorschriften 1967 Ⅱ, Begründung, S. 53f.

而定,慰抚金请求权之扩张,并非当然即会产生滥诉之结果。

(4) 关于慰抚金之金额,应由法院斟酌情形加以决定(1930 年上字第 1613 号)。所应斟酌之情形,包括双方身份资力与加害程度等(1962 年台上字第 223 号)。诚然,此项判断含有若干程度的主观因素,并无绝对的客观性,但法官自由衡量权能的扩大,是现代法的特色,实为适应复杂多端的社会生活所必要。

2. 立法趋势

再就立法例而言,扩大慰抚金请求权,实为近代法律的发展趋势,此在德国特为显著。德国民法对人格权受侵害时,得请求损害赔偿,尤其是慰抚金,限制甚严,战后判例承认了一般人格权,但不免导致法律适用之不安性,因此学者力倡应采概括方式,加强人格权的保护。为此,德国联邦司法部乃接受 1957 年法学家会议之建议,于 1958 年起草《民法上保护人格及名誉规定修正草案》(Entwurf eines Gesetzes zur Neuordnung des zivilrechtlichen Persönlichkeits- und Ehrenschutzes 1958)。1967 年司法行政部于《损害赔偿规定修正补充草案》(Referentenentwurf eines Gesetzes zur Änderung und Ergänzung schadensersatzrechtlicher Vorschriften 1967),决定修正《德国民法》第 823 条为:"因故意或过失不法侵害他人生命、身体、健康、自由、名誉,或以其他方法伤害他人之人格法益者,就所生之损害,应负赔偿责任。"并同时将第 847 条修正为:"Ⅰ. 人格权受侵害者,关于非财产上损害,得请求以相当的金钱,赔偿其所受的损害;但依第 249 条规定之恢复原状为可能而且充分,或对受害人已以金钱以外的方法为补偿者,不适用之;轻微的侵害,不予斟酌。赔偿的金额应依其情况,特别应依侵害及过失的程度决定之。Ⅱ. 前项请求权不得让与或继承,但已依契约承诺或已起诉者,不在此限。"此项修正建议,获得德国学术界及实务界的普遍支持。①

3. 修正内容

为加强人格权的保护,无论从利益价值衡量或从法律发展趋势言,必须扩张对非财产损害之金钱赔偿(慰抚金)。申言之,在现行"民法"上,应放弃列举方式,改采概括规定,至其内容,参照德国最新修正草案及瑞

① Esser, Schuldrecht Ⅱ, 1969, S.401.

士民法(尤其是《瑞士债务法》第49条)规定,应包括两项要点:① 人格权受侵害时,就非财产上损害,原则上均得请求慰抚金。② 为平衡当事人利益,避免因此加重加害人之负担,凡侵害情形轻微,或非财产之损害得依恢复原状或其他方式补偿者,则不得请求慰抚金。

连带侵权债务人内部求偿关系与过失相抵原则之适用

一、连带侵权责任之类型

在侵权行为法上，是以个人单独负责为原则，而在特殊情形，法律亦常规定，数人应就同一损害对被害人负全部赔偿责任，学说上称为连带侵权责任，受害人得对连带侵权债务人中之一人或数人或其全体，同时或先后请求全部或一部之给付(第273条)。此项规定，对被害人甚为有利，立法意旨在于保护被害人，甚为显然，不待详论。

连带侵权责任，在何种情形，始能成立，各个国家及地区的法律规定不一。依照现行“民法”的规定，其主要类型计有三种，即：① 共同侵权行为人之连带侵权责任；② 雇用人与其受雇人之连带侵权责任；③ 法定代理人与无行为能力人或限制行为能力人之连带侵权责任，兹分述如次。[①]

(一) 共同侵权行为人之连带责任

第185条规定：“数人共同不法侵害他人之权利者，连带负损害赔偿责任；不知其中孰为加害人者，亦同。造意人及帮助人，视为共同行为人。”本条所规定的，计有两种情形，其一为共同加害人(包括造意人及帮助人)，其二为数人参与危险行为。兹再分别析述如后：

1. 共同加害

数人主观上有意思联络，共同协力，不法侵害他人权利者，若各加害

---

① 以下关于三种连带侵权行为之叙述，旨在帮助理解本文所讨论之中心问题，故仅略述其概要。

人皆具备侵权行为要件时，则应就因行为分担所造成的损害，负连带赔偿责任。例如，甲、乙、丙三人约定偷窃某富商，甲把风，乙窃取金银，而丙担任搬运工作，则甲、乙、丙三人应就所生损害负全部责任。至造意人及帮助人，或促使侵权行为发生，或供给工具及指导方法，使侵权行为易于遂行，法律亦视为共同行为人，使负连带责任，故在前述窃盗案例中，若丁为造意人，戊为帮助人时，则该五人对所生的损害均应负连带赔偿责任。

兹应特别讨论的是数加害人无意思联络，但其行为在客观上造成同一损害的情形，例如在陋巷中，甲乙两人驾车撞伤夜行老妪，或两家工厂分别排泄废水，二者汇流至附近鱼池，造成损害。在此情形，各加害人对受害人应如何负责，颇有疑义。有学者认为，在此种情形各加害人仍应依第 185 条第 1 项前段规定负责，其所持理由，是以为该条所称之“共同”以行为共同为已足，不以意思联络为必要。[①] 惟本条所谓共同，应仅指有意思联络的情形而言；同一权利，为数人所侵害而彼此间无意思联络时，即不应依本条规定负责。[②] 盖就立法史言，本条规定系仿自《德国民法》第 830 条，“共同”一语系德文 gemeinschaftlich 的翻译，彼邦学说判例，咸以有意思联络为必要，略无争论[③]；再就实体内容言，法律所以令数人就因数行为所生的损害，各负全部责任者，当系由于其有意思联络之故，盖数人既同心协力，损害必较单一的行为为重，故应使其负较重的责任。某人因其行为与他人的行为偶然竞合，既令其就所生损害负全部赔偿责任，衡诸情理，堪称苛严。

无意思联络的行为，互相作用导致同一损害，既非属第 185 条所称的共同行为，则此种形态的侵权行为，在现行“民法”上即乏直接依据，如何处理，颇费斟酌。按《德国民法》第一草案第 714 条第 2 项对此种情形原设有明文，规定：“多数人之行为导致损害，虽无意思联络，若各人对损害所生之部分，无法确定者，负连带赔偿责任。”[④]von Kübel 所提出之民法草案，亦采同样观点，并有较详尽之说明，略谓：“数人无意图，纯因偶然共同

① 参见胡长清：《民法债编总论》，第 154 页以下；史尚宽：《债法总论》，第 166 页；何孝元：《民法债编总论》，第 90 页。

② 参见戴修瓒：《民法债编总论》，第 208 页；郑玉波：《民法债编总论》，第 166 页。

③ 参见 Esser, Schuldrecht Ⅱ, 1969, S,446f.; Larenz, Schuldrecht Ⅱ, 1968, S. 406f.

④ Mugdan, Gesammte Materiellen zum BGB, Ⅱ, S. 412, (Motive) 1695f., 1153f. (Protokolle).

作用,导致同一损害结果时,若各人之加害部分得予确定时,则各人应仅就其部分负责;至若个人加害部分无法确定时,则为保护被害人,有特别使行为人负连带责任之必要,苟非如此,数人行为致生损害,虽属无疑,但因未能证明各人加害之范围,而难求偿,殊失事理之平。”①今日德国通说亦采同样观点。②

在民法上的解释,亦应认为同一权益为数人所侵害,而各加害人无意思联络时,原则上,各加害人仅就其所加的损害部分分别负责,实例亦采相同观点。③ 在前述车祸之例,苟可确定,甲所损害者系老妪之眼部,而乙所伤害者为其脚部;或在工厂废水之例,如能依科学方法确定各家工厂废水所致损害之部分时,则应仅就其加害部分负责。至若各加害人损害部分不能确定时,则责任问题如何解决不外三种途径:① 被害人既不能证明各人之加害部分,故不能请求赔偿;② 使数加害人负连带赔偿责任;③ 令诸加害人平均分担赔偿责任。三者之中,第二种解决方法对被害人较为有利,宜予采取。就“现行法”上之价值判断而论,亦以此为是。盖依第185条第1项后段之规定,数人参与危险行为,不知孰为加害人者,应负连带赔偿责任,在上述情形,数人肇致损害并无疑问,仅其加害部分,无法确定而已,论其情况,尤较严重,自应使负连带赔偿责任。④ 由是可知,此种连带责任,系为补救举证困难而设,与前述共同侵权之连带责任,其性质自有不同。

2. 多数人参与危险行为

第185条第1项前段规定:“数人共同不法侵害他人之权利者,连带负损害赔偿责任”;后段规定:“不知其中孰为加害人者,亦同”。就本项前后两段之内容观之,其所规定者,实为截然不同之两件事。前段所谓共同,以意思联络为必要,已见前述,后段在体例上虽系承转前段而来,但在解释上并不以数人间有意思联络为必要,盖数人若有意思联络,则虽不知

---

① v. Kübel, Entwurf eines bürgerlichen Cesetzbuches für das Deutsche Reich, Recht der Schuldverhältnisse, Bd. I, 1882, S. 50, zu Abschnitt Ⅰ. Tit, 2 Ⅲ, §10, S. 1.

② 参见 Esser, Schuldrecht Ⅱ, S. 447.

③ 1931年上字第1960号判决:“他人所有物而为数人各别所侵害,若各加害人无意思上之联络,只能由加害人各就其所加害之部分分别负赔偿责任。”

④ 参见郑玉波,前揭书,第167页认为,加害人能证明其加害部分者,应分别负责,若不能证明其自己加害部分,则可适用后述之共同危险行为,使负连带责任,理由虽略有不同,结论则无二致。

孰为加害人,仍应依前段规定负责,故该条后段所规定者,当属另一种类型的侵权行为责任,即学说所称的共同危险行为。

数人无意思联络肇致损害,不知其中孰为加害人,事例甚多。例如某人经过某处为落石所击伤,虽可确定甲、乙两人在山上开采矿石,丢弃废石,但不知为何人所击中;又如丙、丁两人偶在某地狩猎,彼此互不相识,突于树林中见一狐狸,同时举枪射击,其中一弹误中树林后睡卧休憩之人。在诸此情形,损害的发生,确由其中一人所引起,究为何人,虽无法查知,但数人仍应负连带责任,立法理由,显然在于保护被害人,使不致因难以证明孰为加害人,致不能求偿。诚然,在此种情形,对实际上未为加害而未能为证明之人,难免过苛,但若不为赔偿,对被害人,则绝对不利,权衡轻重,法律仍不能不令数人负连带侵权责任。[①]

(二)法定代理人与无行为能力或限制行为能力人连带侵权责任

"民法"规定,未满 7 岁之未成年人及禁治产人为无行为能力人,满 7 岁以上之未成年人为限制行为能力人(第 13 条)。法律为保护此等人的权益,以便将来发展其个性及尽其在社会上的义务,特设法定代理制度,以补充其能力。法定代理人对无行为能力人或限制行为能力人,有监督其行为的义务,如因怠于监督,致无行为能力人或限制行为能力人,不法侵害他人之权利时,法定代理人亦应负责。至其负责之形态有二,① 单独责任;② 连带责任。无行为能力人或限制行为能力人若于行为时无识别能力,不能认识其行为在法律上的意义时,其本身可不负责任,仅由法定代理人负单独责任;反之,若无行为能力人或限制行为能力人于行为时有识别能力,则由法定代理人与其负连带损害赔偿责任。

(三)雇用人与受雇人之连带侵权责任

受雇人因执行职务不法侵害他人之权利时,依第 188 条第 1 项规定,雇用人应与其负连带损害赔偿责任。受雇人系行为人,就其行为所引起的损害,应该负责,自属当然。至法律所以令雇用人负连带责任,系鉴于受雇人的资力通常较为薄弱,向其请求,恐将有名无实;再者,雇用人因使

---

① 关于共同危险规定之立法理由及依据,学者甚有争论,请参见 Cernhuber, JZ 1962, 148; Deubner, JuS 1962, 383(384); Esser, Schuldrecht Ⅱ, S. 448; Larenz, Schuldrecht Ⅱ, S. 407.

用他人扩张其活动,其责任亦应随之扩大,又其对于受雇人未善尽选任监督义务,对损害的发生,亦与有原因力。

现行"民法"上雇用人责任,系基于雇用人对受雇人选任监督的过失,系采过失责任原则。为使受害人能多获赔偿机会,特设两项制度,即:① 雇用人选任监督过失,先由"法律"推定,但雇用人得反证推翻而免责。② 雇用人反证推翻其过失之推定后,法院尚可依被害人之声请,斟酌雇用人与被害人之经济情况,令雇用人为一部或全部之赔偿,学者称之为衡平责任。在此种情形,雇用人对于受雇人因执行职务所加于他人之损害,仍应与受雇人负连带损害赔偿责任,所不同者,受雇人应负全部赔偿责任,而雇用人之赔偿数额则由法院斟酌决定。

二、内部求偿关系

(一)现行规定

数人基于侵权行为,应对被害人之损害负全部赔偿责任,其主要之三种形态,详如前述,论其性质,系属法定连带债务。按连带债务具有双面关系,一为连带债务人对其债权人的关系,在此关系中,债权人得对于连带债务人中之一人或数人,或其全体,同时或先后,请求一部或全部之赔偿。此种连带债务的性质,究为真正连带债务或不真正连带债务,殊多争论[①],在此不拟详述。本文欲详为检讨者,是连带债务人间相互的关系,即所谓内部求偿关系。

依第280条的规定,连带债务人间,除另有规定或契约另有订定外,应平均分担其义务,依此规定,连带债务人相互间的分担部分,原则上系属平均,但另有规定或契约另有订定时,则依其规定或订定,兹据此项规定,就前述三种连带责任之类型,分别述其内部求偿关系:

(1)在共同侵权行为,数行为人事先约定分担部分,事所罕见。既未设特别规定,故原则上数人应平均分担义务。或有学者认为,共同侵权行为人相互间无求偿关系,例如甲、乙两人共同抢劫丙,甲于赔偿丙所受之

① 参见刘得宽:《不真正连带债务与共同侵权行为》,载《台大法律学刊》第4期,第46页;Enneccerus-Lehmann, Schuldrecht, 1958, S. 996.

损害后,不得更向乙请求分担二分之一,其所持理由,是认为在此种情形,甲必须主张自己的不法事实,而此实违反行使权利不得主张自己不法事实的基本原则。[①] 此项问题,牵涉甚广,在此不拟详论。本文系以共同侵权行为人间有求偿关系为前提而立论。

(2) 关于雇用人与受雇人间之内部求偿关系,第 188 条第 3 项规定,雇用人赔偿损害时,对于为侵权行为之受雇人有求偿权;换言之,即在雇用人与受雇人相互间,无分担部分,应由受雇人负全部赔偿责任。此项规定理由何在,学者见解不一,有谓苟非如此解释,则雇用人对外既负连带责任,而对内又依连带债务办理,是不啻奖励受雇人之为侵权行为[②];有谓受雇人既为侵权行为人,自不能因雇用人之负代理责任,而自己免除责任[③];所以规定在内部求偿关系,令受雇人负全部责任之理由,是由于其行为直接肇致损害,对损害的发生,其原因力较重之故。

(3) 应特别说明者,系法定代理人与未成年人间之内部求偿关系。在此种情形,因禁止自己代理(第 106 条),故法定代理人与未成年人无法约定分担部分,其责任究应如何分配,实有疑问。按《德国民法》第 840 条规定,在此种情形,应由无行为能力人或限制行为能力人单独负责,盖亦以为其行为直接肇致损害,对于损害之发生原因力较重,故应负全部责任,其法理与受雇人之应负全责,殆属相当。台湾地区"民法"仿德国民法例使直接从事行为之受雇人于内部关系,负单独责任,但于无行为能力人或限制行为能力人侵权行为的情形,则未设相当规定,立法意旨如何,颇费猜测。或系以为事涉家庭关系,不宜明文规定,以免滋生困扰。然从法律适用观点以言,内部关系实不能不予解决。对此问题,学者意见未趋一致:有学者认为第 187 条既未如第 188 条第 3 项明定法定代理人有求偿权,则法定代理人于赔偿后,即不得向未成年人求偿[④];有学者认为应依连带债务

---

① 参见 1967 年台上字第 2232 号:"为行使基于侵权行为之损害赔偿请求权,有主张自己不法之情事时,例如拟用金钱力量使'考试院'举行之考试发生不正确之结果而受他人诈欺者,其为此不法目的所支出之金钱,则应类推适用第 180 条第 4 款之规定,认为不得请求赔偿。"《判例要旨》,上册,第 65 页。关于第 180 条第 4 款对侵权行为内部求偿关系之适用,参见马志锰:《不法原因之给付》,载《台湾大学硕士论文》,1965 年,第 166 页。本论文内容,甚见丰富,颇多可供参考之处,惜未刊行。

② 参见胡长清,前揭书,第 174 页。

③ 参见史尚宽,前揭书,第 186 页。

④ 参见胡长清,前揭书,第 166 页(注 1)。

的规定解为彼此间有求偿权[①],然究为平均负担,抑或准用第188条第3项的规定,则未见明确说明,此为"现行法"解释上一项疑义,殊值注意。

(二)分析检讨

综据上述,可知关于连带侵权债务人间的内部求偿关系,就"现行法"上相关规定的文义观察之,颇不一致。有明定应由受雇人负单独赔偿责任,在共同侵权行为则以各人平均负担为原则,至法定代理人与无行为能力人或限制行为能力人负连带责任的情形,应如何解决,学说不一,颇难断言,法律状态,颇觉零乱,似欠缺一贯之准则,可资遵循。再就实体内容加以审究,其价值判断是否合理,亦颇有商榷余地,兹分就前述三种连带侵权责任类型说明之:

(1)某工厂厂主,嘱其所雇用的工人处理废弹,对处理方法虽有指示,但未臻明确,所供给的工具,亦有瑕疵,工人因疏于轻微注意,致废弹爆破,伤及行人。在此种情形,雇用人对于监督具有过失,故应与受雇人负连带损害赔偿责任,就内部关系言,依第188条第3项规定,受雇人似应负全部赔偿责任。但受雇人所担任的工作,既具有危险性,其本身对损害的发生,仅具轻微过失,雇用人关于工作实施的指示未臻详尽,所供给的工具,又有瑕疵,对损害的发生,实与有原因,在此种情形下,仍令受雇人承担全部责任,衡诸情理,实难谓当。[②]

(2)数人共同处理某事,因出于过失,致生损害,亦能成立共同侵权行为,例如甲、乙二人共抬重物登高,预见坠落伤人之虞,但彼此询明均有不致坠落之自信,在此种情形,因预见损害之发生,但确信其不发生,故为有认识之过失。于搬行不久,坠落伤人时,甲、乙二人应成立共同侵权行为[③]对损害的发生,甲乙之过失及原因力,轻重虽有不同,但依通说仍应平均分担义务,其未能符合当事人利益状态,至为明显。

(3)某6岁小孩素爱玩具,其法定代理人购电动玩具手枪赠之。该

---

① 参见胡长清,前揭书,第166页(注1);史尚宽,前揭书,第179页。

② 郑玉波谓:"雇用人对于受雇人行使求偿权,亦应顾及雇用人与受雇人之实际情况如何而受限制,否则应认为求偿权之滥用或竟认为共同侵权行为而使雇用人亦有负担之部分"(《民法债编总论》第188页)是亦认为,第188条第3项雇用人有求偿权之规定,非尽妥善。参见日本《注释民法》(19),加藤一郎编集,昭和40年,第298页。

③ 参见郑玉波:《民法债编总论》,第167页。

手枪构造特殊,使用不易,法定代理人非仅未能详细说明使用方法,对玩具的瑕疵,亦未告知或虽告知而不明确,倘该孩童因过失致伤害在一起嬉戏的朋友,则无论令该未成年人负单独责任,抑或不论其对损害发生原因力或过失之轻重,使法定代理人与该未成年人看作平均分担责任,自非合理。

三、外国法之比较观察

(一) 概说

"现行法"关于连带侵权行为人内部求偿关系所设的规定,失诸机械,径予适用,未能符合当事人利益状态及公平原则,详如上述,故应在解释适用之范围内,设法予以补充。于从事此项研究之前,宜先就有关法制略作比较观察。其对于"现行法"之解释,裨益至巨,向为学说判例所共认。某项问题应如何解决,国际上具有相同规定或共同趋势时,则其所表现者,为共具的法律理念,于解释适用具体规定之际,实有斟酌的必要。[①]

(二) 立法例及学说之比较

1. 瑞士法

《瑞士债务法》第 50 条第 1 项规定,数人共同致生损害者,不问其为造意人、行为人或帮助人,应对被害人负连带责任。此项原则与台湾现行"民法"第 185 条第 1 项前段及第 2 项之规定,基本上系属相同,无待详论。应注意的是,依《瑞士债务法》第 50 条第 2 项的规定,共同行为人间是否有求偿权及其范围如何,由法院依裁量定之,法院于决定数人责任范围时,依瑞士判例学说,主要应斟酌其对损害发生过失的轻重及原因力的强弱。[②]

2. 德国法

德国民法上连带侵权责任,与台湾现行"民法"规定同,亦有三种基本类型,即:共同侵权行为人之连带侵权责任,法定代理人与无行为能力

---

① 参见 Rabel, Aufgabe und Notwendigkeit der Rechtsvergleichung, Gesammelte Aufsätze Ⅲ, 1967, S. Iff.

② Oser, Kommemtar zum Schweizerischen Zivilrecht IV, 1934, §50.

或限制行为能力人之连带侵权责任,雇用人与受雇人之连带侵权责任。就内部求偿关系言,在共同侵权行为之情形,德国民法未设明文,原则上应适用第426条规定,平均负担义务。在其他两种情形,第840条规定,就内部关系言,分别由未成年人及受雇人负赔偿责任。质言之,即法定代理人与雇用人于向被害人赔偿后,得分别向未成年人及受雇人求偿,立法意旨,是以未成年人或受雇人直接肇致损害,责任较重之故。德国联邦法院认为,现行德国民法上连带债务人内部求偿规定,未尽合理,其中尤以受雇人应单独负责,最值商榷,故自1910年以来,曾在多次判决中[①]明白表示,应类推适用《德国民法》第254条所规定过失相抵之原则,学者对之多表赞同。[②] 1968年损害赔偿法草案,特将此项原则成文化,废除民法第840条,更为如下规定:"连带债务人就彼此之关系应平均负担义务,但依所存在之法律关系及其他情况,应产生不同结果者,不在此限,在损害赔偿义务之情形,准用第254条规定。"[③]

3. 英美法

在英美法上,数人应就同一损害负连带赔偿责任之情形,计有三种:① 合伙,即合伙人因执行一般业务致加损害于他人时,应负连带赔偿责任;② 代负责任(Vicarious liability),即雇用人(Master)与受雇人(Servant)应就受雇人于执行职务因不法行为而生之损害,负连带赔偿责任;③ 共同侵权行为。[④]

依普通法(Common Law)原则,被害人得任意向负连带侵权责任中的任何人请求赔偿,而在连带侵权责任人之间并不发生求偿关系,例如甲、乙两人共同侵害某丙,应对被害人负连带赔偿责任,甲于受丙追诉赔偿之后,不得更向乙请求分担。此项规则,与普通法上甚多原则相同,如何产生,难予稽考,自Merryweather v. Nixan一案之后,已确立成为一项基本原则。学者对此批评甚烈,认为不合公平原则,判例亦多方设法缓和其严酷

---

① 参见RGZ 75, 251(256); BGHZ 17, 214; 160, 148.

② Esser, Schuldrecht Ⅱ, 1969, S. 448f.; Larenz, Schuldrecht Ⅱ, 1968, S. 460f.; Dahm, Deutsches Recht, 1963, S. 52.

③ 参见Begründung des Referentenentwurfs eines Gesetzes zur Änderung und Ergänzung schadensersatzrechtlicher Vorschriften 1967, S. 141ff.

④ 参见Fleming, The Law of Torts, 1964, pp. 686-693; Prosser, Cases and Materials on Torts, 1967, pp. 325-332; Salmond, Law of Torts, 1965, pp. 632-641.

性,逐渐创设例外,其著者如 Adamson v. Jarvis 一案判称:若加害人系应他人之请求从事某种工作,不知其系属不法行为者,于赔偿后得向雇用人请求补偿。[①]

普通法上连带侵权责任人间无分担义务的基本原则,直至 1935 年,始为《英国已婚妇女及侵权行为改正法》(Married Women and Tortfeasors Act 1935)所废止。依该法第 6 条规定,连带侵权责任人于向被害人赔偿之后,得向其他连带债务人,请求分担。至其数额则由法院依合理公平的原则裁量决定之,但应斟酌被求偿者对损害所负责任的范围。[②] 所谓对损害所负责任,指损害之发生所与过失的轻重(Comparative fault)。[③] 在美国已有若干州基于制定法或判例采取此项责任分配原则。[④] 此外,澳洲及加拿大(魁北克除外),亦同采英国 1935 年改正法的规定。[⑤]

四、过失相抵原则之适用

(一)决定求偿关系之标准

连带侵权责任人间应有求偿关系,彼此间应有分担部分,系属事物当然之理,此可由英国终于废弃 Merryweather v. Nixan 一案所采原则概见之。损害归由何人负担,任凭受害人决定,亦违背情理,不足采取。至于分担部分如何决定,有两个观点,可资采择:① 对损害发生与有过失的轻重;② 负担能力。英美学者有主张应采取能力负担原则,其所持理由,系认为为使拥有资产者负担赔偿并不苛酷,或虽一时负担,然由于其在经济上处于优越地位,终得借保险或商品价格方式,将之分散于社会,从而强调英美普通法上的原则,不宜轻易废弃。盖在通常情形,受害人多向较有资力者请求赔偿;若承认求偿制度,则保险公司于赔偿之后,将可代位向

---

① 参见 Atiyah, Vicarious Lability in the Law of Torts, 1967, pp. 421-432.

② Fleming, pp. 686-693; Palmer v. Wick〔1894〕A. C. 318; N. C. B. v. Thomson〔1959〕, S. C. 353; Dare v. Dobson〔1960〕S. R. (N. S. W)474, 476.

③ Fleming, p. 691.

④ 参见 Northwestern University Law Review, Vol. 60, No. 5, 1967, pp. 767-771; Prosser, Cases and Materials, pp. 328-330,对此有详细之分析,并参见 Uniform Contribution Among Torfeasors Act 1955,第 2 条规定。

⑤ 参见 Fleming, p. 688 及注 40 所引之资料文献。

其他经济力量较为薄弱之人求偿,能力分担损害的原则,将不克实现。[①]

能力负担的理论,含有若干真理,虽不容否认,但台湾现行法制所用以决定个人损害赔偿责任者,非资产之有无或多寡,而系其行为的可非难性。德、瑞、英、美、澳诸国或地区于决定连带侵权责任人相互间的责任分配时,亦均以过失轻重为衡量的标准,此可谓法制的共同趋势。

(二) 第217条规定之基本原则

依对损害发生与有过失的轻重,决定连带侵权责任人间内部责任的分担,既为基本原则,论其实质内容,又符合公平之理念及当事人之利益状态,在台湾亦应采之,适用第217条规定之基本原则。[②]

第217条第1项规定:"损害之发生或扩大,被害人与有过失者,法院得减轻赔偿金额或免除之。"就文义而言,本条虽仅系规律加害人与被害人间的损害赔偿范围,然深究其内容,实含有一项基本原则,即:数人对损害的发生皆与有责任时,应依责任轻重,定其分担部分,盖依公平原则,无论何人皆不得将因自己过失所生的损害转嫁于他人。[③] 此法律理由具有普遍妥当性,"海商法"第137条规定:"碰撞之各船舶,有共同过失时,各依其过失程度之比例,负其责任……"[④]即为此项原则的具体化。

(三) 发现原则,促进进步

第217条既然含有一项基本责任分配之法律原则,则此项原则未有规定,但依其内容应受其规律的情形,亦有适用余地。于连带侵权人的内部求偿关系类推适用第217条规定,与"现行法"之规定并无抵触;就法学方法论而言,系贯彻"现行法"的基本价值判断,亦无疑义。盖如前所述,

---

① 耶鲁大学James教授与弗吉尼亚大学Gregory教授,曾对此问题从事激烈之争论。James教授反对在连带债权行为之间有内部求偿关系,Gregory则赞同之,详细请参见,James, Contribution Among Joint Tortfeasors, A Pragmatic Criticism, 54 Harv. L. Rev, 1156; Gregory, Contribution Among Joint Tortfeasors: A Defence, 54 Harv. L. Rev. 1170;此外并请参见Fleming, p. 687.

② 与有过失规定(台湾地区现行"民法"第217条,《德国民法》第254条),对连带侵权行为内部求偿关系之准用,Dahm教授,在其名著《德国法》Deutsches Recht(S. 52.),曾从方法论上加以分析,足资参考。此外,并请参见日本学者我妻荣:《不法行为》,载《新法学全集》,第178页。

③ 参见胡长清:前揭书,第260页。

④ 参见郑玉波:《论民法上之过失相抵与海商法上之共同过失》,载《萨孟武先生70华诞政法论文集》,第234页。

立法者所以于第 188 条第 3 项规定,雇用人对受雇人有求偿权者,系鉴于损害系由受雇人所引起,其责任较重之故。由是观之,该条规定实含有以过失轻重决定责任范围的原则;平均分担赔偿义务,系于不能依此原则认定责任范围时所采的方法,仅具补充效力。

将所有的一般法律原则,以明确的文字表现于法条之上,可借简单的推论径予适用。对立法者言,系一项难以实现的任务,由于社会生活的繁杂与多变,亦非立法者所能完成的工作。[①] 解释法律,不宜拘泥法条文字,应发现隐藏于某项规定的法律理由(Ration Legis)或一般法律原则,以适用于法律未明白规定的事项,此系法学与法院的权利与义务,并为促进法律进步的必要途径。第 217 条规定所蕴含之基本原则,在连带侵权债务人间内部求偿关系上的适用,实为其显著之例。

---

① Esser, Grundsatz und Norm in der richterlichen Fortbildung des Privatrechts, 2. Aufl., 1964, S. 3f.; vgl. RGZ 24, 50.

第三人与有过失

一、问题之说明

损害之发生或扩大被害人与有过失者，得减轻或免除赔偿之金额。此项原则，深合事理，现代法律莫不采之[①]，盖损害之发生或扩大被害人既与有责任[②]，若尚得请求全部赔偿，非仅对加害人失诸过酷，与诚信原则亦有违背，是以于此情形，应由法院斟酌双方原因力之强弱与过失之轻重，以定责任之有无及其范围。此项规定具有普遍妥当性，债编通则设有明文（第217条），原则上对一切损害赔偿之债，不论其所由发生之法律关系为何，皆可适用。

惟有应注意者，依第217条规定之文义，仅受害人本身对损害之发生或扩大与有过失时，赔偿金额始得减免。就原则言，此种限制甚为合理。盖各人自为权利义务之主体，对自己之故意或过失行为虽应负责，但他人之故意过失，在被害人言，不过为一种事变，对之实无何责任可言。第三人与被害人无任何关系时，固无论矣，纵被害人为该第三人之近亲挚友，

---

① 参见《德国民法》第284条；《瑞士债务法》第44条、第55条及第101条；《日本民法》第418条及第722条；法国民法虽未设明文，但判例学说亦承认之（Amos and Walton, Introduction to French Law, 1967, p.215）。依英国普通法，被害人对损害之发生若与有过失时，则根本不得请求赔偿。此项规则，深受学者批评，判例亦多方设法缓和其严酷性，直至1945年与有过失法（Law Reform, Contributory Negliegence Act 1945）始明定以过失轻重分配责任之原则，关于此项理论之发展经过，详见J.G. Fleming, The Law of Torts, 1965, pp.225-255.

② 损害之发生或扩大，被害人与有过失，得减轻免除赔偿金额，此项原则，台湾学说多称之为过失相抵（culpa compensation），英、美法则称之为与有过失（Contributory negliegence），在德国亦多如此称之（Mitverschulden），日本民法则称之为过失相杀。最近德国学者Larenz另称之为被害与有责任（Mitverantwortlichkeit des Verletzten），颇能道破此项制度之本质，参见Larenz, Schuldrecht Ⅰ, 1970, S.369f.

亦无当然承担其过失之理。惟如贯彻此种思想,在实际上难免有失公平之处,因此,于若干特殊情形,宜权衡当事人之利益状态,使被害人就第三人之与过失亦为负责。显然,此时在被害人与该第三人之间必须有某种关系存在,此种归责,实属合理。梅仲协先生于论及此项过失相抵制度上之特殊问题时,亦明白指出:“第三人之过失,于特种情形,亦得视为被害人自己过失”。[①] 然则于如何之特种情形,始足令被害人对第三人之与有过失负责?其范围如何?其依据何在?梅仲协先生对此亦有简要精辟之论述,兹参酌有关立法例及判例学说,就被害人应对第三人与有过失负责之重要情形,从事类型研究,用供参考。

二、法定代理人与使用人与有过失

(一) 德国法上之争论

被害人对其法定代理人或使用人之与有过失,应在如何范围内负责,是实务上最重要之类型。其在德国,对此问题争论甚烈,正反意见足资阐明问题之争点,而台湾学者亦有引述德国立法例或学说作为解释台湾的有关规定之依据者[②],特先为说明。

《德国民法》亦承认过失相抵原则,于第254条规定:“I. 损害之发生,被害人与有过失者,损害赔偿义务及其范围,应依当时情事而定之。关于损害之发生究于如何范围内系以加害人或被害人为其主要原因应予斟酌。Ⅱ. ① 被害人之过失虽仅限于不预促债务人注意于重大损害之危险,而此项危险为债权人所不知或非应知,或被害人怠于避免或减少损害者,亦同。② 于此情形,准用第278条。”又《德国民法》第278条规定:“债务人就其法定代理人及为其履行债务之使用人之过失应与自己过失,负同一范围之责任。”第278条应如何准用,判例学说见解互异,尚无定论,此为德国民法上数十年争论未已之重要问题之一,兹分述如后:

1. 判例

关于《德国民法》第254条第2项之解释适用,第二次世界大战以前

---

① 参见梅仲协:《民法要义》,第164页。

② 参见史尚宽:《债法总论》,第294页;何孝元:《损害赔偿之研究》,第51页。

之帝国法院著有甚多判决[①],其基本观点始终相同,可以归纳为两点:① 第 278 条之准用,体系上虽在第 254 条第 2 项规定,但于第一项所定情形,亦有适用之余地;② 第 278 条既有履行债务(Zur Erfüllung einer bestehender Verbindlichkeit)之语,故必在被害人与加害人之间已有债务关系(Schuldverhältnis)或类似关系(Die einem Schuldverhältnis ähnliche Verbindung)存在时,被害人始应对其法定代理人或使用人之与有过失负责。被害人与加害人间有契约关系时,第 254 条应予适用,虽无疑义,但在侵权行为,则较复杂,应分别情形处理之:就第 254 条第 2 项所规定之减少损害义务言,受害人应对其辅助人之过失负责,此因损害行为在当事人间产生了一种债之关系之故。反之,在损害发生之情形(即第 254 条第 1 项),过失相抵原则上不能适用,盖于损害发生时,当事人间尚无债之关系。兹试举一例说明之:某孩童因其父亲(法定代理人)监督不周致遭受车祸,其对司机之损害赔偿请求权不因其父亲之过失而受影响。但若其父事后未为适当之医治,则该受害之孩童应承担其父亲怠于履行减少损害义务之过失。[②]

德国有学者认为,在一般侵权行为,当事人间亦有义务存在,即被害人应自我注意,趋避损害之发生,故第 254 条亦得适用,从而被害人对其法定代理人或使用人之过失应与自己过失同视而负责。帝国法院认为此种见解难予赞同,其理由为:① 被害人对自己之财产应自我注意,系对自己义务,与第 278 条所称之履行债务,概念上殊不相同。第 254 条第 2 项既云准用第 278 条,则该条所规定"履行债务"此项基本要件,自不得弃而不顾。② 过失相抵原则倘得适用于侵权行为,法律状态将失其平衡,即在一方面被害人对其法定代理人及使用人之过失,应绝对负责,但在他方面,除法律另有规定外,加害人对其使用人之行为并不负责,或仅在一定范围内负其责任,其不利于被害人极为明显,故被害人仅依《德国民法》第 831 条规定对其受雇人之故意过失负责,如此,始能维持法律适用之平衡。③ 依德国损害赔偿法之基本原则,任何人仅就自己行为负责,故自然人对其法定代理人之侵权行为不负责任。在侵权行为之情形,使被害

---

① RCZ, 55, 330; 62, 346; 75, 258; 91, 138; 119, 155; 121, 118; 140, 1; 156, 205; 159, 292.

② Soergel/Reimer Schmidt, § 254 Bern. 58.

人对其法定代理人之过失亦予负责，与此原则显有抵触。④ 就公平观点言，于侵权行为不适用第 254 条规定，亦无不妥。盖加害人于赔偿后尚得依《德国民法》第 840 条及第 426 条规定向与过失之法定代理人或使用人请求分担其赔偿。

战后德国联邦法院对于《德国民法》第 254 条之解释适用，迄至今日，共著有三个判决，基本上均采帝国法院之观点：① BGH 1,248 一案，综合说明帝国法院历次判决要点。② 在 BGH 3,46 一案，原告之妻以原告名义委托被告搬运家具，并随车照顾货物。途中车辆失火，家具烧毁数件，被告不愿继续前进。原告之妻因不愿留宿该地，力促续行。货车开行后数分钟，再起大火，家具损毁过半。在本案判决中，联邦法院提出两点见解：被告明知危险，继续开车，其行为实有过失，对发生之损害应负赔偿责任；原告之妻明知危险，但因不愿留宿该地，力促开车，其行为虽完成在前，但对损害之发生具有因果关系，故亦与有过失，原告之使其妻随车护送家具，虽非系为履行契约之给付义务，但亦在维护其对于契约标的物之利益，而该使用人之行为与其依契约受托之义务范围又具有密切关系，故被害人对之仍应依《德国民法》第 254 条规定负责。③ 在 BGH 9,316 一案，某母亲带其 4 岁半之孩子搭乘联邦火车。该孩童玩弄门锁，致车门开启，掉落地下，身受重伤，联邦法院为在此种情形，被害人与联邦铁路局系有契约关系存在，其法定代理人未尽照顾监督义务，此项过失被害人亦应承担之。[①]

2. 学说

德国学者对于《德国民法》第 278 条，在与有过失应如何准用，向与判例持相反之见解。Larenz 教授曾列举二例，阐明问题之所在。[②] A 托 B 将其马运往赛马场，并依 B 之请求，派 C 随车监督，途中因 C 之过失，B 驾驶失慎，致该马遭受损害，于此情形，因 A 与 B 间有债之关系存在，故 A 应

---

① 学者对本案之论述，请参见 Staks, Mitverschulden von Aufsichtspersonen bei Verkehrsunfällen von Kindern, JZ 1955, 60; Weimar, Muss sich das Kind als Verkehrsopfer eine Verletzung der Aufsicht durch Verwandte anrechnen lassen, JR 1953, 295; Esser, Zur Anrechnungspflicht elterliches Mitverschuldens bei Verkehrsunfälle deliktsunfähiger Kinder, JZ 1953, 691; Lange, Mitwirkendes Verschulden des gesetzlichen Vertreters außerhalb eines Verpflichtungsverhältnisses, NJW 1953, 97; Böhmer, Elterliches Mitverschulden bei Unfällen von in der Bahn beförderten Kindern, MDR 1960, 265.

② Larenz, Schuldrecht Ⅰ, S. 370ff.

对其使用人之过失负责,B 可请求减免其赔偿金额。反之,若 D 嘱其使用人 E 将某马匹运至马场,途中为 F 所损害。E 对损害之发生虽与有过失,但因 D 与 F 之间并无债之关系存在,依德国联邦法院之见解,过失相抵之原则不能适用。Larenz 教授认为,此种区别欠缺依据,且不合公平原则,盖加害人本身过失虽甚较微,亦须负全部赔偿责任,如果不能向与有过失之第三人请求赔偿时,结果势必连带负担其过失。况加害人与该第三人并无任何关系,而受害人系为自己利益使用该人,其关系较为密切,理宜就其过失负责。基此认识,Larenz 教授认为,必须当事人间有债之关系存在,使用人之过失始能相抵,此种见解,殊难赞同。被害人对自己法益之发生损害,应自为注意,当其将此项注意义务委付于他人时,则对该人之过失,应与自己之过失同视,而负其责任。

(二)“现行法”之解释适用

1. 问题之提出

在台湾现行“民法”上,被害人就其法定代理人或使用人对于损害发生或扩大之与有过失,在如何范围内,应予负责,迄至目前,尚无判例可供参考。学者对此意见不一。通说认为,在此情形应准用第 224 条规定,并引前述《德国民法》第 254 条第 2 项准用第 278 条规定,作为佐证。[①] 按台湾“民法”第 224 条规定:“债务人之代理人或使用人,关于债之履行有故意或过失时,债务人应与自己之故意或过失负同一责任,但当事人另有订定者,不在此限”。[②] 第 224 条与《德国民法》第 278 条规定相同,皆以“债之履行”为要件,因此发生一个问题,类推适用第 224 条时,是否仍应以被害人与加害人间有债之关系存在为前提条件,被害人与加害人间若无债之间关系,对其法定代理人或使用人之与有过失,应否负责?

对此问题,直至最近,始有学者明白表示,不论有无债之关系存在,被害人就其法定代理人及使用人之与有过失,皆应负责,并认为于此种情

① 参见史尚宽,前揭书,第 294 页;何孝元,前揭书,第 51 页。

② 本条所称代理人其意义若何,殊有争论,有谓仅指意定代理人,法定代理人不包括在内(参见胡长清:《民法债编总论》第 282 页),通说则谓应包括意定代理人及法定代理人(参见王伯琦:《民法债编总论》第 159 页;郑玉波前揭书第 372 页)。余意认为,本条之代理人,似宜解释为仅指法定代理人,盖意定代理人既系基于债务人之意思从事劳务,自可纳入使用人此一概念之下。

形，不能类推适用第224条规定①，而应借助学理予以解决，其所以认为不能类推适用第224条者，或系避免因此引起前述德国法上之争论。

2. 解决方法

（1）被害人与加害人间具有债之关系。为解决前述问题，应分别被害人与加害人间有无债之关系存在两种情形加以处理。依第224条规定，债务人就其法定代理人或使用人履行债务之过失，应予负责，此系债务人所负之担保责任，民法既设有明文，于过失相抵之情形，应予适用，自法律逻辑以言，实为当然之理，固无疑问。例如承租人应以善良管理人之注意，保管租赁物，租赁物有生产力者，并应保持其生产力。承租人违反此项义务，致租赁物灭失者，应负损害赔偿责任（参阅第432条）。若此项损害之发生，出租人之使用人与有过失时，则出租人应对其过失负责，而有第217条规定之适用。

（2）加害人与被害人间无债之关系。有一法学方法论上的问题，应首先予以阐明，即类推适用第224条规定后，是否会导致德国判例所采之观点，即在被害人与加害人间无债之关系存在时，被害人对其使用人之过失得不予负责，因而排除过失相抵原则之适用？对此，应采否定说，盖第224条规定之类推适用，在利益衡量上系属当然，不得即采反面推论（Umkehrschluss）②，认为在债之关系外，被害人对其法定代理人或使用人之行为概可不负责任，而应探求法律意旨，予以解决。

被害人与加害人间无债之关系存在时，被害人就其法定代理人或使用人对损害发生之与有过失，应否负责，台湾学者多采肯定说，本文认为，使用人与法定代理人之地位不同，宜分别情形处理之：

① 使用人之与有过失。在债之关系外，被害人之使用人对损害之发生与有过失，系以侵权行为最为典型。例如某商人嘱其伙计将某批名贵玻璃送某地，途中为计程车所撞及，玻璃尽碎，而该伙计对于损害之发生或扩大与有过失。在此情形，被害人对其使用人之行为，应予负责，盖第217条所以规定赔偿金额得予减免者，系被害人自己对其法益之维护，未善尽注意之故，即被害人违反自我注意之义务。今被害人将法益委付他

---

① 参见曾世雄：《损害赔偿法之原理》，第231页。

② 关于 Umkehrschluss 之理论，请参见 Larenz, Methodenlehre der Rechtswissenschaft, 2. Aufi., 1969, S. 368; Engish, Einführung in das juristische Denken, 4. Aufl. 1956, 144f.; Klug, Juristische Logik, 3. Aufl. 1965, S. 76.

人照顾处理,则对该人之过失,应与自己之过失同视;再者,被害人利用他人而扩大其活动,其责任范围亦应随之扩大,其使用人之过失倘不予斟酌,则加害人于事实上不能向该使用人求偿时,势必承担其过失,其不合情理,甚为显然。准此以言,甲搭乘乙之汽车(或机车),被丙所驾驶之卡车撞倒,甲因受伤向丙请求损害赔偿时,应承担乙之与有过失。

② 法定代理人之与有过失。被害人对其法定代理人于侵权行为发生之过失应否负责,台湾学者有采肯定说者,略谓:法定代理人与有过失,应许赔偿义务人得为过失相抵之主张,良以此时监督人疏忽,实难辞其咎,如仍认赔偿义务人负完全之损害赔偿之责,显失公平,故与其牺牲加害人之利益,毋宁以因监督义务人之过失,而牺牲被害人之利益较为妥当;且监督义务人举其所有过失责任,胥归加害人负担,而己逍遥法外,亦非法之所许。吾人之许赔偿义务人主张过失相抵,盖亦寓有责令监督人妥善保护被害人之意在焉。[①] 对此见解,似难赞同。盖自理论以言,代理仅限于法律行为,故须在已成立之债之范围内,关于债务之履行,法定代理人之行为,始得视为被害人之行为,在侵权行为情形,代理人之行为,原已不具代理之意义。再进一步言之,法定代理制度系为保护未成年人而设,而未成年人应优先保护,为民法之基本原则,使未成年人径就不具代理性质之行为负责,与法律保护未成年人之意旨,似有违背。又法定代理人行为对损害之发生,既具有相当因果关系,与有原因,则加害人于赔偿后,仍得向其求偿,此一方面可减轻加害人之责任,他方面亦促使法定代理人尽其监督义务。牺牲法律所应特别保护未成年人之利益,借以警惕法定代理人,衡诸法理,似难谓妥。

就比较观察之,未成年人对其法定代理人之与有过失不必负责,实为现代法律之一般发展趋势。1839 年美国纽约法院曾在 Hartfield v. Roper 案中判称,在侵权行为法上未成年人应承担法定代理人之过失[②],在英国亦有类似判决,但迄至今日,多已放弃此项观点。[③] Prosser 教授明白表示以父亲之过失加诸儿女身上,是一项野蛮的规定(barbarous rule),强调未

① 参见何孝元,前揭书,第 51 页;曾世雄,前揭书,第 231 页。

② 本案摘要及评论,请参见 Gregory & Kalven, Cases and Materials on Torts, 1959, pp. 209-212; Harper and Jame, The Law of Torts, 1956, Vol. Ⅱ, pp. 1264-1266.

③ Oliver v. Birmingham Midland Motor Omnibus Co. [1933] 1. K. B. 35. 并请参见 Fleming, The Law of Torts, 1965, p. 254.

成年人既非依其意愿选择代理人，对法定代理人之行为又无控制能力，实无承受其过失之理。[①] 瑞士学者 Hugo Oser 亦认为，以法定代理人之过失视为未成年人之过失，系一项缺乏正当依据之拟制。[②] 在德国，Larenz 及 Esser 两位学者均肯定未成年人不必承担法定代理人之过失。[③] 德国 1968 年《民事赔偿法草案》亦采同样见解。[④] 由是观之，未成年人不对其法定代理人之过失负责，可谓共通之制度矣！

三、直接受害人与有过失

在侵权行为，直接受害者就其权利所受之侵害得请求损害赔偿，间接受害之人原则上不得请求损害赔偿。例如某歌唱家于赴歌剧院途中为其情敌杀伤，此时歌剧院就其因辍演所遭受之纯粹经济上之损害，不能向加害人请求赔偿。又如某人开掘地道，损毁电线致电力公司不能继续发电，在此情形，其他工厂若因停电所受不能营业之损失，亦不得向开掘地道之人请求赔偿。此种限制，旨在不使赔偿范围过于扩大，难以预估，以免加重行为人之负担，自立法论而言，自属合理。[⑤] 但台湾地区现行"民法"仿德国立法例对此原则亦设例外，即于不法侵害他人致死之情形，认许特定间接受害人亦得请求损害赔偿。依第 192 条规定，不法侵害他人致死者，对于支出殡葬费之人，亦应负损害赔偿责任。被害人对于该第三人负有法定扶养义务者，加害人对于该第三人亦应负损害赔偿责任；又依第 194 条规定，不法侵害他人致死者，被害人之父母、子女及配偶，虽非财产上之损害，亦得请求赔偿相当之金额。此两条规定，系现行民法上间接被害人得请求赔偿之特例。

就与有过失之问题而言，在前述间接损害赔偿情形，有两种形态，应予区别：① 间接受害人本身对损害之发生或扩大与有过失；② 直接受害

① Prosser, Law of Torts, 3rd ed. p. 305; Fleming, p. 253.

② Oser, Kommentar zum Schweizerischen Zivilgesetzbuch V, Anm. zum §44, S. 321.

③ Larenz, Schuldrecht I, S. 375; Esser, Schuldrecht Ⅰ, 1968, S. 335.

④ 参见 Artikel I vom Referentenentwurf eines Gesetzes zur Änderung und Ergänzung schadensersatzrechtlicher Vorschriften 1967.

⑤ 参见梅仲协，前揭书，第 18 页；von Caemmerer, Das Problem des Drittschadensersatzes, Zeitschrift für das gesamte Handels-und Wirtschaftsrecht, 127(1965), 241-279.

人与有过失。在前种情形,例如夫于车祸受重伤,因妻怠于延医治疗而死亡,于此情形,应直接适用第 217 条规定,自不待言。至若在前述案例,车祸之发生,死者自身与有过失时,过失相抵原则是否亦应适用,有待研究。对此问题,《德国民法》第 846 条设有准用相抵之明文。瑞士、日本两国法律虽乏规定,惟判例学说均肯定之。[①] 英、美法原则上亦采同样观点。[②] 台湾学者多未论及此项问题,梅仲协先生认为:"直接被害人于损害之发生或扩大与有过失时,是否亦得适用第 217 条,颇滋疑义,就公平之原则言,应认为亦可适用"。[③] 此说实值赞同,盖间接被害人之请求权,自理论言,虽系为固有之权利,但其权利既系基于侵害行为整个要件(Gesamttatbestand der schädigenden Handlung)而发生,实不能不负担直接被害人之过失。

四、在所谓损害延伸作用案例中前受害人与有过失

在损害赔偿法上有所谓损害延伸作用(sogenannte Fernwirkung der Beschädigung)者,即第三人目睹或知悉损害之发生,因受刺激,致神经崩溃,健康遭受损害。对此种因损害延伸作用而发生之损害,加害人应否负责,不无疑问。德国判例一向认为,此系属因果关系之范畴,故应依此观点,决定加害人责任之有无。[④] 例如某孩童于上学途中,被汽车轧死,母亲闻讯后,深受刺激,健康遭受重大损害,在此情形,加害人对该母亲所受之损害,应负赔偿责任,盖孩子横遭车祸,母亲会受刺激,系属常则,而此种刺激会使其神经崩溃,健康受损,衡诸事态,系通常会发生之事,故行为与损害之间,具有相当因果关系。一般言之,此种结果,亦得预见,故加害人具有过失。

须注意的是,此项问题,非纯属于因果关系之范畴。因目睹或闻悉损害事实受惊吓刺激而致健康遭受损害之人,能否请求赔偿,应参酌法规保

---

① Oser, Kommentar V, S. 321;关于日本之判例学说,请参见末川博编集:《民事法学辞典》,第 207 页;加藤一郎:《不法行为》,载《法律学全集》第 22 卷,第 251 页。

② Fleming, pp. 631-632; Prosser, P. 302,716.

③ 参见梅仲协,前揭书,第 149 页。

④ RG 81, 214; RG 157, 11.

护目的(Schutzzweck der Norm)而定①,宜综观案例,组成类型,以探求危险分配与责任限制之标准,期能符合当事人之利益状态。兹分四类说明之:

(1) 甲之父母、配偶或子女目睹甲遭车祸死亡,因受惊吓刺激而致健康受损。

(2) 在前述类案例中,甲之父母、配偶或子女闻悉损害事实,因受惊吓刺激而致健康受损。

(3) 甲之师长、朋友、亲戚及其他之人因目睹或闻悉甲之受害,因受惊吓刺激而致健康受损。

(4) 在前述案例中,受侵害者,系动物或其他财产。

由上述案例类型,可知因目睹或闻悉损害事实,因受惊吓刺激而致健康受损之人能否请求赔偿,不宜绝对予以肯定或全部加以否定,若绝对予以肯定,难免增重加害人之负担,而全部加以否定,对受损害之人则殊不利,故于解决此类问题时,为权衡当事人之利益,再考虑其受惊吓刺激之方式(目睹,或其后知悉),其与被害客体之关系及被害客体究为人、动物或其他财产。父母目睹子女,妻目睹夫遭人故意杀害而致精神崩溃,健康受损时,应得请求赔偿。反之,甲之朋友闻悉甲之狗被乙驾车轧死,因酷爱该狗,因受刺激而患病,则不得请求损害赔偿。其他情形,应斟酌前述原则决定之。②

加害人对于此种因目睹或闻悉损害事实而致受害之人若应赔偿,则有一问题应再研究,即:若前受害人(死于车祸之孩子)对损害之发生与有过失时,后受害人(目睹车祸之母亲),于请求自己之损害赔偿,应否承担其与有过失,而有第217条规定之适用,法院得否斟酌过失之轻重,减免加害人之赔偿责任?对此问题,基于公平之原则,以采肯定说为是。③

---

① 关于法规保护目的之理论与相当因果关系理论之问题,近年来德国法上讨论热烈,请参见Hans Stoll, Kausalzusammenhang und Normzweck im Deliktsrecht, 1968,及其所引之资料文献;曾世雄:《损害赔偿法原理》,第79页。

② 以上叙述,请参见Eike von Hippel, Haftung für Schockschaden, NJW 1965, 1890f.

③ 同说德国最高法院见解:RG 81, 214; Eike v. Hippel, aaO. 1890ff. 采相反见解者有:Deubner, NJW 1957, 1269f.; Selb, Ein Problem der mittelbaren Schädigung, in: Festschrift zum fünfzigjährigen Bestehen des Instituts für ausländisches und internationales Privat-und Wirtschaftsrecht der Universität Heidelberg, 1967, S. 259, 261ff.

其理由与前述间接受害人亦应承担直接被害人之过失同,可参照得之,兹不重赘。

五、结 论

第三人对损害之发生或扩大与有过失时,于决定损害赔偿金额,原则上不予斟酌,惟于例外情形,被害人倘与第三人间存有特殊关系时,则被害人应就该第三人之与有过失负责,换言之,即以第三人之过失归由受害人负担。其基本类型有二:① 被害人与加害人有债之关系时,被害人对其法定代理人及使用人之与有过失皆应负责。反之,被害人与加害人无债之关系时,被害人对其使用人之与有过失虽仍应负责,但受害之未成年人无须承担其法定代理人之过失。② 被害人之请求权系基于他人受损害之事实而发生者,亦应承担该人之过失。但应注意,以上所述,系属重要基本类型,非谓第三人之与有过失应予斟酌者,仅限于此而已。在其他情形,若被害人与第三人具有特定关系,就社会政策及公平观点言,有使其承担该第三人过失之必要者,仍应适用过失相抵原则,促进法律之进步。

就立法例观察之,第三人与有过失应予斟酌之案例,实较台湾为广泛。依《德国火车及电车对物品损害赔偿法》(SHG)第 3 条规定,对物行使实际管领力之人对损害之发生与有过失者,《德国民法》第 254 条亦适用之,又《道路交通法》(StVG)第 9 条、《航空法》(Luft VG)第 34 条均设有类似规定。所谓实际管领力,不以有权占有标的物为限,无权占有亦包括在内,故某甲于汉堡窃取乙占有之物,搭乘火车前往波昂途中,因事故致该物遭受损害,若甲对损害之发生与有过失,则失主乙于向铁路局请求损害赔偿时,对甲之与有过失亦应承担。[①] 1967 年《德国损害赔偿法草案》(Referentenentwurf eines Gesetzes zur Änderung und Ergänzung schadensersatzrechtlicher Vorschriften 1967)亦参酌此项特别立法,于《德国民法》第 354 条增列第 3 项,明文规定:因物之损害而应赔偿时,对物品依

① Geigel, Haftpflichtprozess, 1967, S. 151.

法行使实际管领力者之与有过失，应与被害人之过失同视。[①] 此种立法趋势，颇值吾人参考。

① (3) Die Vorschriften der §§31, 278, 831, 839 gelten entsprechend. Ist wegen Beschädigung einer Sache Ersatz zu leisten, so steht dem mitwirkenden Verschulden des Geschädigten das mitwirkende Verschulden desjenigen gleich, der auf Grund eines Rechts die tatsächliche Gewalt über die Sache ausübt.

缔约上之过失

一、问题之说明

契约有效成立以后,债务人应依诚实信用原则履行债务,若因可归责于自己的事由,致给付不能、给付迟延或不完全给付时,对债权人所受的损害,应负赔偿责任。对此问题,第 225 条等设有明文,无待详论。本文所要特别探讨的是,当事人为缔结契约而从事接触磋商之际,因一方当事人未尽必要注意,致他方当事人遭受损害的问题。此在交易上经常发生,形态甚为繁杂,兹举四例,加以说明:

(1) 甲因疏于注意,将原已灭失的名画出售与不知情的乙。

(2) 丙与丁所缔结的买卖契约,因可归责于丙的事由,致因不合意而未成立。

(3) 戊与己商购己的房屋,约定某日前往察看。己在数日前已将该房屋让与他人,但未通知戊,致戊耗费金钱,徒劳往返。

(4) 某百货公司的店员于展示货品之际,不慎伤害顾客;或百货公司的电梯发生故障,致顾客跌倒受伤。

在上述四个案例中,关于(1)之情形,第 246 条及第 247 条设有规定,即契约以不能之给付为标的者无效;当事人于订约时,知其不能或可得而知者,对于非因过失而信契约为有效,致受损害之他方当事人,应负赔偿责任。依学者的见解及法院判决,此即是所谓的缔结契约上过失(culpa in contrahendo)。然则,此项缔约上过失责任究竟是否仅适用于法律特定的情形,抑或可确立为一般法律基本原则(allgemeiner Rechtsgedanke),具有普遍适用性?缔约上过失如得确立为一般法律原则,其依据何在?具有何种特色?假若缔约上过失不得确立为一项法律基本原则,则上述

(2)(3)(4)的情形应如何处理?适用侵权行为法规定,是否符合当事人间的利益以及交易上的需要?

以上所提出的,是台湾一个基本问题,值吾人慎思熟虑,深入研究。culpa in contrahendo 在德国法上最称发达,为该国法制的一项主要特色,对瑞、奥、希、日、法、意等国的判例学说或立法例亦有深远的影响①,故先略为介绍,作为本文讨论的基础;接着再分析台湾的判例学说;最后则参酌德国判例学说,说明在缔约上过失的理论体系。

二、culpa in contrahendo

(一) Rudolf von Jhering 的伟大发现

缔约上过失问题,自罗马法以来,历经德国普通法迄至19世纪,向为立法上及学者讨论的重大问题,但系统的论述,多付阙如。② 直至1861年德国法学者耶林(Rudolf von Jhering),在其所主编的《耶林法学年报》(Jherings Jahrbücher für die Dogmatik des Bürgerlichen Rechts)第4卷发表了《缔约上过失、契约无效与不成立时之损害赔偿》(culpa in contrahendo oder Schadensersatz bei nichtigen oder nicht zur Perfektion gelangten Verträgen)一文,始对此项问题,从事系统的、深刻的、周密的分析。

依照耶林氏的观察,当时德国普通法(Gemeines Recht)过分注重意思说(Willenstheorie),强调当事人主观意思的合致,故不足适应商业活动的需要;要约或承诺的传达失实,相对人或标的物的错误,俱足影响契约的效力,例如买受人订购货品,误写十磅为百磅时,不仅得拒绝受领商品,对运送费用,且可不必负责;又要约受领人发送承诺后,于承诺生效前,要约

---

① 关于 culpa in contrahendo 在法制上之地位,参见 Nirk, RabelsZ 18(1953), S. 310ff.;美国法上之制度,详见 Friedrich Kessler and Edith Fire, Cupla in contrahendo, bargaining in good faith and freedom of contract-a comparative study, Harv. L. Rev. 1964. pp. 401-449,颇具参考价值。日本学者讨论 culpa in contrahendo 者,为数甚多,例如矶村哲"契约缔结上の过失",《民事法学辞典》,上卷,第460页;片山金章:《契约缔结上の过失论についど》,综法21(昭和34)。论述较详尽者有:北川善太郎:《契约缔结上の过失论について》1—3,载《京都法学论丛》69,2—4(昭和36),《契约缔结上の过失》,载《契约法大系》第1卷(昭和37),《日本法学の历史と理论》,第185页(昭和43年);上田彻一郎:《契约缔结上の过失》,《注释民法》第13卷,第54页。

② 参见 Hildebrandt, Erklärungshaftung, 1931, S. lf.

人已死亡时,亦妨碍缔约的成立;标的物客观不能,纵为要约人所明知,亦足致契约失效。耶林氏鉴于诸此事实,乃进而研究以下问题,即:契约因当事人一方的过失致不能成立时,有过失的一方应否就他方当事人因信赖契约成立而遭受的损失,负赔偿责任?对此,耶林氏采取肯定的见解,略谓:"从事契约缔结的人,是从契约交易外的消极义务范畴,进入契约上的积极义务范畴,其因此而承担的首要义务,系于缔约时须善尽必要的注意。法律所保护的,并非仅是一个业已存在的契约关系,正在发生中的契约关系亦应包括在内,否则,契约交易将暴露于外,不受保护,缔约一方当事人不免成为他方疏忽或不注意的牺牲品!契约的缔约产生了一种履行义务,若此种效力因法律上的障碍而被排除时,则会产生一种损害赔偿义务,因此,所谓契约无效者,仅指不发生履行效力,非谓不发生任何效力。简言之,当事人因自己之过失致使契约不成立者,对信其契约为有效成立的相对人,应赔偿基于此项信赖而生的损害。"①此即耶林氏著名缔约过失理论的精义,Dölle 教授誉之为法学上的发现(Juristische Entdeckung)。②

(二)德国民法之基本规定

德国民法制定之际,对于"缔约上过失"问题,亦有所讨论,多数起草者认为,此项理论不宜全盘接受而采为一般责任要件,故仅在若干情形,设有规定,其主要者有:① 错误的撤销,依《德国民法》第 123 条第 2 项规定,意思表示因错误而撤销者,表意人对于信其表示为有效而受损害之相对人,应负赔偿责任,但不超过相对人因信赖意思表示有效时,可得利益之数额。② 自始客观不能,《德国民法》第 307 条规定,订立以不能之给付为契约之标的时,明知给付之不能或可得而知之者,对于因信其契约为有效致受损害之他方当事人,应负赔偿义务,但不超过他方当事人就契约有效时可得利益之数额。③ 无权代理,依《德国民法》第 179 条第 2 项规定,代理人不知其代理权之欠缺者,就相对人因信其有代理权而受之损害,负赔偿之义务,但以不超过契约有效时,相对人可得利益之数额。

《德国民法》第一草案立法理由书明白指出,除前述法定情形外,于

---

① Jherings Jb. 41(1961), S. lf.

② Hans Dölle, Juristische Entdeckung, 1958.

缔约之际，因过失不法侵害他人权益者，究属侵权行为抑或是对一种法律行为上义务的违反，是一项解释的问题，应让诸判例学说决定。[①] 立法者既有所犹豫，未能遽为明确规定，culpa in contrahendo 此一制度于《德国民法》制定后，即在学说判例的培育下，展开其多彩多姿，富于戏剧性的发展！

（三）制度发展史

Culpa in contrahendo 的法律基础若何，德国学说判例曾提出各种观点，意见颇不一致，归纳言之，可别为三类，即侵权行为说、法律行为说及法律规定说。此三种学说，依其前后次序，适代表 culpa in contrahendo 理论发展的三个阶段，兹分别说明如下：

1. 侵权行为说（Deliktstheorie）

《德国民法》制定后的 10 年内，关于 Culpa in contrahendo 的理论，独占优势的，是侵权行为说，该说主张除法定情形外，因缔约上过失致生损害，系属侵权行为法规律的范畴。依此说，行为人在甚多情形对相对人所受的损害，将可不负赔偿责任，盖《德国民法》第 823 条所保护的，系生命、身体、健康、自由，所有权及其他权利，财产本身（Vermögen als solches），并不与焉。纵认为缔约上过失符合侵权行为的要件，则因有雇用人免责的规定（参阅《德国民法》第 831 条规定）、时效、举证责任等问题，对被害人利益的保护，尚不免疏漏，未臻周密。

2. 法律行为说（Rechtsgeschäftstheorie）

侵权行为说式微之后，继之而起，成为判例学说上通说的，系法律行为说，就其内容，颇为分歧，有谓责任的基础在于其后所缔结之契约（目的契约说 Zielsvertrag），此为耶林氏所力倡[②]，Leonhard 教授从之[③]，此说于提出以后，即备遭批评，论者多谓其在理论及实务上皆有重大缺点，例如对于契约因一方当事人有责行为致未缔结的情形，即难以适用。[④] 为补救此项缺点，判例乃认为，当事人于从事缔约行为之际，默示缔结责任契约（Haftungsvertrag）。于此，应特别注意的是，德国帝国法院 1911 年 12 月 7

---

① Mugdan, Motiven zum BGB, Ⅰ, S. 195.

② Jherings Jb 4(1961), S. 29-32.

③ 参见 Hildebrant, S. 56ff.

④ Larenz, Schuldrecht Ⅰ, 1971, S. 92 注 3.

日所作的判决(RGZ,78,239),此为关于缔约上过失责任制度第一个具有创设性的判决,基本上亦采此项观点。[①] 然而此说纯出于拟制当事人意思,系一时权宜之策,本身尚欠缺令人信服的力量。

3. 法律规定说

默示责任契约说纯属拟制,欠缺信服力,已如上述,德国帝国法院有鉴于此,乃改用类推适用方法,以建立 culpa in contrahendo 的责任基础,换言之,即认为《德国民法》第 122 条、第 179 条、第 307 条、第 309 条、第 523 条、第 527 条第 1 项、第 600 条、第 694 条等规定,含有一项基本原则,即因缔约上过失致生损害于他人者,应负赔偿责任,而此项原则,于其他法律未规定之情形,亦应适用(RCZ 104, 267; 107, 362; 120, 251)。迄至今日,德国学者尚有采此见解[②],但亦有持反对说者,Larenz 教授谓:"上述德国民法各项规定过于分散,其适用范围又严受限制,借总体类推方法(Rechtsanalogie),试图发现一般法律原则,实难谓妥。又《德国民法》第 122 条的规定,论其性质,系属信赖责任,不以行为人之故意过失为要件,实不能以之为类推适用之依据"。[③]

目前,德国通说认为,culpa in contrahendo 责任在实体法上的基础系《德国民法》第 242 条所规定之诚实信用原则(Treu und Glauben)[④],基此原则,从事缔约磋商之人,应善尽交易上必要的注意,维护相对人的利益,于违反时,应就所生的损害,负赔偿责任。Larenz 教授谓:"缔约上过失责任,与其说是建立在民法现行规定之上,毋宁认为系判例学说为促进法律进步,所创造之制度,经长久反复之适用,已为一般法律意识所接受,具有

① 本案简称为 Linoleum Teppichfall(软木地毯案件)。其案情为:某商店店员 W 于取出顾客(原告)B 所指示之软木地毯时,将其他两轴软木地毯推置一旁,不慎掉落,击中 B 及其旁站立之幼儿,致两人摔落地上,遭受伤害。德国帝国法院(Reichsgericht)认为,原告要求展示软木地毯,拟于检视后,再决定是否购买,W 君为促成买卖契约成立,特允其所请,如是观之,原告之请求展示地毯及 W 氏之应其所请,其目的旨在促成买卖,亦即达成某种法律效果,论其性质,显非一种单纯之事实过程,类如一种纯粹友谊行为所表示者然。基于当事人之行为,在彼此间业已形成了一种为买卖而准备之法律关系(Ein den Kauf vorbereitendes Rechtsverhältnis),此种法律关系具有"类似契约之性质"(Ein vertragähnlicher Charakter),在出卖人与有意购买之顾客间产生了一种法律上之义务,在展示商品之际,对相对人之健康及其他法益应予注意保护。

② Enneccerus/Lehmann, Schuldrecht, 1959, S. 190f.; Fikentscher, Schuldrecht, 1971, S. 66f.

③ Larenz, Schuldrecht I, S. 9lf.

④ Esser, Schuldrecht Ⅰ, 1969, S. 374f.;参见 Soergel/Lange, Kommentar zum BGB, 1967, § 145 Bem. 15.

习惯法之效力!”①

三、学说判例

(一) 现行规定

台湾地区现行“民法”师承德国法,关于缔约上过失,亦仅就特殊情形,设有规定,如依第 91 条规定,因意思表示之内容有错误而撤销其意思表示时,表意人对于信其意思表示为有效而受损害之相对人或第三人,应负赔偿责任;依第 110 条规定,无代理权人以他人代理人名义所为之法律行为,对于善意相对人,负损害赔偿之责;又契约因以不能之给付为标的而无效者,当事人于订约时,知其不能或可得而知者,对于非因过失而信其契约为有效致受损害之他方当事人,负赔偿责任(第 247 条)。除以上个别情形外,对缔约之时因违反照顾、通知、保护等义务,致生损害于他人,应如何解决,与德国民法相同,并未设一般规定。

(二) 学说

缔约上之过失,在学者著作中早已成为习用的概念,为学者所熟知。梅仲协先生认为,除第 247 条之规定为缔约上过失外,并谓:“当事人所欲订立之契约,其必要之点不合意者,则应负契约过失(culpa in contrahendo)之责任,该他方当事人因契约不成立而蒙受损害者,得请求相对人赔偿其消极利益。”②史尚宽先生认为,第 246 条及第 247 条的规定为关于订约上过失的责任;③郑玉波先生除肯定第 247 条第 1 项的规定,系订约上之过失外,并认为第 113 条关于一般法律行为亦有类似之规定。④

---

① Larenz, Schuldrecht I, S. 92.

② 参见梅仲协:《民法要义》,第 93 页。

③ 参见史尚宽:《债法总论》,第 489 页。

④ 参见郑玉波:《民法债编总论》,第 332 页。

关于第 113 条规定之功能,学说上意见颇不一致。梅仲协先生谓:“按‘民法’第 113 条所定之情形,可依据侵权行为或不当得利之原则,并比照‘民法’债编第 213 条至第 218 条规定,分别适用,似无分立专条之必要”(《民法要义》第 10 页注);王伯琦先生(《民法总则》第 202 页)及洪逊欣先生(《民法总则》第 523 页)均同此见解。史尚宽先生:《民法总论》,第 523 页,意见不同(参见王伯琦先生前揭书第 202 页注 1 之批评)。因此本条可否径认为属于缔约上过失之类型,尚有疑问。

由上述可知,梅仲协先生与郑玉波先生均肯定第247条为缔约上过失之规定,并且倾向于认为culpa in contrahendo为一般法律原则,得适用于其他类似情形。

(三)判例

在1969年新版《判例要旨》中,虽未能发现"最高法院"使用"缔约上过失"此一概念,惟在1972年台上字第656号判决则有类似的用语,略谓:"被上诉人因继承而取得土地登记簿上之所有人名义,并无'土地法'第43条规定之适用,其所为继承登记并无绝对效力,对于被征收之205之1号土地仍为无权利人。虽上诉人信赖登记而取得合法有效之抵押权,应受第43条之保护,但上诉人舍弃此项法律保护,而请求被上诉人赔偿非因过失订约之损害,或因被上诉人诈欺之侵权行为之损害,系上诉人之自由,原审未见及之,仅凭上揭理由,遽为上诉人不利之判决殊嫌速断。"① 本判决所谓有"因过失订约",系指第246条自始客观给付不能之情形,并未肯定culpa in contrahendo为一般法律原则,得适用于法定以外的情形。

四、缔约上过失责任之理论体系

(一)依据及性质

1. 适用侵权行为法之缺点

缔约磋商接触之际,因一方当事人的过失致引起相对人遭受损害,现行"民法"既未设一般规定,则依消极、保守的观点,不免认为除法定情形外,仅能依侵权行为的规定加以解决。但在进一步省察以后,将可发现,依侵权行为法处理此等类型的案例,具有三项缺点:

(1) 依第184条第1项前段的规定,受侵权行为法保护的,仅属权利,"财产"本身并不包括在内,故因他方当事人缔约上过失,致支出费用,遭受损失者,除其情形符合第184条第1项后段,故意以违背善良风俗之方法,加损害于他人的要件外,在现行"侵权行为法"上即乏救济

① 关于本判决全文及其检讨,参见拙文:《善意取得权利之抛弃与损害赔偿》,载于本书第277页。

之道。

(2) 依第188条之规定,雇用人对其受雇人之不法行为,得证明其于选任监督已尽相当注意而免责。由于分工合作系现代企业之特色,使用他人辅助从事一定业务,系属不可避免之事,雇用人举证免责后,被害人仅能向资力较弱之受雇人请求赔偿,殊失保障。诚然,民法设有衡平责任的规定,较为周密,但此仍为例外特殊规定,不能执为常则,雇用人免责的可能性,始终存在。

(3) 侵权行为法上所谓之损害,通常系指现存利益的减损,在缔约上过失,被害人所遭受的,系因其所期待契约的不成立或无效,致丧失缔约上的给付请求权,此可否依侵权行为法的规定请求赔偿,尚有疑问。

基于上述理由,创设缔约上过失一般原则,实有必要。

2. 信赖关系与先契约义务

culpa in contrahendo 制度是建立在先契约义务(Vorvertragliche Pflicht)的概念之上。按契约关系是一种基于信赖(Vertrauen)而发生之法律上特别结合关系。为使债权能够圆满实现,或保护债权人其他法益,债务人除给付义务(Leistungspflicht)外,尚应履行其他行为义务(weitere Verhaltenspflicht),主要有协力义务、通知义务、照顾义务、保护义务及忠实义务等。诸此义务,系以诚信原则为基础,并非自始确定,而是随着债的关系进展,依事态情况而发生,故在学说上又称为附随义务(Nebenpflicht)[①],债务人违反此项义务时,应就所生之损害负赔偿责任,并适用债务人违反给付义务的原则。

当事人为缔结契约而接触磋商之际,已由一般普通关系进入特殊联系关系,相互之间建立了一种特殊的信赖关系(Vertrauensverhältnis),虽非以给付义务为内容,但依诚实信用原则,仍产生了上述协力、通知、照顾、保护、忠实等附随义务,论其性质及强度,超过一般侵权行为法上的注意义务,而与契约关系较为相近,适用契约法的原则,自较符合当事人的利益状态。

此种基于诚信原则及先契约义务而建立的缔约上过失责任,其法律上的性质,不易确定,德国联邦法院称之为类似契约关系(vertragähnliches

---

① 关于 Weitere Verhaltenspflicht 及 Nebenpflicht 的概念及其他问题,请参见 Larenz, Schuldrecht Ⅰ, S. 89. ff., 110f., 142, 200, 221, 263f.

Verhältnis),Esser 教授亦如是称之,Stoll 教授称之为“缔约行为的法律关系”(Rechtsverhältnis der Vertragsverhandlungen),Larenz 教授另称之为“无主给付义务之法定债的关系”(gesetzliches Schuldverhältnis ohne primäre Leistungspflicht)。学者用语虽有不同,但其基本见解则无差异,即均认为缔约上过失责任制度,系为补充现行规定而创造的一种法定债之关系。

3. 法官造法与一般法律原则

现行“民法”关于缔约上过失设有个别规定,例如第 91 条、第 110 条、第 247 条等,然如上所述,一方面由于侵权行为法规定不足保护当事人在缔约阶段的利益,他方面由于当事人因缔约接触已发生的信赖关系,因此应以规定为基础,以诚信原则为依据,建立缔约上过失的一般原则:在契约接触或磋商之际,因一方当事人之过失未尽保护、通知、协力等义务,致他方当事人遭受损害时,应负损害赔偿责任。

良好创造法律进步的活动,必须具备三项条件,

(1) 所提出的规则能适用于一定的案件类型(Falltypus)。

(2) 法律要件与法律效果的结合,系基于法律上的考虑,旨在实践一项实体的法律原则(Ein materialles Rechtsprinzip)。

(3) 所创造的规则必须能与既存法律秩序融为一体,契合无间,以维护法律秩序内在的一致性。①

缔约上过失制度的建立,完全符合此三项原则:就要件而言,系以契约磋商行为或接触为对象,范围足资确定,基于此等要件产生了注意、保护、通知、协力等义务,其所以使违反诸此义务之人,依契约法之原则负赔偿责任,旨在实现信赖原则(Vertrauensprinzip),故整个制度可由此圆满纳入契约上的基本理论体系与思想。

(二) 责任要件及类型

1. 先契约义务的违反及判断标准

缔约上过失责任的基础在于违反通知、阐明、保护及照顾等义务。当事人是否负有此等义务,应视具体缔约磋商接触情形,依第 219 条所

---

① Larenz, Kennzeichnen geglückter richterlicher Rechtsfortbildung, 1965, S. 13f. 关于私法上创造法律原则在方法论上一般问题,请再参见 Esser, Grundsatz und Norm in der richterlichen Fortbildung des Privatrechts, 2. Aufl. 1964.

规定之诚实信用原则而决定，至于行为人是否违反此项义务，应视行为人是否已尽交易上必要的注意而定之。在此方面，必须特别斟酌缔约当事人彼此间的信赖关系及各当事人在交易上通常所应承担的危险（Geschäftsrisiko）。[①]

2. 缔约上过失的重要类型

因缔约上过失，致生损害于他人，形态至为繁杂，为期明了，应依特定的观点组成类型，避免适用之际，己意出入其间，致影响法律适用的安定性，兹参酌德国判例学说及台湾学者的见解，试加分类。类型（Typen）是开放的，不是闭锁的，是具有弹性的，不是一成不变的，因此具有创设发展的可能性。[②]

（1）现行“民法”上之类型

① 错误意思表示的撤销。依第 88 条、第 90 条及第 91 条规定，表意人意思表示错误或被传达失实，非由表意人自己之过失者，得撤销其意思表示，但对信其意思表示为有效而受损害之相对人或第三人，应负赔偿责任。此项规定的性质系属担保责任，不以表意人的过失为责任要件，因此是否可认为属于缔约上过失责任之类型，虽有疑问，但据其发展史观之，基本上仍建立在缔约上过失思想之上，但加重了表意人的责任[③]，不以过失为责任要件。

② 无权代理。依第 110 条规定，无权代理人以本人名义所为的法律行为，对于善意之相对人应负损害赔偿责任。依本条规定，无权代理人无论有无过失均应负赔偿责任，故属无过失责任，但此亦系基于缔约上过失思想而建立的一种制度。

③ 给付自始客观不能。依第 247 条规定，契约因以不能之给付为标的而无效者，当事人于订约时，知其不能或可得而知者，对于非因过失而信其契约为有效致受损害之他方当事人，负赔偿责任，此为判例学说所公认缔约上过失最重要之类型。

（2）缔约上过失原则建立后得适用的类型

① 契约不成立。契约在表面上虽已缔结，但实际上因当事人意思表

---

① Larenz, Schudrecht Ⅰ, 1970, S. 92.

② 关于 Typen 的理论，最近在德国讨论甚多，参见 Viehweg, Topik und Jurisprudenz, 1953, 3. Aufl., 1965; Larenz, Methodenlehre der Rechtswissenschaft, 2. Aufl., 1969, S. 423ff, 445ff.

③ Esser, Schuldrecht Ⅰ, S. 374f.

示不一致而未成立时,有过失的一方,就相对人因信赖契约成立而所受的损失,应负赔偿责任。

② 契约无效。有过失的一方应负损害赔偿责任,第 247 条关于给付自始客观不能设有明文。然而契约无效的情形,尚有多种,其最主要者,有第 72 条规定,法律行为不依法定方式者,无效。因此,因当事人一方的过失,法定方式未能践行,致契约无效时,缔约相对人就其因信赖契约已履行法定方式有效成立而受之损害,得依缔约上过失原则,请求赔偿。①

③ 缔约之际未尽通知等义务致他方遭受财产上损失。在本文前举之 C 例,戊与己商谈购买己之房屋,戊定于某日前往己处查看房屋。己在数日前已将该栋房屋让售他人,但未将此事适时通知戊,致戊徒劳往返。若己适时通知,戊即无须前往察看房屋,旅费可不必支出,其所受的损失,既因己违反通知义务,故己应负赔偿责任。②

④ 缔约之际未尽保护义务致他方身体健康遭受损害。由于交易行为的接触,因当事人一方的过失,致他方的生命法益或所有权,遭受损害,此种情形的发生,系由于未善尽保护、照顾等义务之故。在此情形,通常亦会构成侵权行为责任。德国判例学说所以认为被害人得依 culpa in contrahendo 请求损害赔偿者,其主要原因,乃在于避免雇用人依《德国民法》第 831 条规定,证明其对受雇人的选任监督已尽相当注意而免责。culpa in contrahendo 制度即在补救此项缺点,盖在当事人间若有债之关系存在,债务人依《德国民法》第 278 条规定(相当第 224 条规定),对其使用人之过失,应与自己过失同视,不得举证免责,对被害人较为有利。③至于其他国家,于类此案例多依侵权行为法处理。因此,在台湾“现行法”上,缔约上过失责任于此种情形是否应予适用,似仍有斟酌研究余地。

---

① 然而应特别注意者,依 1942 年新《意大利民法》第 1338 条规定:“Die Partei, die einen Grund für die Ungültigkeit des Vertrages kennt oder kennen muss und der anderen Partei davon keine Kenntnis gibt, hat ihr den Schaden zu ersetzen, der ihr aus dem schuldlosen Vertrauen in die Gültigkeit des Vertrages erwachsen ist.”(当事人之一方对于契约无效之原因已知或可得而知,而未对相对人为通知者,就其因无过失信赖契约有效而受之损害,负赔偿之责任。)参见 Nirk, aaO. S. 326.

② 本例采自 Larenz, Schuldrecht I, S. 90.

③ 关于 culpa in contrahendo 与侵权行为制度之关系,颇有争论,有人认为创设 culpa in contrahendo 之目的在于克服侵权行为法之缺点,尤其是《德国民法》第 831 条(相当第 188 条)雇用人免责之规定;有认为 culpa in contrahendo 具有独立存在之价值,其详请参见 Nirk, S. 350f.

(三) 法律效果

1. 缔约上过失赔偿责任的范围

基于缔约上过失而发生的损害赔偿请求权的内容,涉及两个问题,一为被害人所得请求者,究为履行利益(Erfüllungsinteresse)(积极利益 positives Interesse),抑或仅系信赖利益(Vertrauensinteresse)(消极利益 negatives Interesse);二为所得请求者,若为信赖利益,则应否以不超过履行利益为原则? 此两点甚有争论。一般言之,被害人得请求的,系若无加害行为时,其所处的状态,故应以信赖利益为原则;至其范围,应视违反义务的态样及侵害行为而有不同。若因违反保护义务,侵害相对人的身体健康或所有权,而此种情形亦可认为得构成契约上过失责任时,则加害人所应赔偿的,系被害人于其健康或所有权所受一切损害,即所谓维持利益(Erhaltungsinteresse),而此可能远逾履行契约所生的利益,从而不发生以履行利益为界限的问题。若加害人所违反者,系信赖义务(Vertrauenspflicht),例如未为适当阐明或告知致他方支出无益费用时,加害人所应赔偿的,亦不以履行利益为限度。①

2. 被害人与有过失

依"民法"第 91 条、第 110 条及第 247 条规定,受害人因自己之过失,误认契约成立或生效者,根本不得请求赔偿。此项规定过于僵硬,缺乏弹性,因此,在缔约上过失责任,被害人与有过失者,仍应适用第 217 条过失相抵之规定。准此,被害人对其缔约上使用人之与有过失,亦应依第 224 条规定负责。②

3. 消灭时效

基于缔约上过失而生之损害赔偿请求权,原则上应适用"民法"第

---

① 信赖利益损害赔偿的范围,《德国民法》第 122 条及第 307 条均规定不得超过意思表示有效或契约成立时相对人所可得之利益为限。台湾"民法"对此未设类似规定,但学者多采相同的解释,参见梅仲协:《民法要义》,第 81 页,第 158 页;史尚宽:《民法总论》,第 371 页;王伯琦:《民法总则》,第 163 页;洪逊欣:《民法总则》,第 387 页;郑玉波:《民法总则》,第 250 页。关于 culpa in contrahendo 的赔偿范围,本文所采之见解,系德国学者通说,但仍然甚有争论,详见 Esser, Schuldrecht Ⅰ, S. 375f.; Fikentscher, Schuldrecht, S. 69; Hildebrandt, S. 242; Larenz. Schuldrecht Ⅰ, S. 95 及所引判例资料文献;Mao-Zong Huang(黄茂荣), Umfang des Schadensersatzanspruchs bei culpa in contrahendo(缔约上过失损害赔偿请求权范围)(Unveröffentlichte Dissertation, Tübingen, 1974《德国杜平根大学博士论文》)。

② Esser, Schuldrecht Ⅰ, S. 379.

125 条所规定的一般时效规定，即 15 年。但若缔约符合特定契约类型时，则为使法律关系尽早了结，则应适用该当契约的特别时效。至于契约过失亦构成侵权责任时，应适用第 197 条所规定侵权行为请求权的短期时效，自不待言。①

五、结　　论

当事人因缔约接触或磋商，在彼此间建立了一种特殊信赖关系，互负协力、照顾、通知、保护等义务。对此种先契约关系，民法仅就若干特殊情形，设个别规定，并未确立一般原则。德国民法经由判例学说创设了缔约上过失一般法律原则。1940 年《希腊民法》更设有明文，于第 197 条规定："从事缔结契约磋商行为之际，当事人应负遵循依诚实信用及交易惯例所要求的行为义务。"第 198 条规定："于为缔结契约磋商行为之际，因过失致相对人遭受损害时，应负损害赔偿责任，纵契约未能成立亦然，关于此项请求权之时效，准用基于侵权行为请求权时效之规定。"②为保护从事缔约磋商接触当事人间的信赖利益以及维护交易上的安全，认为应以"现行法"的个别规定为基础，依据诚实信用原则，斟酌具体案例类型，逐渐扩大缔约上过失责任的适用范围，并进而建立其为一般法律原则，期能合理规范当事人间的缔约磋商行为。关于缔约上过失制度，台湾论著尚少，本文所提出的一些观点，或有可供参考之处。然而此项重要法律原则的创立，影响甚大，争论之点尚多，整个制度的建立、形成或发展方向，仍有待判例学说或立法进一步检讨与研究。

---

① 基于缔约上过失所生请求权的消灭时效，甚有争论，《希腊民法》第 198 条规定准用侵权行为规定（参见本页注②）。本文所采者为德国学说及判例上的通说，参见 Larenz Schuldrecht Ⅰ, S. 97; RCZ 129, 280; BGHZ 49, 77; BCHZ NJW 1964, 1225; BGHZ 47, 53; NJW 1968, 1472.

② 1940 年《希腊民法》已将缔约上过失订为一般原则，第 197 条规定："Bei Verhandlung zur Schließung eines Vertrages sind die Parteien gegenseitig verpflichtet, das nach Treu und Glauben und nach der Verkehrssitte gebotene Verhalten zu beachten."；第 198 条规定："Wer bei Verhandlungen zur Schließung eines Vertrages dem andern schuldhaft einen Schaden zugefügt hat, ist zum dessen Ersatz verpflichtet, auch wenn der Vertrag nicht zustande gekommen ist. Auf die Verjährung dieses Anspruchs findet die Vorschrift über die Verjährung der Ansprüche aus unerlaubten Handlung entsprechende Anwendung."（引自 Nirk, S. 322）。关于《希腊民法》参见 Demoetrius Cegos, Das Zivilgesetzbuch von Griechenland, Materialien zum ausländischen und internationalen Privatrecht 1, 1951.

事实上之契约关系

一、Haupt 教授革命性之理论

（一）基本理论

在20世纪30年代及40年代初期的纳粹德国，法律学者再度排斥罗马法的个人主义①，致力重建日耳曼法的团体思想，积极从事司法改革，并对既存的法律理论体系发生疑问，进行全面检讨，更提出了挑衅。就在这个时刻，于1941年1月29日，Günter Haupt 氏就任莱比锡大学教授职务，发表了一篇专题演说，“论事实上之契约关系”（Über faktische Vertragsverhältnisse）②，全文仅数万字，但却震动整个德国法学界，其冲击力之强大，影响之深远，似无前例。传统契约理论，备受批评与攻击，遂酿成新旧两派学说之冲突。迄至今日，时隔三十余年，争辩之热烈，犹未稍减。③

契约为现代交易上最重要的制度，其所蕴含代表的，为个人之自尊及自信，得本其自由意思，与自己所选择之相对人，缔结契约，以创造规范彼此权义之规范。依照传统理论，契约因当事人意思合致而成立，而所谓意

---

① 其代表性之著作，例如 Heinrich Lange 教授之 Vom alten zum neuen Schuldrecht, 1934.

② 依德国大学之传统，就任大学教授或校长职务之人，例须就其专攻学科公开发表专题演讲，其中甚多产生重大影响，印为专书，风行一时。就法律学而言，除 Haupt 教授之《论事实上之契约关系》外，尚有 Zitelmann 之 Lüken im Recht, Heck 之 Das Problem der Rechtsgewinnung 等皆传颂于世，常为学者所引用。笔者昔日在海德堡及慕尼黑读书时，曾数次听讲此类演说，于今思之，颇兴怀念之情。

③ 最近之争论，参见 Esser, Möglichkeiten und Grenzen des dogmatischen Denkens im modernen Zivilrecht, AcP 172, 97ff.; Simitis, Die Bedeutung von System und Dogmatik, dargestellt an rechtsgeschäftlichen Problemen des Massenverkehrs, AcP 172, 131f.

思表示,系谓以达到一定法律效果为目的,将其内心意思表现于外部之行为,或为明示,或得借他种事实而推知。又依据传统理论,契约仅能依双方当事人意思合致之缔约方式而成立,别无其他建立契约关系之途径。①

Haupt 观察法律交易之实际活动,认为由于强制缔约制度之存在,尤其是一般契约条款(allgemeine Geschäftsbedingungen)之普遍使用,在甚多情形,契约关系之创设,不必采用缔约方式。例如就搭乘电车或利用瓦斯而言,向来之判例学说均以为契约关系必因要约与承诺而成立,然为达此目的,常需借助默示,甚至纯粹拟制之意思表示,期能适应传统之思维模式。Haupt 对此批评甚烈,认为泥守古老观念,不能解决问题,应有勇气面对现实,承认一项新的理论,即在若干情形,契约关系得因事实过程(tatsächliche Vorgänge)而成立,非必依缔约之方式不可,故当事人之意思如何,可不必问。此种因事实过程而成立之契约,Haupt 称之为"事实上之契约关系",论其性质,并非系类似契约之法律关系,而是确具契约内容之实质,与传统契约观念不同者,仅其成立方式而已,故关于其内容仍应适用契约法之规定。Haupt 深信此项理论,远较传统体系符合实际生活,对于合理处理实际问题,尤多裨益。②

二、三个基本类型

据 Haupt 教授之说明,此种不依缔约方式,仅因事实行为而成立之契约关系,甚难归摄在统一的法律要件之下,仅能就其典型情况而为认识,依其构成因素,并可别为三个基本类型,即:① 基于社会接触(kraft sozialen Kontakts)。② 基于纳入团体关系(kraft Einordung in ein Gemeinschaftsverhältnis)。③ 基于社会给付义务(kraft sozialen Leistungsverpflichtung)而生的事实上之契约关系③,兹分别说明:

(1) 所谓基于社会接触而生的事实上契约的关系,其所涉及之现象为缔约过失问题。当事人为缔结契约,势必有所接触,因当事人一方之过失,致他方遭受损害者,时常有之。例如顾客于选择商品之际,因店员疏忽,致为物品所击伤,契约亦未能缔订。在此情形,若适用侵权行为法规

---

① Haupt, Über faktische Vertragsverhältnisse, Leipziger rechtswissenschaftliche Studien, 1941, S. 3f.

② Haupt, S. 8f.

③ Haupt, S. 9f.

定,因举证及时效问题,被害人请求赔偿,常难奏效,兼以受雇人资力薄弱,雇用人又得主张免责,对被害人利益之保护,颇嫌不周。为使被害人得主张契约上之权利,德国判例学说特另辟途径,认为当事人为缔约而接触时,即默示意思表示成立了一种“预备性之契约”(vorbereitender Vertrag)或维护契约(Erhaltungsvertrag)。[①] Haupt 教授认为,此种契约之成立方式,纯属拟制,盖当事人之间,并无缔约意思,甚为显然;又因适用意思表示规定,有责之一方更得以意思表示错误为借口,撤销其意思表示,以逃避契约上之责任。职是之故,Haupt 教授主张应放弃以意思表示为契约关系成立之基础,另寻客观要件,此即社会接触之事实。当事人因社会接触产生照顾、通知、保护等义务,基此事实即足成立契约关系。[②]

(2) 所谓基于团体关系而生之事实上契约关系,其最主要者系事实上之合伙(faktische Gesellschaft)及事实上之劳动关系(faktisches Arbeitsverhältnis)。合伙或劳动契约在实施或履行之后,始发现其为无效或因瑕疵致被撤销时,依德国民法之一般原则,当事人所受领之给付,应依不当得利规定,负返还义务,然如此势必导致复杂繁难之结果。Haupt 教授认为,合伙之共同事业若已实施,或劳务已为一部或全部给付,无论在内部或外部既均已发生复杂之法律关系,则此种法律关系实际上业已存在之事实,即不容任意否认,置之不理。合伙或企业系具有团体性之组织,当事人既已纳入其内,则基此事实,即应成立契约关系,并依此而处理彼此间所发生之权义关系。[③]

(3) 电气、瓦斯、自来水、电车等,系现代经济生活不可欠缺之给付(Leistung für Daseinfürsorge),通常系由大企业经营,就使用之条件及所生之权利义务,订有详密之规定,相对人既少选择自由,对企业所订之条款,亦难变更。依传统之观念,利用此等给付系基于对企业者要约之默示承诺。Haupt 教授认为,如此之意思合致,系毫无血肉之形体(blutleeres Gebild),与契约之本质并未符合。前述之各项给付具有社会义务,提供者非有正当理由不得拒绝,利用者对使用条件亦无讨价还价之余地,因此,不必假借当事人意思,拟制法律行为之要件,应毅然承认,利用此等给付

---

① 参见 Siber, Dogm J. 70, 258f.; Hildebrandt, Erklärungshaftung, 1931, S. 225f.

② Haupt, S. 10f.

③ Haupt, S. 16f.;参见 Siebert, Die faktische Gesellschaft, in: Festschrift für Hedemann, 1938, S. 266ff.

之事实行为,即可成立契约,确定当事人间之权义关系,至当事人之内心意思如何,可不必问。①

二、德国之学说与判例

(一)学说

1. 新旧两说

Haupt 教授"事实上之契约关系"的理论发表之后,在德国法学界立即引起争论,几乎每一位享有盛誉的民法学者均曾表示意见,采取立场,百家争鸣,蔚为盛事。② 1957 年在 Bergentheim 举行之德国民法教授会议(Zivilrechtslehrertagung 1957),更曾就此问题从事深入研讨,其所获得之唯一结论是:对此问题难有定论。③

对于 Haupt 之理论,德国权威学者严厉批评,疾言痛击者,颇有其人,其著者如 Lehmann 教授谓:"Haupt 氏之理论,是对根深蒂固契约观念之攻击"④;"其威力有如一颗原子弹,足以摧毁忠实于法律的思想方式"。⑤ Nipperdey 亦谓:"Haupt 之整个理论结构,违背现行法规定,与实际生活观念既不相符,在实务上尤无必要,其所提出之问题,依传统之理论,尽可获得合理之解决"。⑥ 在激烈的批评中,夸大之辞,误会之处,势所难免,例

---

① Haupt, aaO. S. 21f.

② 兹举出重要文献,用以参考:Blomeyer, Anmerkung zum Urteil des BGH vom 14. 7, 1956, MDR 1957, S. 153f.; Esser, Gedanken zur Dogmatik der "faktische Schuldverhältnisse", AcP 157, 86; Larenz, Die Begründung von Schuldverhältnissen aus sozialtypischem Verhalten, NJW 1958, 198f., NJW 1958, 862; Lehmann, Das faktische Vertragsverhältnis, Jherings Jb. 90, S. 131ff., Faktische Vertragsverhältnisse, NJW 1958, 189ff.; Nikisch, Über faktische Vertragsverhältnisse, in: Festschrift für Hans Dölle, Bd. Ⅰ, 1963, S. 79ff.; Nipperdey, Faktische Vertragsverhältnisse, MDR 1957, 129ff.; Siebert, Faktische Vertragsverhältnisse, 1958; Simitis, Die faktische Vertragsverhältnisse als Ausdruck der gewandelten sozialen Funktion der Rechtsinstitute, 1597; Wieacker, Urteilsanmerkung, JZ 1957, 61f., Rezension über Simitis Spiros, JZ 1059, 382.

③ 关于此次会议之报导,参见 Habscheid, Bericht über die Tagung der Zivilrechtslehrer in Bad Mergentheim am 9 und 10 Oktober 1957, AcP 157, 100ff.

④ "Ansturm auf die alteingebürgerte Kategorie des Vertrages", Lehmann, Jherings Jb. 90, 132f.

⑤ Lehmann, "Atombombe zur Zerstörung gesetzestreuen juristischen Denkens", NJW 1958, 1ff.

⑥ Nipperdey, MDR 1957, 129f.

如有学者指责 Haupt 教授欲推翻以意思合致为基础之整个契约理论(die ganze bisherige Kategorie des auf einer Willenseinigung beruhenden Vertrags über Bord zu werfen)。[①] 实则,Haupt 氏所倡导者,系在传统缔约方式外,尚应承认因事实过程亦能成立契约关系而已。

在另一方面,亦有甚多学者对 Haupt 教授之理论表示同情,或称赞其能充分表现私法制度社会功能的演变[②],或嘉许其能面对现实,将法律之解释适用从拟制之中解放出来,对于妥适合理解决实际问题,裨益甚巨。[③]

2. 争论要点

"事实上之契约关系"系新创之概念,特别引人注意,争论要点可归纳为两项:

(1) 契约关系,系指一种基于意思合致而成立之法律关系,倘若某项法律关系得因事实之力量而成立,则其本质即非属契约,故所谓事实上之契约关系者,系一个自相矛盾之概念。

(2) Haupt 所列举之三种类型,内容彼此迥异,仅在消极方面具有相同之特征,即欠缺一个无瑕疵、完全有效之契约为其法律关系之基础;此种概念之组成,无法明确区分各种类型之要件,失诸笼统,有害法律适用之安定性。上述批评,确属有据,但"事实上之契约关系"之概念,一经提出,即被接受。Haupt 教授所以选用此项用语,或即鉴于其冲击力之强劲,亦未可知。

德国学者倾向于主张应就 Haupt 所提出之三种类型,分别审究其内容,评定其价值与功能。所谓基于社会接触而发生之事实上契约关系,通说认为,其所涉及之问题,可借缔约上过失之理论(culpa in contrahendo)予以解决,是项概念,应予放弃,不宜采用。又所谓"事实上合伙及劳工关系",一般教科书虽普遍使用,但极力反对者亦有其人[④],认为其所欲解决之问题,得依信赖及诚信原则处理,不必另创概念。

应特别说明者,系所谓之"基于社会给付义务而生之事实上契约关

---

① Lehmann, Jhering Jb. S. 134, 140.

② Simitis, S. 217ff.; Tasche, Jhering Jb. 90, S. 101ff.; Esser, AcP 172, 12f.; Gierke. ZHR 109, 265f.

③ 参见 Nikisch, S. 83f.

④ Lehmann, NJW 1958, 1981ff.

系”。保守之学者深信,传统契约理论对于规范电力、瓦斯、自来水及大众交通工具之利用问题,尚可胜任。在企业方面为要约,在使用人方面为承诺,二者均为意思表示,或为明示,或为默示,但必须具有效果意思,若有在利用之际,声言不欲缔约者,其口头表示抵触实际行为,应不予考虑,契约仍可成立。弹性解决法律行为之观念,既足适应现代大量交易(Massenverkehr)上之特殊事态,承认基于事实行为亦得成立契约关系,殊无必要;纵使承认之,亦不外系以新的拟制代替旧的拟制(neue Fiktion für eine alte),是否允当,容有商榷余地。①

另有一派学者则赞同 Haupt 的思想,并从各种角度力加阐扬,使其理论结构,益臻严密。在此方面贡献最大,影响最称深远者,当为 Larenz 教授所提出之“社会典型行为之理论”(Die Lehre vom sozialtypischen Verhalten),其说略谓:“现代大量交易产生了特殊现象,即在甚多情形,当事人无须为真正意思表示,依交易观念因事实行为,即能创设契约关系。其所涉及之客体,主要是生活上不可欠缺之照顾给付。对此给付,任何人均得支付一定费用而为利用。在此种情形,事实上之提供给付及事实上之利用行为,取代了意思表示。此两种事实行为并非系以发生特定法律效果为目的之意思表示,而是一种事实上合致的行为,依其社会典型意义,产生了与法律行为相同之法律效果。乘坐电车或公共汽车,使用人未先购票,径行登车,即其著例,在此情形,乘客之通常意思,系被运送至目的地,并未想到应先缔结运送契约,同时亦未有此表示;一般言之,登车之人多意欲承担其行为之结果,并愿支付车费,然而,其是否有此意思,他人是否认识,对于成立依契约原则加以处理之运送关系,不生任何影响。”② Larenz 教授此项社会典型行为说,似较 Haupt 之见解为缜密,甚受学者重视,德国联邦法院在下述 BGHZ 21, 319 一案即曾采为判决之理论依据。

(二)判例

1. BGHZ 21, 319

当德国学者对“事实上契约关系”的理论依据及其实用价值争论不

---

① Nipperdey, MDR 1957, 129f.;参见 Hitzemann, Stellvertretung beim sozialtypischen Verhalten, 1969, S. 15.

② Larenz, NJW 1956, 1897ff., Schuldrecht I. 1963, S. 33f., Allgemeiner Teil des BGB, 1967, S. 349f.

已之际，德国联邦法院于1956年7月14日在有名之停车费案件的判决中，毅然采取Haupt及Larenz的理论，明白承认基于事实利用行为亦得产生契约关系的可能性。此项判决，对新派学者而言，固为重大之胜利，但传统的学者，则对之严厉批评，指责其混淆法律体系，而深表遗憾。[①] 由于此项判决具有特别意义，并充分显示德国法院判决之风格，特摘译如下：

（1）事实摘要：汉堡市政府基于议会1953年4月28日的决议，将邻近马路两侧之公地开辟为停车场，交由私人企业经营，供民众停车之用，并收取一定费用。被告在1953年9月3日至10月12日之间，曾数度在市政府广场附近新设的停车场停车。该停车场四周划有白线，立有标志，表明停车收费。被告自始即对经营该停车场原告的受雇人表示，此停车场系属公地，任何人均得使用，无须其看管汽车，并拒付报酬。原告请求被告支付停车费共计25马克，并谓纵使看管汽车之契约不成立，被告亦享有利益，构成不当得利。此外，原告主张因被告之停车致无法再处分该场所，所以应收取费用。

（2）判决理由：……原告之诉，具有理由。原告系基于不当得利及不法行为主张支付请求权，但此并不妨碍法院从其他法律观点审查请求权的基础。在本案，当事人之意思表示未趋于一致，契约并未成立，虽属无疑，鉴于案情之特殊，当事人间之法律关系可否即视为系一种契约关系，殊有研究余地。

Haupt教授在其《论事实上之契约关系》一文(《莱比锡大学法学院纪念Siber教授论文集》，第2卷，第1页)，曾严厉批评契约仅能因意思合致而成立之传统理论，不足适应实际生活状态，因而主张应承认“事实上之契约关系”之存在，此种事实上契约关系之基础并非在于契约之缔结，而是在于一种社会给付义务(soziale Leistungspflicht)。Haupt曾以乘坐电车为例，对此详加说明，认为利用此种为社会生活而提供之设施，并非系基于运送公司与乘客间之合意，究其实际，凡依规定而利用电车之事实即可直接创设契约，在当事人间发生一定之权利义务关系，此种权利义务关系之范围系确定在先不能变更，故无须为一种法律行为上之合意。Tasche教授亦认为，契约关系除缔约行为外，亦能因诚信原则及实际事态过程而

① Enneccerus/Lehmann, Schuldrecht, 1959, S. 181f.

成立(《耶林法学年报》,第 90 卷,第 128 页),最近 Larenz 教授亦采同样观点,称之为"基于社会典型行为而生之债务关系"。据 Larenz 教授之见解,现代大量交易所产生之债务关系,其基础不能求诸当事人间之合意,而系存在于某项给付纯事实上之公开提供,及参与交易活动者对于此项给付纯事实上之利用,此项行为因欠缺表示意思,故不能视为系双方之意思表示,仅是一种事实过程,依其社会典型意义,具有与法律行为相同之法律效果。利用一种为公众提供运送机会而产生之契约关系,并非系乘客有此意望,其所以产生此项效果者,系利用行为合于典型交易关系之故(《债法教科书》,第 1 卷,第 4 节)。

就原则而言,此项观点,诚属正确,既不违背现代大量交易活动之实际状态,其所产生之结果与典型人类行为现象甚称吻合,在本案实有适用余地。任何人在营业期间利用停车场,基此行为即可成立一个契约上的法律关系,负有支付费用之义务,至停车之人是否有此意思,在停车之际,是否有所表示,在所不问。原告对于停车场享有特别使用权,得依规定收取费用,前经述明,被告不得辩称其认为停车场系属公地而拒付报酬。

论者或有认为,就支付报酬而言,承认契约关系之存在,殊无必要,盖原告得依不法行为规定,主张其权利。但在此种情形,原告必须证明,因被告使用停车场致被迫拒绝其他愿意支付费用停车之人,唯有如此,被告之行为始构成不法侵害原告之企业经营,而于有故意或过失时负赔偿责任。假若依不当得利规定而为判决,则被告须返还其无法律上原因而增加之财产,盖被告获得停车机会享有利益,剥夺原告之处分权,致原告受有损害。然为确定被告之得利,必须计算被告在停车前后,为寻找另外一个适当停车场所耗费之时间及燃料,显非容易之事。

综据以上考虑,若吾人不承认在当事人间成立契约关系,并依此原则决定其权义关系,则必须在契约关系外,另寻解决途径,其所产生之结果适与事实乖离,违背情理。职是之故,本庭采取如下观点:于营业期间,在停车场停车或准备停车,但自始拒绝支付费用之人,原告基于其对停车场之占有,固受法律之保护,得排除他人之侵害,有侵害之虞者,并得防止。此项请求权,并未具重大实益,在停车场,车辆往来频繁,原告能否有效行使其权利,颇有疑问。因之,不论被告有无缔约表示,基于事实上之停车行为,即成立契约,发生请求报酬之权利,此项见解,最切合事实……

2. BGH NJW 1957, 627

1957年,德国联邦法院又在一件被告未经缔约,擅自装设导管,输配电力之案例中,采取同样见解,略谓:“最高法院在1956年7月14日的判决,采取因社会典型行为亦得发生契约关系之理论,认为在现代大量交易之社会,有若干情形,纵当事人间欠缺合致之意思表示,亦得成立契约关系。Wieaker教授对此判决未表赞同,盖其以为依可推知当事人行为意思,或否认被告口头保留之效力,即可依传统理论成立契约。然本庭认为上述联邦法院之判决,系属正确,应可遵循。”①

3. BGH NJW 1965, 387

在1964年12月16日另一个案件中,有某市政府将公有之广场辟为停车场,某私营之公共汽车公司承核准单位之命令,须利用该广场作为停车站,故长期在该广场停车。二审法院判决认为,不论被告有无缔约意思,因事实上之利用即成立私法上之契约关系,从而产生支付费用之义务。联邦法院在其判文中亦提到,Larenz教授社会典型行为之理论,但并未明白表示肯定或否定之态度,仅认为在本案,依传统理论契约亦可成立;若意思表示有疑义时,则应依客观交易典型加以解释。②

综据上述,可知德国联邦法院始者毅然采取Haupt及Larenz教授具有革命性之见解,肯定因社会典型行为亦能成立契约关系。最近在若干有名学者之攻击下,似又略显犹豫,徘徊不决,以后之发展如何,颇难预料③,惟应注意者,在BGHZ 21, 319判决之影响下,下级法院依然采取新的理论,作为判决之基础。④

三、分析检讨

(一)概说

事实上契约关系之理论,在德国引起热烈争辩,迄无定论,前经简要述明。新派学者正本着法社会学的立场,积极建立完整体系,希望赢得更

① BGH NJW 1957, 627(Elektrizitätsfall).

② BGH NJW 1965, 387(Omnibusbahnhofsfall).

③ Hifzemann, S. 16f.; Soergel/Lange, Kommentar zum BGB, 1967, Vorm. zum §145.

④ OLG. Hamburg, BB 1957, 203.

多的支持。[①] 传统派的学者亦多方设法固守阵地,不愿轻易放弃既有的观念。一切尚在演变过程之中,发展结果如何,固难预料,但衡之以急剧社会变动之情势,偏重个人主义思想的传统法律行为理论,非作适当调整与修正,不足适应现代经济交易活动之需要,则可断言。

在台湾地区现行"民法"上,契约的整个理论结构亦系建立在意思合致之基础上,换言之,所以构成契约秩序(Vertragsordnung)者,除依意思合致缔结契约外,别无他途[②],其基本观念,与德国民法并无二致,德国法之"事实上契约关系"理论,实具启发性。应检讨的是,此项新理论所欲致力克服之问题,在民法上究应如何解决?此项研究可促使吾人自我反省,重新认识现行契约法理论之功能,并作较深入客观之评价。

(二)"事实上契约关系"之概念

事实上契约关系,此项概念仅在消极方面具有统一之特征,故在要件上,甚难严格区别各种类型,实用价值,似甚有限。再者,概念本身含有矛盾之处,Haupt 氏自己亦有认识,以为此种基于事态过程而成立之契约关系,所以与通常之契约不同者,仅其成立方式而已,实质内容,并无差异。[③] 此项见解,尚难苟同,盖在某种情形,契约关系虽未成立,然基于特殊理由,或类推适用契约规定之必要,但若将此种情形即视为系契约关系,在方法论上,实非妥适,其所产生之结果,亦非尽允洽。

应审慎研讨者,系意思合致之缔约与契约秩序(契约关系)在理论上能否割裂为两个独立之形体。质言之,即意思合致之缔约是否可以不必纳入契约概念之内,契约关系除缔约方式外,尚得因事实过程而成立?Haupt 等学者持肯定说,自不待言,传统派学者则视为异端邪说,极力排斥。依吾人之见解,契约之基本精神在于自主及自由,故非有意思合致,不能成立。[④] 若仅有事实行为,当事人并无创设规律彼此权义规范之意思,离契约之理念与本质,实亦远矣!所成立之法律关系能否称为契约关系,诚有疑问。

---

① 参见 Betti, Über sogenannte faktische Vertragsverhältnisse, in: Festschrift für Lehmann, 1956, S. 253ff.

② 参见史尚宽:《债法总论》,第 7 页以下。

③ Haupt, S. 30.

④ 参见王伯琦:《民法债编总论》,第 7 页。

（三）社会接触与缔约过失

所谓基于社会接触而成立之契约关系，此项理论之提出，旨在解决缔约之际，因当事人一方之过失致他人遭受损害之问题，例如店员展示物品，怠于注意，伤害顾客；又如因一方之过失，致契约因意思不合致未能成立，相对人因此蒙受损失。对此等类型案件，现行“民法”未设一般规定，依消极、保守之观点，不免认为仅能依侵权行为之规定解决之。若吾人进一步加以省察，将可发现，依侵权行为法处理此等类型案例，具有三项缺点：① 依第 184 条第 1 项规定，受侵权行为法保护者，仅属权利，“财产”本身并不包括在内，故因他方当事人缔约上过失，致支出费用，遭受损失者，在现行“侵权行为法”上即乏救济之道。② 依第 188 条之规定，雇用人对其受雇人之不法行为，得证明其于选任监督已尽相当注意而免责。由于分工合作系现代企业之特色，使用他人辅助从事一定业务，系属不可避免之事，雇用人举证免责后，被害人仅能向资力较弱之受雇人请求赔偿，殊失保障。诚然，民法尚有衡平规定，但此终为例外特殊规定，不能执为常则，雇用人免责之可能性，始终存在。③ 侵权行为法上之所谓损害，通常指现存利益之减损，在缔约上过失，被害人所遭受者，系因所期待契约不成立或无效致丧失契约上之给付请求权，可否依“侵权行为法”请求赔偿，不无疑问。

“侵权行为法”对于缔约上过失所生损害之保护，未臻周密，具如上述。为保护被害人，实不能不另寻救济之道。按“侵权行为法”所保护者系一般之法益，而在缔约上过失之责任，当事人实已处于一种特殊地位，因其磋商行为或交易接触，已由一般关系进入特殊联系关系，换言之，即由契约外之关系进入契约关系之范围或其前阶段。基此关系，当事人乃互负有通知、保护、说明等义务，论其性质，与一般契约关系，极称类似，故违反此等义务，致他人受损害者，应依契约原则，负赔偿责任。

此项缔约上过失责任之基础，非在于所谓“预备性契约”或责任担保契约。诚如 Haupt 所言，借默示意思表示，创设此种契约关系，纯属拟制，欠缺说服力，应予摒弃，但以社会接触代替意思拟制以成立契约关系，吾人亦未敢赞同。实则，缔约过失责任之基础，一则在于类推适用既有之规定（第 91 条、第 110 条、第 247 条），一则在于诚信原则，论其性质，系属类似契约的法定债之关系。[1]

(四) 事实上之合伙关系及事实上之劳动关系

1. 事实上之合伙关系(faktische Gesellschaft)

所谓合伙者,指二人以上,互约出资,以经营共同事业之契约(第667条规定)。合伙契约必须符合法律之规定,始能有效成立生效。其有不符法律之规定者,例如违反强制规定或公序良俗,或不具备法定方式,或意思未趋一致,或当事人一方之意思表示有瑕疵时,假若合伙之共同事业尚未开始,则应适用关于无效或撤销之规定。有疑问者,系契约当事人一方之意思表示,或因无行为能力或因其他瑕疵事由致被撤销而归于无效时,则该合伙契约究为全部无效抑或对其他合伙人仍为有效?在此情形,应适用"民法"第111条规定,苟可认定其他当事人若知此情事,纵无该合伙人亦愿继续合伙事业者,则仍为有效。至若合伙人约定,若有人退伙时,合伙仍在其他人之间成立者,则合伙关系应继续维持,更不必论。

应特别注意的,是合伙之共同事业实施之后,始发现合伙契约具有无效事由,或因有瑕疵得为撤销。在此种情形,若径适用自始无效之原则,不免产生两点疑难,即,① 合伙契约既然自始无效,执行业务合伙人之代理权,乃失其依据,其他合伙人亦可不负责,则信赖该合伙契约有效成立之第三人,难免遭受不测之损害。② 就内部关系而论,若适用自始无效之规定,则一切执行事务之行为、财产之给付、损益之分配、报酬费用之支出等,均遽失其法律上之基础,必须依不当得利之规定负返还义务,不但处理困难,且有违常情。

Haupt 教授"事实上之合伙关系"的理论,其主要目的,即在解决上述疑难。依 Haupt 教授之意,在无效撤销前,合伙之共同事业既已实施,则合伙关系实际上业已存在之事实,在法律上即不能视若无睹,虽欠缺有效之契约基础,仍应承认其为事实上之合伙关系,适用合伙之规定。据此理论,合伙契约虽具有无效原因,其共同事业已进行者,仍应暂视为有效,迄合伙人主张其为无效时,合伙关系始自该时刻起,归于无效。德国学者赞同此项理论者,颇有其人,持反对见解者,则以为此项理论,过分强调事实

① 参见本书:《缔约上之过失》,第70页。

之规范力(normative Kraft des Faktischen),不免动摇法律秩序,在法无明文之情形,不得率予承认。[①]

在现行"民法"上,合伙之共同事业若已实施,其后纵发现有无效或撤销原因,应不能径即适用自始无效之规定,剥夺已发生法律关系之基础,否则,在内外关系势必肇致繁杂之结果。所以解决之道,依余所信,应在限制无效或撤销之溯及力。关于无效撤销之规定(第 86 条以下条文),系以典型个人主义法律关系为规律对象,为 19 世纪自由主义思想之产物。然自近世以来,价值观念改变,意思表示制度具有社会功能,众所共认,主张意思瑕疵之权利亦受影响,是以在某种特别情形,或为保护当事人之利益,或为交易之安全,得全部或一部排除无效撤销之规定,或限制其效力范围。[②] 此种思想在合伙亦有适用余地,盖合伙在性质上系一个具有继续性之契约(Dauerschuldverhältnis),带有团体之色彩[③],共同事业既已实施,在内外均已发生一定之法律关系,涉及广泛社会范围(Sozialsphäre),则为该合伙人,其他合伙人或第三人之利益,应限制无效或撤销之效力,使类如终止(Kündigung)或解散(Auflösung),只能向后发生效力(extunc-Wirkung)。[④] 事实上,合伙关系理论所欲克服之问题,依如此解释适用意思瑕疵之规定而为解决,似较明确简便,并可促进法律之进步。[⑤]

2. 事实上之劳动关系(faktische Arbeitsverhältnisse)

劳动(或雇佣)关系之成立,亦须有契约之缔订。此项契约,亦应适用民法规定,故与合伙契约同,亦会发生无效撤销问题。倘若劳动关系业经进行,尤其是在劳务给付之后,始发现劳动契约具有瑕疵时,亦不能径适用无效撤销规定,令既已发生之关系,自始归于消灭,非特使问题难以处理,在甚多情形,对于劳工之保护,亦嫌不周。为期救济,似不必采用事实上劳动关系之理论,而应限制无效或撤销之溯及力,认为意思瑕疵之主张,原则上仅能向后发生效力,对于已生之权义关系,原则上不生影响,以

---

① Larenz, Schuldrecht Ⅱ, 1969, S. 311f.

② 参见 Soergel/Hefermehl, Bem. 31-35 vor § 116.

③ 参见郑玉波:《民法债编各论》(下),第 641 页。

④ 关于继续性契约无效,撤销或解除之问题,请参见 Beitze 氏极具启示性之论文,Nichtigkeit, Auflösung und Umgestaltung von Dauerrechtsverhältnissen, 1948.

⑤ 参见 Esser, Schuldrecht Ⅱ, 1969, S. 301f.

达保护劳工之社会目的。[①]

(四)现代大量交易上缔约之理论与实际

现代工业发达,生产进步,消费日增,产生了大量交易(Massenverkehr)形态,其所涉及之客体,多为民生必需品,例如水、电、瓦斯、大众交通工具等;供应方式趋于类型化,不着重个别行为之特色;基于此种交易所产生之权利义务关系,一般言之,均由企业在一般契约条款内详细订定,相对人实无讨价还价之余地。

依吾人之见解,传统的契约理论,无论就其理念及技术而言,在原则上仍可规律上述现代大量交易。传统契约理论之基本精神在于平等自由,即缔约与否,内容如何,原则上当事人得自由决定。在水、电、瓦斯、交通运输等民生必需品的交易,契约自由虽颇受限制,在内容决定方面,尤为显著,但相对人仍享有相当程度自主权利,实难否认。

再就缔约的技术而言,当事人间明示表示,愿意缔约者,契约即因意思合致而成立。若基于特定事实,例如登车,停放车辆,可推知有缔约之意思者,契约因默示表示而成立。又依习惯、事件之性质或要约人之声明,承诺无须通知者,则于有可认为承诺之事实时,契约亦告成立(第154条)。

最有疑问者,系当事人一方面对上述给付为事实上之利用,另一方面则在口头上表示不欲缔结契约。在此情形,依Haupt及Larern之见解,应承认基于事实利用行为即可成立契约。然依传统理论,类此案例,仍可合理解决:① 不欲缔约之表示,系针对另一欲缔约之表示者,其意思表示互相冲突,应依解释原则,探求当事人之真意,此时应斟酌典型交易行为采为解释之标准。② 口头之表示旨在表明其行为非为缔约之意思表示者,则可认为此种口头之异议,违反诚信原则(protestaiox facto contraria),可不予考虑。若不能依上述两种方法而认定,则应承认法律行为上意思表示之要件未备,契约不能成立,所生之法律关系,应依不当得利或侵权行为制度,加以处理。

据上所述,可知"事实上契约关系"之理论,在解决特殊情况,较诸传

---

① 参见 Siebert, Faktische Vertragsverhältnisse, 1958, S. 68ff.; Wiedemann, Das Arbeitsverhältnis als Austausch und Gemeinschaftsverhältnis, 1966, S. 75ff.; Hueck, Arbeitsrecht, Ⅰ, 7. Aufl. 1968, S. 123f.; Nikisch, Arbeitsrecht, 3. Aufl. 1963. S. 172f.; Söllner, Arbeitsrecht, 1969, S. 205.

统学说,不无简便明确之处,此为其价值之所在,而为若干学说判断所赞同。然此尚不足令吾人即以“事实行为”取代“意思表示”,以事实上之契约关系(faktische Vertragsverhältnisse)取代意思契约(Willensvertrag)。盖传统理论尚可规范现代大量典型交易,任意创设新奇概念,不免混淆法律体系。再者,关于意思表示瑕疵,无效撤销之规定,在事实行为上,如何适用,亦甚有疑问。若全不予适用,则行为能力制度将丧失其意义,有违保护未成年人之基本原则。

四、事实上契约关系理论之启示

事实上契约关系之理论经 Haupt 教授提出之后,德国学者赞同者甚众,法院并采为判决之依据,足见此项理论确具有吸引力,颇能显示传统法律行为与契约制度之若干缺点,足供吾人深思反省,采为借鉴。此后应特别加以研究的,计有三项:

(1) 当事人自治及契约自由系现行“民法”上之基本原则,法律行为之规定均在促进或达成此项原则,然由于大企业之兴起,尤其是定型契约条款之普遍使用,个人之自由决定,乃大受限制,意思活动之成分日减,屈服或顺受之程度日增,在此种情形,应如何解释适用民法规定,借以维护契约正义(Vertragsgerechtigkeit)。[①]

(2) 现行“民法”关于法律行为之规定,系以个人之法律交易为规律对象,对于合伙、劳动、公司等团体关系,未能顾及。若此等团体关系之创立契约有瑕疵,但该团体关系业已实施,具有社会特殊意义时,应如何限制无效撤销之规定,期能兼顾个人与团体之利益以及交易之安全?

(3) 传统契约理论虽仍能适应现代大量交易形态,但解释意思表示时,应如何斟酌典型交易行为之客观性、外部性及事实性?在如何程度上意思表示之瑕疵,尤其是内心保留及口头异议,应不予考虑?

事实上契约关系之理论,具有创设性,无论赞成与否,均有助深思反省传统法律行为及契约制度,实值重视。

---

① 关于定型化契约(附合契约)之问题,洪逊欣先生曾有详论,认为此种契约系当事人之一单方面地指定契约之内容,而他方仅附从承诺其内容,企业者尽其压迫榨取劳工及一般消费者之能事,其结果,当事人不但在决定欲否为法律行为及其法律行为之内容时,而且在选择法律行为之相对人及其方式之时,大概已丧失其真正之自由,应予适当修正,参见《民法总则》,北京大学出版社 2009 年版。

“动产担保交易法”上登记之对抗力、公信力与善意取得

一、不占有标的物动产担保物权制度之创设

1963年公布之“动产担保交易法”创设了动产抵押、附条件买卖(保留所有权)及信托占有三种动产担保制度,为台湾物权法上一项重大变革。按台湾物权法的立法原则系采物权法定主义,物权除“民法”或其他法律有特别规定外,不得创设(第757条)。物权,除所有权外,计有七种,其中供担保债权之用,即所谓担保物权者,有抵押权、质权、留置权三种。留置权因法律的规定而发生,系属法定物权,故担保物权基于当事人意思而成立的,在不动产方面有抵押权,而在动产方面则仅有质权,“动产担保交易法”的规定显著地扩充了动产之担保及用益职能。

为适应工商业及农业资金融通及动产用益之需要,增设动产担保制度,诚为良好立法。民法上的质权系以移转标的物之占有为成立要件,质权人不得使出质人代为占有,质权人如丧失质物之占有而不能返还,或将质物返还于出质人者,其质权即归消灭(第885条、第897条及第898条)。此项制度使质权人掌握标的物,一方面可以避免债务人有毁损标的物的行为,以保全其价值;另一方面对债务人产生促其清偿之心理上压迫,对于债权的保障,功效至宏。惟因其必须移转占有,故债务人对担保物使用收益的权能,尽被剥夺,此在农业社会,以书画或饰物之类提供担保的情形,固无大碍,但在今日工业机械社会,势必窒碍难行。机器或原料均为生产资料,工厂赖以从事生产,将之交付债权人占有,作为担保,以寻觅资金,殆属不可能之事,因此于质权外另设不移转占有之动产担保物权,确有必要。

动产抵押权者,谓抵押权人就债务人或第三人不移转占有而提供之动产,于债务人不履行时,得就卖金优先受偿之权利("动产担保交易法"第15条)。在附条件买卖,出卖人于价金完全清偿前,尚保留其对标的物之所有权("动产担保交易法"第26条)。质言之,即出卖人取得一种隐藏于所保留所有权之担保权。至信托占有,系谓信托人供给受托人资金或信用,并以原供信托之动产标的物所有权为债权之担保,而受托人依信托收据占有处分标的物之权利("动产担保交易法"第32条)。此三种新创之动产担保制度之法律结构不尽相同,所涉及之问题亦各有异。例如在动产抵押,其关键问题为抵押权之效力范围;在附条件买卖为买受人在条件成就前之法律地位(期待权)①;在信托占有,则为其法律性质之争论及如何纳入现行法体系之问题。②

在立法政策上有一个问题,殊值研讨,即可否创设一种统一之不占有标的物的动产担保物权③,或仅创设动产抵押制度,此在一方面可简化法律关系,在他方面亦不致影响债权人的担保利益。例如出卖人于价金清偿前,可使买受人占有标的物并移转所有权,而同时设定动产抵押以担保其未偿(分期)的价款。此项问题牵涉甚广,须全面检讨各种制度存在之价值及功能,分析其利弊得失,始能论断,非本文研究范围,仅附带提及,促请注意而已。

二、登记制度的功能

(一)利益状态

"动产担保交易法"所创设的三种担保制度,结构互殊,担保性亦强

---

① 参见拙著:《附条件买卖中买受人之期待权》,载《民法学说与判例研究》(第七册),北京大学出版社2009年版。

② 洪满惠:《信托占有之研究》,载《台大法律研究所硕士论文》(1971年度)。

③ 台湾"动产担保交易法"系继受美国法,综合《统一动产抵押法》(Uniform Chattel Motgage Act)及《统一附条件买卖法》(Uniform Conditional Sales Act)及统一信托收据法(Uniform Trust Receipt Act)三个法律为蓝本而制定。《美国统一商法典》(Uniform Commercial Code)为简化及统一法律关系,特在形式上废除上述三种担保制度,仅规定一种担保方式,即担保约定(Security Agreement)(参见Article 9, Secured Tran saction, U. C. C.)。此项规定颇值参考。Is Article 9 of, the Uniform Commercial Code Exportable, in: Aspects of Commercial Law, edited by Gocob S. Ziegel and William F. Fostor, 1969, pp. 291-374, McGill University, Montreal.

弱有别,但具有一项共同特征,即权利的成立均不以交付标的物为要件,担保的客体,均由债务人占有之。因此所有权或物上权利与占有遂告分离,标的物仍由所有人(债务人)占有,其所设定的动产担保权,因欠缺公示表征,第三人无由知悉,常导致当事人间利益冲突。此在保留所有权买卖,特为显著,兹以此为例,分三方面说明之:① 对出卖人言,动产所有权之移转,虽让与人无让与之权利,而第三人受善意占有之保护者,仍能取得其所有权(第801条、第948条)。因此占有标的物之买受人伪称自己是标的物之所有人,将之让与第三人时,第三人若为善意,即不知出卖人对标的物尚保留所有权之事实时,可取得其所有权,出卖人有丧失标的物所有权之虞。② 对买受人言,附条件买卖之买受人虽占有标的物,但出卖人因保留所有权仍为标的物之所有人,如其将标的物再让与第三人时,买受人之利益应如何保护?其地位如何?③ 对第三人言,私人或信用机构常因附条件买卖买受人占有标的物,误以为其系物之所有人而贷与金钱,一旦买受人清偿不能或破产时,如知库存货品尽属他人所有,法律上应采何种措施,保护第三人免予遭受此种不测的损害?

(二) 立法主义

不占有标的物之动产担保制度因欠缺公示性,所产生之困难,如何克服,系立法技术设计上最困难之工作,并为学者热烈讨论之问题。就各立法例观之,解决方式不外五种:即① 意思成立主义;② 书面成立主义;③ 登记成立主义;④ 意思成立——登记对抗主义;⑤ 书面成立——登记对抗主义。①

在立法政策上应该采取的,是最能圆满解决因缺欠公示表征或权利分化而引起权利冲突之制度,兹依此观点,评论立法主义之利弊得失:

(1) 依意思主义,仅凭当事人意思之合致,即生动产担保交易之效力。德国民法关于保留所有权买卖,即采此制度,手续简便,为其优点,其最大缺点则在于欠缺公示性。德国有学者主张,应采登记主义,但工商界反对甚烈,认为此将暴露其经济状态,妨害信用之流通。

(2) 依书面主义,当事人为动产抵押或保留所有权之约定,除意思合

---

① Konstantin Simitis, Das besitzlose Pfandrecht(不占有标的物之质权)AcP 171, 95f. 论述各国法例及所涉及之问题,颇称详尽,深具参考价值。

致外,更须完成一定书面,其主要功能在使当事人之权利关系趋于明确,在某种程度,亦能防止诈欺或虚伪。但欠缺公示之缺点,依然存在,未能克服。

(3) 依登记主义,从事动产担保交易,除当事人意思合致外,尚须践行法定登记方式,始生效力。登记主义之最大优点在于具有公示性,个人或信用机构得事先阅览登记簿。其缺点则在于暴露当事人之经济状况。其次,若所有之动产担保交易均须登记,始能有效成立,则因动产品类复杂,恐不胜其烦,徒增交易成本。

(三) 现行制度之检讨

"动产担保交易法"斟酌各项因素,权衡当事人之利害关系,采取书面成立——登记对抗主义,于第5条规定:"动产担保交易,应以书面订立契约,非经登记,不得对抗善意第三人。"现行法所以明定非经订立书面不能成立者,其目的在使法律关系趋于明确。所以采取登记对抗主义之理由,一方面在于维持交易上之便捷;另一方面亦能使当事人斟酌情事,决定是否申请登记,以保障自己权益。一般言之,标的物价值重大者,当事人通常会办理登记,借以保护自身利益,第三人则可借登记而明了标的物之实际权属状态。反之,动产担保交易若不为登记,则不得对抗善意第三人,以保护交易安全。有学者认为,担保交易法采取登记对抗主义,不仅不足以保护善意第三人,抑且有害于债务人。如就附条件买卖而言,出卖人既得本于其所有权追及标的物,则善意第三人必受不测之害,慎重者将不敢贸然应买,一般以分期付款购货之中间商,将难以转售图利,因而主张第5条之对抗力,对于善意第三人不应适用。① 此种见解,与现行"民法"规定不无抵触,在解释上显难赞同,惟自立法政策言,第5条登记对抗效力,似有过分保护债权人之处,不利于善意第三人,难免妨碍交易安全。诚然,第三人于购买货品时,为避免因保留所有权人行使取回权致遭损害,可以阅览动产担保交易登记簿,以查知标的物之实际权属状态。此种观点虽亦言之成理,但实际上恐不易实施,动产买卖乃日常必要之事,经常查阅登记簿,非仅耗神费力,一般交易行为亦必因此深受妨害。惟制度之优劣良窳,常不能专凭法条论断,商业上之习惯,一般人之交易观念,常

---

① 参见施文森:《论动产担保利益之位序》,载《政大学报》第20期,第63页。

为主要影响之因素,时可弥补制度之缺陷。世无绝对完美之制度,现行法采书面成立——登记对抗主义,与他种立法主义相较,颇称精密,台湾其他动产担保之规定,亦多采此制度[①],实行以来,未见重大弊端,尚难谓非妥善之制度。

三、登记之对抗力

依"动产担保交易法"第5条的规定,动产担保交易非经登记不得对抗善意第三人。此项规定,初视之下,似甚简明易解,惟深思之余,则可发现实蕴藏甚多疑义:何谓非经登记不得对抗?第三人之范围如何决定?登记之效力有无时空限制?有无禁止登记之事由?诸此问题,均有待于进一步之阐明。[②]

(一)非经登记不得对抗第三人之意义

动产担保交易,一经书面订立,在当事人间即完全成立,登记之有无,对当事人不生任何影响,惟对第三人而言,动产抵押权或附条件买卖或信托占有,未经登记者并非无效,仅当事人不能主张其为有效而已。对抗效力须待第三人之主张始能发生,从而关于登记之有无,应由其负举证责任。

动产担保物权,依当事人意思而发生的,在民法上有质权,必须交付标的物始能成立。因此,在同一标的物上,有质权与动产抵押权存在时,其次序如何决定,颇待斟酌。就其成立时期言,主要有两种情形:① 动产抵押权成立在先,但未经登记。② 质权成立在先,但后成立之动产抵押权已完成登记。就①之情形言,依非经登记不得对抗第三人之原则,质权之位序,应优先于动产抵押权;就②之情形而言,先成立之质权,是否亦具有优先效力,不无疑问,然登记的对抗力,仅能向后发生,不能影响成立在前,具有完全效力之质权,故宜采肯定说为当。

应特别说明的是,就同一标的物多次设定之动产抵押权,均未为登记

---

① 例如船舶抵押("海商法"第34条),航空器抵押("民用航空法"第29条)。

② 日本民法关于物权变动系采意思主义,而以登记(不动产)及交付(动产)为对抗第三人要件,因此关于登记公示力等问题,学者论述特为详密,足供参考。请参见舟桥谆一:《物权法》,载《法律学全集》第18卷(昭和43年),第140页以下及所引注之有关资料文献。

时之顺序问题。有学者认为,应依成立时期之先后定其次序。然依余所见,为贯彻非经登记不得对抗之规定,宜认为未登记之数动产抵押权处于同一次序,但先登记者,具有优先效力。但假若该抵押权人,明知已有其他未经登记之动产抵押权存在时,不在此限。质言之,即纵先经登记,其效力仍劣于成立在先之抵押权,以贯彻恶意不受保护之基本原则。

(二)善意第三人之范围

动产担保交易所谓非经登记不得对抗之善意第三人,究指何人而言,其范围如何,易滋疑义。或有认为,“动产担保交易法”第5条对第三人既未为何种限制,则依法理而言,应泛指所有具有利害关系之第三人,对于标的物享有物权之人,如所有权受让人、质权人等,固不必论,债务人之一般债权人亦包括在内,从而当未登记之动产抵押权人拍卖担保物时,债务人的一般债权人,若属善意,亦得请求以平等地位参加分配。反之,当债务人的一般债权人对担保物为强制执行时,动产抵押权人不得主张优先受偿。

然从法律目的、文义及体系言,所谓第三人应指对同一标的物享有物权之人,债务人之一般债权人并不包括在内。动产抵押权等若已成立,则无论登记与否,其效力恒优先于债务人之一般债权人。此项观点,不免尚有疑义,特再举五项理由,加以说明:

(1)就法律性质言,物权具有排他性,其效力恒优于债务人之一般债权,此为一项基本原则,动产抵押权既属物权,应优先于一般债权,实为当然之理,登记与否,并不影响其优先受偿效力,否则动产抵押权是否具有物权性,将因有无登记而不同,势将混淆法律体系。

(2)就文义言,对抗云者,系以权利依其性质有竞存抗争关系为前提,例如在同一标的物上,有动产抵押权或质权时,始生对抗的问题。动产抵押权等依其本质即优先于债权,自不发生所谓对抗问题。

(3)就立法史而言,依台湾“动产担保交易法”立法理由书之说明,第5条规定系仿美国立法例而设。依《美国动产抵押法》及《附条件买卖法》,动产担保无论是否登记,其效力恒优于一般债权①,故吾人之解释,与立法本意,并无违背。

---

① 参见施文森,前揭论文,第76页。

(4) 就交易安全而言,论者有谓,动产抵押若未为登记,不具公示力,若承认其优先效力,则债务人之一般债权人,必遭不测之损害,殊非妥善。此为主张广义说者之主要理论根据,但详析而明辨之,亦难苟同。一般债权人之借与金钱,系信赖债务人之清偿能力,故应承担其不获清偿之风险。其既与动产抵押之标的物无法律上之直接关系,实不能承认其具有对抗动产物权之效力。一般债权人为避免遭受不测损害,应设定担保物权。

(5) 再就附条件买卖言,所谓第三人不应包括买受人之一般债权人,尤为明显。出卖人既仍为所有人,则当其基此资格行使权利,一般债权人何得主张而为对抗?债权人误信债务人所有的租赁物为所有物时,不受法律保护,实无疑义。基于同样理由,一般债权人不能仅因信赖买受人所占有之物为其所有物,即应受到保护,交易上的信赖危险,仍应由自己负担。

(三) 登记对抗效力之例外:留置权优先原则

动产担保交易,非经登记不得对抗善意第三人,反面推论之,若经登记则可对抗任何第三人,包括善意者在内。对此原则,“动产担保交易法”设有一项例外,该法原第25条规定:“抵押权人依本法规定实行占有抵押物时,不得对抗依法留置标的物之善意第三人。”[①]换言之,善意第三人所取得之留置权,其效力恒优先于动产抵押权。

关于本条规定,立法理由书(草案第14条)曾作如下说明:“动产担保交易,既将动产之所有权与占有分离,即有因占有人之责任而发生留置权之可能,而留置权既为物权,即发生留置权与动产物权何者为优先之问题。民法规定留置权依特定要件而发生(“民法”第928条至第931条),应不受担保契约之排斥,为保障交易安全及善意第三人,拟定本条。”[②]由是可知,立法者所以赋予留置权以优先效力,系基于其系属法定物权之故。

此项例外规定,是否妥适,不无商榷余地。在“现行法”上,发生法定

---

① 该条规定现已删除。

② 参见“美援运用委员会”法律修编筹划组编译:《各国动产抵押制度简介》,1961年,第22页。

担保物权与意定担保物权位序之争论者,尚有抵押权。依"民法"第 513 条规定:"承揽之工作为建筑物或其他土地之工作物,或为此等工作物之重大修缮者,承揽人就承揽关系所生之债权,对于其工作所附之定作人之不动产有抵押权。"此种法定抵押权与一般抵押权竞合时,其次序如何,说者不一,有法定抵押权优先说;有设定抵押权优先说;亦有认为依成立之先后决定其次序说。学说判例均采后说。① 足见就法理而言,法定担保物权并非不问其成立先后,恒得优先于意定担保物权。

再就实务观点言,否认登记对抗力,偏厚留置权人,易启诈欺之门,拥有资金者将畏缩不前,有碍于动产抵押制度之推行。又依规定,留置权发生原因甚多,除一般留置权外(第 928 条至第 939 条),尚有出租人之留置权(第 445 条),营业主之留置权(第 612 条)、运送人之留置权(第 647 条)等,均赋予优先效力,诚不利于动产抵押权人。职是之故,就立法政策言,宜认为就特定标的物提供劳务、加工或供给材料者,在增加标的物价值之范围内,有优先受偿之效力,如此当事人之利益可得兼顾,似较妥善。②

善意留置权优先原则,依"动产担保交易法"原第 25 条规定,仅适用于动产抵押。实则,此项竞合位序问题,在附条件买卖亦时可发生,例如买受人住宿豪华观光旅馆,未支付住宿饮食或垫款所生之债权,则主人对其所携带附条件买卖之标的物有留置权。在此情形,当出卖人行使取回权,若附条件买卖业已登记时,可否对抗善意留置权人,不无疑问,从贯彻立法意旨而言,似应类推适用"动产担保交易法"第 25 条之规定,但该条内容未尽合理,则在法律未明白规定之场合,宜否类推适用,系法律解释学上一项难以解决之问题。

(四) 登记效力之时空限制

1. 登记有效期间

动产担保交易之登记,有一定时空之限制。就时间范围言,依"动产担保交易法"第 9 条之规定,登记之有效期间从契约之约定,契约无约定者,自登记之日起有效期间为 1 年,期满前 30 日债权人得申请延长时间,

---

① 参见郑玉波:《民法债编各论》(上册),第 345 页。

② 参见施文森,前揭论文,第 64 页;U. C. C. 9-301.

其有效期间不得超过 1 年。此项登记期间是登记对抗力存续期间。登记期间届满后,动产抵押权等即丧失其对抗善意第三人之效力,惟权利本身并不受任何影响。

此项登记期间之性质如何,曾生争论。有误认为时效期间者,1971 年台上字第 3260 号判决对此曾有详细之解说,略谓:"'动产担保交易法'第 9 条系规定动产担保交易登记之有效期间,而非时效期间,不生起诉而中断时效之问题,故在登记有效期间外,被上诉人之动产抵押权即无对抗善意第三人之效力。"①又"动产担保交易法施行细则"规定,动产担保交易登记之效力,始自登记之日,并不溯及至契约订立之日生效。因此于同一标的上设定有两个以上之动产抵押权,成立在后之抵押权先完成登记者,其效力优于先成立但登记在后之其他动产抵押权。

2. 空间之限制

依"动产担保交易法施行细则"第 4 条规定,动产担保交易在空间上有一定之效力范围,即以登记机关之管辖区域为限。关于动产担保交易之登记机关,各个国家及地区立法不一其例,有采统一登记制度者,亦有采分别登记制度者。台湾"动产担保交易法施行细则"系从后者,依该细则第 3 条规定:动产担保交易之登记机关如下:① 机器设备、工具、原料、半制品、成品,农林渔牧产品及牲畜,以相关建设厅(局)为登记机关。② 渔船以外之船舶、甲种车辆以相关交通处(局)为登记机关。③ 渔船以相关农林厅渔业局或相关建设局为登记机关。④ 乙种车辆以相关财政厅(局)为登记机关。⑤ 加工出口区内之机器、设备、工具、原料、半制品、成品及车辆等以加工区管理处为登记机关。

动产担保交易登记之效力,既以登记机关之管辖区域为限,故不得对抗登记有效区域外之善意第三人,例如附条件买卖之标的物为汽车,若在台北市为登记者,其对抗效力之区域,亦仅限于台北市。因之,买受人于条件成就前,于淡水河彼岸之三重市,违反约定将该汽车出卖于善意第三人时,则该于台北市登记之附条件买卖无对抗力。出卖人必须在台湾"财政厅"为登记,使其对抗效力范围遍于全省,方足保护其利益。

3. 分析讨论

关于动产担保交易登记效力之时空限制,已略如上述。其中有若干

---

① 参见"司法院公报"1972 年,第 14 卷,第 3 期,第 15 页。

问题值得提出讨论:① 登记应否设有一定有效期间? ② "现行法"规定之有效期间是否略嫌过短? ③ 登记应否溯及至契约成立时生效? ④ 分别登记制与统一登记制何者较便利且合于实际?

登记设一定有效期间,可使法律关系早日臻于明确,似有必要,但 1 年法定期间,则略嫌过短,盖一般言之,债权期间皆超过 1 年,现行"民法"规定似不足适应交易上之需要。登记效力不溯及既往生效,学者批评者有之,但从立法政策而言,应属正确,否则善意第三人难免遭受不测之损害。至于何种登记制度较佳,系属实务问题,在从事实际考察前,尚难断言。

(五) 禁止登记事由之检讨

动产担保交易登记与否,对债权人关系甚大,惟"动产担保交易法施行细则"有明文规定,不得申请登记之事由,依该细则第 11 条规定:债务人有下列各款情形之一者,不得申请为动产担保交易之登记:① 曾受破产之宣告尚未复权者,或破产程序在进行中者。② 曾因违反"动产担保交易法",经判刑确定者。③ 违反"动产担保交易法"之刑事诉讼在进行中者。④ 标的物未具有完整之所有权者。⑤ 标的物系属假扣押假处分之标的者。又依同细则第 5 条规定,动产担保交易应由契约当事人或其代理人共同向登记机关申请之。因之,具有该细则第 11 条所列举五种情形之一者,抵押权等虽已订立书面文件而成立,但不得申请登记,以取得对抗力。

对于此项禁止登记之规定,在形式及实质两方面,均值研讨。就形式而言,登记与否关系当事人之权益甚大,系属重要基本问题,让诸行政机构自由衡量之,在施行细则中规定是否妥适,实有商榷之余地。再就实质内容而言,禁止登记既不妨碍动产抵押权等之设立,则其所产生之主要作用,无非在剥夺其对抗善意第三人之效力,其有损债权人之利益,至为显然。例如,某机器公司将整套设备,以保留所有权方式出售于某工厂,债权人于申请登记时,主管机关以买受人(债务人)曾违反"动产担保交易法"经过判决确定或正在诉讼中而拒绝登记,附条件买卖不能登记,即不具对抗力。故若买受人处分标的物,或让与所有权,或设定质权时,保留所有权之出卖人势必遭受严重损害。何以在上述情形不许登记,剥夺债权人登记之利益,立法意旨何在? 诚属费解。

又该细则第 11 条第 4 项所谓标的物未具有完整所有权,主要系指在标的物上已有物权存在之情形,尤其是已设定有担保物权而言。学者间有据此规定认为在同一标的物之上不能设定多数动产抵押权[1],实际上,该条规定仅禁止登记,并不能据此而否认第二次设立动产抵押权之效力。同一标的物上纵已设定物权,尤其是担保物权,则再设立之担保物权何以不许登记,亦令人难解。后设立之担保物纵登记,其次序亦较劣,对于先登记之动产物权实无损害可言。再者,因先有动产物权存在,致后发生之担保物权不能登记,剥夺其对抗力,使债权人遭受损失,殊欠妥当。何况在同一标的物上设定多数动产抵押权,发挥动产担保交易机能,对债务人融通资金裨益甚巨,鼓励尚恐未逮,焉有禁止之理!

综上所述,"动产担保交易法施行细则"第 11 条之规定,立法技术有欠严谨,立法意旨亦晦暗难解,违反常理,实有重新检讨之必要。

四、登记之公信力

依"民法"规定,不动产物权系以登记为权利变动之要件,依"土地法"第 43 条之规定,登记有绝对效力,故亦具公信力,从而在形式上若已履行物权变动要件,纵实质上并无变动,例如当事人事实上并未让与所有权,但已办登记时,信赖登记上之记载受让或设定不动产上之权利者,纵与真实法律状态不符,亦受法律保护。然则,"动产担保交易法"之登记是否亦具有此等效力?例如信赖登记上之动产抵押权而受让者,若该抵押权之设定自始无效或业已消灭而未涂销时,是否受法律保护而善意取得动产抵押权?

关于登记,有两种主义,即形式登记主义与实质登记主义。实质登记主义系以登记为物权变动之生效要件,因此登记本身具有公信力,不动产登记即其著例。但在形式登记主义,以登记为物权变动为对抗要件者,是否应赋予公信力,不无疑问。在日本不动产物权之变动,亦采登记对抗主义,对于登记并未赋予公信力,学者亦采否定说。[2] 就"动产担保交易法"而言,解释上亦应认为此项作为对抗要件之登记不具有公信力。

---

① 参见施文森,前揭论文,第 63 页。

② 参见舟桥谆一,前揭书,第 215 页及所引注之有关资料。

五、善意取得问题

(一) 附条件买卖买受人期待权之善意取得

在附条件买卖,当事人约定在价金未完全清偿前,出卖人仍然保留所有权,系典型之附条件法律行为。在条件成否未定前,买受人一方面占有标的物,享有期待权;于条件成就时,买受人之期待权即强化成为所有权。

买受人期待权之性质如何,学者不一其说,但其得为让与之客体,则为学说上一致之见解。期待权既得为让与之客体,随之亦产生善意取得问题。对此,应分三种情形讨论之:① 自非所有权人取得期待权。② 自非期待权者取得既存之期待权。③ 自外观上期待权者取得事实上并不存在之期待权,兹分述如下:

1. 自非所有权人取得期待权

以动产所有权之移转为目的,而善意受让该动产之占有,纵让与人无移转所有权之权利,受让人仍即时取得其所有权,民法设有明文(第 801 条及第 948 条)。无处分权人以动产所有权附停止条件让与第三人,例如甲以汽车一部寄存乙处,乙擅将该车作为己有,以保留所有权方式出卖予丙,丙不知乙无处分权而受让其交付者,其法律效果如何,虽不无疑义,惟依吾人见解,应类推适用民法即时取得之规定,使买受人取得期待权,并于支付全部价金时,取得标的物之所有权。至于受让人是否善意,究应以交付标的物,抑或以条件成就取得所有权之时为标准,虽亦有争论,但应以前者为是。故买受人于交付标的物时为善意,但于条件成就时已知悉出卖人系无权处分人时,仍能取得标的物之所有权。

于此应特别叙述者,系关于善意取得期待权人之占有问题。依德国联邦最高法院 BGHZ 10,69 之判决,期待权善意取得人对于标的物并无占有权,仅能基于诚实信用原则,于所有人请求返还标的物时,提出恶意抗辩(arglistige Einrede)。对于此判决,学者议论不一。[①] 依余所信,一方面承认善意受让人能取得期待权,一方面却否认其占有权,前后不无矛盾

---

① 参见 Bauknecht, NJW 1955, 1252; Esser, Schuldrecht Ⅱ, 1969, S,56; Westermann, Sachenrecht, 1966, S. 216f.; Raiser, Die dinglichen Anwartschaften, 1963, S. 137; Georgiades, Die Eigentumsanwartschaft beim Vorbehaltskauf, 1963, S. 45f.

之处,似难赞同。吾人既承认期待权之善意取得,则为贯彻此项思想,理应赋予期待人以优于原所有人之占有权。

2. 自非期待权者取得既存之期待权

与自非所有人善意取得期待权不同者,系自非期待权人受让既存之期待权,例如某甲以分期付款方式购买汽车,并约定于价金清偿前,出卖人仍保留所有权。尔后甲将汽车借给乙使用,乙对丙伪称,此辆车系由其分期付款所购得,对之享有期待权,丙不知而受让之。在此情形,亦应类推适用民法善意取得之规定,使丙取得期待权,并于支付价金、完成条件时,取得标的物之所有权,但若出卖人因买受人不支付价金或因其他事由解除契约时,则条件无法成就,期待权即归消灭。由是可知,期待权能否变成完全权利,应视原买卖契约是否存续及价款是否履行而定。

3. 自表面上期待权人取得事实上并不存在之期待权

至若期待权根本不存在,而第三人善意受让时,能否取得期待权,颇有争论。例如某甲以机车借乙使用,乙向丙伪称该机车系依附条件买卖方式购自某机车行,再支付 3 期价款,即可取得其所有权,兹愿以此期待权让与,丙不知而受让之,并允代付余款。依吾人见解,在此种情形,期待权既不存在,条件无法成就,自不发生取得期待权之法律效果,纵承认之,亦无何实益。实际上,此种情形,殆不致发生,盖乙既占有标的物,得径为处分移转标的物所有权,不必让与事实上并不存在之期待权。

(二) 动产抵押权之善意取得

某甲占有乙之动产,对其债权人丙伪称为所有人而设定质权,若丙受让该动产之占有系出于善意时,纵出质人无处分其质物之权利,质权人仍取得其质权,“民法”第 886 条设有详细规定。在前述之例,若甲将其占有之物设定动产抵押时,善意之丙得否主张善意取得动产抵押权?对此问题,“动产担保交易法”未设明文。惟依该法第 5 条规定:“本法未规定者,适用民法规定。”动产善意取得制度如何适用,实值研究。

论者或有认为,质权之善意取得系以质权人受让占有标的物为要件,在动产抵押,权利之发生既无须交付标的物,亦无受让占有之事实,故不能适用质权之规定,承认动产抵押权之善意取得。然而,应注意的是,“动产担保交易法”所创造之动产抵押,其基本结构与民法质权,既未尽相同,则在适用民法规定时,在方法论上,即能纯作形式上之观察,而应探讨法律规定之规范目的及利益衡量之标准,以决定应否类推适用"民法"规定,肯定动产抵押权之善意取得。

在民法,动产物权之变动,系以移转占有为表征,故占有标的物者,通常为所有人,信赖占有之表征从事法律行为者,纵此项表征与实质权利不符,亦应加以保护。在动产抵押,善意第三人所信赖者,系无权处分人占有标的物之事实,此为善意取得之基础。在动产抵押,法律既明定不以受让占有为必要,则在决定善意取得能否成立,即不应以受让占有为要件,始能保护善意设定动产抵押权人之利益,维护交易安全。

六、结　　论

动产抵押、附条件买卖、信托占有等三种不占有标的物动产担保制度之创设,扩大动产担保用益及功能,系物权法一项重大发展。

在民法,动产物权之变动系采交付主义;在不动产物权则采登记制度。"动产担保交易法"所采取书面成立、登记对抗主义,与向来之交付登记生效主义,结构显有不同,其所引起之问题,亦另具有特殊性,本文旨在提出若干重要争点,希望能引起大家的兴趣与注意,从事更进一步之研究,俾能建立更严密之理论体系。

物权行为无因性理论之检讨

一、物权行为无因性之意义

（一）概说

任何一个法律都是建立在一些基本原则上面，就整部民法典而言，是以契约自由（私法自治）、过失责任主义，以及所有权尊重（私有财产制度）等作为最高的指导原则，各项具体规定多在实现这些基本原则。[①] 就物权法而言，除以私有财产制度为其政治哲学之基础外，尚以物权法定主义，公示及公信原则，一物一权主义，以及物权行为无因性为其体系结构之支柱。[②] 因此欲认识物权法，并加以妥当解释适用，必须确实把握此四项基本原则。在这四项基本原则中，以物权行为无因性理论，最具抽象性及技术性，初习民法之人，常感不易理解，特略加论述，作为研究参考之用。

（二）物权行为与债权行为

所谓物权行为无因性（Die abstrakte Natur der dinglichen Geschäfte），简单言之，就是关于物权行为（处分行为）与债权行为（负担行为）的分离，以及物权行为本身是否受债权行为影响的问题，因此在讨论之前，须先说明物权行为与债权行为的意义及其适用上的关联。

债权行为是指发生债权债务关系的法律行为，在实务上以契约最为重要。债权人基于债之关系，得向债务人请求给付，所谓给付，包括作为

---

① 参见洪逊欣：《民法总则》，第 14 页以下。

② 参见史尚宽：《物权法论》，第 17 页以下；郑玉波：《民法物权》，第 11 页以下；Baur, Sachenrecht, 3. Aufl. 1970, S. 23f.

与不作为，且不以有财产价格者为限（第 199 条）。债之关系若系以不作为为其内容时，例如当事人约定深夜不弹奏钢琴，则根本不涉及物权变动问题；债之关系若系以作为为其内容，而其性质又属于劳务或物之使用收益时，与物权行为亦无关涉。但是，债之关系若是以所有权之移转（例如买卖、互易或赠与），或设定担保之约定为其内容时，就直接涉及物权变动关系。为期明了，兹以买卖为例：甲表示愿以己之名画以 100 万台币出售予乙，若乙承诺，而双方意思表示趋于一致时，债权行为（买卖契约）即告成立，甲、乙互负履行债务之义务。然而，于此应特别提出研究的是，甲画之所有权究竟何时移转于乙？甲何时取得价金之所有权？于买卖契约成立时即行取得，抑或尚须完成另外一种以移转所有权为目的之法律行为（物权行为）？假若所有权之移转尚须完成特定的物权行为，则债权行为（买卖）之不成立或无效，对物权行为究竟产生何种影响？具体言之，在上述之例，若甲、乙不知买卖契约因意思不一致而未成立，仍为该画所有权移转时，则乙是否仍能取得该画之所有权？

（三）物权行为之独立性及其构成要件

1. 独立性

买卖契约的订立，仅在当事人间发生一定债权债务关系，买卖标的物所有权的移转，尚须具备其他法律行为上之要件。此种独立于债权行为之外，直接使物权发生变动的法律行为，即是物权行为。第 758 条规定："不动产物权，依法律行为而取得、设定、丧失及变更者，非经登记，不生效力。"本条所称法律行为即系指物权行为而言。第 761 条第 1 项规定："动产物权之让与，非将动产交付，不生效力。但受让人已占有动产者，于让与合意时，即生效力。"本条所称让与合意，亦系指物权行为而言。

2. 物权行为之要件

物权行为是法律行为之一种，亦以意思表示为要素。抛弃因一方之意思表示，即足以发生物权变动，是为单独行为，但在法律交易上，物权行为多以契约形式而成立，学说上称为物权契约，"民法"第 758 条所谓法律行为兼指单独行为及物权契约，第 761 条所称之让与合意，则为物权契约。

应特别注意的是，因法律行为而发生的物权变动，除意思表示外，尚须践行一定的事实行为，作为物权变动的表征，以达公示之目的。对此，因标的物之不同，而异其规定：动产物权的变动，须有物之交付（第 761

条);不动产物权的变动,则须登记,始生效力(第758条)。此外,依该法第760条规定,不动产物权之移转或设定,应以书面为之。本条所称之书面究竟指何而言,甚有争论,有谓系指债权行为[①],有谓系指物权行为[②],有谓兼指债权行为与物权行为[③],有谓指登记时应提出之文件[④]。查"民法"第758条既于物权编设其规定,应解释为系指物权行为所应具的方式。

综上所述,可知物权行为是指使物权之设定或移转直接发生变动之法律事实。因法律行为而生之物权变动,必须具备意思表示及交付(动产)或登记(不动产)两项要件。[⑤]

(四)物权行为无因性之意义

1. 基本问题

物权行为有与债权行为不发生关系的,如所有权之抛弃。但在法律交易上,物权行为多以债权行为为基础,并以履行基于债权行为所生之义务为目的。如前所述,依法律行为而生之物权变动必须具备意思表示及交付或登记两项要件。此种关系得以买卖为例,图示如下:

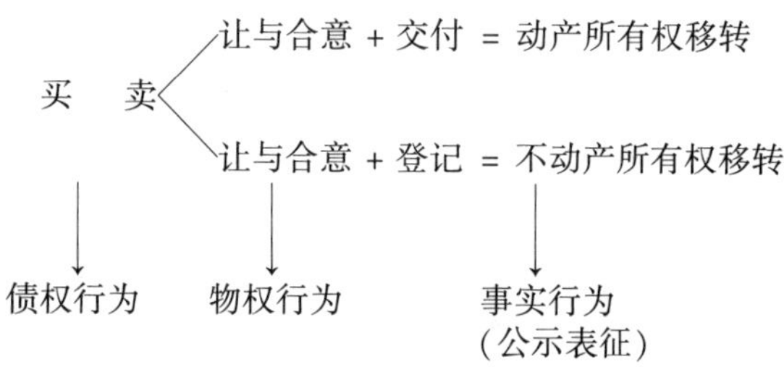

---

① 刘志敭:《民法物权》,第93页(参见郑玉波,前揭书,第42页)。

② 1941年上字第441号判决谓:"不动产之出卖人,于买卖契约成立后,本有使物权契约合法成立之义务,系争之买卖契约,倘已合法成立,纵令物权契约,未经某甲签名,欠缺法定方式,但被上诉人为某甲之概括继承人,负有补正法定方式,使物权契约合法成立之义务……"

③ 史尚宽:《物权法论》,第18页谓:"该条规定应解释为指不动产所有权及他物权移转之债权契约与物权契约及不动产物权设定之物权契约而言……故不独物权移转之物权契约,即其债权契约,亦须以书面为之,否则不生效力。"

④ 参见姚瑞光:《民法物权论》,第25页谓:"第760条所谓之书面,似非指书面物权契约而言。不过因不动产物权之移转或设定,关系当事人利益较大。为杜纠纷,并便于登记,而定为应以书面为之而已。"

⑤ 参见姚瑞光,前揭书,第18页。Baw, Sachenrecht, S. 26 称之为 Doppeltatbestand der Rechtsänderung im Sachenrecht.

如图所示,买卖契约是债权行为,使出卖人负有移转标的物所有权于买受人之义务,但为使买卖标的物之所有权发生移转,在当事人间尚须完成物权行为,债权行为与物权行为乃因此发生密切的关系,兹分四种情形,加以讨论:

(1) 债权行为与物权行为皆属有效成立:在此种情形,买受人依法取得标的物所有权,不生任何问题。

(2) 债权行为与物权行为均为无效或不成立:在此种情形,买受人不能取得买卖标的物所有权,出卖人得主张所有物返还请求权。

(3) 债权行为有效成立,物权行为不成立或无效:在此种情形,买受人虽占有标的物,仍未能取得其所有权,但得基于有效的债权行为,请求出卖人再行移转所有权。

(4) 债权行为成立或无效,但物权行为本身有效成立:在此种情形,买受人能否取得标的物所有权,将视立法者或法院对物权行为与债权行为之关系采取何种态度,即物权行为是否受债权行为的不成立或无效之影响而定。此种物权行为对债权行为的关系,就是物权行为“有因”或“无因”的问题。

2. 原因之意义

欲理解法律行为“有因”或“无因”问题,首先必须明了给予(Zuwendung)的意义。[①] 所谓给予者,系指因法律行为之作成,致他人之财产有所增益而言。任何人所以愿意减少自己财产而增益他人财产者,都在企图实现特定之目的。这个目的就是给予的缘由,而第一个目的常成为第二个目的之手段。以此类推,一个较远之目的常是一个较近目的之缘由,而较近之目的,常成为实现较远目的之手段。兹以赠与为例,加以说明:

有某甲者,约定给予乙 1 万元;甲所以要给予乙 1 万元者,乃在于无偿增益其财产(此为给予之第一个目的,亦为决定该项给予法律性质 <赠与> 之基本因素);甲所以要无偿增益乙之财产者,乃在于表示对乙昔日救助之感恩(第二个目的);甲所以要以无偿赠与方式表示对乙之感恩,乃在于获得愉快或平息因未为感恩行为而发生之不愉快(第三个目的)……

给予所欲实现之目的,种类繁杂,如就上述无偿增益他人财产为例,

---

① 参见梅仲协:《民法要义》,第 60 页;Lehmann, Allgemeiner Teil des BGB, 1963, S. 145.

除感恩外,尚可能有同情、投机、自我宣传、积阴德等。凡此均为个人主观之目的,属于给予行为动机之范畴。然而,除此等个人主观目的外,在每一个给予,都有其所企图实现之典型交易目的(typische Verkehrszwecke)。这些典型交易目的也就是给予所欲实现的法律效果,这些法律效果决定了给予之法律性质及对其所适用之法规。因此所谓法律行为之原因,系指基于给付所欲追求之典型通常之交易目的,或是基于此种交易目的而欲实现的法律效果。在上述之例,甲所以给予乙1万元,其目的在于无偿增益乙之财产,而此即为此种给予行为之原因,称为赠与原因(causa-donandi);甲给予乙1万元,若系为履行雇佣契约之报酬给付义务者,则此即为清偿原因(causa solvendi);甲约定给予乙1万元,若系为取得对待给付者(例如物之所有权),则此即为与信原因(causa credendi)或取得原因(causa acquirendi)。由是可知,甲约定给予乙1万元,因其所具原因之不同,而分别成立赠与、清偿、买卖等不同之法律行为。①

3. 要因行为

给予行为,无论其为负担行为或处分行为,均具有一定的原因,已如上述。依法律规定,某项法律行为之原因应吸入该法律行为之中,成为其一部分时,则该法律行为即属有因行为(kausale Geschäfte)。债权行为尤其是民法上所规定之有名契约,如买卖、租赁、使用借贷、保证等,均为要因行为。② 在诸此行为,给予行为之生效属于原因之实现或双方当事人对原因之有效合意。若原因不能实现,或当事人对原因未为有效合意时,给予行为即不能有效成立。设甲以1万元向乙购买图书一册,若双方均已了解其所约定之给付系交换对方之给付时,则其买卖契约有效成立;倘甲表示1万元之给付系使乙负担移转图书所有权之义务,而乙则以为甲之给付1万元,系出于赠与意思,而为受赠之承诺时,则双方对于法律行为之原因,意思欠缺一致,则无论买卖或赠与契约均不成立。又例如,该册图书系属禁止出版物(例如淫书),或于缔约时书已灭失,则因其原因违法或不能,买卖(或赠与)不生效力。

4. 无因行为

从法律行为之本质即可推知当事人之意思与利益关系,原因本应构

---

① 参见梅仲协,前揭书,第67页;史尚宽:《民法总论》,第284页;王伯琦:《民法总则》,第127页;洪逊欣,前揭书,第267页。

② 参见郑玉波:《民法债编总论》,第32页。

成法律行为的一部分,使法律行为有因化。然而,为交易安全之目的,基于政策之考虑,立法者常将原因从特定的法律行为中抽离(abstrahieren),使原因不成为法律行为之内容,原因超然独立于法律行为之外,不以原因之欠缺或不存在,致法律行为受其影响,此即所谓法律行为之无因性。然如上所述,在此种情形,并非谓该法律行为没有原因,而是指原因已从法律行为中排除,不使其成为法律行为之内容,故又可称为不要因性。①

债权行为(负担行为)原则上系属要因行为,但此为任意规定,基于契约自由原则,于不违背公序良俗之范围内,当事人间自得成立类如德国民法所定之债务约束及债务承认等不要因契约。② 负担行为属于非要因行为者,以票据行为最称典型。例如甲向乙购买货物价值1万元,发出一本票,以代现金之支付,设该买卖不成立,但其发行本票之行为仍旧有效,不受其影响。如该本票由第三人取得,甲不能以其与乙之买卖契约不成立而拒绝本票之付款。

至于处分行为,原则上系属无因(不要因)行为,物权行为即其最著之例。如前所述,物权行为多以履行基于债权行为所生之债务为目的,履行债务为物权行为之原因,而债务之存在系取决于债权行为是否有效成立,故债权行为仍成为物权行为之原因行为。所谓物权行为无因性者,乃指原因(或原因行为)已从物权行为中抽离,不以原因(或原因行为)之欠缺或不存在致物权行为受其影响。例如,甲、乙间之买卖虽因不合意而不成立,但标的物所有权已依物权行为移转时,该物权行为之效力,不因债权行为不成立或无效而受影响,买受人仍可取得其所有权。

二、物权行为无因性在民法上之依据

物权行为是否有因或无因,不仅是逻辑关系,而且是一项依据价值判断及利益衡量决定立法政策之问题。法院在其判决中似虽未曾使用过"物权行为无因性"此项概念,但学者多承认物权行为无因性是现行"民

---

① 参见郑玉波:《民法物权》,第37页。

② 参见史尚宽:《债法总论》,第9页;郑玉波:《民法债编总论》,第32页;关于《德国民法》第780条至第782条所规定之债务约束(Schuldversprechen)及债务承认(Schuldanerkenntnis),请参见Larenz, Schuldrecht Ⅱ, 1965, S. 329f.

法”之一项基本原则。[①]

“民法”并无明文规定物权行为之无因性,但却可从两项规定肯定此项原则之存在:① 区别物权行为及债权行为,物权行为形式上既然独立存在,则在实质上其效力应不受债权行为之影响。[②] ② 依“民法”第 180 条第 4 款规定,不法原因之给付,其不法原因仅存在于受领人一方者,给付之人得依不当得利规定请求返还。由是可知,债权行为之不法性对物权行为不生影响。

从比较法的观点言,物权行为无因性所以成为基本原则,实系继受德国学说的结果。[③] 物权行为无因性理论是由 19 世纪德国普通法理论所形成的,在此以前,物权的移转必须具备 titus 及 modus 两项要件。所谓 titus 是指一个以移转所有权为目的之法律关系(例如买卖契约);所谓 modus 是指标的物之实际交付(traditio)或其他代替交付之行为。普通法学者并不认为交付是以一项契约因素,尤其是以物权合意(dingliche Einigung)为基础,因此若欠缺一个有效之 titus 时,则纵有物之交付,受让人仍不能取得其所有权。《普鲁士普通邦法》(Preußisches Allgemeines Landrecht)(§§4ff. Ⅰ9, 1f, Ⅰ 10)及《奥国民法》ABGB(§§380, 423ff.)均采取此种 titus 及 modus acquirendi 之理论。[④]

无因性原则是由德国萨维尼(Savigny)提出,可谓是一项重要法学理论的创设。萨维尼于 19 世纪初期在其大学讲义中即曾指出,为履行买卖契约或其他以移转所有权为目的之契约而践行之交付,并不是一种单纯的事实行为,而是含有一项移转所有权为目的之物权契约。在其 1840 年发表之名著《现代罗马法之体系》(System des heutigen römischen Rechts),萨维尼谓:“私法上契约,以各种不同制度或形态出现,甚为繁杂。首先是

---

① 参见梅仲协,前揭书,第 68 页;史尚宽:《物权法论》,第 22 页;郑玉波:《民法物权》,第 37 页。

② 参见史尚宽:《物权法论》,第 22 页;郑玉波:《民法物权》,第 37 页。

③ 关于学说继受之一般理论,参见北川善太郎:《日本法学の历史理论》,1968,第 11 页以下。

④ 参见 Zweigert/Kötz, Einführung in die Rechtsvergleichung, Bd. Ⅰ. 1971, S. 213(§15, Die Lehre vom abstrakten dinglichen Vertrag),关于奥国民法(ABGB),请特别参见:Bydlinski, Die rechtsgeschäftlichen Voraussetzungen der Eigentumsübertragung nach österreichischem Recht, in: Festchrift für Karl Larenz zum 70 Geburtstag, 1973, S. 1027f.;广濑稔:《无因性理论についての考察》(ドイツ普通法学における所有权让渡理论を中心として),《京都大学法学论丛》77 卷 2 号,第 44 页以下,论述尚详,可供参考。

基于债之关系而成立之债权契约，其次是物权契约，并有广泛之适用。交付(Tradition)具有一切契约之特征，是一个真正之契约，一方面包括占有之现实交付，另一方面亦包括移转所有权之意思表示。此项物权契约常被忽视，例如在买卖契约，一般人只想到债权契约，但却忘记了 Tradition 之中亦含有一项与买卖契约完全分离，以移转所有权为目的之物权契约。"①

萨维尼在这样区别债权行为与物权行为之后，更进一步主张物权行为必须抽象化(无因化)，与作为其基础之债权行为分离，并认为一方当事人原为履行买卖契约而交付某物，但他方当事人误为赠与而受领时，此种错误对于物权契约之效力不生影响，不排除所有权之移转。萨维尼谓："Tradition 虽有错误，但仍完全有效，丧失所有权之人，仅能依不当得利之规定请求返还。"②

萨维尼上述理论提出之后，深受重视，数年之间即为普通法学者及实务所接受。《德国民法》制定之际，对物权行为无因性之问题亦有讨论，并认为应采为民法之基本原则，立法理由书谓："以前之立法，特别是将普鲁士普通邦法及法国民法将债权法上之规定与物权法上之规定混淆一起……此种方法未能符合债权行为与物权行为在概念上之不同，增加了对法律关系本质认识之困难，并妨害法律适用。"③虽有若干学者认为物权行为无因性并无依据④，但大多数学者认为，基于法制理论之发展及现行法规定，肯定物权行为无因性为德国民法之基本原则。⑤

三、物权行为无因性理论之功能

萨维尼为何创设物权行为无因性之理论？此项理论何以会被德国判例学说及立法者所接受？台湾学者在民法无明文规定之情形，为何承认此为现行法之基本原则？这就涉及物权行为无因性之功能问题，兹分三

① Savisny, System des heutigen römischen Rechts, Bd. Ⅲ, 1840, S. 312f.

② Savigny, aaO., Ⅵ, 1841, S. 156f.

③ Motive Ⅲ, 1896, S. 1f.

④ 参见 Du Chesne, Sächsisches Archiv, 1922, 98ff.; Neuner, Rheinische Zeitschrift 1925, 27ff.; Schreiber, Grunhot 52, 515f.

⑤ Baur, Sachenrecht, S. 35f.; Westermann, Sachenrecht, S. 21f.

点言之[①]:

(1) 有助法律适用:依物权行为无因性理论,债权行为与物权行为完全分离,如就买卖交易而言,分为三个独立的法律行为:① 债权行为(买卖契约);② 移转标的物所有权之物权行为;③ 移转价金所有权之物权行为。三个行为完全分开而独立,概念清楚,关系明确,每个法律行为之效力容易判断,对法律之适用,甚有裨益。

(2) 抽象化之偏好:抽象概念思维是德国民族之特色,在哲学方面如此,因此产生康德、黑格尔、尼采、叔本华等哲学家,建立伟大的哲学思想理论体系;在法学方面亦复如此,因此乃建立以权利及法律行为两个基本概念为基础之民法五编制之理论体系。物权行为无因性一方面强调物权行为之独立性,另一方面又将原因从物权行为中排除,极尽抽象化之能事,符合19世纪以来德国普通法学的思维方式。[②]

(3) 交易安全之保护:物权行为无因性之理论,本身在某种程度具有保护交易安全之作用,此最为学者所重视。例如甲将某名画出卖与乙,并为交付,而乙将该画再让与丙时,假若双方之间之买卖契约不成立,则依有因之理论,物权行为亦不能成立,乙不能取得标的物之所有权,从而其将该画让与丙之行为,系属无权处分。基于任何人不能将大于自己之权利让与他人之基本原则,丙纵为善意,亦不能取得标的物之所有权。反之,若采取无因性之理论,则因物权行为之效力不受债权行为之影响,乙仍能取得标的物之所有权,从而其所为之处分亦属有效,丙亦能取得标的物之所有权。

四、无因性理论下当事人之利益状态

物权行为无因性是台湾物权法之基本原则,在此种理论之下,当事人间及对第三人的权义关系如何,殊有深入检讨的必要。此种分析,一方面

---

① 参见 Heck, Das abstrakte dingliche Rechtsgeschäft, 1934; Lange, Rechtsgrundabhängigkeit der Verfügung im Boden-und Fahrnisrecht, AcP 146, 28; 148, 188; Krause, Das Einigungsprinzip und die Neugestaltung des Sachenrechts, AcP 146, 312.

② Zweigert/Kötz, S. 213f. 称物权行为无因性理论,是德国法系最具风格之特征(Stiltypisches Merkmal des deutschen Rechtskreises. 关于德国法学此种对抽象概念之偏好,请再参见 F. Schmidt. The German abstract approach to law, Scandinavian Studies in Law, 9(1965)133.

可以帮助我们理解无因性理论的实际作用,另一方面亦可认识物权行为无因性理论的优点及缺点,作为法律解释及立法政策的参考。质言之,无因性的理论若有利于法律交易活动及公平正义原则,在解释上应尽量发挥其功能;反之,则应在解释的许可范围内,予以限制,在立法政策上并应加以检讨,提出改进建议。以下谨以实务上最常见之买卖为例,加以分析[①]:

1. 对处分人(出卖人)言

对出卖人言,物权行为无因性的理论,会产生重大不利的结果。在标的物所有权移转之后,出卖人始发现买卖契约因欠缺合意不一致而未成立,或因其他事由,归于无效时,物权行为因具无因性,不受债权行为影响,故买受人仍取得标的物的所有权,出卖人仅能依不当得利规定,请求返还其所受领之利益。若买受人将标的物再让与第三人时,出卖人对该受让人不得主张权利。买受人之债权人对标的物为强制执行时,出卖人不能依"强制执行法"第15条规定,提起异议之诉予以阻止,而于买受人破产时,亦不享有取回权。

2. 对受让人(买受人)言

(1) 在物权行为与债权行为分立,并采取无因性的制度下,买卖契约缔结后,出卖人仍为标的物之所有人,得处分标的物,将之让与第三人。此时,出卖人固然违反其对于买受人基于买卖契约所生之义务,应负损害赔偿责任,但该受让人因已有效取得标的物所有权,买受人原则上不得对其主张任何权利。

(2) 在出卖人依物权行为移转标的物所有权之前,当其债权人对标的物为强制执行,或出卖人破产时,买受人纵已支付价金,尚未取得所有权,既不得提出异议之诉,亦不能取回标的物,仅能以普通债权人身份主张权利。又所有权之移转因须双方当事人之合意,故出卖人于交付标的物时,得片面主张保留所有权(Eigentumsvorbehalt),买受人纵已占有标的物,得为使用收益,但仍未取得其所有权。

3. 对于第三人(交易安全)言

在物权行为无因性的理论下,纵使债权行为不成立或无效时,买受人仍取得标的物所有权,故当其将标的物再让与第三人时,系属有权处分,

---

① 以下论述参见 Larenz, Schuldrecht Ⅱ, S. 11f.

第三人若为善意,能够取得所有权,固无论矣;纵为恶意,原则上亦能取得其所有权,除合乎"民法"第184条第1项后段,其取得所有权,系出于故意以违背善良风俗之方法加损害于他人者,不负任何责任。

综上所述,可知物权行为无因性的理论,对于买受人及第三人最为有利,对出卖人则甚为不利,盖在此种理论下,于债权行为不成立或无效时,出卖人在物权法上即丧失其对标的物的所有权,仅能主张债权上之不当得利返还请求权而已。至于第三人,固然因无因性理论而受到保护,但由于在恶意之情形,原则上仍能取得标的物之权利,对出卖人至为不利。

五、物权行为无因性之相对化

(一) 无因性理论之缺点

物权行为无因性理论,使法律关系明确,固有贡献,但亦含有若干缺点,甚受批评。[①] 其主要理由,计有三点:① 此项制度违背生活常情,例如在现实买卖,一手交钱,一手交货,当事人多认为仅有一个交易行为,但物权行为无因性之制度则将此种交易割裂为一个债权行为,两个物权行为,与一般观念显有未符。② 依物权行为无因性之理论,买卖契约(债权行为)纵不成立或无效,物权行为仍不受其影响,买受人仍取得所有权,出卖人仅能依不当得利规定请求返还,其地位由物之所有人降为普通债权人,丧失其在物权法上得主张之权利,对其利益之保护,甚不周到。③ 物权行为无因性理论之主要功能在于保护交易安全,在德国普通法时代,因不承认善意取得制度,此项理论确有必要,但《德国民法》及台湾地区"民法"对于善意取得设有明文,足以维护交易安全,就此点而言,物权行为无因性之理论,可谓已失其存在之依据。

(二) 无因性之相对化

物权行为无因性之理论,既然具有缺点,学说判例乃利用解释之方法,尽量使物权行为与债权行为同命运。限制无因性理论之适用范围,其

---

① Otto v. Gierke, Der Entwurf eines bürgerlichen Gesetzbuches und das deutsche Recht, 1889, S. 336.

所采之方法计有三种[①]：

(1) 条件关联(Grundgeschäft als Bedingung des abstrakten Erfüllungsgeschäfts)：即当事人得依其意思，使物权行为之效力系于买卖契约之存在。此项合意得依默示为之，在买卖契约所有权与物权行为同时作成之情形，通常可做如此解释。

(2) 共同瑕疵(gemeinsame Fehlerquelle)：即附着于债权行为之能力欠缺、无效或因诈欺，或错误之撤销，亦存在于物权行为之上，而影响其效力。例如甲受乙之胁迫，将家藏名画以低价售让于乙时，甲得依"民法"第 91 条规定撤销买卖契约，但由于物权行为亦在胁迫之下作成，故亦得撤销之；出卖人明确表示时，固无问题，如仅表示撤销债权行为时，为物权行为是否同时撤销，应依解释当事人意思认定之。

(3) 法律行为一体性(Einheitlichkeit des Rechtsgeschäfts)：即将物权行为与债权行为合为"民法"第 111 条所称之整体法律行为，而使债权行为无效，亦使物权行为归于无效。此项观点，理论之成分多于实际之效果。盖一般言之，依上述条件关联及共同瑕疵之理论，通常可达到同一之结果。

(三) 物权行为之违法性

在讨论物权行为无因性相对化理论时，应特别提出说明者，系物权行为违法性之问题。有因行为(债权行为)违反强制规定或公序良俗者无效，为判例学说之一致见解，但无因之物权行为是否因违反强制规定或公序良俗而无效，则甚有争论。

台湾学者多认为，物权行为不因其原因行为有悖于公序良俗而带有反社会性，致发生无效之效果。史尚宽先生一方面赞同上述物权行为无因性之相对化，另一方面则认为不要因行为，例如权利移转之合意、让与、债务约束，其目的非为法律行为内容之部分，故其原因行为有悖于公序良俗，通常仍为有效，因反社会的原因行为所交付之物，不得基于所有权，依第 767 条请求返还，其物得因其原因行为无效，依第 179 条不当得利之规

---

① 参见史尚宽：《物权法论》，第 26 页；郑玉波：《民法物权》，第 38 页；德国学者 Baur (S. 36)，Westermann(S. 25)论述特详，可作研究之参考。

定,请求返还。[①] 洪逊欣先生亦赞成此种理论,并有进一步的说明:民法系裁决法之一种,为达成其任务,具有高度的技术性,故有时虽尚可牺牲法律生活之实质的社会的正当性,但亦不应忽略法律生活之形式的安定……物权系支配权,物权之种类及内容如何,物权之存否等皆与社会公益有关,故法律重视物权关系之形式的安定,物权行为如具备权利变动之要件者,其给付原因,当事人所表示或虽未表示而已为相对人所明知之动机等,纵违背公序良俗,仍为有效。[②]

物权行为纯具技术性,在公序良俗上系属中立(Sittenneutral),固为通说之见解[③],但不能因此而谓物权行为绝对不致因违反公序良俗而无效。"民法"第 74 条规定,法律行为系乘他人之急迫、轻率或无经验,使其为财产之给付,或为给付之约定,依当时情形显失公平者,法院得因利害关系人之声请,撤销其法律行为,或减轻其给付。在此情形,除债权行为外,物权行为亦得撤销,因撤销之结果,原因行为及给付行为均为无效,为给付之人得基于物上请求权,请求返还其所为之给付。在其他情形,若依物权行为之目的及效果,显示其本身具有违反公序良俗之特征时,亦应使其依第 71 条规定,罹于无效。德国最高法院亦逐渐倾向于检查物权行为之价值内容,例如在担保让与契约,若其过分限制债务人经济活动自由,或未顾虑其他债权人之利益者,最高法院认为其违反公序良俗而无效。[④] 此项发展倾向,可供参考。

六、立法政策之检讨

(一)问题之说明

物权行为无因性之理论,使法律关系在概念上、认识上趋于明确,是其优点,但违反交易常情,且有害及物权处分人利益,虽可依解释的方法,将无因性予以相对化,缓和其所可能产生之弊端,但在立法政策上,尚有几项问题,有待检讨,即:① 物权行为应否与债权行为分离,予以独立化。

---

① 参见史尚宽:《民法总论》,第 285 页。

② 参见洪逊欣,前揭书,第 342 页。

③ Baur, S. 37; Westermann, S. 26.

④ RGZ 136, 247; BGHZ 7, 111; 10, 228; 26, 185.

② 物权行为若予以独立化，则其债权行为之关系，宜否改采要因主义。③ 若不采取独立之物权行为，则基于债权关系而生之物权变动，应践行何种要件。诸此问题，牵涉甚广，以下仅提出若干基本要点，加以说明。

（二）纯粹意思主义

关于物权变动，法国民法采取纯粹意思主义（契约主义），与台湾地区现行“民法”规定完全不同，在立法政策上具有比较研究之价值。所谓意思主义，系指物权的变动，依当事人之意思表示，即生效力，不需践行任何方式。依此主义，物权的变动系债权行为之当然结果，不必再有独立之物权行为。如就买卖契约而言，双方当事人意思趋于一致，买卖契约即告成立，标的物所有权即移转于买受人，无须另为移转所有权之意思表示，亦不需要任何方式。此种制度舍弃自罗马法以来所要求交付标的物之要件，系受自然法之影响，认为所有权系一种道德性之权利，其变动不应受占有之影响，当事人得依其意思移转标的物之所有权。①

在采纯粹意思主义之法国制度上，买受人因买卖契约之有效成立，即取得标的物之所有权，并得对抗第三人（尤其是出卖人之债权人）。惟若出卖人将标的物再让与善意第三人，而该第三人先于前买受人占有标的物时，则前买受人不受保护（《法国民法》第 1141 条），换言之，买受人自取得标的物占有之时起，始享有完全物权之保护。又依《法国民法》第 1138 条第 2 项，标的物因意外灭失之危险，契约缔结后即归买受人承担，故纵未占有标的物，亦须支付价金。买卖契约若归无效或经解除时，标的物所有权仍归出卖人取得，原则上得向第三人请求返还，惟善意第三人依《法国民法》第 1279 条之规定，仍受保护。②

法国民法所采之意思主义，程序简单，便利交易活动，是其优点，但物权变动欠缺一项足由外界辨识的表征，对交易安全甚有妨害，自立法政策以言，似不宜采取。③

---

① 参见史尚宽：《物权法论》，第 23 页；郑玉波：《民法物权》，第 25 页；Ferid, Französisches Zivilrecht, Bd. Ⅰ, 1971, Ⅰ, S. 588f.

② Ferid, aaO., S,590f.；参见田村耀郎，“フラソス民法における他人の物の売买”，《名古屋大学法政论集》，第 1 页（1974，10 月）。

③ Larenz, Schuldrecht Ⅱ, S. 19；郑玉波：《民法物权》，第 11 页。

（三）独立之物权行为

在台湾，物权行为与债权行为分离，独立存在，但通说多方设法使物权行为之效力系属于债权行为，使物权行为成为有因性，此就逻辑言，显然欠缺一贯性，盖既承认物权行为之独立性，自不能使其与债权行为同一命运，但由此可知，物权行为是否有独立存在价值，殊有疑问。债权行为与物权行为在概念上加以区别，系法学上一项重大成就，并符合当事人之价值，如就买卖而言，当事人除有成立债之关系之意思，尚有移转标的物所有权之意思，此在标的物所有权非即时移转之情形，甚为显著。然而，此种移转所有权之意思，似不必加以独立化，使其成为独立之物权行为，在理论上尽可将其纳入债权契约之意思表示中，同时表示之。其他赠与、互易、设定担保等皆可如是。[①]

（四）结语

基于债之关系而生之物权变动，所应采取之主义，就立法政策言，必须具备三个基本要件，即① 不违反法律行为之本质。② 平衡当事人之利益。③ 维护交易安全。

准此以言，民法上关于物权变动之规定，似有检讨余地，宜改采意思主义与交付原则之混合制度[②]；质言之，其基本内容，计有三点：① 基于买卖、互易、赠与、设定担保约定等债权行为而生之物权变动，无需另有一个独立之物权行为。② 使物权发生变动之意思表示，在观念上虽有独立存在之价值，但可纳入债权行为之中，与成立债之关系之意思一并表示之，不必加以独立化，自成一个法律行为。③ 为使物权变动具有外部之表征，以达公示之原则，民法规定“交付”为动产物权变动之要件，及“登记”为不动产物权变动之要件，此项原则应予维持。

在此种制度下，独立之物权行为已不存在，因此亦不发生无因性之问题，其所产生之状态，较明确合理，分三点言之：

（1）当事人纵有买卖契约或其他移转设定物权之合意，但未践行交付或登记之法定方式者，尚不生物权变动之效力。

---

① Larenz, Schuldrecht Ⅱ, S. 19f.

② Larenz, Schuldrecht Ⅱ, 20f. S. 20.

(2) 债权行为不成立或无效时,纵标的物已为交付或登记,物权仍不生变动,就买卖契约言,尚不发生所有权移转之效力,出卖人得对买受人或其他第三人,主张标的物所有人之权利。

(3) 善意第三人依善意取得制度("民法"第801条及第948条以下规定,"土地法"第43条)受到保护,物权行为无因性理论虽不存在,对交易安全,不生影响。

“最高法院”判决在法学方法论上之检讨

一、判决与法律之进步

法律与所有之有机体同，必须随着环境之更易而变化，并在变化中求其生长，否则必不免陷于僵化，不能适应社会的需要。至论法律之变化与生长①，归纳言之，不外两途：① 立法，即依一定之立法程序增删修订既有之规定；② 判决，即法院于适用法律之际，阐明其疑义，补充其漏洞，创造新的制度，必要时更得有意识地改变现行法律之规定。民法所规定的，是人类社会生活的基本关系，不宜动辄更改，故其所以发展改进之道，多赖于执法者的造法活动。综观世界诸大法典，例如 1804 年之《拿破仑法典》，1812 年之《奥地利普通民法》，1900 年之《德国民法》以及 1912 年之《瑞士民法》，莫不如此。法院适用法律，限于具体案件，就个别而言，一时或不易察觉其重要性，法律之变化成长亦隐而不彰，然案例累积日多，零星判决逐渐建立体系，凝成类型，是时也，当我们回顾展望，则点滴之判决，业已汇成新的法律思潮洪流尽呈眼前，由是可知，规律吾人社会生活之法律规范，已与昔日殊其面目！

台湾现行“民法”制定于 20 世纪 20 年代，此部民法原非自己社会之产物，而是继受西洋法制而来。其中所含社会事物之理，既非现实真理之反映，亦非过去社会真理之陈迹，毋宁是将来社会真理追求之目标，社会情况与民法规定，仍有甚大距离，复由于现代社会变迁急速，因此如何解

① 参见 Friedmann, Law in a Changing Society, 1972, pp. 19-44.

释适用法律,发挥现行民法精神,启迪社会意识,适应社会需要,实为各法院尤其是"最高法院"所承担之重大责任。[①]

二、判决之法源性

在英美国家,法律系由法院创造,判决即为法源,称为 precedent(判例),无待深论。[②] 在大陆法系,法律系由议会制定,法院专司审判,适用法律,故法院于具体案件所为之判决是否即为法源,具有拘束力,则有疑问,此为研究台湾民事判决之前,首应究明之问题。

在台湾法院判决(广义包括判例)虽具有创造法律之功能(schöpferische Rechtsfortblidung),但本身并非法源,不具拘束力。就同一问题,法院得与自己或上级法院之判决,为相异之判断。法院所受拘束者,系判决理由中对法规之正确解释,或对不确定概念之具体化。[③] 至判决理由所含之法律解释或规范具体化,是否妥适,原则上法院于每一个新的案件,应自为决定,既有之判决,不能免除法官此项责任。法官倘若确信,先前之判决自始即属不当,或判决时虽属正确,但规范意义业已变更,或原为判决之基础已不复存在时,则应即改变,此为法官之权利,亦为其义务。原判决既属不当,法院若仍受其拘束,循而不变,即法律势必停滞不进,因此法官不能因对某项问题已著有判决,即可不经思索,径予引用,若其对既有之判决(尤其是判例)之正确性发生怀疑时,应自为判断,详述正反理由,舍此而不为,借口已有判决存在,则属有亏职责。

自法律规范效力之观点而言,判决不具法源性,故法院无必须遵从之义务,惟自法社会规范意义而言,法院及一般公民对于"最高法院"之判决,则多敬重遵循之,推究其故,约有二端,一为目的性之理由,一为法律上之理由。所谓目的性之理由,显然易见,盖某项法律问题,"最高法院"既著有判决,则下级法院于每一案件再为重新考虑,难免耗时费力,殊不

---

① 参见王伯琦:《民法总则》,第 18 页;《近代法律思潮与中国固有文化》,第 49 页至第 54 页。

② C. K. Allen, Law in the Making, 1964, pp. 1-66, pp. 161-235.

③ 关于不确定法律概念,详见翁岳生:《论不确定法律概念与行政裁量之关系》,载台湾大学《社会科学论丛》第 17 期,第 55 页。关于不确定概念之一般理论,参见 Larenz, Methodenlehre der Rechtswissenschaft, 2. Aufl. 1969, S. 263ff., 268ff.

经济,故若不怀疑其正确性时,则多径予采用。而且,“最高法院”判决,原经深思熟虑,本身是具有“推定其判决内容正确之效力”(präsumtive Verbindlichkeit der Präjudizien)[①],下级法院亦多信赖之。就法律上之理由言,遵从判例,有助于法律体系内判决之统一,为此目的,“法院组织法”第25条规定:“‘最高法院’各庭审理案件,关于法律上之见解,与本庭或他庭判决先例有异时,应由‘院长’呈由‘司法院院长’召集判例变更会议决定之。”惟无论如何,立法者并未规定,下级法院应受上级法院判决之拘束,以强制实现判决之统一化。由是可知,立法者虽重视判决统一之价值,但不愿因此而阻碍法律之进步。

法院实际上遵循上级法院判决,除维持判决统一之目的外,尚在满足正义之要求,即案情相同者,应予相同之处理,职是之故,法院亦仅在充分确信原判决不当时,始会不予采用,而另为判断,换言之,在此情形,判决之正确性,仍应优先予以考虑。

应特别注意的是法律之安定性及预见性。任意变更判决,辄不遵行,人民信守不易,对司法之信赖,势必动摇,此在具有伦理性之判决,尤见严重,故在此情形,法院仅能逐渐、慎重、实验、扩张或限制原判决,不宜率为变更。“最高法院”对某一项问题所为之判断,系当时最权威之法律意见,人民在创设法律关系时,恒以之为准则,在心理上亦期待或假设此种判决原则上会被遵循,倘若判决轻易变更,则人民对法律之信念,必受损害,致妨碍交易之安全与便捷。抑有进者,变更判决之后果有时较变更法律更为严重,盖法律之变更,原则上不生溯及效力,依照旧规定而形成之法律关系,不受影响,在变更判决之情形,迥然不同,人民权益不免受到损害。[②]

三、判决促进法律进步之三种活动

法院并非是立法者之口舌,代其宣示意思而已,判决本身具有创造法律的功能。至于法院创造法律,促进法律进步,不外三种活动,即解释法

① M. Kriele, Theorie der Rechtsgewinnung, 1967, S. 243ff.

② Reinherd, Einführung in die Rechtswissenschaft, 1965, S. 29.

律、补充法律漏洞以及创设新的制度。[①] 此三种活动在法学方法论上的认识,对理解、分析、整理、评释法院判决之内容,功能与限界,深有裨益。

(一) 解释法律

1. 方法论上之说明

法律必须经由解释,始能适用,解释之中寓有创造之功能。法律用语多取诸日常语言,必经阐明,始能臻于明了,不确定之概念,必须予以具体化,法规之冲突,更须加以调和排除。德国学者萨维尼(Savigny)谓:"解释法律系法律学之开端并为其基础,系一项科学性之工作,但又为一种艺术。"[②]美哉其言。

关于法律解释,有两件事应予区别,即解释之认识目的(Erkenntnisziel)及解释准则(Auslegungskriterien)。就解释之认识目的而言,向有主观说(Subjektive Theorie)及客观说(Objektive Theorie)两种不同之见解。主观说谓解释法律旨在探求立法者主观的、历史的意思。[③] 客观说谓解释法律旨在发现寓存于法律,合于其理念之客观规范意义。[④] 此项争论肇自18世纪德国普通法时代,迄至今日,仍然针锋相对。最近虽有学者致力于折中二说[⑤],虽颇受重视,但仍未被普遍接受。[⑥] 就整个发展倾向言,19世纪及20世纪初期多偏重主观说,在今日则以客观说较占优势。就学者见解而论,似亦以主张客观说者为多数,其所持论据,计有四点即:① 一个具有意思能力之立法者并不存在。② 具有法律效力者,系依法律形式而为之外部表示。③ 受规范者所信赖者,系法律之客观表示,而

---

① Larenz, Methodenlehre der Rechtwissenscheft, S. 291ff.

② Savigny, System des römischen Rechts, Bd. 1, 1840, S. 206.

③ Savigny, Syetem, S. 213; Betti, Allgemeine Auslegungslehre als Methode der Ceistewissenschaft, 1967, S. 600f.; Bierling, Juritische Prinzipienlehre IV, 1911. S. 230ff.; Heck, Gesetzauslegung und Interessenjurisprudenz, AcP, Bd. 112; Stammler, Lehrbuch der Rechtsphilosophie, 1928, § 129.

④ Kohler Grunhuts Ztschr. Bd. 13, S. 1ff.; Wach, Handbuch des deutschen Zivilprozessrechts, Bd. 1. 1885, S. 254.

⑤ Larenz, Methodenlehre der Rechtswissenschaft, S. 296f.

⑥ 关于法律解释之客观性与主观性问题,最近在日本学界亦引起重大争论,参见来栖教授:《法律家》,载《末川先生还历纪念》之《民事法の诸问题》,第23页以下,《法の解释における制定法の意义》,载《法学协会杂志》73卷2号;川岛武宜:《科学としての法律学》,昭和42年,新装3版;渡边洋三:《法社会学と法解释学》,昭和42年。

非立法者主观之意思。④ 唯有客观说,始能达成补充或创造法律之功能。法律哲学家拉德布鲁赫(Radbruch)提倡客观说最力,曾就之举例说明,认为法律如船,虽由领港者引导出港,但在海洋上则由船长指导,循其航线,任意航行,已不受领港者支配。[①] 其他学者亦有将立法与法律之关系,譬为父母与子女,子女虽受父母之照顾,受家庭精神之熏陶,一旦长大成人,则自有其见解与判断,不再受其父母之左右。

至论解释法律之准则,可别为四项,即文字意义之关联、法律之体系、参与立法者之认识及法律目的。[②] 诸此解释原则,在实际上如何应用,限于篇幅,在此不拟详论。应特别提出,促请注意的是关于解释法律活动之性质。Kelsen 强调,所有之解释方法均不具任何认识价值,纯系意志行为(Willensakt),从而否认法律解释之客观性。[③] 德国通说则以为,解释法律系一种在方法论上得加以指导、检查之认识行为(Erkenntnisakt),前面所述各项解释方法,虽未具有固定之位序(Rangverhältnis)。但彼此间亦存在一定关系,即解释法律,应以文字为出发点,超越文字可能之意义者,即非属解释,而系另一阶段之造法活动;立法史或体系旨在阐明或发现法律之规范目的;正义与社会要求系控制解释之最高依据。[④]

2. 实例分析

(1) 关于解释目的。"最高法院"关于法律解释之目的,究竟采取主观说抑或客观说,虽然未明示表示,但大体言之,倾向于采取客观说,此可于"最高法院"关于土地增值税与抵押债权孰先受偿之判决见之。"实施都市平均地权条例"第 32 条规定:"经法院执行拍卖之土地,以其拍定价格视为该土地之移转现值。执行法院应于拍定后 5 日内,通知当地主管稽征机关,据以核计土地增值税,并由法院于承买人所缴价款内,除法律另有规定外,优先于一般债权代为扣缴。"本条所谓"一般债权"是否包括抵押债权在内,不无疑义,因而发生土地增值税与抵押债权孰先受偿之问题。若干立法界人士认为,依立法资料而推知之立法本旨,土地增值税仍不优先于抵押权受偿。但"最高法院"则采相反见解,1968 年台上字第

① Radbruch, Rechtsphilosophie, 6. Aufl. 1963, S. 211.

② 参见 Larenz, Methodenlehre der Rechtswissenschaft, S. 301ff;洪逊欣:《民法总则》,第 35 页;史尚宽:《民法总论》,第 35 页;韩忠谟:《法学绪论》,第 83 页。

③ Kelsen, Reine Rechtslehre, 1960, S. 349ff.

④ Larenz, Methodenlehre der Rechtswissenschaft, S. 323f.

1974号判决认为:地之自然涨价非一己或少数人之力,应归人民共享,故修正"实施都市平均地权条例"第32条有土地增值税优先于一般债权之规定。抵押债权既无优先于土地增值税受偿之特别规定,土地增值税自得较抵押债权优先受分配。1969年台上字第1415号判决又认为:土地增值税,系以都市土地之自然涨价为标的,换言之,乃对于不依受益者之劳力费用所生土地增值之课税,关于都市土地之自然涨价,依照"实施都市平均地权条例"规定,应归公有,征收土地增值税,无非求达收归公有之目的而已(同条例第30条及第31条)。故征收土地增值税在公权力与原土地所有人间,有似共有权益之分割,而以征税额为公权力之应有部分,此应有部分,既不属于原土地所有人权益范围,原土地所有人之任何债权人,自均不得就此部分为任何主张。修正前"实施都市平均地权条例"第28条及修正后同条例第32条所以皆用代为扣缴字样,即本此旨。虽后者代为扣缴之上,另有"优先于一般债权"一语,但此所谓一般债权,无非以别土地增值税而已,殊无从认其已将抵押权除外。在诸此判决中,"最高法院"能够摆脱若干立法者之主观意思,而以法律本身客观规范意旨为解释目的,堪为典范,殊值赞佩。[①]

(2)关于解释准则(方法)。关于解释准则(方法)方面,"最高法院"的判决颇有差别,有立论详尽者,前述1969年台上字第1415号判决,从文义、体系及法律目的各方面详为论述,即其著例。然而,判决理由过于简略,或偏重概念形式推论者,亦复不少,兹试举若干则判决,加以说明。

① 1955年台上字第1424号判决(判例)谓:"第169条系为保护善意第三人而设,故本人有使第三人信为代理权授予他人之行为而与之交易,即应使本人负其责任。又本人之责任系指履行责任而言,并非损害赔偿责任,故本人有无过失在所不问"(《判例要旨》,1969年,上册,第58页)。

本判决认为,在表现代理情形中,本人所以应负无过失责任,在于其所负之责任为履行责任,而非赔偿责任。此项推理,似有疑问,可从两点言之:① 依规定,不法侵害他人权利致生损害,应负赔偿责任者,固以行为人有过失为原则,但行为人虽无过失而应负损害赔偿责任者,其例亦有

---

① 关于此项问题之背景及所牵涉之问题,请参见马元枢:《论土地增值税之扣缴问题》,载《法令月刊》第20卷,第10期,第10页;游开亨:《评土地增值税与抵押权之争》,载《法学丛刊》67期,第1页及其所引述之资料文献。

（“民法”第878条，“矿场法”第68条等），并有日益增加之趋势，因此不能由本人所负之责任为损害赔偿责任，即可推断其应负过失责任；② 行为人应负履行责任，非必即为无过失责任，例如“民法”第83条规定：“限制行为能力人用诈术使人信其为有行为能力人或已得法定代理人之允许者，其法律行为为有效。”此种行为原则上本得撤销，但因限制行为能力人故意使用不当诈术，法律乃强制其法律行为（契约）有效，使其负履行责任。由是可知，“最高法院”之推论，似不足支持其认为本人应负无过失责任之基本见解。

② 1971年台上字第1611号判决谓：“按因侵权行为而发生损害赔偿者，乃指当事人间原无法律关系之联系，因一方之故意或过失行为，不法侵害他方权利之情形而言。本件上诉人毛廷玉出卖蒸气锅，于交付之后，因买受人之使用操作发生爆炸，即使蒸气锅本身存有瑕疵，致使买受人或第三人蒙受损害，能否指毛廷玉为侵权行为人，命负损害赔偿责任？非无疑问。”又依1971年台上字第200号判决谓：“查‘民法’第194条固规定：不法侵害他人致死者，被害人之父、母、子、女及配偶，虽非财产上之损害，亦得请求赔偿相当之金额。但此项损害赔偿请求权，乃基于侵权行为所发生。至侵权行为而发生损害赔偿者，又指当事人间原无法律关系之联系，因一方之故意或过失行为，不法侵害他方权利之情形而言。本件被上诉人之子宋嬴枪被人刺伤，送由上诉人为之救治，依其情形，显已发生医师与病人间之契约关系，亦损害发生前，当事人间尚不能谓无法律关系之联系。上诉人纵因过失违反善良管理人之注意义务，亦仅生债务不履行之损害责任，被上诉人能否依据上引第194条规定对上诉人请求非财产上之损害，殊非无疑问。”①

侵权行为责任与债务不履行责任二者之关系如何，系民法学上有名的争论问题。在德国早期，学者有采取竞合说者，认为二者之关系为法条竞合（Gesetzkonkurrenz），故债务不履行责任具有特殊性，排除侵权责任之适用。此项法条竞合说一经提出，即遭受攻击，备受非难，学者几乎已无赞成者。今日多数学者咸认为，债务不履行责任与侵权责任二者得以并存不悖，因同以损害赔偿为给付内容，发生请求权竞合（Anspruchskonkurrenz），债权人得择一主张之，此为德日判例学说之一般见解。学者意见

---

① 参见拙文：《契约责任与侵权责任之竞合》，本书第204页。

不一,采法条竞合说者有之,采请求权竞合说者亦有之。在本案采取绝对法条竞合说,似有商榷余地。诚然,关于债务不履行责任与侵权责任之关系,尚无定论,学说理论又在变动之中,例如最近德国学者在新诉讼标的理论影响之下,有谓基于债务不履行侵权行为所生之损害赔偿请求权非系两个独立请求权,发生竞合关系,而是一个以相同给付内容之请求权,但具有两个法律基础,一为契约关系,一为侵权关系,学者称之为请求权规范之竞合(Anspruchsnormenkonkurrenz)。此项问题,牵涉极广,在此固难详论,但无论如何,“最高法院”之主要功能,系创设法律见解,促进法律进步,因此,对于一项如此有争论,关系当事人重大利益之基本问题,采取立场时,应详述理由,阐明自己之见解依据,不宜以简单概括之语,遽下结论。

③ 1951 年台上字 1496 号判例要旨谓:“赠与契约之成立,以当事人以自己之财产为无偿给予他方之意思表示,经他方允受为要件。此项成立要件不因其赠与标的物之为动产或不动产而有差异。惟以动产为赠与标的者,其成立要件具备时即生效力,以不动产为赠与标的者,除成立要件具备外,并须登记始生效力,此就‘民法’第 406 条与第 407 条之各规定对照,观之甚明,故第 407 条关于登记之规定,属于不动产赠与之特别生效要件而非成立要件,其赠与契约倘具备上述成立要件时,除其一般生效要件尚有欠缺外,赠与人应即受其契约之拘束,就赠与之不动产负补正移转物权登记之义务,受赠人且有此项请求权。”依 1952 年台上字第 175 号判例要旨:“以非经登记不得移转之财产为赠与者,在未为移转登记前,其赠与不生效力,固为第 407 条所明定,惟当事人间对于无偿给予不动产之约定如已互相表示意思一致,依同法第 153 条第 1 项之规定,其契约即为成立,纵未具备赠与契约特别生效之要件,而难谓其一般之契约效力亦未发生,债务人自应受此契约之拘束,负有移转登记使生赠与效力之义务。”

“最高法院”见解疑义,在于未能究明第 407 条保护无偿赠与之基本立法目的。所谓“一般之契约效力”此一概念,究指何而言,甚感不解。或谓系指“一般契约”之效力,然在民法上所谓契约,或为买卖,或为保证,或为赠与,或为其他无名契约,似无所谓之“一般契约”,由此亦无“一般契约”之效力可言。契约因当事人互相意思表示趋于一致而成立,第 153 条固订有明文,但债编通则所称之契约并非系所谓之“一般契约”。其所规定者,仅系各种契约之成立要件而已。由是观之,“一般契约”之效力,纯属虚构,欠缺法律上之依据。或有认为,“最高法院”所称之“一般之契约效力”,系指契约之“一般效力”,然此究为何物,亦费思索。契约之效力,并无一般与特别之分。契约若具备成立要件及生效要件,则发生法定或约定之效力,契约虽已成立,但欠缺特别生效要件者,原则上在当事人间并不产生契约上之权义关系,何以在此种情形,仍发生“一般效力”,且以债务人负履行特别生效或成立要件义务为其内容,殊难理解,盖依如此解释,则第 407 条所以规定之特别生效要件,将成毫无意义之赘文![1]

④ 1971 年台上字第 4195 号判决谓:“未登记之土地,无法声请为取得地上权之登记,故依‘民法’第 772 条准用、同法第 769 条及第 770 条主张依时效而取得地上权时,显然不以占有他人未登记之土地为必要,苟以行使地上权之意思,20 年间和平继续公然在他人土地上,有建筑物或其他工作物或竹木者,无论该人土地,已否登记,均得请求登记为地上权人,此为当然之解释。”1971 年台上字第 1317 号之判决谓:“地上权为土地他项权利,其登记必须于办理土地所有权登记同时或其后为之,如有土地未经办理所有权登记,即无从为地上权之登记,故依据第 772 条准用取得时效之规定声请为地上权之登记时,并不以未登记之土地为要件。”(《法令月刊》第 23 卷,第 11 期,第 17 页。)

立法者为美化法典,精简法条,避免重复,经常使用“准用”之立法技术,就某项问题,不直自处为规定,而间接借用他项规定。为解决准用规定之解释适用问题,必须探究准用事项及被准用条文之目的、功能、性质之异同,而决定其适用范围及限度,此非为单纯逻辑推理,而是利益衡量、价值判断问题,但上述两项判决,则依形式推论。“最高法院”依据“未登记之土地即无从声请为取得地上权之登记”,进而认为:“故依时效取得地上权,显然不以占有他人未登记之土地为必要。”上段理由显然不足导出后段结论,盖依“未登记之土地即无从声请为地上权之登记”之前提,其所导出之结论系“必须于土地所有权登记之同时或其后始得声请为地上权之登记”。或谓准用法条,不必拘泥文字,应斟酌地上权与所在权性质之不同,不必以未登记之土地为限,姑不论此项观点是否正确,但欲排除此项要件时,应提出具体实质理由,详述判断基础,不宜纯从形式推论。

---

① 参见拙文:《不动产赠与契约特别生效要件之补正义务》。

"最高法院"最后认为:"不论他人已否登记,均得请求登记为地上权人。"此项"当然解释"之论点,颇感难解,分析言之,或有两个意义:其一为,具备取得地上权之要件者,不论该他人已否登记,均得声请为地上权登记,但此与"最高法院"所持之基本命题,即"未登记之土地,不得声请为地上权之登记"互相矛盾。其二为,不论他人之土地已否登记,均取得地上权,但就他人未登记之土地,必俟该土地所有权为登记时,始得声请为地上权人。此项解释,虽能避免矛盾,但若如此解释,则"他人未登记之土地"要件在地上权之时效取得,应否排斥,似有商榷余地,盖时效取得人可俟土地所有权登记后,再申请登记为地上权人。总之,关于地上权时效取得,应依据时效制度之目的、功能而为处理,不宜从形式上论断,致引起疑义。[①]

(二)补充漏洞与类推适用

1. 方法论上之说明

任何法律皆有漏洞,系今日判例学说共认之事实。[②] 所谓法律漏洞,系指依现行法律规定之基本思想及内在目的,对于某项问题,可期待设有规定,而未设规定之谓。此与立法上之缺陷,应严予区别。例如宣告禁治产,依民法规定,仅限于精神丧失或精神耗弱至不能处理自己事务之人,学者有认为对聋、哑、盲及浪费者,亦应为禁治产之宣告,然此纯为立法上得失问题,立法者自有权衡,法官不得自为变更,至前所述漏洞之补充,则系法院之权利与义务。

---

① 关于地上权及其他物权时效取得之问题,参见郑玉波:《民法物权》,第 72 页;姚瑞光:《民法物权论》,第 70 页。

② 参见梅仲协:《民法要义》,第 9 页;史尚宽:《民法总论》,第 42 页。德国文献资料甚多,其主要有:Zitelmann, Lücken im Recht, 1903; Brütt, Die Kunst der Rechtsanwendung, 1907, S. 73ff.; Heck, Gesetzesauslegung, 1914, S. 157ff., 224ff.; Herrfahrdt, Lücken im Recht, 1915; Somlo, Jur. Grundlehre, 1917, S. 403ff.; Burckhardt, Die Lücken des Gesetzes, 1925; Weigelin, Die Lücken im Recht, Jherings Jahrb. 88, 1939, S. 1ff.; Sauer, Methodenlehre, 1940, S. 280ff.; Engisch, Der Begriff der Rechtslücke, Sauer Festchrift, 1949, S. 85ff.; Boehmer, Grunlagen der bürglichen Rechtsordung, Bd. Ⅱ. 1. 1951. S. 165ff.; Bartholomeyczik, Die Kunst der Auslegung 1951. S. 79ff.; Esser, Grundsatz und Norm in der lichterlichen Fortbildung der Privatrechts, 1956, S. 148; Kelsen, Reine Rechtslehre, 1960, S. 21ff., 325; Canaris, Die Feststellung von Lücken im Gesetz, 1964; Germann, Probleme und Methoden der Rechtsfindung, 1965, S. 111ff.; Kaufmann, Analogie und Natur der Sache, 1970; Larenz, Methodenlehre der Rechtswissenschaft, 1976, 3. Aufl., S. 359ff, 378f.; Engisch, Einführung in das juristische Denken, 1956, S. 134.

至于法律漏洞发生的原因,计有两种:① 出于立法者之认识或意思者,即立法者对于某项问题,认为当时不宜即为规定,应让诸判例学说加以解决,凡曾参加立法工作之人,对此皆能知之。② 出于立法时之疏失,未能预见者。但无论其发生之原因如何,法律漏洞一经确定,应即予补充,至其方法,最主要者,系类推适用其他规定。类推适用(Analogie)者,比附援引上是也,申言之,即于处理现行法上尚乏规定之某种法律事实,援引与其性质相似之法规,予以解决。至事实是否相似,得赋予同样之法律效果,系属价值判断问题。例如"民法"第360条规定,出卖人故意不告知标的物之瑕疵者,应负损害赔偿责任,设有出卖人故意陈述标的物不具有之特点,诱使他人购买时,则就类推适用第360条规定,使出卖人负损害赔偿责任,盖以此两种行为,皆系恶意利用买受人误认标的物之性质,获取利益,法律上应为相同之评价。为期说明,再举二例说明之:"民法"第86条规定:"表意人无欲为其意思表示所拘束之意,而为意思表示者,其意思表示,不因之无效,但其情形为相对人所明知者,不在此限。"其无效能否对抗善意第三人,法无明文,多数学者主张,应类推适用同法第87条第1项但书之规定,认为不得以其无效对抗善意第三人,以确保交易之安全。又依该法第879条规定:"为债务人设定抵押权之第三人,代为清偿债务,或因抵押权人实行抵押权致丧失抵押物之所有权时,该第三人于其清偿之限度内,承受债权人对于债务人之债权,但不得有害于债权人之利益。"关于质权,虽无同样规定,但质权与抵押权性质相似,如遇有第三人为债务人设定质权,因而代为清偿债务,或因质权实行致丧失所有权时,自应比照第879条之法意,赋予该第三人以求偿权。

至于类推适用之运用,应区别两种情形:① 个别之类推适用(Einzelanalogie),即将某一个法律规定之法律效果,类推适用于其他类似事实之上。上述所举第360条对故意陈述标的物特点情形之准用,即其著例;② 总体准用(Gesamtanalogie),即由多数规定抽出一般法律原则,而以之适用于其他法律未规定之事实。[①] 依该法第91条、第110条及第247条等规定,可以建立一项原则,即因一方当事人之过失,违反交易上应为之注意,致生损害于他人者,应依契约法原则,负损害赔偿责任,此项原则,

① Larenz, Methodenlehre der Rechtswissenschaft, S. 365f.

于其他法律规定之情形,亦得适用。[①]

法律漏洞可分为两类:公开之漏洞(offene Rechtslücke),指法律对某项依其本身规范目的,应予规定而未为规定者而言。此项漏洞,应依类推适用方法予以补充,已见前述。至所谓隐藏之漏洞(verdeckte Rechtslücke)者,指某项法律规定,过于广泛,依其规范目的,应限制其适用范围者而言,判例学说有称之为限制解释,实则,就方法论言,系依法律目的性就其适用范围之限制(teleologische Reduktion)。对此问题,可就自己代理之问题加以说明。依“民法”第106条规定,代理人非经本人之许诺,不得为本人与自己之法律行为。此项禁止自己代理之规定,于法定代理人无偿赠与财产给6岁之未成年人之情形,是否适用,不无疑问,就文义而言,似有适用余地,惟自法律规范目的而言,则应认为不得适用,盖非如此,反将使法律上应受特别保护之未成年人遭受不利益。法律之所以禁止自己代理,旨在避免利益冲突,致生损害于被代理人,但在上述情形,则不致发生此项弊端,其法律效果对未成年人绝对有利,不生任何危害。职是之故,应认为该法第106条禁止自己代理之规定,在此种情形,不予适用,又此系属整个类型,非个别情形之判断,亦不致害及法律之安定性。

2. 实例分析

综观判决,虽未发现使用法律漏洞此项概念,但实际上则承认之,并时常应用类推适用之方法,解决法律未设明文,但依其价值判断及规范意义,应予规定之问题。1967年台上字第2232号判决谓:为行使基于侵权行为之损害赔偿请求权,有主张自己不法之情事时,例如拟用金钱力量使“考试院”举行之考试,发生不正确之结果而受他人诈欺者,是其为此不法之目上所支出之金钱,则应适用“民法”第180条第4款前段之规定,认为不得请求赔偿。第180条第4款所规定者,系禁止请求不法给付,就其文义体系言,应仅能适用于不当得利请求权,“最高法院”所在将其适用于基于侵权行为而发生之请求权者,应系认为第180条第4款规定含有一项法律基本原则,即任何人行使权利不得主张自己不法之事实。此项判决在方法论上甚可赞同。对立法者而言,将所有的法律基本原则,以明确的文字,表现在法条规定之上,可借简单的推论径予适用,系一项难

① 参见拙文:《缔约上之过失》。

以实现的任务,由于社会之繁杂多变,亦非立法者所能完成之工作,因此解释法律不能拘泥法条文字,应发现隐藏于某项规定之中的法理或一般法律原则,这是“最高法院”之权利与义务,否则法律必停滞不进,陷于僵化,不能适应社会需要。

然而某些判决似未能贯彻上述创设法律原则之要求,1972 年台上字第 413 号判决即其著例,该判决略谓:“第查行使债权,履行债务,应依诚实及信用方法,固为第 219 条所明定,惟必以债权债务业已存在为前提条件,苟无债权债务之存在,即无该条之适用。本件上诉人系本于所有权之作用,对于无权占有之被上诉人行使所有物返还请求权,并非基于债之关系行使债权或履行债务,原审谓其行使所有物返还请求权有违诚实信用原则,其法律上见解,显有斟酌余地。上诉论旨,声明废弃原判决,非无理由。”

在本案判决中,认为诚信原则的适用必以债权债务业已存在为前提,苟无债权债务关系的存在,即无适用此项原则之余地。依此判决推论之,行使权利,履行义务,除债之关系外,似均可不依诚实信用原则,纵违背诚信,仍受法律的保护。此项见解甚有商榷余地,盖诚信原则,不特于债之关系上有其适用,即一切权利的行使与义务的履行均应遵守此一原则,此乃为现代各立法例及学说所公认,日本战后修订民法,强调私权之社会性,特将诚信原则置于总则编,法例 1 章,第 1 条第 2 项,认为系民法基本原则之一,为全部法典的通则。在《德国民法》,诚信原则在体系上虽规定于债编(《德国民法》第 242 条),但无论判例及学说均认为,《德国民法》第 242 条蕴含一项法律基本原则,非仅得适用于民法,即公法及诉讼法均应受其规范,故学者特称之为帝王条款(Königparagraphen),君临法域。台湾地区民法依照德例将诚信原则规定在债编,但学说上莫不公认其为私法一项基本原则,行使债权,履行债务之内容、时期、场所均应依此规定,固不必论,即一切法律关系的发生、存续、终了及一切权利的行使、义务的履行均应受其支配。诚信原则,具有弹性,内容不确定,系有待于就特定案件予以具体化规范,论其功能,可谓系实体法之窗户,实体法赖之以与外界的社会变迁,价值判断及道德观念联系,互通声息,庶几能与时俱进,故各判例学说均视诚信为法律之基本原则。“最高法院”在此判决中,却将其适用范围局限于债之关系,不啻自缚手足,阻碍法律生长。诚信原则既为民法之最高基本规范,物权法亦应受其规范。惟应注意,物权法因与社会公益有重大之利害关系,其规定多不许当事人任意变更,具有强制性质,法律结构组织自较债法为严密,故诚信原则之解释适用,宜特别慎重,务期无害于物权之安定性。①

(三)新制度之创设

1. 方法论上的说明

解释法律,补充漏洞,虽系法院之重要工作,但法院创造法律之活动,并不限于此,在甚多情形,法院亦得改进现行规定,创造新的制度,但此不得恣意为之,必须合乎法律之基本原则,符合宪法价值判断,并得纳入现有之法律内在体系。法院此种造法活动,有基于法律交易上之迫切需要者,如让与担保(Sicherungsübereignung)有基于事物之本质(Natur der Sache)者,如不当得利返还义务上之差额说(Saldotheorie),亦有基于法律伦理原则者,如缔约上过失。

2. 实例分析

在1972年台上字第2400号判决,“最高法院”谓:“被上诉人明知转租无效,本得请求收回土地,竟长期沉默,不为行动,且每隔6年,仍与承租人换订租约一次,似此行为,显已引起上诉人之正当信任,以为被上诉人当不欲使其履行义务,而今忽贯彻其请求权之行使,致令上诉人陷于窘境,其有违诚实信用原则,尤为明显。”据此判决理由,“最高法院”创设一项重要法律原则,即权利者在相当期间内不行使其权利,依特别情事足以使义务人正当信任债权人不欲其履行义务者,则基于诚信原则不得再为主张。关于权利之行使,民法除设有实质上之限制,即权利之行使不得以损害他人为目的外,尚有时间上之限制,一为消灭时效,一为除斥期间。“最高法院”在本案判决另外创设一种限制权利行使之原则,甚具意义,盖民法规定之消灭时效,原则上为15年,在特殊情况未免过长,而形成权原不罹于时效,且并非任何形成权均受除斥期间之规律,因此为适应交易上之需要,基于诚实信用此项法律最高原则,另外创设权利失效之理论,确有必要,充实了法律规范内容。②

---

① 此项判决及其检讨,参见拙文:《诚实信用仅适用于债之关系?》。

② 参见拙文:《权利失效》。

四、"最高法院"判决之风格

(一) 判决之风格

法院解释适用法律,基本上是一种认识行为(Erkenntnisakt),能客观地予以检查复验,故为一种科学性之活动。然判决之目的旨在依实体法之规定,实现最大限度之正义,故又具有艺术之性质。所谓艺术系以想象或感官为动力,表达具体事物,追求调和,实践理想目的,因此特别讲究风格。判决既为一种艺术,亦特重风格。[1] 判决之风格表现,就形式言,为判决之结构及措辞;就内容言,为判决理由之作成,尤其是关于立法资料、学者见解之参酌,法律外因素之考虑以及推理论证过程等。判决风格之不同,可以充分显示各法律文化之差异。[2]

(二) 不同法系法院判决之风格

1. 大陆法系

大陆法系国家虽均有成文法典为其法源,但法院判决亦各具特色,如法国最高法院(Tribunal de Caasation)之判决,措辞简洁,说理明确扼要,甚少长篇大论。[3] 而德国最高法院则旁征博引,论述详尽。于此更有应注意者,即一国之判决风格,亦因时而异,法律及法学发展过程,概然可见,兹以德国为例,略加说明。

《德国民法》制定于19世纪末期,正逢法律实证主义盛行之时,奉行两个法律基本信念,一为法律无漏洞(Lückenlosigkeit der Rechtsordnung),认为一切法律问题,可就现行法规定依逻辑推理,获得解决。二为法院应严格受法律拘束,不容稍有逾越。德国民法制定初期,享誉甚隆,其价值

---

① 参见王伯琦:《法学,科学乎? 艺术乎?》,载《萨孟武先生六秩晋一华诞纪念·社会科学论文集》,1957年,第68页。

② Zweigert, Zur Lehre von Rechtskreisen, in: 20th Centruy Comparative and Conflicts Law, Legal Essays in Honor of Hessel E. Yntema. 1961, p. 42; Zweigert/Kötz, Einführung in die Rechtsvergleichung, Bd. Ⅰ, 1971, S. 72ff.; Kötz, Über den Stil höchstrichterlicher Entscheidungen, 1973, S. 1ff.

③ 参见 Kötz, aaO., S. 7; David/Kindred, French Law, 1972, p. 179; Edelmann, Die Entwicklung der Interessenjurisprudenz, 1967.

体系,尚符合当时情况,故判决多泥守条文,立论重概念推理,解释务求立法者主观之见地。此种情形,数年之后,即遭受非难。自 Kantorowicz 于 1906 年发表其《为法学而奋斗》(Der Kampf um die Rechtswissenschaft)一文之后,自由法论者群起,以严厉或苛酷之语言,强烈攻击帝国法院之判决,只是成就未著。

第一次世界大战后,社会情势丕变,经济空前窘迫,帝国法院开始改变态度,弹性解释法律,有关情事变更之基本判决,多著于此时期。在学界方面,由 Heck, Stoll, Rümelin. MüllerErzbach 诸氏所领导之利益法学派(Interessenjurisprudenz)崛起于 Tübingen 大学,信仰者众,蔚成风潮,对法院之判决而言,其影响至深且远。在此之前,帝国法院之判例,多采概念逻辑推演,务求符合立法者之主观意思;自此之后,则致力于当事人或社会利益之衡量,判决理由充分反映此种变化、拟制(Fiktion)或假象之说理(Scheinbegründung)终被弃而不用,致力于确定法律程序中固有之价值判断,并以之衡量所涉及之各项利益,在方法论上有深刻之自觉与认识。①

第二次世界大战后,法律实证主义因纳粹之暴政,道德上之信用,尽皆丧失,实体法律正义,再获肯认。1949 年之《波昂基本法》确认此种信念,明白宣示实践社会法治国之价值体系。在此种思潮下,德国联邦法院终在 1952 年成立,担负起对社会经济、公共道德及人权价值所负之重大责任。战后之情势与环境既殊异于昔日,德国联邦法院之判决,自然形成独特之风格与特色。一方面继受帝国法院优良之传统,发扬而光大之;一方面鉴于社会之需要,创造法律,更见积极,更具胆识,因而放弃了战前保守之作风,创造了甚多重要制度,其最具代表性格,系最高法院承认所谓一般人格权。按德国民法对人格权之保护,未如台湾地区现行民法或瑞士民法,设有一般规定,仅对姓名权之侵害,设有救济(《德国民法》第 12 条),又生命、身体、健康及自由受他人不法侵害时,虽亦请求损害赔偿(《德国民法》第 823 条第 1 项),但对其他人格权,尤其是名誉权之侵害,则仅能依违反保护法律之规定,予以救济。帝国法院之判决,殊为保守,认为德国民法既不承认一般人格权(Allgemeines Persönlichkeitsrecht),则

① 详见 Boehmer, Grundlagen der Bürgerlichen Rechtsordnung, Bd. Ⅱ, 1951, S. 190f.; Wieacker, Privatrechtsgeschichte der Neuzeit, 2. Aufl., 1967, S. 51ff.

法院除依《德国民法》第826条关于故意违反善良风俗加损害于他人之规定予以保护外,别无他途。联邦法院在其成立后之第二年,于1954年5月25日,一项判决即承认一般人格权,促成此项判者,有三个原因:① 战后人口集中,交通便捷,大众传播普遍而深入,以及新工艺器材,如窃听器,远距离照相机及录音机之发明,人格有随时受侵扰之虞,其程度之严重,诚非民法制定时,所能预见。② 纳粹专政,滥用国家权力,侵害个人自由,唤起个人对人格之自觉,及社会对个人人格之重视。③《波昂基本法》明白规定,人格为一切基本之基础,个人尊严不受侵害,国家负有保护责任。德国联邦法院认为基本法既以人格为现行法之基本价值,则法院应予尊重,促其实现。[①]

2. 英美法系

在英美法系国家,法律系由法院创设,判例即为法源,法院采取"由案件到案件的推理"(Reasoning from case to case),斟酌事物本质及合理性,依归纳的方法逐渐建立法律的原则,此种思维模式与发现法律(finding of law)之方法与大陆法系迥然不同,自成独特之风格。[②]

形成英美判决独特风格者,除判例之法源性外,法官选任方式,亦具有密切之关系。数世纪以来,英美法官大部分是从律师中选任,小部分为大学教授或政府高级官员;他们一般于任职之时,已届四五十岁,声誉卓著,学验丰富,深受社会尊重,美国最高法院之法官,尤是如此。显然,如此出身背景的法官所作成之判决不会使用那简洁、抽象、机械化的官式语言,而会倾向于表现自己的人格与见解。在合议庭之判决,法官得发表个人之不同意见(Dissenting opinion),而且公布其姓名;法官毫无顾虑地使用第一人称,而且尽量发挥个人的意思。为加强其说服力,经常使用优美典雅的文字,因此产生许多具有浓厚文学意味、可读性甚高的判决。

英美判决另一项特色是,特别重视事实资料及经验知识,并且深入讨论各种解决可能方法所产生之后果,在美国联邦有关法律违宪问题之判决中,特为显著,例如 Brown v. Board of Education 一案[③],最高法院在讨论公立学校种族差别待遇是否违宪之问题时,再三引述社会心理学的研

---

① 参见施启扬:《从特别人格权到一般人格权》(德国战后对人格权之保护),载《台大法学论丛》,第4卷第1期(1974年10月),第133页;拙文:《人格权之保护与非财产损害赔偿》。

② Friedmann, Legal Throry, 1967, pp,515-549.

③ 347 U.S.483(1954).

究,说明黑白分离规定对被歧视青年身心人格发展之不利影响。[①] 美国法院确信当事人会提出与判决有关的资料,而此系基于一项传统,远在1907年Louis Brandes氏为支持限制女工工作时间法律之合宪性,曾提出广泛搜集之社会学及比较法学资料。此一文件引起各界重视,被称为Brandes Brief(Brandes书函),并成为一个特定概念,对宪法、社会、经济法上的争议之判决,具有重大影响。[②]

(三)台湾判决之风格

1. 卓著之贡献

欲认识及客观评论"最高法院"判决之风格,必须了解其所担负的特殊任务。现行"民法"并非由传统社会产生,而是采袭西洋的思潮,尤其是以德国、瑞士民法为基础而制定的。此种西洋法制自罗马法以来,历两千年之演进,为欧陆国家所继受,在18、19世纪时,由精确复杂的概念所形成严密的民法体系,非经长期间的研究消化,不能纯熟运用。再者,现行民法所含社会事物之理,既非现实真理之反映,亦非过去社会真理之陈迹,而是将来社会真理追求之目标。社会情况与民法规定,仍有甚大距离,因此必须致力发挥现行民法精神,以启迪公民法律意识,复由于现代社会变迁急速,故如何适用法律以适应社会需要,亦为迫切要务。由是可知,法院所担负之使命如何重大,任务如何艰巨。尤其是"最高法院"以法典守其经,以判例通其变,惨淡经营,默默耕耘,历四十余年,对于公民法律生活贡献至巨,令人敬佩。

2. 风格分析

然"最高法院"所适用者,为移植自西洋社会之法制,相比之下,又属年轻,并受客观因素之限制,在卓越贡献中,在判决风格方面,仍不免若干地方尚有待改进,特为提出,用请注意,兹分四点言之:

(1)综观"民法"实施迄至今日,具有创设性的判决,固然甚多,但倾向于保守,拘泥条文之判决,亦复不少。虽编有《判例要旨》,但判例内容

---

① 参见Garfinkel, Social Science Evidence and the School Segregation Cases, in: J. of Pol. 21 (1959), 37.

② 关于Brandes Brief,详见Freund, The Supreme Court of the United States, Its Business, Purposes and Performance(1961), p.150f.; Doro, The Brandes Brief, Vand, L. Rev, 11(1958), 783; Friendly, Mr. Justice Brandes, The Quest of Reason, U. Pa. L. Rev. 108(1959/60), 958.

大半均系法律明定要件之重复,判决之创造性似仍有待加强。

(2)判决理由,未臻详密,若干判决内容,严格言之,颇有“理由”未备之嫌。“最高法院”是权威法律机构,对如何达成判决结果,应详为论述,或引述立法资料,或为体系上之论辩,或衡量当事人利益状态,或说明社会价值之变迁,应尽量避免以武断、空洞之语言,擅下结论,或以笼统之概念表达未经彻底思维之判断,务求贯彻方法论上之诚实性。

(3)“最高法院”判决理由多采用一定之格式,即先重复原审法院之判决要点,再说明上诉人之见解,最后则谓:“被告上诉论旨对原判决任意指责,难谓有理由。”至于为何无理由,多未讨论,当事人所提出之重要论点,是否都予斟酌,亦有疑问。判决理由简略,法理铺叙未详,置当事人之论点于不顾,则胜诉者,有侥幸之感;败诉者,心有难服之处。吾人以为,“最高法院”对诉讼当事人提出之论点,应不惮其烦,详为析辩,即若驳回,亦必详述理由。此种态度,不但能加强当事人对法院之信心,明了其胜诉或败诉的道理,抑且具有教育功能,在某种程度亦能减少讼源,对于法治之建立,当有积极贡献。

(4)“最高法院”判决内容,前后不一致者,为数不少,推究其故,多系由于最初判决之推理,未臻详密,以后判决,明知其不可持,但仍不愿变更,辗转迂回解释,遂致造成混乱。1966 年 3 月 28 日民刑庭总会决议:“为订立婚约所付之聘金,究系附有负担之赠与,抑为附有解除条件之赠与,本院 1958 年台上字第 1469 号与同年台上字第 917 号判例见解不同,应否删除其一,议决,两判例并存。”依吾人见解,两项判例性质迥异,何能并存?“最高法院”应择善、良善之判决,并发扬光大之,但审慎研究后,如发现所持见解自始有误,或不足适应变动中之社会,则应毅然废弃,不宜拘泥不改,致妨碍法律进步,宁可一时牺牲法律之安定,而实现实体之正义。又变更见解时,应在判决中明白说明,详述理由,俾人民有所遵循。“最高法院”似未有此习惯,前后判决不同,究为二者并存,抑或后判决废除先判例,无由查知,令人无所适从,严重影响法律适用之一致性及安定性。

(四)期待与建议

英、美、德、日诸国最高法院判决之特色最足记数者,系论及重要法律争点时,皆会斟酌参考学者见解,或加批评,或表赞同,或为折中调和,或排斥众说,独创己见。在判决理由中,系统地整理判例学说为解决此项重要法律问题而提出之各种论点,评其得失,然后再陈述自己之观点,详予说明,若干判决内容丰富,结构严密,实为一篇卓越之论文。

法院判决斟酌学说,优点甚多,一则可以表示法院之慎重负责,二则可以促进理论与实务之交流,加强法院与法学院间之合作,三则对法学研究,具有激励作用。"最高法院"直接引用学者见解者,其例尚少。在"司法院公报"登载之1971年度民事判决中,仅有一则提及黄右昌之著作《民法物权诠解》,惟并非采其论点,而是参考其所附录之有关立法例。1972年台上字第276号判决则引述采用史尚宽之见解,略谓:通谋而为之虚伪意思表示,固属无效,第因婚姻无效之原因,亲属编另有特别规定(不具备"民法"第982条方式及违反亲属结婚之限制),是否仍有民法总则所定无效原因之适用,已不无疑问。虽学者中亦有主张"民法"第87条虚伪意思表示无效之规定,应变通适用于虚伪婚姻,但同时又主张举行婚姻仪式时纵为虚伪表示,而于其后实行婚姻共同生活,则其无效已被治愈,应成为有效(参见史尚宽著《亲属法论》第170页末两行),此项见解,尚属可采……[①]此项判决创风气之先,殊值重视。

"最高法院"判决宜否直接引用学者见解,见仁见智,容有不同意见,但实务应参考理论,则毫无疑问。康德所谓"实务而无理论,殆如盲目",即在强调学说理论具有指导判决发展之功能。德国最高法院遇到疑难法律问题,常送请有关权威学者,从事学术上鉴定,供法院参考。[②] 美国法院亦采此项制度,兹举最近几则案例说明之。有波多黎各黑人,名叫Louis Paul Zepda者,虽已结婚,仍向一白女求婚,并赋同居,该女在怀孕后,知悉受骗,拒予结婚,所生之子,名叫小Zepda者,认为自己生而为私生子,且为黑白混血,备受社会歧视,受有损害,乃对其生父提出诉讼,请求赔偿。此为美国法制史上从未有过之案例。芝加哥地方法院甚感困惑,乃送请权威民法学者,芝加哥大学法学院教授Max Rheinstein,以amicus curiae之地位表示法律意见,作为法院判决之参考。[③] 此在台湾或将被认

---

① "司法院公报"第15卷,第4期,第4页。

② 参见翁岳生:《德国大学法学院对审判实务之影响》,载《政大法律评论》,第2期,第93页以下。

③ Max Rheinstein, Rechtswidrige Erzeugung menschlichen Lebens, in: Festschrift für Fritz von Hippel zum 70 Geburtstag, 1967, S. 373.

为不可思议之事,但在法治先进社会,早已成为平常之事,盖法官虽熟习实务,但工作繁忙,或限于环境,无暇从事深入研究,事关人民生命财产,又不能草率为之,特寻求学者之协助,此种实务与理论合作风气,有待提倡。

“最高法院”,在何种程度上参考学者见解,因欠缺直接资料,甚难断言,但就若干判决内容观之,参酌学说理论,仍未广泛普遍。诚然,台湾的法学尚在发达之初期,尚未完全脱离教科书时代,专门著作不多,但教科书体例严明,论述详尽,为学者一生心血结晶者,为数亦多,专门研究,亦时有佳构,深具启发性,均值实务参考。又判决内容之水准与学术的水准具有最密切的关系,因此学术界应积极从事研究,为法院的判决做准备工作,亦至为重要。此外法律学者应更积极地从事判决研究之工作,对于有商榷余地之判决,固应详予讨论,提出自己的意见,用供实务参考;对于有创设性之判决,更应阐扬发挥其思想,使其能深入人民之法律意识,成为一项活的法律规定。法学与实务系相辅相成,法院判决不顾学者见解,则学说流于空论,无补实际。判决不公布,理由简略,缺少创意,学者虽欲研究则有所不能。对法院实务而言,学说论著,具有两种功能:① 就可能发生之问题,研拟可能解决方法,用供采择参考;② 就法院判决,从事分析、批评、注释或组成体系,或阐明法律思想,并借此而参与或指导创造法律之工作。就台湾的现状而言,实务与学术界应积极加强联系与合作,重视学术研究,提高判决品质,以创造法律文化,实现法治之理想。

诚信原则仅适用于债之关系?

一、判　　决

1972 年台上字第 413 号判决。

本件上诉人主张,系争坐落于屏东县潮州镇五魁寮段 116 之 22 号、116 之 128 号及 116 之 7 号土地三笔系伊所有,被上诉人竟占用附图红线所示部分建筑房屋,显属无权占有,求为命拆屋还地之判决。原审为上诉人败诉之判决,系以系争土上之房屋,乃自陈来兴建筑后出卖陈阿水,再由陈阿水转卖予被上诉人,迄已 30 年,一向相安无事,且被上诉人所占用之土地,仅屋后一小部分,并非靠近马路之房屋前部,被上诉人表示愿以市价购买,又为上诉人所拒,显与诚信原则有违云云为论据。第查行使债权,履行债务,应依诚实及信用方法,固为"民法"第 219 条所明定,惟必以债权债务业已存在为前提条件,苟无债权债务之存在,即无该条之适用。本件上诉人系本于所有权之作用,对于无权占有之被上诉人行使所有物返还请求权,并非基于债之关系行债权或履行债务,原审谓其行使所有物返还请求权有违诚实信用原则,其法律上见解,显有斟酌余地。上诉论旨,声明废弃原判决,非无理由。

二、评　　释

(一) 保守之见解

"民法"第 219 条规定:"行使债权,履行债务,应依诚实及信用方法。"诚信原则,就其在民法上的体系地位而言,系规定于债编,而非明定于总则编,故是否能适用于其他各编及民事特别法,尤其是债以外的法律关系,理论上颇有研究价值,实务上亦极重要。

在本案判决中肯定、明确地采取否定的见解,认为诚信原则的适用必以债权债务业已存在为前提,苟无债权债务关系存在,即无适用此项原则之余地。质言之,依判决加以推论,行使权利,履行义务,除债之关系外,均可不依诚实信用原则,纵违背诚信,仍受法律的保护,此项见解显有商榷余地。

(二)诚信原则是一项法律基本原则

诚信原则,不特于债之关系上有其适用,即一切权利的行使与义务的履行均应遵守此一原则,此为现代立法例及学说所公认。《瑞士民法》将诚信原则规定于法例一章,为全部法典的通则①;日本战后修订民法,强调私权之社会性②;特将诚信原则置于总则编第1条第2项,认为系民法基本原则之一。在《德国民法》,诚信原则在体系上虽规定于债编(《德国民法》第242条),但无论判例及学说均认为《德国民法》第242条蕴含一项法律基本原则,非仅得适用于民法,即公法及诉讼法均应受其规律,故学者特称之为帝王条款(Königparagraph),君临法域。1968年,Weber教授在Staudinger《民法注释》(Kommentar)中就《德国民法》第242条所为之注释,都千余页,成一巨册,由是可知诚信原则在法律生活上所占之重要地位。③

我们仿照德例,将诚信原则规定在债编,但学说上莫不公认其为一项私法基本原则,行使债权,履行债务之内容、时期、场所均应依此规定,固不必论,即一切法律的发生、存续、终了及一切权利的行使,义务的履行均受其支配,梅仲协、史尚宽、王伯琦、洪逊欣、郑玉波诸先生均采此见解,蔡

---

① 关于诚信原则在《瑞士民法》上之适用,参见P. Tuor, Das Schweizerisches Zivilgesetzbuch, 1968, S. 42f. f.

② 参见我妻荣:《民法总则》,昭和43年,第8页;〔日〕川岛武宜:《民法总则》,载《法律学全集》第17卷,昭和43年,第50页以下。

③ 德国有关诚信原则之著作甚多,在此不能一一列举,其著者有:Hamburger, Treu und Glauben im Verkehr, 1930; Hueck, Der Treugedanke im modernen Privatecht, 1947; Larenz, Entwicklungstendenz der heutigen Zivilrechtswissenschaft, JZ 1962, 105; Wilhelm Weber, Treu und Glauben (= Staudinger, 11. Aufl., Bd. Ⅱ, 1. b) 1961; Wieacker, Zur rechtstheoretischen Präzisierung der §242, BGB, 1966.

章麟先生倡导尤力，再三强调法律为社会生活的规范，非以诚实信用为最高法律原则，无以实视社会的妥当性与公平。[①]

诚信原则具有弹性，内容不确定，系有待于就特定案件予以具体化的规范，论其功能，实为实体法之窗户，实体法赖与外界的社会变迁，价值判断及道德观念相联系，互相声息，庶几能与时俱进，故一般判例学说均视诚信为法律之基本原则。“最高法院”却在本案明白将其适用范围局限于债之关系，不啻自缚手足，阻碍法律生长！

（三）诚信原则在物权法上之适用

诚信原则既为民法之最高基本规范，物权法亦应受其规律。惟应注意者，物权法因与社会公益具有重大之利害关系，其规定多不许当事人任意变更，具有强制性质，法律结构组织较债法为严密，故诚信原则之解释适用，宜特别慎重，务期无害于物权之安定性。

物权法上之若干规定，论其性质，原为债之关系，因与物权相伴而生，为体例便宜计，特在物权编规定，例如遗失物拾得人之报酬请求权，及占有物灭损之赔偿请求权等，诚信原则对其自可适用，无待赘言。

关于物上请求权，尤其是所有物返还请求权，诚信原则能否适用，本案采取否定见解，颇嫌保守，殊难赞同。物上请求权之性质为何，学说不一[②]，有谓物上请求权系债权之一种，据此理论，诚信原则依“民法”第219条规定之文义，本应适用。依通说认为，物上请求权系基于物权而发生之独立请求权，与债权不同，诚信原则亦可适用，盖任何权利之行使莫不受其规律也。德国最高法院在BGHZ 10,69一案，亦明白肯定占有人得提出“恶意抗辩”，对抗所有物返还请求权。[③]

除物上请求权外，其他物权关系亦应受诚信原则规范，此在德国，案例丰富，可供参考。[④] 例如土地登记簿记载之更正请求权因长期间不行

---

① 参见蔡章麟：《论诚实信用的原则》，载《台大社会学论丛》第一辑（该论丛第一辑未附页数）。

② 参见郑玉波：《民法物权》，第24页；于保不二雄：《物权法》（上）昭和41年，第29页以下分为四种不同学说：纯物权说，物权说（物权之一作用）、债权说及请求权说。

③ 关于德国最高法院此项判决，参见拙文：《“动产担保交易法”上登记之对抗力、公信力与善意取得》，载于本书第98页。

④ 参见 Siebert/Knopp, Kommentar zum BGB, §242, 1967; Mühl, Treu und Glauben im Sachenrecht, NJW 1956, 1657; 1960, 1133.

使而致失权(Verwirkung des Berichtigungsanspruches, OGHZ 1, 279);地役权之行使应顾虑供役地之利益(RG. LM, 1930, 315),并应依情事变更调整其内容(RGZ 169, 180),地役权人就利用土地所生之危险应以自己费用采取安全措施(BGH. B. D. 1959, 360);债权金额甚少,但质权人或留置权人仍留置可分割,价值重大之客体者,依其情形,得构成违反诚信原则(BGHWM 1966, 115, 118)。最值重视者,系德国联邦法院将诚信原则适用于相邻关系(Nachbarrecht),并承认所谓之相邻团体关系(nachbarliches Gemeinschaftsverhältnis)为一种法律制度,借以解决现代工业社会中音响侵入等重要问题(参阅《德国民法》第906条新旧条文)。[①]

(四)发现法律原则系"最高法院"之权利义务

对立法者而言,将所有的法律基本原则,以明确的文字,表现在法条规定之上,可借简单的推论径予适用,系一项难以实现的任务,由于社会之繁杂多变,亦非立法者所能完成之工作。[②] 因此解释法律不能拘泥法条文字,应发现隐藏于某项规定之中的法理或一般法律原则,这是"最高法院"之权利与义务,否则法律必停滞不进,陷于僵化,不能适应社会需要。

"最高法院"解释适用法律,亦常能克服体系或文字限制,推陈出新,创造新的制度。例如1967年台上字第2232号判例谓:为行使基于侵权行为之损害赔偿请求权,有主张自己不法之情事时,例如拟用金钱力量使"考试院"举行之考试,发生不正确之结果而受他人诈欺者,是其为此不法之目的所支出之金钱,则应适用"民法"第180条第4款前段之规定,认为不得请求赔偿。[③] "民法"第180条第4款所规定者,系禁止请求不法给付,就其文义体系言,应仅能适用于不当得利请求权,所以将其适用于基于侵权行为而发生之请求权者,应系认为第180条第4款规定,含有一

---

① 参见 Westermann, JZ 1963, 406, 408.

② 参见 Esser, Grundsatz und Norm in der richterlichen Fortbildung des Privatrechts, 2. Aufl., 1964, S. 69. 96f.

③ "司法院"《判例要旨》,1969年版,上册,第60页。

项法律基本原则，即任何人行使权利不得主张自己不法之事实。[①] 由是观之，“最高法院”亦承认发现隐藏在实体法上特定规定中的法律基本原则，为其权利与义务。因此，吾人认为，应即放弃在 1972 年台上字第 413 号判决所持之观点，不以债之关系的存在为适用诚信原则之前提，并能更进一步善用此项原则，使法律之适用益臻合理与妥当。

---

① 此项问题，在德国判例学说上甚有争论，参见 BGHZ 41, 341, 343. 关于英美及法国之理论，参见 Zweigert, Einführung in die Rechtsvergleichung, Bd. Ⅱ, S. 290ff.; Wade, Benefits obtained under illegal transactions, Tex. L. Rev. 25 (1946) 31; Sabbath, Denial of restitution in unlawful transations-a study in comparative law, Int. Comp. L. Q. (1959) 486, 689; Goff/Jones, The Law of Restitution, 1966. pp. 304-306.

权利失效

一、判　决

1972年台上字第2400号判决。

本件被上诉人依伊所有系争台南市桶盘浅段19号之两块旱地，于1949年6月订立“耕地三七五租约”出租予上诉人杨天拖耕作，该上诉人竟不自任耕作，将系争土地转租予其余上诉人分别建屋居住或铺设道路通行，其位置及面积如第一审卷附勘查现场附图所示，该租约及转租契约，依法均归无效等情，求为命上诉人分别拆屋还地之判决。上诉人则以被上诉人请求收回系争土地，为管理行为之变更，既未经所属教会及主管官署之许可，依照“监督寺庙条例”第8条规定，原不得为之。而系争土地之分租为被上诉人所明知，且自地目变更后，被上诉人除收取租金外，并将地价税转由伊等负担，其已在耕地租赁中隐藏基地租赁行为，殊无疑义，似此情形，自非无效。况转租事实已逾15年，被上诉人之请求，纵能成立，亦早罹时效而消灭等词，资为抗辩。原审虽以被上诉人以原订租约无效为原因，请求收回耕地，非属处分或变更财产之行为，依“监督寺庙条例”第8条规定之反面解释，无先经所属教会决议及呈请主管官署许可之必要。又上诉人转租事实，固早已发生，被上诉人未主张无效请求各上诉人返还土地，只不过怠于行使权利，与请求权之抛弃，究属有间。且上诉人杨天拖其后仍一再与被上诉人续约认为有租赁关系，被上诉人未主张无效，请求各上诉人返还土地，与权利之不行使又有不同，亦不发生请求权时效消灭问题。至地目变更与耕地租赁关系之成立，并不生影响。上诉人提出之地价税缴纳收据及被上诉人名义出具之收据，非但不能证明系课征系争土地之地价税或确为被上诉人所出具，且其制作时间皆在地目变更以前,与上诉人主张自地目变更后始向伊等分收地价税之情形,显不相符,亦上诉人所称耕地租赁之中隐藏基地租赁之节,难认真实。被上诉人以上诉人无权占有,诉求上诉人返还系争土地,尚无不当,第一审未予注意,遽为不利于被上诉人之判决,自欠允洽云云,乃将第一审判决予以废弃,变更为如被上诉人声明之判决。惟查原审既认被上诉人未主张无效请求上诉人返还土地,为怠于行使权利,复谓上诉人杨天拖一再与被上诉人续约有租赁关系,被上诉人未主张无效请求上诉人返还土地,与不行使权利,究属有别,其理由已嫌矛盾。复按本件系争土地,如果确如被上诉人所主张自始即经转租作为建筑房屋之用,且此事实已被上诉人所明知,而被上诉人复于 1955 年、1961 年、1967 年三次与上诉人杨天拖换订租约,虽其租约名义仍为"耕地三七五租约",但双方当事人能否谓为出租土地供建筑房屋使用之合意,殊非无疑问。倘若有此合意,则原订"耕地三七五租约",即不能谓非出于虚伪意思表示,无论被上诉人曾否将地价税交由上诉人分担,其于虚伪"耕地三七五租约"中隐藏有基地租赁行为,当属无疑。即使无此合意,在被上诉人明知转租无效本得请求收回土地之情形下,长期沉默不为行动,且每隔 6 年仍与承租人换订租约一次,似此行为,显已引起上诉人之正当信任,以为被上诉人当不欲使其履行义务,而今忽贯彻其请求权之行使,致令上诉人陷于窘境,其有违诚实信用原则,尤为明显。原审就被上诉人之意思及其行为,未予详察,遽为不利于上诉人之判决,自欠允洽。上诉论旨,指摘原判决不当,求予废弃,非无理由。

二、评　　释

(一) 一项重要法律原则之创设

本案土地出租人明知承租人之转租行为无效,本得请求收回土地,但长期沉默,未为主张,且每隔 6 年仍与承租人换订租约一次,"最高法院"谓:"似此行为,显已引起上诉人之正当信任,以为被上诉人当不欲使其履行义务,而今忽贯彻其请求权之行使,致令上诉人陷于窘境,其有违诚实信用原则,尤为明显。"

据此判决理由,创设了一项重要法律原则,即权利者在相当期间内不行使其权利,依特别情事足以使义务人正当信任债权人不欲使其履行义务时,则基于诚信原则不得再为主张。此项原则意义重大,殊有阐扬之价值。兹先参酌学说理论,分析其概念、依据、要件、适用范围及法律效果,再介绍德国、日本案例,以供继续建立此项理论之参考。英美法上依禁止反言之权利放弃(Estoppel by waiver),虽亦具有相通之法理,在此拟略而不论,俟后再著专文详论。[①]

(二)概念、依据、要件、适用范围及法律效果

1. 概念

上开原则,在德国法上称为 Verwirkung,原得译为失权,但失权此一概念使用范围甚广,亦包括因违反法定义务致权利丧失或被撤销之情形。又当事人约定在一定期间内不行使其权利,其权利即归消灭者,亦称为“失权条款”,在保险契约上使用堪称普遍(参阅“保险法”第5条)。因此为避免概念相混,以“权利失效”称谓上述原则,似较妥适。[②]

2. 依据

关于权利之行使,民法设有实质上之限制,即权利之行使不得以损害他人为目的,此外,关于时间上之限制,一为消灭时效,一为除斥期间。“最高法院”在本案判决另外创设一种限制权利行使之原则。此项原则之创设,甚具意义,盖民法规定之消灭时效,原则上为15年,在特殊情况未免过长,而形成权如不罹于时效,且并非任何形成权均受除斥期间之规范,为适应交易上之需要,另外创设权利失效之理论,确有必要。[③]

将权利失效之理论,建立在诚实信用原则之上,实为正确。诚实信用系法律之最高指导原则,一切法律行为均受其规范,具有多种功能,得创造、限制、变更以及消灭契约或法律所未定之权利义务,并可发生拒绝权、

---

① 本文撰写之际,曾蒙郑玉波教授惠借成富信夫所著《权利の自坏による失效の原则》一书(昭和32年,有斐阁),以供参考,谨致谢意。

② 日本学者有译 Verwirkung 为失权,有译为权利失效。我妻荣教授认为,后者较为妥适,兹从之。参见我妻荣:《行使を怠ることによる权利の失效(Verwirkung)》,ツシソリスト,1956年99号第2页。我妻荣教授在日本被誉为民法学第一人,著作等身,除教科书约10册外,有《近代法における债权の优越的地位及民法研究》(11册)等专门著作,对民法学者有永恒之贡献。我妻荣教授自东京大学退休后,仍然写作不辍,为学者之典范,1974年逝世。读其书,知其人,仰佩不已,谨志数语,以表敬意。

③ 参见 Soergel/Knopp, §242 Bem. 281-284.

解除权、返还请求权,以及一般恶意抗辩[①],甚至亦可用以禁止权利滥用。因此有权利而在相当期间内不为行使,致他方相对人有正当事由信赖权利人不欲其履行义务者,其权利再为行使,前后行为发生矛盾(venire contra factum proprium),依诚信原则,自应加以禁止[②],由是观之,权利失效系禁止权利滥用之一种特殊形态。[③]

3. 要件

权利原得自由行使,义务本应随时履行,故权利失效是一种特殊例外的救济方法,适用之际,宜特别慎重。就要件言,必须有权利在相当期间内不行使之事实,并有特殊情况(besondere Umstände),足使义务人正当信任权利人已不具有履行义务,致权利之再为行使有违诚信原则。在作此项判断时,必须斟酌权利之性质、法律行为之种类、当事人间之关系、经济社会状态,及其他主观客观因素而决定之。总之,权利失效之要件,须从严认定,以避免软化权利效能,使债务人履行义务之道德趋于松懈。[④]

4. 适用范围

本案所创设之权利失效理论,系关于民法上之租赁关系,然此项理论既以诚信原则为其基础,而诚信又为法律之基本原则,故对整个法律领域,无论私法、公法及诉讼法,对于一切权利,无论请求权、形成权、抗辩权,均有适用之余地。[⑤]

---

① 参见蔡章麟:《论诚实信用的原则》,载《台大社会科学论丛》第一辑,1950年,并收载于氏著:《民法债编各论》下册附录。

② 史尚宽谓:"当事人依其自己从来之行为,对于相对人已引起其正当理由之信任,不得与之有所抵触。如当事人一方之行为应可引起权利不行使之期待,则失效期间之引用,虽其期间之空过非因受恶意之阻挠,仍不得为之。例如依债务人之行为,确可推定其即为和解或不为时效之抗辩者,则不得为已罹时效之主张"(《债法总论》第327页),可供参考。

③ 关于权利滥用之一般理论,中文资料请参阅蔡章麟前揭论文;洪逊欣:《民法总则》,第642页;史尚宽:《债法总论》第326页;黄越钦:《权利滥用与恶意抗辩权》,载《政大法学评论》第7期第99页以下。日文资料请参阅末川博:《权利滥用の研究》,昭和43年;《权利の滥用》,载《末川先生古稀纪念》上中下3册(末川氏一生致力于研究权利滥用之理论。其师长、同事及学生等于其70大寿之际,共同执笔撰写此书,以纪念其对法学之贡献。此项传统仿自德国,在台湾地区亦有提倡之价值)。德文资料请参见 Larenz, Allgemeiner Teil des BGB, 1967, S. 242ff. 及所引述之文献。

④ 参见 Soergel/Knopp, §242 Bem. 293f.

⑤ 德国通说,参见 Enneccerus/Nipperdey, Allgemeiner Teil des BGB, 1960, S. 1932f.; Esser, Schuldrecht Ⅰ, 1969, S. 31f.; Larenz, Allgemeiner Teil, S. 245f.; Lehmann/Hübner, Allgemeiner Teil des BGB, 1966, S. 100, 346.

5. 法律效果及举证责任

权利失效之法律效果如何,“最高法院”未为明确表示。在学说上有认为权利自体归于消灭者,有认为仅发生债务人抗辩者。[①] 然依吾人上述见解,权利失效系权利不当行使禁止之一种特别形态,故以认为,权利自体并未消灭,仅发生抗辩(Einwendung),较为妥适。但法院得不待当事人主张,径依职权加以审查,依一般证据原则,仍应由债务人负举证责任。

6. 与其他相关制度之区别

关于权利失效之理论,已简述如上,兹再与消灭时效、除斥期间及抛弃三项类似制度加以比较,借以显示其特色,并确定其适用范围。[②]

权利失效之理论与消灭时效之不同,可分三点言之:① 消灭时效,仅以债权人一定期间内不行使权利之事实为要件;在权利失效,除权利人经过相当期间不为权利行使之事实外,并须有特别事实,足致义务人信赖该项权利不再为主张。② 消灭时效之适用对象限于请求权;权利失效之适用对象则包括一切权利。③ 请求权罹于时效者,须债务人主张时效消灭之抗辩,法院始予采用;关于权利失效问题,法院则应依职权审查。

权利失效与除斥期间亦应严加区别:除斥期间系仅以一定期间之经过为要件,在权利失效,除时间因素外,尚有基于特别情况而生之信赖性及不可责望性(Unzumutbarkeit)。又除斥期间经过后之法律效果是形成权之消灭,而在权利失效上,则仅是权利行使之限制而已。

权利失效与权利抛弃亦有不同,后者系基于权利人之意思表示(第343条、第764条);至于权利人之不作为得否认为是一种默示的抛弃,应斟酌情况,探求当事人真意而决定之(第98条);抛弃之认定,必须以权利人知悉其权利及认识沉默将构成抛弃为要件。反之,权利失效并非基于法律行为,而是基于诚信原则(第219条),权利人是否有所认识,在所不问。

(三)德国、日本案例之分析

1. 德国

权利失效之思想在德国发达最早,理论体系亦最称严密。早在19世

---

① Enneccerus/Nipperdey, aaO.; Larenz, Schuldrecht Ⅰ, 1970, S. 107f.

② 以下论述,参见 Enneccerus/Nipperdey aaO. S. 1397; Soergel/Knopp, §242 Bem. 288-291.

纪，帝国商事法院（Reichsoberhandelsgericht）即曾判决，自助出卖（Selbsthilfeverkauf.）之迟延，依其情况得视为不诚实之迟延（illoyale Verspätung）者，不得再为权利之行使（ROHG 23，83）。此种 illoyale Verspätung 之思想，逐渐适用于解除权、终止权，最后扩张及于一切契约请求权，尤其是营业上权利之保护及劳工法上。在 1934 年以后，帝国法院（Reichsgericht）曾试图限制其适用范围，但经过一番学术理论争辩之后，终于确定权利失效系以诚实信用为基础，为一项法律基本原则，对于全部法律领域均有其适用。时至今日，权利失效已成为德国法律生活及法律感情上一项不可或缺之规范。在其理论建立过程中，除法院之积极造法行为外，学者之参与意见，尤其是 Sibert 教授在其于 1934 年发表之 Verwirkung und Unzulässigkeit der Rechtsausübung（《权利失效与权利滥用》）一书中，一方面整理历来之案例，一方面以诚信原则为理论基础，指出权利失效理论发展之方向，对于 Verwirkung 制度之确立，贡献甚巨。[①]

德国最高法院适用权利失效理论之案例甚多，兹就各重要法律领域，略为叙述如下：[②]

（1）权利失效原则，最先适用于民法上，因此民法上案例亦较多，例如依德国最高法院之见解，买受人于发现买卖标的物之瑕疵后，仍继续为标的物之使用者，即丧失其解除契约或请求减少价金之权利（BGH LM-Nr. 2 §467）。又承租人为租赁物之修缮后，数年间支付租金从未保留者，就其修缮费用不得再为主张（RGZ 144，89）。

（2）在"劳工法"上，权利失效原则亦广泛被适用。但由于"劳工法"具有保护劳工之社会目的，故劳工请求权之失效，宜特别慎重处理，在劳动关系存续中，原则上不得责望劳工主张其权利，因此权利失效理论以适用于雇主方面者较多。依德国联邦劳工法院之判决，劳工有被解雇之事由，而雇主在相当期间内不为行使，致劳工有正当理由信赖其不被解雇者，而雇用人日后因故欲再行使解雇权，其权利之行使，即有违诚信原则。[③]

（3）在"商标法"上，权利失效原则确立甚早，依德国最高法院之见

---

① 关于 Sibert 氏理论之介绍及批评，请参见成富信夫，前揭书，第 124 页以下。

② 参见 Soergel/Knopp，§242 Bem. 303-337.

③ 参见 Nikisch，Arbeitsrecht I，1961，S. 445f.

解,商标权利人未行使权利,而其他未登记之商标已长期流通,因信赖关系成立一种具有价值之占有状态时,商标权人即不得对之提出异议(RG 134, 38; BGHZ 21, 66)。关于著作权及专利权,Verwirkung 之理论原则上亦能适用,但鉴于此两种权利具有精神创造之特色,其要件应从严认定。

(4) 诉讼法亦受诚信原则之规范,向为德国判例学说所共认,故权利失效在民事诉讼、刑事诉讼,甚至宪法诉讼均得适用。[①] 德国联邦法院 1961 年 10 月 10 日判决谓:对被告之缺席裁判,未对有代理权之人为有效送达者,被告对裁判之异议,虽不适用 5 个月或 5 年除斥期间之规定,但依特别情形,此项异议得构成权利滥用而失效(NJW 1963, 1547)。

(5) 在公法上,权利失效原则首先适用于币值增额请求权(Aufwertungsanspruch, BGHWM 1963, 10, 29)。公务员法上之雇用人之赔偿请求权于特别条件下,得为失效。至于薪资及退休金请求权基于国家照顾义务而发生,原则上不适用失效之理论。战后联邦行政法院(BVerwG NJW 1958, 75)及联邦财务法院均承认权利失效原则(BStBI. 1961 Ⅲ 108)。[②]

2. 日本

(1) 最高裁判所之判决。关于权利失效理论,日本最高裁判所亦著有判例承认之。该案事实与上述台湾地区"最高法院"判决之事实颇有类似之处,特略为叙述如后[③]:查有原告 X 在大正 14 年 10 月向诉外人 A 租赁位于东京之土地,并在其上建有建筑物。X 于昭和 12 年 2 月 13 日将该建筑物及租赁权转让予诉外人 B。X 主张当时适值战争末期,情事混乱,地主 A 业已疏散至山形县,致租赁权之转让未能获得其同意。该建筑物于同年 3 月 10 日毁于战火,X 仍取回其转让之租赁权。在这期间,Y 在系争土地上建有房屋,X 从地主 A 处获知 A 并未将土地出租于 Y。X 仍基于其租赁权向 Y 请求拆屋还地,并进行假处分,时为昭和 23 年 7 月 2 日。这时,地主 A 与 Y 妥协,同意将土地租赁于 Y。基此,A 向

---

① Rosenberg/Schwab, Lehrbuch des Zivilprozessrechts Bd. I, 10. Autl. 1969, 148 Ⅲ 6b, 149 Ⅰ 3, 65 Ⅶ 3.

② 参见 Soergel-Knopp, §242 Bem. 332-337.

③ 参见我妻荣:《行使を怠ることによる权利の失效(Verwirkung)》,最高裁判所の最近二つの判决に关联して,ジユリスト,1956 年 99 号,第 2 页以下。

X 表示其前未得同意,擅将租赁权转让予 B,今特为解除租赁契约,此时距离该租赁权转让行为已有 7 年 8 个月矣。基此,Y 乃对 X 之假处分提起异议之诉。X 对 Y 之本案诉讼自第一审起均告败诉。X 之律师成富信夫氏主张,X 之转让租赁权行为已届 7 年,由之而生之解除契约权长期不行使,基于失效原则,已不得再为主张。成富氏并引述德国有关 Verwirkung 之判例学说,以支持其论点。

关于权利失效,日本最高裁判所第三小法庭昭和 30 年 11 月 22 日间曾作有判决,略谓:“权利之行使应依信义诚实,不得滥用,故有解除权而长期间不行使,致相对人有正当理由信赖其已不行使者,则其后之行使,基于特殊理由,得认为违反信义诚实,应解为不得再为行使。在本案所谓解除权长期间不行使,虽属正确,但斟酌原审判所示之一切事实关系,相对人固有正当理由信赖该权利已不再行使,但尚未有特别理由得认为解除权之行使违反信义诚实,原审认定本件解除有效之判断,系属正确,并未违法。”

关于本件,最高裁判所第二小法庭昭和 30 年 12 月 16 日判决谓:“有解除权者,长期间不行使,致相对人有相当理由信赖该权利已不再行使者,其后之行使,有可认为违反信义诚实原则之特别事由情形者,该解除权不得再为行使,本裁判所著有判例(昭和 30 年 11 月 22 日第三小法庭判决)。在本件,解除权 4 年零 1 个月余之期间不行使,依原审认定之一切事实关系,相对人虽有信赖上诉人 X 不行使解除权之正当事由,但尚未有特别理由得认为解除权之行使,违背信义诚实。”①

(2) 我妻荣教授的见解。权利滥用之理论,在日本虽早已建立完整之体系②,但关于权利失效之研究,论著尚少。本案原告之辩护律师成富信夫氏曾参照德国判例学说,著有《权利の自坏による失效の原则》一书,备受重视,其在本案提出权利失效抗辩,终获最高裁判所确认为一项法律基本原则。

我妻荣教授曾专文检讨上述最高裁判所之判决,认为在日本法上亦有创设权利失效原则之必要,同时表示《日本民法》第 1 条规定行使权

① 以上判决原文,参见我妻荣,前揭论文,第 5 页及第 6 页。

② 参见成富信夫:《权利の滥用》,载《末川先生古稀纪念》(3 卷),昭和 37 年。

利、履行义务,应依诚实信用方法,可作为权利失效在实体法上之基础。[①]

三、结　　论

“最高法院”根据诚信原则,创设了权利失效之理论,成为在消灭时效及除斥期间以外限制权利行使之一种独立制度。权利失效系属一种特殊救济方法,其要件应从严解释。本案之事实认定,是否妥适,可暂不论,但此项权利失效原则之建立,本身具有深远重大之意义,评释之余,有三点感想:

(1) 本件善用诚信原则,创设了一项新的原则,令人敬佩。台湾地区最高权威司法机关,必也如此,始能实践其所担负之神圣使命。

(2) 律师对于法律之发展亦负有重要责任。前述日本最高裁判所之承认权利失效原则,系基于原告律师成富氏之主张。本件辩护律师提出此项理论,经采纳,亦著有贡献。

(3) 法律学者应更积极地从事判决研究之工作,对于有商榷余地之判决,固应详予讨论,提出自己的意见,用供实务参考;对于有创设性之判决,更应阐扬发挥其思想,使其能深入公民之法律意识,成为一项活的法律规范。

---

① 参见我妻荣,前揭论文,第6页。

损害赔偿之归责原则

一、判　　决

1971 年台上字第 2427 号判决。

按损害赔偿之债，有四种形态：① 基于侵权行为而发生；② 基于标的之转换而发生；③ 基于法律之规定而发生；④ 基于契约而发生。本件第一审判决认定被上诉人诉求上诉人赔偿损害，系基于侵权行为之法律关系。但被上诉人则主张系基于台湾“各级农会暂行办法实施细则”第 17 条之规定。而原判决又谓：被上诉人之主张，相当于“民法”第 544 条之委任关系，无短期时效之适用。查侵权行为与当事人之特约，以及委托，为各别不同之法律关系。被上诉人究竟基于何种法律关系请求？已不能不先予确定！且被上诉人所依据之实施细则第 17 条之内容，上诉人等是否均应受其拘束？亦非提示两造命为适当完全之辩论，难期明了，再连带债务，系基于共同侵权行为而生，本件上诉人等或为被上诉人农会不同职务之职员，或为各该职员之保证人，上诉人等是否均属系争款项之共同侵权行为人？而咸应对系争款项之全部负连带赔偿责任？亦尚有待推阐！原审悉未注意及之，遽为上诉人败诉之判决，尚嫌速断。上诉论旨，指摘原判决违法，声明废弃，非无理由。

二、评　　释

（一）“最高法院”分类之检讨

对于本案判决之实体内容，吾人并无意见，于此所要讨论的是，“最高法院"关于损害赔偿之债的形态所做之分类。损害赔偿之债在实务上最称重要,万流归宗,民法上之问题,实以此为核心。损害赔偿之分类不仅是形式上的归类,而且表现为损害赔偿的归责原则,故应力求精确,裨助法律之适用。法律为一秩序,特重分类,借以显示其价值判断的统一性。因此,分类是否精密,足以反映对研究客体认识的程度、逻辑思想严密与否,不可等闲视之。

"最高法院"认为,损害赔偿之债有四种形态:① 基于侵权行为而发生;② 基于标的之转换而发生;③ 基于法律规定而发生;④ 基于契约而发生。此项分类,是否妥当,似有商榷余地。可分两点言之:

(1) 所谓基于标的之转换而发生的损害赔偿,究指何种情况而言,不易理解。一般教科书似均未使用此一概念,细加推敲,或系指债务不履行之情形而言,质言之,即由给付之债变为损害赔偿之债,若是如此,则宜避免使用此项不易理解之概念,应采取通俗易解之用语,称为债务不履行损害赔偿之债。

(2) 如何分类,得各本不同观点为之,但应将作为分类标准的观点标出,且在同一观点内之分类,不宜发生重叠,此为逻辑之基本要求,上述就损害赔偿的分类,与此项要求似有违背。所谓基于契约而生之损害赔偿之债,究指何而言,颇难断言,若系指因契约上债务不履行而发生之赔偿责任,则与前所谓"基于标的之转换而发生的损害赔偿",系指同一件事,毫无区别。若别有指所,则应明白指出,免滋误会。此外,"最高法院"以基于法律规定而发生之损害赔偿之债,为一种形态,接着又以基于侵权行为而发生者,为另一种形态的损害赔偿之债,颇嫌重叠,盖侵权责任亦系基于法律规定而发生。

依吾人之见解,损害赔偿之债的分类,可从三方面加以观察:① 发生之原因;② 发生之情形;③ 归责原则。兹依序说明之。

(二) 法定与约定损害赔偿之债

损害赔偿之债,就其发生原因而言,可分为两类。① 基于法律之规定,即所谓之法定损害赔偿之债,侵权行为及债务不履行均属之;② 基于保险契约或担保契约而生之损害赔偿之债。后者与前者不同之处在于赔偿责任之发生,非因义务的违反,而系基于当事人间的约定。例如保险契约系以损害发生为赔偿之条件,故保险给付的意义等于赔偿已发生的损害,惟保险给付非系因违反义务而发生,而系保险契约的履行。[①]

(三) 原始与转换损害赔偿之债

损害赔偿之债,依其发生情形系原始抑或为转变,可分为两类:① 原始损害赔偿之债,即自始以损害赔偿为标的之债,例如由侵权行为所生者。② 转变的损害赔偿之债,即原属给付之债,后以某种原因变为损害赔偿之债,债务不履行为其最显著之例。[②]

(四) 损害赔偿之债在归责原因上之分类

在损害赔偿之债上,最重要且最复杂的部分,系损害赔偿之归责问题,本文拟就此从事分类,略加说明,以供参考。以下所讨论的,限于直接基于法律规定而发生的赔偿之债,因契约(例如保险契约)而生者,性质特殊,暂不拟讨论。[③]

首先应该说明的是,今日损害赔偿并非是建立在单一归责原则(即过失责任原则)及一些基于特别理由而形成之例外之上。相反,现行损害赔偿法,系建立在过失责任及无过失责任两项价值相等的基本原则之上。基于无过失主义而发生之损害赔偿之债,种类甚多,因性质不同,难以提出积极原则加以说明,故学说上仅就其消极特征立论,统称之为无过失责任原则。就其内容分析之,可归为三项责任原则:① 由特定危险事物享受利益,就此危险所生损害之赔偿责任;② 基于法律特许,利用他人物品所生损害赔偿责任;③ 基于法定担保义务,尤其因自己行为创造之信赖要件,而产生之损害赔偿责任。

损害赔偿之债,无论系基于侵权行为,抑或基于债务不履行,基本上系以故意过失为要件。就吾人的法律意识而言,此为至明之理,任何独立自主之人,应对可非难于己,即因其故意过失损害他人之行为负责。所谓负责,就是负担行为之结果,对受害人言,即填补其所受之损害。过失责任问题,学者讨论详尽,在此不拟详述,以下仅就无过失责任之归责原则加以说明。

---

① 参见曾世雄:《损害赔偿法原理》,第 3 页。

② 参见郑玉波:《民法债编总论》,第 242 页以下。

③ 以下论述主要参考德国民法权威学者 Larenz 先生所撰之 Die Prinzipien der Schadenszurechnung, JuS 1965, 373,拙译:《德国法上损害赔偿之归责原则》,载《思与言杂志》第 4 卷,第 6 期,第 21 页以下。

1. 危害责任原则

此项基于特定危害而生之归责原则又可分为三类。

第一类为危险责任(Cefährdungshaftung),即特定企业、特定装置、特定物品之所有人或持有人,在一定条件之下,不问其有无过失,对于因企业、装置、物品本身所具之危险而生的损害,应负赔偿责任。民法迄未采取此项原则,但其他特别法则有采之者,“工厂法”第45条关于工厂之责任,即其著例。此项危险责任不是对不法行为所负的责任,其根本思想在于不幸损害之合理分配,盖依吾人之法律意识及法律价值判断,应令企业、物品或装置之所有人或持有人负担损害,而不应让无辜受害人遭受不利,其理由有三:① 企业、物品或装置之所有人或持有人制造危险来源;② 只有企业者或持有人在某种程度能控制这些危险;③ 获得利益,负担责任,系公平正义之要求。惟有应注意者,在此种危险责任,如果损害之发生系由于不可抗力或不可避免之事由,且不能归咎于企业、物品或装置之特殊危险时,其所有人或持有人得不负责任。危险责任之损害赔偿常有一定金额之最高限制,立法意旨在使负担危险责任者,可预见并预算其所负担之危险责任范围,依其经济能力,经由保险或价格机能分散危险。

第二类之危险归责,系法律常于权利状态尚未终局确定前,一方面允许某人从事假执行或为保障请求权之行为,但一方面则一定条件下使其负担因此所生损害之赔偿责任,现行“民事诉讼法”第395条有明文规定。依此条规定,尽管权利状态尚未终局确定,法律允许债权人执行未有既判力之判决或为保全措施;如果请求权被驳回或保全行为被撤销时,债权人应负担损害赔偿责任。假执行或保全行为系法律所许可,因此债权人之行为,不具任何违法性,可是一旦请求权被驳回,则其所为执行之结果即与现在确定之权利状态不一致,法律乃令债权人赔偿被告因此所生之损害。简言之,责任原因不在于行为之违法性,而在于行为之危险性,第一类之危险责任系基于特定企业、物品或装置本身所具有之危险,而此之危险则系权利状态尚未终局确定。

第三类之危险归责,系指为自己利益使用他人从事具有一定危险性之事务者,纵无过失,亦应赔偿他人因从事该项事务所遭受之损害。“民法”第546条第3项规定,受任人处理委任事务,因非可归责于自己之事由,遭受损害者,得向委任人请求损害赔偿,即其著例,盖为图自己利益,使他人从事具有危险性之事务,就他人因此遭受损害,理应赔偿。

2. 于法律特许使用他人物品时所致损害之赔偿责任

依台湾现行"民法"规定,在甚多情形,特定人在法定条件下,得使用他人动产或不动产,但就所生之损害,纵无过失,亦应负赔偿责任。例如,进入他人土地追踪物品或动物(第 791 条),必要通行邻地(第 787 条)致损害者,皆属之。在此情形,发生请求权之原因,在于物之所有人例外因他人优先利益,不能主张其依法应享之权利,必须忍受他人使用其物,故行为人纵无过失,亦应就所生之损害,负赔偿责任,以资调剂。类此立法例,有日渐增加趋势,例如《德国民法》第 904 条规定,物之所有人在他人干涉其物,系出于防止现在危险所必要,且危险所能致之损害,远超过因干涉其物而加于所有人之损害时,不得禁止他人干涉,但所有人得请求赔偿其所受之损害。盖人群相处,利益轻重有别,必要时,不妨先让一方得利用他方物品,再令其赔偿他方所受之损害,借以平衡当事人利益。

3. 担保责任与信赖责任

此之所谓担保责任,非指当事人依法律行为,如保险契约所承担之损害赔偿责任,而系依法律规定,使从事法律交易行为人负担保责任,以保护相对人之信赖利益。法定担保责任之主要情形,如"民法"第 360 条规定,买卖标的物,欠缺出卖人所保证之品质,或故意不告瑕疵者,买受人得不请求解除契约或减少价金,而请求不履行之损害赔偿。又如第 224 条规定,债务人之代理人或使用人,关于债之履行有故意或过失时,债务人应负同一责任。本条规定,初视之下,似为过失责任,但所谓过失责任是谓一人应对可非难于己之行为负责,故"民法"第224 条所规定者,实为法定担保义务,盖债务人使用他人以扩展其营业活动范围,获取利益,应对其使用人过失行为所生之损害负责。

信赖责任另一明显之例,系"民法"第 91 条及 110 条规定。依"民法"第 91 条规定,意思表示错误或传达不实而撤销时,表意人应赔偿他人信其表示为有效而受之损害。撤销行为系由法律所允许,不具任何违法性,但因撤销是一种消极形成权,解除意思表示对表意人之拘束力,故相对人蒙受不利益时,法律斟酌双方利益,乃令撤销权人赔偿相对人信赖利益,作为行使撤销权之代价。又依"民法"第 110 条规定,无代理权人而以他人之代理人名义订立契约者,如本人拒绝承认,应使无权代理人对相对人负赔偿责任,论其性质,亦属法定担保义务,以保护交易安全及相对人之利益。

摔跤游戏之违法性

一、判　　决

1963 年台上字第 2771 号判决。

本件上诉人与被上诉人蔡生湾系同班同学陈阿宾，均为 11 岁之未成年人，1962 年 1 月 19 日在教室内，上诉人邀该蔡生湾作摔跤游戏，上诉人抱起蔡生湾一脚，蔡生湾则以残废之右手钩住上诉人脖子，同时仆地，上诉人压在蔡生湾身上，卒致上诉人左大腿受伤，业经原审查据在场目睹之蔡志得陈近证言及勘验之结果予以认定。兹上诉人主张因医治腿伤及补营养，与精神损失共新台币 17 309.5 元，应由该蔡生湾赔偿。而被上诉人蔡礼般系蔡生湾之法定代理人，对于上诉人此项损害，依"民法"第 187 条之规定亦应负连带赔偿之责等情，求为命被上诉人等如数连带赔偿之判决。而被上诉人则以上诉人之受伤系因其邀被上诉人蔡生湾摔跤跌仆所致，上诉人身材较蔡生湾高大，蔡生湾右手残废仅一手相较，自不负赔偿之责等语，资为拒绝履行之抗辩。按摔跤系以摔倒对方与否为决定胜负之运动方法，在校学生例多于课余之际作此游戏。上诉人左大腿受伤，既系因其邀请被上诉人蔡生湾摔跤跌倒后所致，殊难谓该蔡生湾在当时有致上诉人受如此伤害之意识，亦即无识别能力之可言。核与"民法"第 187 条第 1 项前段："限制行为能力人不法侵害他人之权利者，以行为时有识别能力为限，与其法定代理人连带负损害赔偿责任"之规定，已难使该蔡生湾就上诉人因伤所受之损害负赔偿责任。究该蔡生湾与上诉人摔跤之处所，既在学校教室内，且蔡生湾应上诉人之邀而为此摔跤游戏，又非法令所不许。是被上诉人蔡礼般对于蔡生湾之监督，亦无疏懈之可言。依同法条第二项之规定，亦不负赔偿之责。原审本此见解因认为上诉人提起本件之诉为无请求权存在,将第一审所为驳回其诉之判决予以维持,于法洵非有违。上诉论旨仍执其主张上述陈词任意指摘原判决不当,不能谓有理由。

二、评　　释

(一) 识别能力

陈阿宾与蔡生湾二人是同学,均为 11 岁。某日陈生邀蔡生作摔跤游戏,陈抱起蔡一脚,蔡则以残废之右手,钩住陈之脖子,同时仆地,卒致陈左大腿受伤。陈乃依“民法”第 187 条规定请求蔡及其法定代理人赔偿医治腿伤、补营养及精神损失。

依“民法”第 187 条规定,无行为能力人或限制行为能力人不法侵害他人之权利者,以行为时有识别能力为限,与其法定代理人连带负损害赔偿责任。行为时无识别能力者,由其法定代理人负损害赔偿责任。法定代理人如能证明其监督并未疏懈,或纵加以相当之监督而仍不免发生损害者,不负赔偿责任。被害人因加害人无识别能力或因法定代理人举证免责,致不能受损害赔偿时,法院因被害人之声请,得斟酌情形,令行为人为全部或一部之损害赔偿。由此规定,可知识别能力之有无,为未成年人责任之主观要件,对法定代理人责任不生影响。法定代理人责任系以未成年人客观上是否有不法侵害他人权利为前提,未成年人虽具识别能力,但其行为因有违法阻却事由,不构成不法者,行为人之责任,无由成立,固不必论,即法定代理人亦无须负损害赔偿责任。因此,本案加害人之行为在法律上如何评价,究竟是欠缺识别能力抑或不具违法性,实属重要。

“最高法院”衡量本案情形,认定加害人欠缺识别能力,依“民法”第 187 条第 1 项前段规定,不必负损害赔偿责任。略谓:“按摔跤系以摔倒对方与否为决定胜负之运动方法,在校学生多于课余之际,作此游戏,上诉人左大腿受伤,既系因其邀请被上诉人蔡生湾摔跤跌倒所致,殊难谓该蔡生湾在当时有致上诉人受如此伤害之认识,亦即无识别能力可言。”

上述关于识别能力之见解,似有商榷余地。识别能力制度,旨在保护意思能力薄弱之人,其意义如何,学者意见不一,有谓“辨别自己行为在法律上某种责任之能力”①;有谓“对于其行为方法侵害他人权利之行为,有正常识别之能力”②;有谓“足以识别自己行为能发生法律上不当行为责任之知能”③。学者措辞用语虽有不同,但其基本思想,则无二致,即均以识别能力为行为人能认识其行为在法律上利害关系之能力,至于损害之确切程度,则无认识之必要。摔跤游戏可发生伤害,实难谓11岁之学童无认识之能力。以加害人系受被害人之邀而作摔跤游戏,因而认为其在当时无致如此伤害之认识,故无识别能力。此点在逻辑推理上似未尽严密,盖摔跤游戏由谁主动邀请,对于识别能力之认定,应无影响。

(二)故意过失

识别能力肯定之后,则应再进而检讨行为人有无故意过失。无识别能力者,固无故意过失可言,有识别能力者,非必即有故意过失,盖识别能力系指对于事物之是非利害有认识判别之能力,而故意过失,则指其对于该特定事务,曾否适当运用此种能力而言,故二者为个别不同之概念,为侵权责任成立之两个要件。④ 在本案既否定行为人之识别能力在先,因此亦未进而检讨故意过失问题,在逻辑上自甚正确。

(三)违法性

在本案,殊难认为行为人欠缺识别能力,固如上述,然而在肯定行为人具有识别能力之后,侵权责任并非当然成立,盖尚有违法性之问题,犹待检讨。若加害人之行为不具违法性,不但自己不负侵权责任(包括“民法”第187条第3项之衡平责任),即其法定代理人亦无责任可言。

行为之不法(Rechtswidrigkeit),为侵权责任之要件。关于行为之不法性,通说认为,不必就个别具体行为去观察其是否符合整个法律规范及交易要求⑤,而应仅就行为之结果加以判断,即凡侵害法律所保护之权利,即属不法。但有违法阻却事由存在时,虽属侵害他人权利,亦为法律

---

① 郑玉波:《民法债编总论》,第158页。

② 王伯琦:《民法债编总论》,第78页。

③ 何孝元:《民法债编总论》,第79页。

④ 参见王伯琦,前揭书,第79页。

⑤ 参见 Esser, Schuldrecht Ⅰ, 1968, S. 68f.; Larenz, Schuldrecht Ⅰ, 1970, S. 213; Enneccems/Nipperdey, Allgemeiner Teil des BGB, 1968, S. 213.

所容许,不为不法。[①]

孩童嬉戏致生损害,一般实例多不认为构成违法。日本大审院判决(昭16年9月4日)认为孩童作战争游戏,伤害眼睛,其损害超过被害人甘愿忍受之危险程度者,行为人始负赔偿责任;依最高裁判所判决(昭37年2月27日),儿童因作捉鬼游戏骨折者,应自忍受此种程度之危险。[②]奥地利最高法院亦认为抛雪球系属于一种普通之嬉戏,纵因此致生损害,亦非属不法。[③] 瑞士盛行一种追击游戏,参加之人,得持木棍追击他人,被追击者,得以各种方法,尤其是掷小石头加以戏弄,某少年之眼睛在游戏中为小石子所击伤,瑞士最高法院认为受伤者应忍受此种损害。[④]

摔跤游戏,系台湾中小学普遍之课外活动,非法令所不许。因此,在现行法之解释上,似应认为参与运动或游戏者,默示在他人于不违反运动或嬉戏规则下,愿意忍受此种运动或游戏通常所生之损害,此即判例学说所谓之"默示承诺阻却违法"。[⑤] 就本案事实而论,似应依此法律观点加以处理。有疑问者,系被害人为11岁之小学生,行为能力受到限制,是否具有承诺能力?依吾人之见解,被害人之允诺,系属类似法律行为之表示,法律行为之规定仅能类推适用,并应就具体案件决定之,关于游戏或运动而生通常危险之承担,行为人仅具有识别能力,即为已足。[⑥]

摔跤为中小学校普通之课外活动,所发生之伤害,若为此种运动通常难以避免,则责任由行为人负担,衡诸情理,似有未妥。为此,"最高法院"认为,① 先否认行为人具有识别能力;② 法定代理人对行为人之监督已尽必要的注意,亦可免责;③ 排除"民法"第187条第3项衡平责任之适用。此项判决在结论上虽可赞同,但所采法律观点似未尽妥适,在本案及其他类似案例,真正的争点不在于识别能力之有无,应着重于违法性之检讨,似较切合问题本质。

---

① 参见王伯琦,前揭书,第69页。

② 参见(日本)《注释民法》(19),载加藤一郎编:《债权》(10),第336页。

③ BGE 42 Ⅱ 44,引自Stoll, Handeln auf eigene Gefahr, 1961, S. 77.

④ 引自Stoll, S. 77.

⑤ 参见史尚宽:《债法总论》,第223页。

⑥ Larenz, Schuldrecht Ⅱ, 1965, S. 431.

商品制造人责任

一、判　　决

1971 年台上字第 1611 号判决。

本件被上诉人三生鱼肝油厂股份有限公司(简称三生公司)及上诉人王丁乙、王陈玉枝以三生公司于 1965 年 11 月向上诉人毛廷玉(即光宏铁工厂),购买蒸汽锅一座,安置厂内使用。因该蒸汽锅所装置之螺丝钉不合规格,发生爆炸,致厂房屋顶被撞毁,女工王英珠即上诉人王丁乙、王陈玉枝之长女,受伤不治身死。三生公司因此支出厂房及蒸汽锅修理费共新台币(下同)3 779 元,死者殡葬费 13 800 元。王丁乙于死者治疗期间垫付医药费 11 300 元。此项损害,自得分别请求毛廷玉赔偿。王丁乙、王陈玉枝中年丧女,精神痛苦万分,并得请求相当之精神慰藉金各 22 000 元等情,求为命毛廷玉赔偿三生公司 17 579 元,王丁乙 33 278 元,王陈玉枝 22 000 元之判决。原审虽查据台湾成功大学教授朱良玺之鉴定结果,认定毛廷玉承制之蒸汽锅,负责蒸汽锅工作压力,虽仅止 3.97 kg/cm^2,却称为 5 kg/cm^2,超出安全范围,自应就其所生之损害,负赔偿之责。并以三生公司主张之损害,已据提收据、估价单及发票等证明,堪认实在,应如数判偿。关于王丁乙垫付之医药费,请求赔偿,法无明文,如系继承其女权利,亦应与乃妻王陈玉枝共同起诉请求,乃该王丁乙竟自一人请求,当事人显有欠缺,王丁乙此部分之请求,非有理由。关于精神慰藉金部分,斟酌两造社会地位,毛廷玉之财力,以及王丁乙夫妇精神受害程度,以各判偿 15 000 元为相当,逾此部分之请求,即嫌过分,不应准许云云,乃将第一审所为原告全部败诉之判决,分别予以维持或废弃改判。惟查民事诉讼,首应确定为诉讼标的之法律关系,本件损害赔偿上诉,其损害赔偿请求权究竟如何发生,因侵权行为,抑本于契约关系,或依据法律之特别规定?按因侵权行为而发生损害赔偿者,乃指当事人间原无法律关系,因一方之故意或过失行为,不法侵害他方权利之情形而言。本件上诉人毛廷玉出卖蒸汽锅,于交付之后,因买受人之使用操作发生爆炸,即使蒸汽锅本身存有瑕疵,致使买受人或第三人蒙受损害,能否指毛廷玉为侵权行为人,命负损害赔偿责任?已非无疑问。果另有其他契约关系或法律之特别规定可资依据,其依据又如何?被上诉人三生公司与王丁乙、王陈玉枝之依据是否有所不同?原审就此皆未行使阐明权而为明确之审认,遽命毛廷玉负损害责任,显非适法,毛廷玉就其不利部分,指摘原判决不当,声明废弃,非无理由。至王丁乙在原审就医药费部分,及与王陈玉枝就慰藉金超过15 000元部分,提起上诉,原审予以驳回,无论依据何种法律关系,均无不合。王丁乙、王陈玉枝犹对该部分提起第三审上诉,不能谓有理由。

二、评　　释

(一) 商品责任

光宏铁工厂制造蒸汽锅,因装置之螺丝钉不合规定,并擅将蒸汽锅之工作压力由3.97 kg/cm^2 改称为5 kg/cm^2,超出范围,致使买受人操作之际,发生爆炸,损害买受人之厂房,买受人工厂一女工并因伤不治死亡。本案涉及商品责任(Products Liability),为今日工业社会日趋严重之问题,现行"民法"未设明确规定,正有待创设判例,期能适应社会需要,1971年台上字第1611号判决,未能满足此项期望,判决理由未尽妥适,应值检讨。

商品制造人之责任,就当事人而言,主要可以归为三类:① 商品制作人对直接买受人之责任;② 商品制造人对间接买受人(即从零售商购买商品之一般消费者)之责任;③ 商品制造人对其他第三人之责任。本案涉及第一类及第三类问题,但在实务上以第二类最为重要,特一并加以讨论。[①]

（二）商品制造人对直接买受人之责任

1. 侵权责任

厂商制造具有瑕疵商品而为出售，致买受人遭受损害者，是否构成侵权行为，原则上应采肯定说。盖制造人以有瑕疵之商品，流入市场，成为交易客体，违反交易安全注意义务，就所生损害，应负责任。[②] 本案光宏铁工厂制作蒸汽锅，装置螺丝钉错误在先，又擅自提高压力安全程度于后，其行为显有过失，就所生损害，应依侵权行为法规定负赔偿责任，似无疑问。

"最高法院"认为在本案当事人间既具有买卖关系，出卖人之侵权责任能否成立，殊有疑问，略谓："按因侵权行为而发生之损害赔偿之债，乃指当事人间原无法律关系之联系，因一方之故意或过失行为，不法侵害于他方权利之情形而言。本件上诉人毛廷玉出卖蒸汽锅，于交付之后，因买受人之使用操作发生爆炸，即使蒸汽锅本身存有瑕疵，致使买受人或第三人蒙受损害，能否指毛廷玉为侵权行为人，命负损害赔偿责任，非无疑问。"推究"最高法院"之意，似认为侵权行为之成立，以当事人之间原无债之关系为前提，若在当事人间存有债之关系，则纵债务人之行为，合于侵权行为之要件，亦不构成侵权行为，此项见解，颇有斟酌的余地。

按侵权行为责任与债务不履行责任二者之关系如何，是民法学上有名的争论问题。在德国早期学者有采不竞合说者，认为二者之关系为法条竞合（Gesetzkonkurrenz），故债务不履行责任具有特殊性，排除侵权责任之适用。此项法条竞合说，一经提出，即遭攻击，备受非难，学者几乎已无赞成者。今日多数学者多认为债务不履行责任与侵权责任二者得并存不悖，因同以损害赔偿为给付内容，发生请求权竞合（Anspruchskonkurrenz），债权人得择一主张之，此为德国、日本判例学说之一般见解。学者意见不一，有采法条竞合说，但多数学者系采请求权竞合说。

在本案采严格法条竞合说，似有商榷之点。诚然，关于债务不履行责

---

① 关于商品制作人责任之中文论著，主要者有王祖宠：《商品制作人责任》，载《法学丛刊》第60期，第18页；黄茂荣：《商品制作人责任》，载《台大硕士论文》（1971年度）。

② Esser, Schuldrecht Ⅱ, 1969, S. 419f.

任与侵权责任之关系，仍有研讨余地，学说理论又在变动之中，最近德国学者在新诉讼标的理论影响之下，有认为基于债务不履行与侵权行为所生之损害赔偿请求权非系两个独立之请求，发生竞合关系，而是一个以相同给付为内容之请求，但具有两个法律基础，一为契约关系，一为侵权关系，学者称之为请求权规范之竞合(Anspruchsnormenkonkurrenz)。此项问题，牵涉极广，在此固难详论。① 但无论如何，“最高法院”之主要功能，系创设法律见解，促进法律进步，因此，对于一项如此具有争论，关系当事人利益之民法基本问题采取立场时，应详述理由，不宜以简单概括之语，遽下结论。

2. 契约责任

在本案一面怀疑侵权行为责任成立之可能性，已见前述；一方面虽又提到应探究有无契约上之关系可资依据，使买受人得就其所受损害请求赔偿，但并未提出具体见解。本文拟参考此问题，试加说明，以供参考。就本案而论，买受人在契约上得请求损害赔偿法律之基础，主要有两种：① 加害给付；② 物之瑕疵担保，兹分别加以讨论。

商品具有瑕疵，尤其是出卖人擅自提高蒸汽锅工作压力安全程度，因故意或过失不告知买受人，违反契约上之通知保护义务，致买受人之其他权益遭受损害者，债务人应负损害赔偿责任，学者有称之为积极侵害债权(positive Forderungsverletzung)，亦有称之为加害给付(Schlechterfüllung)。② 现行“民法”对于此种债务不履行之形态，有无规定，甚有争论，但债务人应对此行为负责，赔偿债权人因此所受之损害，则无疑义。③

出卖人应担保其所出售之标的物合于通常使用之品质，违反之者，构成物之瑕疵担保责任，买受人得请求减少价金或解除契约；若标的物欠缺出卖人所保证之品质或出卖人故意不告知瑕疵者，则就所受之损害更得

---

① 参见拙文：《契约责任与侵权责任之竞合》。

② 关于积极侵害债权之一般理论，请参见 Staub, Die positive Vertragsverletzung, 1904. 目前在德国论述最详之专著为，Kopcke, Typen der positiven Vertragsverletzung, 1965，附有甚多资料文献，足供参考。

③ 梅仲协谓：“在债务人积极侵害债权之情形，现行‘民法’固无明文规定，但法理言，应使其对于债权人因此所受之损失，负赔偿责任”(《民法要义》第 176 页)。胡长清认为，第 227 条之规定，系为“债权之积极的侵害”而设(《民法债编总论》第 293 页以下)。王伯琦以为，不论立法时之用意如何，就解释而言，毋宁认为第 227 条即系不完全给付原则之规定(《民法债编总论》第 164 页)。

请求赔偿。在本案,蒸汽锅是否欠缺出卖人所保证之品质,虽有待究明,但出卖人擅自提高安全压力程度,应可认为故意不告知瑕疵,就所生之损害,应负赔偿责任。于此有应特别注意者,系"民法"第360条所称损害赔偿之范围,有谓系指买受人因标的物瑕疵本身所遭受之损失;有谓应推而广之,包括因标的物瑕疵买受人在其人身或其他法益所遭受之损害;有谓应区别情形而定,即在出卖人不告知瑕疵之情形,赔偿范围应包括买受人因标的物瑕疵在其人身或其他法益上所遭受之损害,但在欠缺保证品质之情形,其赔偿范围如何,应解释当事人意思表示而定之。依吾人之见解,第三种看法较为可采。①

基于加害给付而生的损害赔偿请求权及基于瑕疵担保责任而生的损害赔偿请求权,其构成要件不同,即前者系债务人未能履行契约上之通知保护义务,以故意过失为要件。后者则系担保责任,出卖人对商品因瑕疵肇致损害,有无过失,在所不问,二者均以损害赔偿为内容,故发生请求权竞合,债权人仅能择一主张。②

(三)商品制造人对间接买受人之责任

商品制造人对因商品瑕疵遭受损害之间接买受人应负何种责任,甚为复杂。由于工业产品大量产销,此项问题在实务上极为重要。原则上,因商品瑕疵遭受损害之买受人,固可基于买卖契约向出卖人(即零售商)主张权利,但此项救济途径甚受限制,盖现代工业产品,如电视机、汽车、药品等,构造复杂,极具专门性,多为原装经销,零售商实在无法知其品质,从而就商品瑕疵肇致损害,应无过失可言;通常亦不致发生故意不告知瑕疵之事,故无论侵权责任或契约责任之要件,甚难具备。再者,零售商资力较为薄弱,向其请求赔偿,恐将有名无实。

在此种情形之下,问题解决之重点,乃转向如何使受害之消费者,能向商品制造人请求赔偿,此已成为国际性研究之课题,其所涉及之基本问题,归纳而言之,计有三点:① 受害人能否直接向商品制造人请求赔偿? ② 基于契约关系抑或基于侵权行为? ③ 商品制造人应负何种责任,过失

---

① 参见 Diederichsen, Schadensersatz wegen Nichterfüllung und Ersatz von Mangelfolgeschaden, AcP 165, 150.

② Larenz, Schuldrecht Ⅱ, 1965, S. 54; Georsiades, Die Anspruchskonkurrenz im Zivilrecht und Zivilprozessrecht, 1967, S. 107.

责任抑或是无过失责任?[①] 本文拟从比较法之观点,提出若干重要论点,加以讨论。

1. 契约责任

契约责任与侵权责任在结构上甚有差异,就责任成立要件而言,其不同之点有二:第一为就第三人行为负责而言,在侵权行为,加害人(雇用人)得证明其对受雇人之选任监督已尽相当注意义务而免责;在契约责任,债务人应以使用人之过失为自己之过失而负担保责任。第二为举证责任,在侵权行为,被害人须证明加害人对损害之发生具有故意或过失;在债务不履行之情形,应由债务人就无不可归责负举证责任。由上述可知受害人主张契约上之权利,较侵权行为有利。

因商品瑕疵遭受损害之一般消费者,与制造人若无买卖关系,无从主张买卖契约上救济方法,而主张契约上权利对被害人较为有利,已如上述。故为保护受害人,使其多获赔偿机会,各国判例学说乃多方设法创契约上请求权之依据,就其主要者而言,如① 间接代理;② 基于第三人损害之赔偿(Drittschadensliquidation);③ 具有保护第三人作用之契约;④ 默示担保契约;⑤ 信赖责任。各项理论,限于篇幅,不能一一评述[②],其中以默示担保契约及信赖责任二说最受重视,特略加说明。

厂商制造商品,经由销售商而行销各地,就商品附有商标或商号,制造厂商并多作有宣传广告,一般消费者购置商品主要系信赖商标或受广告之影响。在此种情形,学者有谓,商品制造人基此事实对消费者表示担保商品之品质,从而在当事人间成立担保契约,制造人依此契约应就消费者因商品瑕疵所受之损害负赔偿责任。[③] 此项理论,赞成者颇众,在某种程度确可达到保护消费者之目的,但就法律解释适用之观点言,则不无勉强之处。盖商品附有商标或作广告,是否即可据此而认为制造人有担保

---

① 参见 Canaris, Die Produzentenhaftpflicht in dogmatischer und rechtspolitischer Sicht, JZ 1968, 494.

② 德国法部分参见 Diederichsen, Die Haftung des Warenherstellers, 1967;美国法部分,参见 Kessler, The Protection of the Consumer under Modern Sales Law, 74 Yale L. J. 262(1964); Prosser, The Assault upon the Citadel(Strict Liability to the Consumer), 69 Yale L. J. 1099(1960);日本法部分参见《企业责任》(《经营法学全集》第 18 卷)第 95 页以下,加藤一郎:《注释民法》(19),昭和 43 年,第 129 页。

③ Klaus Müller, Zur Haftung des Warenherstellers gegenüber dem Endverbraucher, AcP 165, 85ff.

品质之意思表示,诚有疑问,纵可认定制造人具有担保之意思,其是否即以损害赔偿为内容,亦难断言。①

所谓信赖责任,亦以消费者信赖商标或广告为其理论基础,但不认为由此而成立一种担保契约,而是认为依诚实信用原则及实体法之价值判断,在商品制造人及消费者之间成立了一种信赖关系,商品具有瑕疵致消费者遭受损害,即属破坏消费者之信赖,应负赔偿责任,并且不以故意或过失为要件。② 惟此种信赖责任,欠缺实体法上之依据,而且不问情形,均令商品制造人负无过失责任,就立法政策言,是否妥适,亦不无疑问。

2. 侵权责任

一般消费者对商品制造人不能主张契约上之责任,已如上述,故解决商品制造人责任之重点在于侵权行为。制造人生产具有瑕疵之商品,流入市场,成为交易客体,违反交易安全义务,就所生之损害,应依侵权行为之规定负责,为各国家及地区判例学说所公认,在台湾"现行法"上亦应采此观点,固毋庸置疑,然犹有数项问题,例如归责原则、雇用人之免责、举证责任、赔偿义务人之范围等,尚待斟酌。

(1) 瑕疵类型与归责原则。所谓归责原则,指制作人就商品所肇致之损害,究应负过失或无过失责任之问题。就各国家或地区判例学说观察之,有一项发展倾向,殊应注意,即区别肇害原因而决定归责原则。商品肇致损害,推究其原因,不外四种:① 设计上错误,致一系列之商品均具有瑕疵。② 设计并无错误,但在生产制造及品质管制过程中,或因人之技术原因,产生"脱线"商品,若干件商品具有瑕疵。③ 为商品制造虽然符合当时科技工艺水准,但商品具有特殊性质及使用方法,制造人未为适当指示,警告或说明,致使消费者在使用之际,蒙受损害。④ 为商品制造,例如新药品或注射液等,的确符合当时科技工艺水准,并经适当之管制检验,但仍然具有不能预见之瑕疵,造成损害。③

上述商品肇害原因之分类,对制造人具有何种影响,学者见解不一。在第一及第三种情形,有认为制造人应负过失责任主义;就第二种情形,

---

① Larenz, Sehuldrecht Ⅱ, 1968, S. 56f.

② 参见 Lorenz, Rechtsvergleichendes zur Haftung des Warenherstellers und Lieferanten gegenüber Dritten, Festschrift für Nottarp, 1961, S. 59f.

③ 参见 von Caemmerer, Products Lability, in: Jus Privatum Gentium, Festschrift für Max Rheinstein Ⅱ, 1969, S. 695f.

有人认为,制造人就品质管制,应负无过失责任,其所负担之危险,可依保险或价格途径分散,并可促使制造人改善预防措施。最有争论的,是第四种情形,有人认为,仍应采过失责任原则,不能责望制造人承担此种危险性,否则将妨碍科学之发展。就现行法言,四种损害类型,如何决定归责原则,虽有待研究,原则上似均应采过失责任。

(2) 雇用人责任。商品之具有瑕疵,通常系由于厂商工人或技术工人疏于注意所致,雇用人就其行为虽应负责,但在甚多地方,雇用人得证明其对受雇人之选任监督已尽相当注意而免责。此项举证免责,构成合理解决商品制造人责任之主要障碍,此在德国法上最为严重,盖依《德国民法》第 831 条规定,雇用人举证免责之后,即可不负任何责任,与台湾地区民法上雇用人仍应负衡平责任者,颇有不同,因此德国学者再三呼吁,设法修正第 831 条规定,改采无过失责任主义,使雇用人径就受雇人之行为负责,不复有举证免责之机会,逃脱责任。1967 年损害赔偿法修正草案已采此理论,此将有助于解决商品制造人责任问题,此项立法趋势,殊值吾人重视。①

(3) 举证责任。如前所述,在现行法上,无论商品基于何种原因肇致损害,原则上应负过失责任,在侵权行为法上,受害人对制造人之过失应负举证责任。然商品制造具高度技术性,又属内部作业,制造人是否已尽相当注意,不易证明,因此,举证责任遂成为解决商品制造人责任之一项难题。

如何克服举证责任问题,判例有的采表面证据(Prima-facie Beweis),亦有采事实说明原因之法则,例如某种类之商品肇致损害,则可依事实而证明该商品之制造具有瑕疵。然而,最值注意的,是德国最高法院在 1968 年 11 月 28 日一项重要判决②,更进一步采取过失推定的理论。按有某养鸡场之主人 A 氏,为预防鸡瘟,特请兽医 H 氏先为注射,结果瘟病仍然发生,损失重大,查其原因,发现系药厂 D 出产之注射液不洁,含有病毒。德国联邦法院肯定 D 药厂应依《德国民法》第 823 条规定(相当于台湾地区"民法"第 184 条第 1 项前段),负侵权行为之损害赔偿责任。关于举证责任问题,德国最高法院认为商品制造,系属高度科学技术,要

① 参见拙文:《雇用人无过失侵权责任的建立》,载于本书第 1 页。

② BGHZ 51, 91ff.

求被害人证明制造人具有过失,势所难能,因此应由制造人证明商品制造并无过失,肇致损害原因不能澄清之不利益,应由制造人承担。

德国联邦法院利用举证责任倒置(Umkehr der Beweislast)之技术,解决商品制造人责任之难题,使受害人多获赔偿机会,系一项值得重视之创造法律、适应社会需要之判决,在其国内固已得到众多学者之赞扬,在国际上亦被称为系一项解决商品制造人责任之突破。在台湾实务上,此项举证倒置之原则,实值考虑采纳,一则合乎现代工业社会之迫切需要,二则并不违背现行法之基本价值判断。盖在其他情形,例如雇用人责任,法定代理人责任,建筑物所有人及动物占有人责任,现行"民法"均应采用倒置举证责任之方法,以达保护被害人之目的。

(四)商品制造人对其他第三人责任

在本案因买卖标的物瑕疵遭受损害之人,除直接买受人外,尚有在买受人工厂工作之女工。商品制造人之交易安全注意义务应及于任何因商品瑕疵而遭受损害之人,为各判例学说所共认,故在本件光宏铁工厂对因蒸汽锅爆炸受伤死亡之女工,应负侵权行为责任,似毋庸置疑,"最高法院"认为有商榷余地,似难苟同。一方面认为光宏铁工厂就买受人女工之死亡,难成立侵权行为,但在他方面似承认女工之父母得依"民法"第194条规定,请求慰藉金,二者似有矛盾,盖第194条之规定,系以侵权行为之成立为前提。

买受人以外之第三人就因商品瑕疵所受之损害,得依侵权行为规定,向制造人请求赔偿,已如上述。然就立法例及判例学说观察之,则有更进一步之发展,即认为与直接买受人具有特别关系之第三人,就其所受之损害,尚得主张契约上之救济方法,尤其是物之瑕疵担保责任,此项发展趋势,殊值吾人重视,特略为介绍。

就立法例而言,最值重视者,系《美国统一商法典》(Uniform Commercial Code, U. C. C)2-318节之规定。按统一商法典第二章规定动产买卖,U. C. C. 2-314,315规定标的物须具有宜售性(Merchantability)及合于特定之用途(Fitness for particular purpose),出卖人违反此项担保义务时,对买受人所受之损害应负赔偿责任。但依普通法之原则,买卖契约具有相对性(Privity of Contract),故仅买受人得主张此项瑕疵担保权利,其他第三人纵因标的物之瑕疵受有损害,亦仅能借契约外之规范,请求救济。

《美国统一商法典》突破了此项限制，U. C. C Section 2-318 规定："出卖人明示或默示之担保亦及于买受人之家族，共同居住者，家中之客人或其他可合理期待使用、消费或受商品影响之自然人，而其人身因违反担保义务致遭受侵害者。出卖人不得排除或限制本项之适用。"

更值得注意的是，判例学说亦正扩张契约效力范围，在此方面，以德国法上之"附保护第三人作用之契约"（Vertrag mit Schutzwirkung für Dritte）最具特色。今日之德国判例学说认为，与债权人具有特殊关系之特定范围的人亦应受契约之保护，故创设了此种特别形态之制度，即契约一经成立，不但在当事人间发生效力，即债务人对于特定第三人亦负有一定之照顾及保护义务，债务人违反之者，受害之特定第三人亦得基于该契约，直接向债务人请求契约上之损害赔偿。此项制度经数十年之适用，已为一般国民之法律意识所接受，具有习惯法之效力，为德国契约法上、判例促进法律进步之一项重大发展。此项制度在买卖法上，原则上亦有适用余地。就本案而论，买受人（即债权人）基于与受害之女工之雇佣关系，对其祸福具有利益，负有保护、照顾之义务，依上述德国"附保护第三人作用之契约"之理论，该女工应列入受契约责任保护范围之内，故当其因标的物之瑕疵，遭受损害时，得依契约责任原则，向债务人（即商品制造人）请求赔偿。上述《美国统一商法典》Section 2-318 利益第三人担保责任（Third party beneficiaries of warranties express of implied）及德国法上附保护第三人作用契约之理论，具有参考之价值。①

三、结　　论

本件判决系实务上关于商品责任的重要案例。甲制造蒸汽锅出售与乙，因装置螺丝钉不合规格，擅自改定工作压力标志，致蒸汽锅爆炸，毁损乙之厂房，致乙之受雇人（丙）受伤死亡。"最高法院"采取法条竞合说，认为甲与乙间既有契约关系，对买受之人乙及第三人丙应否负侵权责任，尚有疑问。此项见解，难以赞同。本文认为，契约关系之存在，并不影响侵权责任之成立，得发生请求权之竞合。故在本件，乙除主张契约责任

---

① 参见拙文：《德国最高法院民事判决研究》（二），载《台大法学论丛》，第 2 卷第 1 期第 229 页以下。

(物之瑕疵担保责任,不完全给付)外,尚得依侵权行为规定(第 184 条第 1 项前段)请求厂房毁损之损害赔偿。丙得依侵权行为规定请求身体、健康所侵害之损害赔偿(如医药费);丙之父母就丙之死亡,得依“民法”第 193 条及第 194 条规定请求支出丧葬费、扶养费及慰藉金。

干扰婚姻关系之侵权责任

一、判　　决

（一）1971 年台上字第 86 号判决

本件上诉人以被上诉人高丽金明知伊夫陈武勇为有配偶之人，竟与之连续相奸，该被上诉人于行为时尚未成年，被上诉人高进步为其法定代理人，依法应与负连带赔偿责任等情，求为命被上诉人连带赔偿新台币 2 万元之判决。原审虽以非财产上之损害，而得请求赔偿金钱者，依“民法”第 195 条之规定，以侵害身体健康、名誉或自由之情形为限。被上诉人高丽金与上诉人之夫陈武勇固有相奸行为，但对上诉人之身体、健康、自由，均无侵害可言，即就名誉而论，依目前社会通常观念，夫与人通奸者，其妻并不因此遭受歧视或讥笑，即其名誉并未受有任何损害云云，而认上诉人之请求非有理由，予以驳回。惟按侵权行为，系指违法以及不当加损害于他人之行为而言，至于所侵害者系何权利，则非所问，又夫妻互负诚实之义务，夫妻之任何一方与人通奸，其法律上之效果，均属相同，不因社会观念不同而有差别。原法院未注意及此，徒凭上开理由而为不利于上诉人之判决，尚欠允洽。上诉论旨，指摘原判决不当，求予废弃，非无理由。

（二）1971 年台上字第 498 号判决

本件上诉人为被上诉人之夫于 1968 年间与诉外人赖乙茹发生奸情，被上诉人提起告诉旋撤回，至 1969 年 1 月间，复公然租屋姘居，续奸如故，乃复由被上诉人提起告诉，终经刑事法院判处上诉人妨害家庭罪刑已告确定,为两造不争之事实,并有卷附刑事判决可稽,兹被上诉人以上诉人之通奸,至伊精神上受到损害,求为命上诉人给付慰藉金新台币 5 万元之判决。而上诉人则谓,非财产上损害赔偿,以"民法"第 195 条所定身体健康名誉或自由受侵害者为限,被上诉人之此等法益,并未受到侵害,无请求慰抚金之余地,且已于离婚调解中,上诉人认赔被上诉人 15 000 元,亦不容再事别求云云资为抗辩。按婚姻系以夫妻之共同生活为其目的,配偶应互相协力保持其共同生活之圆满及幸福,而夫妻互守诚实,系为确保其共同生活之圆满安全及幸福之必要条件,故应解为配偶因婚姻契约互负诚实之义务(即贞操义务),如果配偶之一方为不诚实之行动,破坏共同生活之平和安全及幸福者,则为违背因婚姻契约之义务,而侵害他人之权利,易言之,妇固对夫有守贞之义务,即夫亦对妇亦然,上诉人上开行为,既已违背婚姻义务,侵害被上诉人之权利,其为权利被侵害之救济,依"民法"第 184 条第 1 项后段规定,仍得请求相当之慰抚金,原审参酌双方地位教育程度、经济状况等认为,以给付慰抚金 7 000 元为相当,两造另案调解离婚事件,于 1969 年 10 月 6 日成立之调解,上诉人愿付被上诉人 15 000 元,并未叙明关于本件因通奸之损害赔偿费用,故仅得认为赡养费之给付,不得谓被上诉人无再请求本件慰抚金之余地,因而判命上诉人给付被上诉人 7 000 元,于法洵无违背,上诉论旨仍执前情,斤斤指摘,固无可采,至谓依法定财产制,被上诉人无请求权,无论两造间已离婚,就令婚姻关系存续中,被上诉人此项慰藉金,系属被上诉人原有财产,保有其所有权(第 1017 条第 1 项),非不得请求上诉人赔偿,上诉难谓有理。

二、评　　释

(一) 问题之说明

婚姻为一男一女以终生共同生活为目的,而为法律所承认之结合,夫妇间互负一定之义务,其中最重要的,是忠实与贞操义务,因此,若配偶之一方违背此项义务而与他人通奸者,除应负刑事责任外,受害者之配偶尚得请求离婚,法有明文,无待详论。然则,配偶之一方若因婚姻关系遭受干扰,致财产上遭受损害或精神蒙受痛苦时,可否向通奸之配偶,尤其是干扰婚姻关系之第三人请求赔偿?此项问题,涉及个人、家庭、社会及伦理道德,各国(地区)规定,甚有差异,即在同一法律体系,学说判例亦时常改变立场,无确定不移之法则可资依循,又因个人价值判断掺杂其间,益增其复杂性。

关于前述问题,现行"民法"未设明文,但案例层出不穷,仅能依一般原则,尤其是侵权行为之规定,予以解决。"最高法院"著有甚多判解,其重要者有 1952 年 4 月 14 日民刑庭总会决议、1952 年台上字第 278 号判决、1955 年 6 月 7 日民刑庭总会决议,以及 1966 年 3 月 28 日民刑庭总会决议。最近 1971 年度更著有两个判决,分别登载于"司法院公报"及"法令月刊"。三度举行民刑庭总会,殆称空前,前后见解,屡有变更,可见问题解决不易。大体言之,判决发展方向,尚称正确,但尚有若干疑义,犹待阐明。

(二) 婚姻关系之法律性质

首先应该确定的,为配偶之一方违背婚姻忠实义务,是否构成侵权行为,尤其是适用何项规定?欲解答此项问题,必须究明"婚姻关系"之法律性质。1952 年台上字第 278 号判决谓:"民法亲属编实行前之所谓夫权,已为现行法所不采,故与有夫之妇通奸者,除应负刑事责任外,固无所谓侵害他人夫权之可言。惟社会一般观念,如明知为有夫之妇而与之通奸,不得谓非以违背善良风俗方法加损害于人之故意,苟其夫确因此受到财产或非财产上之损害,依"民法"第 184 条第 1 项后段,自仍得请求赔偿。"此项判决,含有两点见解:① 夫权为现行法所不采,故非属"民法"第 184 条第 1 项前段所称之权利;② "婚姻关系"非系一种权利,因此配偶一方因其配偶与第三人通奸者,无权利受害之可言,仅受第 184 条第 1 项后段规定之保护。

中华民族旧有"夫权"观念,以妻为支配之客体,具有束缚或干涉之意义,与现代男女平等之精神不合,应予废弃,固无庸置疑。但若据此而认为婚姻关系不能在夫妇之间建立或媒介一种权利,从而仅能依故意违背善良风俗方法加损害于他人之补充规定,予以保护。亦未免过于保守。夫妻应该彼此尊重,互守忠实义务,而维持共同生活,此种关系对当事人具有重大利益,应受法律保护,而予权利化,此在现代已成为通说。[①] 在现行法上亦应如此解释,始能维护婚姻制度。

“婚姻关系”之具有权利性质,“最高法院”在后来的判决,已逐渐承认。1966 年台上字第 2053 号判例要旨略谓:关于侵权行为,“民法”第 184 条第 1 项规定,以权利之侵害为侵权行为要件之一,故有谓非侵害既存法律体系所明认之权利,不构成侵权行为。同法同条后段规定,故意以违背善良风俗之方法加损害于他人者亦同,则侵权行为系指违法及不当加损害于他人之行为而言,至于系侵害何权利,则非所问,而所谓违法以及不当,不仅限于侵害法律明定之权利,即违反保护个人法益之法规或广泛悖反规律社会生活之根本原理的公序良俗者亦同。通奸之足以破坏夫妻间之共同生活,而非法之所许,此从公序良俗之观点可断言,不问所侵害者系何权利,对于配偶之他方应构成共同侵权行为。婚姻系以夫妻之共同生活为目的,配偶应互相协力,保护其共同生活之圆满、安全及幸福,而夫妻互守诚实,系为确保其共同生活之圆满安全及幸福之必要条件,故应解为配偶因婚姻契约而互相诚实之义务,配偶一方行为不诚实而破坏共同生活之圆满及幸福者,即为违反婚姻契约之义务而侵害他方之权利。”1971 年台上字第 498 号判决,亦采同样观点,其全文已引述于前,兹不重赘。

就两个判决内容观之,婚姻关系系一种权利而受法律保护,理论上显有进步,应值赞同。但就适用规定言,1971 年台上字第 498 号判决,仍然引用“民法”第 184 条第 1 项后段,似又未能贯彻其基本见解。按侵权行为法之体系,系由三个基本类型所构成:① 权利受侵(第 184 条第 1 项前段)。② 故意以悖于善良风俗之方法加损害于他人(第 184 条第 1 项后段)。③ 违反保护他人之规定(第 184 条第 2 项)。后二者均不以权利受侵害为要件,具有补充之性质,旨在使侵权行为法之体系,臻于完备,因此,既然认为配偶之一方与他人通奸,系侵害配偶他方之权利,自应适用第 184 条第 1 项前段,不宜再以同条第 1 项后段为判决依据。

---

① 此为德国之通说,Boehmer, Zur Ehestörungsklage, AcP 155, 186f.; Dölle, Familienrecht, Bd. Ⅰ, 1964, S. 370ff.; Gernhuber, Familienrecht, 1964, S. 137. 关于瑞士学说判例,参见,Padrutt, Die Ehestörungsklage, 1954。1965 年英国之 Matrimonial Hauses Act, C. 27 S. 41(1)规定:A husband may, on a petition for divorce or for judicial seperation or for damages only, claim damages from any person on ground of adultery with the wife of Petitioner.

（三）损害赔偿请求权

干扰或妨害婚姻关系，是否构成侵权行为，应负损害赔偿责任，判例学说有采反对说者，其所持理由，无非认为损害赔偿违反婚姻之伦理本质，并使婚姻趋于商业化。① 在美国若干州，鉴于损害赔偿，尤其是慰抚金，时遭滥用，成为敲诈之工具，曾制定所谓 Anti-Heart-Balm 法案，明文禁止婚姻保护之诉。② 然依吾人见解，婚姻含有伦理因素，固无疑问，但本身亦为一项法律制度，关系当事人利益至巨，并涉及公益，应受法律之保护。③ 至所谓损害赔偿将使婚姻关系成为商业化，亦属似是而非，现行法规定，人格权遭侵害者，被害人得依法律规定，请求损害赔偿或慰抚金（第 18 条、第 195 条），损害赔偿不足使人格权成为商业化，应无疑问，婚姻关系亦然。

配偶之一方与第三人通奸，遭受损害之他方配偶，得向该第三人请求损害赔偿，固不生问题，但其能否向通奸之配偶请求，则不无疑问。判例学说有采否定之见解者，认为配偶间此项请求权，违反夫妻共同生活之本质，但"最高法院"则采肯定说，认为配偶之一方与通奸之第三人构成共同侵权行为，此项见解较为可采，德国学者有谓，此项损害赔偿在婚姻关系中不得请求，须离婚后始得主张。④ "最高法院"判决似未作此限制。

干扰婚姻关系而生之损害赔偿请求权，其范围若何，"最高法院"认为财产上损害与非财产上损害，均得请求。关于财产上损害之赔偿范围

---

① Esser, Schuldrecht Ⅱ, S. 404. 参见 Henson v. Thomas, 231N. C. 173, 56 S. E. 2d 432, 434（1949）：It is not the courts to convert a home into commerical enterprise in which each member of the group has a right to such legal redress for the loss of its benefits.

② 参见 Anti-Heart-Balm 立法之背景及目的，及其后来之发展，请参见 Keezer, On the Law of Marriage and Divorce, 3 ed. 1964（suppl. 1950）. 马里兰州法对此有详细之叙述，足供参考：Art 75 C 1, Code of Maryland（1965）："The remedies heretofore provided by law for the enforcement of actions based upon alleged alienation and alleged breach of promise to marry, havihg been subjected to grave abuses, causing extreme annoyance, embarrassment, humiliation and pecuniary damage to many persons wholly innocent and free of any wrongdoing, who were merely the victims of circumstances and such remedies having been exercised by unscrupulous persons for their unjust enrichment, and such remedids having furnished vehicles for the commission of crime and in many cases having resulted in the perpetration of frauds, it is hereby declared as the public policy of the State that the best interest of the people of the state will be served by hte abolition of such remedies".

③ Erik Jayme, Die Familie im Recht der unerlaubten Handlungen, 1971, S. 250.

④ 参见 Boehmer, AcP 155, 191f.

实务上案例尚少,无法详述。德国判决资料丰富,学者论述亦多,可供参考。德国联邦法院最初曾经认为,若确认侵权行为成立,则应赔偿全部损害,否则即不予赔偿。[①] 学者对此甚有批评,乃提出各种标准以决定赔偿范围。有谓应依相当因果关系理论,有谓应依法规目的,通说则认为,应分别所受损害与所失利益两种情形,前者应予赔偿,后者则不予赔偿,故受害之配偶可得请求者,主要有:① 侦查通奸事实之费用;② 通奸子之生产费用;③ 对通奸子之扶养费;④ 撤销通奸子为自己婚生子女之费用;⑤ 离婚诉讼费;⑥ 闻悉通奸事实,情绪激动,致身体健康所受之损害。至于所失利益,例如继承期待权,及基于婚姻关系存续所生之财产利益,则不得请求。[②]

(四) 非财产之损害赔偿与慰藉金

配偶之一方违反婚姻义务而与第三人通奸,侵害他方配偶之权利,构成侵权行为,被害人就精神上之损害,能否请求慰藉金,此在理论上及实务上均甚重要,"最高法院"之见解迭有变更,发展方向实值注意。

1952 年 4 月 14 日民刑庭总会决议谓:"乙与甲之妻通奸,非侵害甲之名誉权。"同年上字第 178 号判例谓,与有夫之妇通奸者……苟其夫确由此受有财产上或非财产上之损害,依"民法"第 184 条第 1 项后段,自仍得请求赔偿。1955 年 6 月 7 日民刑庭总会决议,认为上述决议案与判例并无抵触,妻与人通奸,并无侵害夫之名誉权。1966 年 3 月 28 日民刑庭总会决议:甲与乙之妻通奸,究系侵害夫之何种权利?乙能否请求精神慰抚金?1952 年台上字第 278 号判例,于此情形,认夫对于非财产上之损害,亦得请求赔偿,但仅说明系适用"民法"第 184 条第 1 项后段,而未及于同法第 195 条;1965 年台上字第 1883 号判决,认为人之家室有不受侵害之自由,明知有夫之妇而与之通奸,并不构成侵害夫之亲属权或名誉权,但是否侵害其自由权,非无审究之余地。决议:仍维持以往 1952 年 4 月 14 日民刑庭总会之决议案。1971 年台上字第 498 号判决,认为被害人仍得依"民法"第 184 条第 1 项后段之规定,请求相当之慰抚金。1971 年台上字第 86 号判决,似认为与人之配偶通奸,会构成侵害名誉权,对夫妻

---

① BGHZ 23, 215(219).

② 参见 Eike v. Hippel, NJW 1965, 669f.

双方均有适用之余地。

认为得依“民法”第 184 条第 1 项后段请求相当之慰藉金,此项观点甚有疑问。按因侵权行为所致之损害,依法益种类而分,计有两种:① 财产上损害;② 非财产上损害(或称精神上损害)。第 184 条所称之损害,虽包括二者,均得请求恢复原状;但非财产上损害得请求慰抚金者,则以有法律特别规定者为限,如“民法”第 194 条、第 195 条、第 979 条,及第 1056 条第 2 项规定等情形。此外,原则上不得请求慰抚金。所以认为受害之配偶得依第 184 条第 1 项后段规定请求慰抚金者,系出于政策上之考虑。盖在通常情形,与有配偶者通奸而造成财产上损害者,究属不多,纵或有之,赔偿数额亦甚微小,故若不使受害人请求相当之慰抚金,则加害人几可不负任何赔偿责任,实不足保护被害人,此项政策考虑,固可赞同,但以第 184 条第 1 项后段为请求权基础则欠妥当,目的与方法显不相称,盖依“最高法院”见解,则任何因权利或法益遭受他人以故意悖于善良风俗之方法加以侵害时,被害人就其精神上损害,均得请求慰抚金。再就立法政策言,如此广泛承认慰抚金,是否妥善,亦不无斟酌余地。

1965 年台上字第 2883 号判决,认为有夫之妇与他人通奸,可构成侵害夫之自由权,因为“人之家室有不受侵害之自由”。第 195 条所称之自由,通常系指身体行动之自由,如此广泛解释,不无研究余地;以此类推,所谓思想自由,免于匮乏自由,免于恐惧自由,均将包括在内,其范围将难以限定,漫无边际。①

依吾人见解,赋予慰抚金之适当依据,是第 195 条之名誉权。配偶与第三人通奸,受害配偶感到悲愤、羞辱、沮丧、受人讥笑或鄙视,可谓为系名誉权遭受侵害,虽非财产上之损害,亦得请求相当之慰藉金。最初判决否认名誉权受侵害之说法,但 1971 年台上字第 86 号判决似又承认之,并且对夫妻双方均有适用余地,实属正确,应可赞同。

---

① 郑玉波谓:“自由权乃吾人之活动不受不当的拘束或妨碍之权利也。”(《民法债编总论》,第 149 页)。史尚宽则采较广泛之见解:“通说,以自由为身体动作之自由,精神活动之自由亦应包括在内。精神活动之自由,应包括心理活动表达于外部之自由及意思决定之自由。”(《债法总论》,第 143 页),由是可知,纵采广义解释,亦难认为“民法”第 195 条之自由包括“人之家室不受侵害之自由”在内。

三、结　　论

与有配偶之人相奸是否侵害他方配偶之权利,尤其是对被害人之非财产损害应否支付相当金额之赔偿,在现行法上虽未设明文,“最高法院”采取肯定说,但20余年来,见解迭有变更:先则否认构成侵害名誉权,仅认为系以故意违背善良风俗之方法,加损害于他人,继则认为侵害自由权,然后又认为侵害夫妻圆满生活之权利,最近则有承认侵害名誉权之趋向。固属正确,但始终以“民法”第184条第1项后段,作为请求慰抚金之依据,显欠妥当,盖无论就法律文义及体系言,该项规定均不足作为慰抚金之请求权基础。在现行法上,关于非财产损害得请求相当金钱之赔偿,既以法律有明文规定者为限,因此认为干扰婚姻关系被害人得请求慰抚金,应系一项促进法律进步的活动,在法学方法论上最可采取的途径,系将夫妻婚姻生活权利化。婚姻关系具有人格性质,干扰婚姻关系可谓系侵害人格权,尤其是名誉权,被害人得依“民法”第195条规定请求慰抚金。

奸淫未成年女子
怀胎生子之侵权责任

一、判　　决

(一) 1965 年台上字第 3274 号判决

本件上诉人为被上诉人何正雄之远房侄孙女,与之住在同一围墙内。何正雄于 1963 年 1 月 28 日下午 8 时许,在其住宅后面番石榴园内将上诉人诱奸,当时上诉人未满 16 岁,因而怀胎生育一女,业经刑事法院判处何正雄妨害风化罪刑确定在案,此为原审查据本院 1965 年台上字第 1155 号刑事判决,所确定之事实。上诉人以何正雄所为不法行为,侵害其身体、名誉、贞操,其犯罪当时年仅 19 岁,被上诉人何某为其生父,应与之连带负损害赔偿责任,求为命被上诉人连带赔偿新台币(下同)254 122.2 元之判决。原审除判令被上诉人连带赔偿 5 522.2 元外,驳回上诉人其余部分之请求,无非以何正雄于 1963 年 1 月 28 日下午 8 时许,奸淫未满 16 岁之上诉人,致使怀胎生女,刑事部分业经判处何正雄罪刑确定在案。其不法侵害上诉人之身体、名誉、贞操,当时何正雄尚未成年,何某为其生父,自应与之连带负损害赔偿责任,实无疑义。上诉人怀胎后在彰化县立员林医院生育一女,取名何燕珠,支出医药费 522.2 元,为被上诉人所不否认,应准照数赔偿。至其请求赔偿精神慰藉金 10 万元,经斟酌两造之身份、地位、教育程度与经济状况及上诉人未满 16 岁被诱成奸,怀胎生女,身体、名誉深受其害之情形,认以赔偿 5 000 元为相当,其超过部分之请求,即非有理。又关于抚育何燕珠,请求赔偿乳母费 9 600 元,抚养费 86 400 元,教育费 57 600 元,均非何正雄犯罪行为侵害上诉人私权所生之损害,自属不应准许云云,为其判决之基础。第查上诉人被奸时未满16岁,竟因而怀胎生女,贞操既失,名誉受损,择偶不易,其精神上深受痛苦,铸成终身遗恨,原审仅判令被上诉人连带赔偿慰藉金5 000元,而驳回其余部分之请求,在客观上是否相当,已非无疑。再查不法侵害他人之身体,对于被害人因此增加生活上之需要时,应负赔偿责任,第193条第1项定有明文。何正雄将上诉人诱奸,致使怀胎生女,而未予认领,因而上诉人对其所生之女何燕珠应负扶养义务,有须支出乳母扶养教育等费用。此项情形,上诉人所增加之生活上需要,与何正雄所为不法行为,有无相当因果关系存在,应否由其负损害赔偿责任,亦非无审酌余地。原审遽以上之理由,为上诉人此部分败诉之判决,自嫌速断。上诉论旨,执是指摘原审此部分判决不当,声明废弃,非无理由。

(二)1973年台上字第408号判决

本件被上诉人以其未满16岁(1955年5月17日出生)于1970年12月起,连续为上诉人诱奸受孕,而于1971年9月24日产生一子,经刑事法院判处上诉人略诱罪刑确定在案("刑法"第241条第2项、第3项),被上诉人因生子,支付接生及坐月子费用2 000元(新台币以下同)。又扶养此子,月需1 000元,为增加之生活费用自出生至成年20岁止,依霍夫曼式计算方法,扣除中间利息计算,为123 076.8元等情,求为命上诉人给付125 076.8元之判决。上诉人则谓:愿认领孩子,上诉人自无须支付被上诉人此项增加之生活费等语,资为抗辩,(另慰藉金2万元,应由上诉人赔偿部分已确定)。原审斟酌调查证据为更审之结果,以上诉人对略诱被上诉人成奸生子之事实,承认被上诉人生产坐褥之费2 000元,亦愿给付此2 000元部分,原审本于上诉人之认诺而为其败诉之判决,就予维持,上诉人之上诉为无理由。关于因抚养小孩致被上诉人增加之生活费,其雇人照顾小孩,每月支付工资800元,原审询据证人张秀连结证属实,小孩(出生已13个月)衣食、医药等费,均由被上诉人负担,则再加每月200元,并不为多,被上诉人请求此项生活费按1 000元计算为相当,则自出生至满20岁成年,依霍夫曼式计算为123 076.8元,此项生活费增加之支出,为上诉人略诱被上诉人生子所致,认上诉人应负赔偿责任,即应命上诉人一次给付。但上诉人犯妨害家庭罪所侵害者为家庭监督权,而非侵害被上诉人之身体,被上诉人请求因奸生子所增加之支出,非其自己因被奸而增加生活上之需要,而系养育孩子之费用,与"民法"第193条第1项规定,得请求赔偿之要件不合。原审命上诉人如数赔偿,即难谓当,上诉人之此部分上诉为有理由,并由本院自为判决,又关于诉讼费用,斟酌上诉人略诱被上诉人奸淫生子情形,以命上诉人负担为宜,并此说明。

二、评　　释

(一)受侵害之权利

略诱未满20岁之女子或诱未满16岁之女子脱离家庭或其他有监督权之人者,在刑法上构成妨害家庭罪("刑法"第241条),在民法上则构成侵害父母之监督权,应依"民法"第184条规定,负侵权责任,此为学者之通说。[①] "最高法院"以往判决亦采此项见解。1961年台上字第114号判决判例谓:"受精神之损害,得请求赔偿者,皆有特别规定,如'民法'第18条、第19条、第194条、第195条、第979条、第999条等是。未成年子女被人诱奸,其生父母除能证明因此受有实质损害,可依'民法'第216条请求赔偿外,其以监督权被侵害为词,请求给付慰藉金,于法究非有据。"[②]由是可知,略诱他人未成年之子女者,构成侵害父母之监督权,系一向之见解。

略诱未满16岁妇女脱离家庭,再加以奸淫者,是否侵害被害人之人格权,尤其是被害人之身体?在1973年台上字第408号判决一案,上诉人诱奸未满16岁之被上诉人,经刑事法院依"刑法"第241条第2项及第3项之规定,判处略诱罪刑确定在案,"最高法院"认为,上诉人犯妨害家庭罪,所侵害者为家庭监督权,而非侵害被害人之身体,此项见解,似有商榷之余地。

1965年台上字第3274号判决曾明确表示,奸淫未满16岁之女子,在刑法上构成妨害风化罪("刑法"第227条),在民法则属侵害被害人之身体等人格权,略诱未满16岁之妇女而奸淫之,一方面犯妨害风化罪,一方面犯妨害家庭罪,应从一重处断,依妨害家庭罪处断[③],但不可据此而谓

---

① 参见郑玉波:《民法债编总论》,第149页;史尚宽:《债法总论》,第153页。

② "最高法院"《判例要旨》,1969年版,上册,第94页。

③ 参见韩忠谟:《刑法原理》(最新增订),第344页以下;陈朴生:《实用刑法》,第566页。

仅侵害父母之监督权,并不侵害被害人之身体等人格权。再者,如依1973年台上字第408号判决,根本否认略诱奸淫系侵害被害人之身体权,则被奸淫之妇女自不得依侵权行为之规定,请求损害赔偿,从而第一审关于给付慰藉金之确定判决,第二审关于生产坐褥费用之判决,均将失其依据。

略诱奸淫未满16岁之女子,系侵害两种法益,一为父母之监督权,一为被奸淫妇女之身体等人格权,二者性质不同,各异其主体,在民事责任上可并立无妨,其情形犹如甲故意以违背善良风俗之方法,毁损乙之物品,为使其不能如期出租予丙,致丙遭受损害时,一方面侵害乙之所有权,他方面亦侵害丙之债权,因而应对乙、丙各负损害赔偿责任。

(二) 被害妇女之请求权

诱奸未满16岁之妇女,原则上构成侵害被奸淫妇女之身体等人格权,而有第184条之适用。因此,被奸淫受孕生子之妇女,就怀孕生子所支出之医疗费用、生产费用,及其他任何与加害行为具有相当因果关系之损害(例如感染性病),均得请求赔偿;在精神上受有痛苦者,并得依"民法"第195条之规定,请求相当金额之赔偿。

(三) 奸生子抚养费之请求权

在实务上发生争议者,系被奸淫之妇女,就其抚养奸生子之费用,得否依"民法"第193条规定请求赔偿?按依该条规定,不法侵害他人之身体或健康者,对于被害人因此丧失或减少劳动能力或增加生活上之需要,应负损害赔偿责任。问题之重点,在于奸生子之抚养费是否可认为系生母身体被侵害所增加生活上之需要。

在1965年台上字第3274号判决一案,原审法院认为,奸生子之抚养费及教育费均不得请求,"最高法院"认为:"不法侵害他人之身体,对于被害人因此增加生活上之需要时,应负赔偿责任,'民法'第193条第1项订有明文。何某将上诉人诱奸,致使怀胎生女,而未予认领,因而对其所生之女应负抚养义务,有需要支出乳母抚养、教育等费用。此项情形,上诉人所增加之生活需要,与何某所为不法行为有无相当因果关系存在,应否由其负担损害赔偿责任,亦非无审酌余地。"就判文观之,似倾向于认为被害妇女得依"民法"第193条规定请求奸生子之抚养费。1973年台上字第408号判决之原审法院则更进一步明白承认，生母得请求奸生子之抚养、教育等费用。

此项见解，似有斟酌余地。“民法”第193条所谓增加生活费之需要，必须是基于身体被侵害而发生，例如进补、在温泉区疗养等是。奸生子之抚养、教育费用是对第三人独立发生，不得认为系生母因其身体受侵害而增加之生活费用。值得注意的是，1973年台上字第2693号判例认为：“因被强奸所生子女而支出之抚养费，为侵权行为所生之财产上损害，被害人固得依‘民法’第184条第1项规定请求损害赔偿，但非同法第193条第1项所定被害人因此增加生活上之需要。”此项见解，较值赞同。

(四) 奸生子之损害赔偿请求权

最后有一项问题，拟略加讨论，即奸生子可否基于奸生之事实，依侵权行为之规定，向其生父请求损害赔偿。此在台湾尚无案例，学者似未论及，然在美国曾发生争论，轰动一时，甚具启发性，特略为介绍，以供参考。

在Zepda v. Zepda一案①，被告Louis Zepda系波多黎各之黑人，虽已结婚，但仍自称未婚，而向一白女求婚，并赋同居。该女在怀孕之后，始知受骗，乃拒予结婚，所生之子名Zepda者，认为自己所生为私生子，且为混血儿，备受社会歧视，乃对其生父提起诉讼，请求损害赔偿，此是西洋法制史上从未有过之案例，辩护律师Hugh Matchet系虔诚之基督徒。被告毫无资产，未聘律师。据称诉讼之目的，旨在确立一项新的法律原则，故在国内外普受重视。

原告请求损害赔偿，系基于两点理由：① 母亲与生父为将来子女利益所缔结之婚约；② 侵权行为。利益第三人契约，在美国虽已逐渐扩张其适用范围，但无论如何尚不能认为兼括婚约在内，故为法院所不考虑，因此问题之重点，在于侵权行为能否成立。

芝加哥地方法院驳回原告之诉，第二审亦然，伊利诺伊州最高法院亦维持原判决。综观各级法院判决，拒绝承认侵权行为成立，有基于事实之考虑，有基于法律上之理由，可归为四项：

---

① 关于Zepda v. Zepda, 41, Ⅰ11. APP. 2d 240, 190 N. E. 2d 849(1963)，请参见77 Harv. L. Rev. 1349. 芝加哥大学教授，比较民法权威学者Max Rheinstein氏曾应芝加哥法院之请求，就本案提出法律鉴定书，详见Max Rheinstein, Rechtswidrige Erzeugung menschlichen Lebens, in: Festschrift für Fritz von Hippel, 1967, S. 373f.

(1) 在1960年美国之非婚生子多达224 330人,在伊利诺伊州有14 262人,其中10 112人住在芝加哥。假若确认使人以非婚生子女地位出生系构成侵权行为,则诉讼群起,势必造成社会问题。

(2) 此种新的侵权行为一旦被创设,则不满意自己肤色,患有遗传病,或羞于父母之声名者,亦将主张损害赔偿,甚至不免有人会以"未经同意生出,致在人间受苦"为理由提起诉讼,请求之依据将无限扩大,漫无边际。

(3) 社会变迁及科学进步,使法院面临新的问题,必须改革旧法,补充或创造新的制度,期能适应变动多端之时代。然就本案而言,法院无立刻采取措施之必要,盖其所关涉之法律论点虽属新奇,但问题本身及社会背景,与人类历史同样古老,不必急于创设新的侵权类型,速求解决,盖改善非婚生子女之处境,使与婚生子女享有平等之地位,系立法、行政之责任,近年来已有显著成就。

(4) 从损害赔偿之观点言,所谓损害系指减损被害人之权益而言。在本案之情形,原告于出生前,本不存在,被告使其出生,由无变有,纵原告对于自己出生之状况不满意,从法律观点言,亦难谓受到损害。

美国是普通法(Common Law)国家,民事法律之发展,向由法院担负其责任,时至今日,在侵权行为法方面,犹是如此。[①] 数百年判例之发展,形成了若干侵权行为之类型,原因事实必须与之相符合,侵权行为始焉发生。由于社会之变迁,新的案件,层出不穷,法院仍借着 distinguishing case 之技术,就原有案件,推陈出新,与时俱进。美国是"可能性无限"之国家,在法律创造方面,似亦如此,新的侵权类型,迭次形成,Negligence、Products Liability 皆其著例。Zepda v. Zepda 一案,史无前例,法院深思熟虑,决定不扩张侵权责任之原因,显然采取一种自制之态度。在台湾地区,奸生子得否依侵权行为之规定,对其生父请求损害赔偿,似尚有斟酌之余地。

三、结　　论

在本件判决,甲略诱未成年女子乙成奸,怀胎生子丙。在此情形,甲

---

① 参见 Prosser, Law of Torts, 4th ed. 1971.

系侵害乙女父母之监护权,乙之父母除请求甲交还乙,恢复监护权外,得依“民法”第 184 条第 1 项前段规定请求损害赔偿(如为恢复监护权而支出之费用)。乙女得以身体、名誉受侵害依上开侵权行为所规定请求损害赔偿(如乙怀孕生子的费用)。关于乙女得否请求对奸生子之抚养费,虽有争论,但应从其身体受侵害而生损害,具有相当因果关系而肯定之,而非以其系“民法”第 193 条第 1 项所定因身体受侵害而增加生活上之需要为理由。关于奸生子得依侵权行为所规定请求损害赔偿(如抚养费),则应采美国法上 Zepda v. Zepda 一案之见解,而为否定,出生本身非属权利受侵害而受到损害,侵权行为之要件,并不具备。

间接受害人之损害赔偿请求权及与有过失原则之适用

一、判　　决

1970 年台上字第 1623 号判决。

上诉人于 1969 年 8 月 1 日上午 10 时许，在嘉义市文化路 231 号左边木墙外与民族路交叉路旁，以煤球烧半锅沸油炸鱼，疏未注意，反身与人谈话，因油锅未放稳定，致被上诉人未满 2 岁之子邓明富行经该处时，油锅倾倒，烫伤其头背等处，经送医不治身死，被上诉人为此支出医药费 2 000 元（新台币下同），殡葬费 400 元，又邓明富死亡时年仅 2 岁，如不罹灾身亡，养育成年，即有扶养能力，被上诉人现年 35 岁，算至 65 岁止，可受扶养 12 年，每月按 200 元计算，并扣除中间利息，扶养费为 20 514 元，且精神深受痛苦，并请求慰藉金 27 086 元等情，求为判命上诉人共赔偿 5 万元。上诉人则以伊在墙角柱边摆放锅炉炸鱼，极为稳定，被上诉人任令其步履不稳之子邓明富于上诉人转背听人谈话之瞬间，行向油锅，不加出声阻止，致碰斜油锅，被沸油烫伤死亡，纯属不可抗力，且被上诉人疏忽看顾小孩亦应负重大责任，上诉人自难赔偿。

上诉人于交通道旁，以沸油锅炸鱼，自应特别注意，以保行人安全，乃竟疏失注意，致令 2 岁之小孩碰斜其油锅，烫伤不治死亡，自属与有过失，且经刑事法院判处其过失致人于死，罪刑确定在案。上诉人辩称出于不可抗力，委无可采。被上诉人因此支出医药费 2 000 元，殡葬费 400 元，为上诉人所承认，被害人邓明富为被上诉人之次子，现虽无赡养能力，而被上诉人将来赖其扶养，苟无反对情形，不得谓其将来亦无赡养能力，即属侵害被上诉人将来应受扶养之权利。以现在受教育及服兵役情况，被害人须至24岁始有赡养能力,依其推算被上诉人应受扶养之期间为8年,按每月供给200元计算至65岁,依霍夫曼计算法,扣除中间利息,应得扶养费为8460元,以上三项金额共为10860元,惟被上诉人看顾小孩疏懈,亦属与有过失,依"民法"第217条第1项规定,减半赔偿金额5430元,斟酌两造身份地位,经济状况及过失各半情形,精神慰藉金,以赔偿8000元为相当。

二、评　　释

(一) 间接受害人之赔偿请求权

本案所涉及的基本问题,是间接受害人的赔偿请求权,在侵权行为法上有一项未经明白规定的基本原则,间接遭受损害之人,就其经济上损失原则上不得请求损害赔偿。例如某歌女在上班途中遭仇敌杀伤,歌厅就因辍演而遭受的损失,不能向加害人请求赔偿。① 又如开掘地道,毁损电线致工厂停工不能如期交货,其他零售商纵因此受有损害,亦不能向加害人请求赔偿。此种限制旨在不使赔偿范围过于扩大,漫无边际,难予预计,以免加重行为人的负担,自立法论而言,诚属正确。

然而,在不法侵害他人致死的情形,被害人既已死亡,其权利能力即行终止,固无损害赔偿请求权可言,惟其死亡影响他人的利益甚大,故被害人以外之人受有损害者,亦得请求赔偿,始合情理。依规定,其情形计有三种:① 为被害人支出殡葬费之人(第192条)。② 被害人负有法定扶养义务之人(第192条第2项)。③ 被害人之父母子女及配偶,虽非财产上之损害,亦得请求赔偿相当之金额(第194条)。②

上开间接受害之人得请求损害赔偿的特例,就其性质而论,系属独立的请求权,并非先在被害人身上发生,再由该第三人承继。但在若干特别情形,直接受害人仍应视为系请求赔偿者之前权利人,例如直接受害人在损害发生前,已依约定免除加害人之赔偿责任或自己承担危险时,则损害赔偿请求权之要件在直接受害人身上已不具备,间接受害人自不得再为

---

① 参见梅仲协:《民法要义》,第148页。

② 参见王伯琦:《民法债编总论》,第102页。

主张。①

（二）间接受害人本身与有过失

本件判决的争点系间接受害人与有过失之问题。在间接损害案例中，请求权人本身对损害之发生或扩大与有过失者，亦有“民法”第217条的适用，“最高法院”在本案亦采同样见解，确值赞同。

间接受害请求权人与有过失，以“民法”第217条第2项情形最称普遍，即怠于避免或减少损害，例如夫遭受他人不法伤害，妻怠于延医治疗致病况恶化死亡。又请求权人对损害之发生或扩大与有过失者，亦时有之。例如某父亲携带小孩通过马路，在转弯处突见汽车急驶而来，仓促间父亲将小孩推往一旁，适为其他汽车所撞死，则父亲对损害之发生具有过失，于请求赔偿时，应受减免之不利益。在本案2岁之孩童碰斜油锅，被沸油烫伤死亡，判决认为父亲看顾小孩疏懈，与有过失，故有第217条之适用。至照顾疏懈之具体事实如何，判决书内未见详细说明，应视父亲之疏懈行为对于损害之发生是否具有相当因果关系而定，事关事实认定问题，在此不拟讨论。

（三）直接受害人与有过失

据本件判决书的记载，小孩之死亡系因自己碰到油锅所致，基此事实而推论，该小孩对损害之发生与有过失，似堪认定（其年龄暂不考虑，俟于下段再加讨论），因此产生了一项重要而且饶有趣味的问题，即因该小孩死亡而请求赔偿之人应否承担该小孩的过失。由于对此未设明文规定，损害赔偿义务人通常不知主张，本案被告并未聘有律师，更不必论，因此法院无从就此重要问题表示意见，就法律适用之观点言，不能谓非遗憾。

间接受害请求权人应承担直接被害人之过失，《德国民法》第846条

① 参见《德国帝国法院民事判决》第65卷313页；69卷186页；128卷第229页（RG 65，313；69，186；128，229；Soergel/Zeuner，Kommentar zum BGB，1969，§846.

有所规定。[①] 瑞士及日本两国法律虽乏明文,但判例学说均采肯定见解。[②] 英美法原则上亦采同样观点。[③] 民法学者梅仲协先生亦采肯定说。略谓:“间接被害人于损害之发生或扩大与有过失时,是否亦得适用第217条,颇滋疑义,就公平原则言,应认为亦可适用。”[④]此说实属正确,殊值赞同。间接受害人之请求权,在理论上言,虽为固有之权利,但终究系基于同一侵害之事实而发生,直接受害人既与有过失,请求权人亦应承担之,否则,将使行为人负担全部责任,显失平允。希望能采此理论,促进法律之进步。

(四) 无识别能力人之与有过失

依“民法”第194条规定,请求赔偿之人应承担直接受害人之过失,既如上述。然在本案,直接受害人仅2岁,系无行为能力人,其行为在过失相抵之制度上究应如何判断,如何评价,尚有进一步研究的余地。于此应该特别加以检讨的,有两个问题,即与有过失之意义如何?其成立是否须以识别能力为前提要件?

“过失”之概念,有两种意义[⑤],第一种为固有(真正)意义之过失(Verschulden in echten Sinne),系以义务之违反为前提,就所生的损害并须负赔偿责任;所谓义务,或为不得侵害他人之一般义务(第184条),或为基于契约关系而发生之特别义务(第220条)。第二种意义之过失,在学说上称为非固有(非真正)意义之过失(Verschulden in unechten Sinne),不以违反义务为前提,系行为人对自己利益之维护照顾有所疏懈,故又称为对自己之过失(Verschulden gegen sich selbst)。“民法”第

---

① 《德国民法》第846条规定:“在第844条及第845条之情形,第三人所受损害之发生,被害人亦与有过失者,关于第三人之请求权,适用第254条之规定。”关于本条之解释适用,参见Soergel/Zeuner, §846; Esser, Schuldrecht Ⅱ, 1969. S.568; Larenz, Schuldrecht Ⅱ, 1971, S.398f.

② Oser, Kommentar Zum Schweizerischen Zivilrecht, V. Bd. 1934, S.321.关于日本之判例学说,请参见末川博编集:《民事法学辞典》,第207段;加藤一郎:《不法行为》,载《法律学全集》第22卷,第251页。

③ Fleming, Law of Torts, 1965, pp.631-632; Prosser, Torts, 1955, 2nd ed. p.302, 716.

④ 梅仲协:前揭书,第149页;并参见拙文:《第三人与有过失》,载于本书第58页。

⑤ 民法上过失(Verschulden)一词意义如何,在德国法上甚有争论,学者曾从事严密之分析,详细参见Rother, Haftungsbeschränkung im Schadensrecht, 1964, S.80f.及所附有关资料;黄金明:《过失相抵制度之研究》,载《台湾大学法律研究所硕士论文》,1972年,第24页。

217 条所称之过失即属此种意义[①],盖因被害人在法律上并未负有不损害自己权益之义务,但其既因自己疏懈酿成损害,与有责任,依公平原则,应依其程度受减免赔偿额之不利益。

"民法"第 217 条与有过失的成立,是否须以行为人有识别能力为前提,"最高法院"对此尚未著有判决,学者多采肯定之见解,认为被害人既欠缺对事物之是非利害为判断之能力,即难谓有过失。[②] 此种见解,系将第 187 条关于无行为能力人或限制行为能力人侵权责任之要件移用于第 217 条之上。

然而,无论从实质或形式的立场而言,通说似未具有充分的说服力。在侵权行为,所以特别规定,行为人须具备识别能力,系鉴于此种之人对于事务之是非利害既不能为正常识别,故使其不负侵权责任,以资保护。在第 217 条的情形,并非使与有过失者赔偿他人所受的损害,而系令其就自己行为的结果负责,不得将自己行为所产生的损害,转嫁于他人。无识别能力人原则上虽不必就其所加于他人的损害负责,然自公平言,实难谓其无须承担因自己行为对自己法益所造成之损害。在此情形,未成年人似无特别保护之必要。例如两人驾车互撞,一为完全行为能力人,一为未成年人而无识别能力,彼此均受有损害,车祸的发生系因双方违反交通规则,各与有责任。在此情形,依学者通说,无识别能力人就他方所受之损害固可不必负责,即对自身所受之损害,虽自己与有过失,亦可不必负担,得请求全部损害之赔偿,其不合情理,甚为显然。第 217 条的基本原则在于公平分配责任,即任何人应承担因自己行为所生的不利益,而不能将之转嫁于他人,若被害人对损害之发生或扩大与有过失,即应依其轻重,尤其是原因力之大小,分配责任,是否具有识别能力,在所不问。[③]

---

① 此为台湾通说,参见胡长清:前揭书,第 260 页。

② 参见王伯琦:前揭书,第 144 页略谓:"与有过失之被害人须有识别能力。如其无识别能力,即不发生过失相抵之问题。如一心神丧失之人沿途乱奔,被车撞伤,如司机者并无过失,则为不可抗力,当不负责,如其行车超过速度限制,即推定其有过失,除能证明自己之无过失外,应负责任,且不发生过失相抵之问题"。德国通说亦采取此项见解,Enneccerus/Lehmann, Schuldrecht, 1959, S. 986f.; Larenz, Schuldrecht Ⅰ, 1970, S. 279.

③ 参见 Rother, aaO. S. 85f. 德国民法学者 Esser 在其最新版《债法教科书》中亦采同样见解,Esser, Schuldrecht Ⅰ, 1969, S. 328.

三、结　　论

在本件判决，甲因过失不法致 2 岁之乙死亡，乙之父丙得向甲请求损害赔偿（第 193 条、第 194 条），系间接被害人得请求赔偿之特例。此项请求权，自理论言，虽系固有之权利，然其权利系基于甲对乙之侵权行为而发生，基于损害公平分配原则，丙（间接被害人）应承担乙（直接被害人）于损害之发生或扩大之与有过失，乙虽不具识别能力，仍有第 217 条过失相抵规定之适用。

契约责任与侵权责任之竞合

一、判　　决

1972年台上字第200号判决。

本件被上诉人以伊子宋瀛枪，于1969年4月被人殴打成伤，由上诉人施行手术救治，启料上诉人疏于注意，未将破裂之肠管完全缝合，以致引起腹膜炎，不治死亡等情，求为上诉人赔偿伊等精神慰藉金各新台币(下同)6万元之判决。上诉人则以伊之医疗设备较差，仅为死者止血急救后，嘱即转送台大医院救治，伊实无过失可言等词为辩。原审虽以上诉人在刑事法院审理中业已承认为宋瀛枪施行手术后，再行转送台大医院，虽经数日始告死亡，但由法医师高坤玉、许耕夫鉴定结果，认为系上诉人对死者之肠管破裂未经完全缝合，以致引起腹膜炎而死亡，不无疏忽责任。并经许耕夫在刑庭证称：因上诉人于最初施行手术时仅将内之四处破裂缝合两处，以致因脓苔及粘连，台大医院再为其施行手术时不易找到等语，而刑事部分复经判处上诉人有期徒刑3月确定。上诉人独以并无过失为辩，殊非可采。并以上诉人因过失伤害他人致死，被上诉人为死者之父母，依法自得请求赔偿非财产上之损害，第一审斟酌两造之身份及经济状况判命上诉人赔偿被上诉人各2万元，尚无不合云云，而将第一审判决予以维持。惟查"民法"第194条规定：不法侵害他人致死者，被害人之父、母、子、女及配偶，虽非财产上之损害，亦得请求赔偿相当之金额。但此项损害赔偿请求权，乃基于侵权行为所发生。至因侵权行为而发生损害赔偿者，又指当事人间原无法律关系之联系，因一方之故意或过失行为，不法侵害他方权利之情形而言。本件被上诉人之子宋瀛枪被人刺伤，送由上诉人处为之救治，依其情形，显已发生医师与病人间之契约关系，亦损害发生前当事人间尚不能谓无法律关系之联系。上诉人纵因过失违反善良管理人之注意义务,亦仅生债务不履行之损害赔偿责任,被上诉人能否依据上开"民法"第194条规定对上诉人请求非财产上之损害,殊非无疑问。复按前述被害人肠管破裂四处,尚有两处上诉人未予缝合,因脓苔及粘连不易找到之情形,倘台大医院在数天救治期内,能尽善良管理人之注意,是否亦找不到,倘能找到,台大医院能否谓无过失,如台大医院亦有过失,则本件损害赔偿,纵有第194条之适用,并认第三人之与有过失,无第217条之适用,法院原非不得于定第194条之赔偿金额时,就此情形,并予斟酌。乃原判决未注意及此,徒凭上开理由,在宋瀛枪最初被人杀伤中,由上诉人为之急救,其后复经台大医院施行手术救治多日之情形,使上诉人对于被上诉人之非财产上损害,独负全部赔偿责任,自难谓为允洽。上诉论旨,指摘原判决不当,求予废弃,非无理由。

二、评　　释

(一) 规范竞合之问题及类型

1. 规范竞合问题

契约责任与侵权责任之竞合关系,是民法学上著名的长期争论问题,在最近若干案件,"最高法院"基本上均采取相同见解,认为侵权行为损害赔偿请求权之成立,以当事人间原无法律关系联系为前提。此项论点,颇有疑义,有待进一步剖析检讨,因问题特殊,牵涉甚广,故必先从基本问题起,始能获得全貌,易于判断。

现代法律均为抽象规定,并从各种不同角度规范社会生活,故常发生同一事实符合数个规范之要件,致该数个规范皆得适用的现象,学说上称为规范竞合(Normenkonkurrenz)。规范竞合有发生在不同法律领域者,例如毁损他人物品,一方面构成刑法上之毁损罪("刑法"第354条),他方面依"民法"第184条第1项前段规定亦构成侵权行为。在此种情形,刑事法上之刑罚及民事法上之损害赔偿,皆得适用,互不排斥,盖民事责任及刑事责任各有其目的,前者在对于行为人予以报应,并防止将来侵害之发生;后者在乎填补被害人之损害,平复过去侵害之结果,可以并行不悖。又规范竞合在同一法律领域内发生的,以刑法最为显著,甚早即受重视,故在学理上有严密之体系,实体法上亦设有明文(参阅“刑法”第55条)。①

至在民法上,同一事实符合数个规范之要件者,其情形甚为复杂。民法系以权利为中心,而其表现于外部之作用,即为请求权(Anspruch),故可从此方面加以观察。基于规范竞合所产生之数个请求权,有可并存者,例如所有人对被窃物,一方面得主张所有物请求权,他方面就所受之损害,亦得请求赔偿,学说上称为请求权之聚合(Anspruchhäufung)。又如偷窃他人之物,擅自处分,在公共市场出卖,被他人善意取得者,原所有人对无权处分人享有不当得利请求权及侵权行为之损害赔偿请求权,惟仅得择一行使之,学者称之为请求权竞合(Anspruchskonkurrenz)。

民法上之规范竞合,实务上最常见者为契约责任(债务不履行责任)与侵权责任之竞合。此项竞合可别为两种形态:① 其对象系不同之人,例如某甲将乙所有之马托丙保管,丙擅自骑用,致生损害时,丙对寄托人甲应负契约责任,对乙则构成侵权行为,两种责任独立并存,互不生影响,得各别主张之。② 对象为同一人,若该马为寄托人甲所有时,则丙对甲同时构成契约责任及侵权责任。二者关系若何,实值研究。

2. 竞合形态

侵权行为责任为不法侵害他人权利之行为,契约责任为债务人不履行契约上义务而生之责任。若债务人之违约行为同时构成侵权行为之要件时,即发生契约责任与侵权责任之竞合。此种规范竞合在任何契约关系均可发生,兹仅选择若干结构互殊,在交易上习见之契约类型加以说明,期能帮助理解竞合形态,并认识其问题症结之所在。

(1) 买卖。依“民法”第360条规定,出卖人故意不告知物之瑕疵者,买受人除解除契约或请求减少价金外,尚得请求损害赔偿。出卖人故意不告知瑕疵之行为,依其情形,得构成“刑法”上诈欺罪,依第184条第2项规定,并构成侵权行为,从而产生契约责任与侵权责任之竞合。在实务上较重要者,系出卖人给付之物品具有瑕疵,致买受人之法益遭受损害,例如出卖人因其过失,以患有传染病之牛羊,交付于买受人,致买受人原有之牲畜罹于疾病死亡者,除构成契约责任(加害给付或积极侵害债权)外,并应负侵权责任。

---

① 参见韩忠谟:《刑法原理》,1971年增订9版,第347页。

(2) 赠与。赠与物因具有瑕疵致受赠人之其他法益损害者,其情形与买卖颇相类似,得同时构成契约责任与侵权责任。惟有应注意者,赠与系属无偿,故法律特减轻赠与人之注意程度,就故意或重大过失负责("民法"第410条)。又赠与人故意不告知瑕疵者,例如赠与汽车一部,其刹车失灵,赠与人故意不告知,致受赠人因车祸遭受损害者,除负契约上损害赔偿责任外,并构成侵权行为。

(3) 租赁。就出租人言,因租赁物瑕疵侵害承租人之身体健康时,构成加害给付,亦同时构成侵权行为;就承租人言,因其过失行为,毁损租赁物者,除违反契约义务外,并同时侵害出租人之所有权,盖承租人对租赁物亦负有不侵害之义务。承租人对于租赁物尚负有特别注意义务,例如依第437条规定租赁关系存续中,租赁物如有修缮之必要,应由出租人负担者,或因防止危害有设备之必要,或第三人就租赁物主张权利者,除出租人所已知者外,承租人应即通知出租人,承租人怠于为前项通知,致出租人不能及时救济者,应赔偿出租人因此所生之损害,并同时构成侵权责任。

(4) 雇佣。受雇人于为他方服务之际,因故意过失致侵害雇用人权利者,除应负契约责任外,尚构成侵权行为。受雇人履行债务应如何注意,民法无特别规定,应适用"民法"第220条第2项规定,使负抽象过失责任,亦即应尽善良管理人之注意义务。然在若干情形,尤其是在工厂企业,业务本身具有危险倾向者,若仍令劳工就其轻过失行为负责,未免苛酷,有违保护劳工之社会目的,德国判例学说认为在此情形,斟酌具体情形,应使劳工仅就故意或重大过失行为负责,并且对于契约责任及侵权责任,均有适用余地。[①] 此项理论,殊值参考。

(5) 运送。在运送契约,无论其为物品运送或旅客运送,契约责任与侵权责任竞合问题,经常发生。就物品运送言,运送人之契约责任因运送物系一般物品或贵重物品而有差异。对一般物品,运送人原则上应负无过失责任,就通常事变亦应负责(参阅第637条),故损害赔偿额亦受限制,即以所受损害为限,至所失利益,例如货物运到时应有之利得,则不在范围之内。至于贵重物品,例如金钱、有价证券、珠宝等,除托运人于托运时报明其性质及价值,运送人对其丧失或毁损不负责任;价值经报明者,

---

① Heuck/Nipperdey, Lehrbuch des Arbeitsrechts, 7. Aufi. 1959, 35 Ⅱ 4, S. 212.

运送人亦仅就所报价额负责。在旅客运送,依第654条规定,运送人对于旅客因运送所为之伤害及运送之迟延,应负责任,但其伤害系因不可抗力或因旅客之过失所致者,不在此限。所谓因运送所受之伤害,例如因紧急刹车,或车门突然启开,致旅客落地受伤,死亡亦包括在内。上述运送人债务不履行之行为,因故意过失而发生者,亦同时构成侵权行为。①

(二)契约责任与侵权责任内容之异同

1. 异同

同一行为同时构成契约责任与侵权责任者,就其效果言,均以相同之给付(Identität der Leistung)为内容,即发生损害赔偿责任,但在成立要件、举证责任、时效、抵消、赔偿范围等方面,均有不同,兹分项述之:

(1)成立要件。此可分两方面言之,①归责原则:侵权行为系以故意过失为要件,所谓过失系以抽象轻过失为标准。在债务不履行,原则上得由当事人约定之,但故意或重大过失之责任不得预先免除。当事人未为约定者,原则上虽仍以故意或过失为要件,但过失之责任,依事件之特性而有轻重(第220条)。有应尽善良管理人之注意者,例如租赁(第432条)、使用借贷(第468条);有应与处理自己事务为同一注意者,例如无偿寄托(第590条)、无偿委任(第535条);亦有仅就故意或重大过失负责者,例如赠与人之责任(第410条)。②就第三人行为之负责程度:在侵权行为,雇用人得证明选任受雇人及监督其职务之执行已尽相当之注意,或纵尽相当之注意而仍不免发生损害,以免其责任(第188条第2项),但在债务不履行,依"民法"第224条规定,债务人就其代理人或使用人关于债之履行有故意或过失时,应与自己之故意或过失负同一责任。

(2)举证责任。依一般举证原则,侵权行为之被害人应证明行为人之过失,但在债务不履行,债权人无须证明债务人之故意或过失,而以证明契约之存在及损害为已足。债权人证明此两点请求赔偿时,债务人除根本否认未履行或证明其已依契约本旨履行外,应证明不可归责于自己之事由,始得免责。

(3)赔偿范围。债务不履行责任之赔偿额,当事人得预先为约定,订

① 参见郑玉波:《民法债编各论》(下册),第595、618页。

定违约金者，亦为损害赔偿总额之预定（第 250 条）。在此情形，如其实际所受损害超过约定数额，当不能另行请求。契约当事人就赔偿额未为约定者，依一般原则定之（第 213 条以下），在通常情形，得请求赔偿积极利益。在侵权行为依一般原则决定赔偿范围时，通常只请求消极利益，但在侵害人格权之情形，赔偿范围，大为扩张，即：① 不法侵害他人致死者，被害人之父、母、子、女及配偶，虽非财产上之损害，亦得请求赔偿相当金额（第 194 条）；被害人对于第三人负有法定扶养义务者，加害人对于该第三人亦应负赔偿责任。② 不法侵害他人身体或健康者，对于被害人因此丧失或减少劳动能力，或增加生活上之需要，应负赔偿责任（第 193 条）；被害人虽非财产上之损害，亦得请求赔偿相当金额（第 195 条）。

(4) 抵消。依“民法”第 339 条规定，因故意侵权行为而负担之债，其债务人不得主张抵消。反之，在债务不履行之情形，债务人得以其对于债权人之同种类之债权抵消之。

(5) 时效。因侵权行为所生之损害赔偿请求权，其时效期间为 2 年或 10 年（第 197 条），基于债务不履行所生请求权之时效期间，原则上为 15 年，但在甚多情形，“民法”规定有短期间之时效，例如承揽人之损害赔偿请求权，于其原因发生后 1 年间不行使而消灭（第 514 条第 2 项）；关于寄托契约之损害赔偿请求权，自寄托关系终止时起 1 年间不行使而消灭（第 605 条）；关于旅店、饮食、住宿所生之损害赔偿请求权，其期间仅为 6 个月（第 611 条）；对于承揽运送人因运送物之丧失、毁损或迟到所生之损害赔偿请求权，自运送物交付或应交付时起，2 年间不行使而消灭（第 666 条）。

2. 分析

据上述对侵权责任与债务不履行责任而生之损害赔偿责任内容之分析，可见甚有不同之点，对于请求权人言，主张何种责任，利弊不一。其最彰著显明者，系责任成立要件。在契约责任，当事人除故意或重大过失之责任外，得约定就抽象轻过失不负责任。法律在甚多情形，尤其是无偿契约，更减轻债务人之注意程度，因此有构成侵权行为，但未符合债务不履行之责任要件者。又一般言之，就举证责任、抵消而言，主张债务不履行较为有利，但关于侵害身体或健康之情形，因法律赋予之赔偿范围较为广泛，主张侵权行为较为有利。因此，对债权人言，侵权责任或契约责任，抽象言之，各具利弊，实际利益状态如何，仅能就具体案件决定之。

(三)三个基本理论

同一行为得构成侵权行为及债务不履行,其主要类型及两种责任结构之异点,已述明如上。两者均以损害赔偿为给付之内容,故债权人不得为双重请求,此为众所公认,并合乎事理,无待详论。但此两种责任关系如何?债务人因法律规定之注意程度较低,致其行为虽构成侵权行为,但未符合债务不履行之责任要件者,债务人能否主张侵权行为责任?此两个问题(或同一问题之两面),是数百年来学说判例争论之课题,如何解决,迄无定论。有谓仅适用其中一种法律规范;有谓契约关系及侵权关系两个法律规范均能适用,并产生两个独立并存之请求权,债权人得择一行使之;有谓契约关系及侵权关系两个法律规范虽均得适用,但仅产生一个请求权,具有两个法律基础。此三项理论在学说上简称为:① 法条竞合说;② 请求权竞合说;③ 请求权规范竞合说,分别说明如下:

1. 法条竞合说(Cesetzkonkurrenz)

法条竞合之概念,在刑法学上首先确立,系指对于同一事实均具备数个规范之要件,该数规范间具有位阶关系,或为特别关系,或为补充关系,或为吸收关系,而仅能适用其中一种规范。此项概念后来被引用至民法学之上,认为债务不履行乃侵权行为之特别形态,侵权行为系违反权利不可侵犯之一般义务,而债务不履行系违反基于契约而生之特别义务。因此,同一事实具备侵权行为及债务不履行时,依特别法优先于普通法之原则,只能适用债务不履行之规定,因而仅发生契约上之请求权,无主张侵权行为请求权之余地。在 19 世纪末叶及 20 世纪初期,德国学者主倡法条竞合说者,颇有其人,如 Endemann、von Tuhr 诸氏。[①] 但在今日几已无人赞成此说。[②] 法国之判例学说至今仍倾向法条竞合说[③],此与法国民法关于侵权责任采概念规定,具有密切关系。

2. 请求权竞合说(Anspruchskonkurrenz)

请求权竞合说谓,一个具体事实,具备侵权行为与债务不履行之要件者,应就各个规范判断之,所产生之两个请求权,系独立并存。细分之,请

---

① Endemann, Lehrbuch des Bürgerlichen Rechts, Bd. Ⅰ, 9. Aufl. 1903, S, 1260; v. Tuhr, Der Allgemeine Teil des deutschen Bürgerlichen Rechts, Bd. 3, 1918, S. 464.

② 参见 Georgiades, Anspruchskonkurrenz in Zivilrecht und Zivilprozessrecht, 1967, S. 85f.

③ 参见 Schlechtriem, Vertragsordnung und außervertragliche Haftung, 1972, S. 63ff.

求权竞合说又有两种理论:① 请求权自由竞合说(freie Anspruchskonkurrenz);② 请求权相互影响说(einwirkende Anspruchskonkurrenz)。其内容甚有差别,兹分别说明之:

(1) 请求权自由竞合说(freie Anspruchskonkurrenz)。谓基于侵权行为及债务不履行所生之两个请求权独立并存,无论在成立要件、举证责任、赔偿范围、抵消、时效等,均就各个请求权判断之。就此两个请求权,债权人不妨择一行使,其中一个请求权若已达目的而消灭时,则另一请求权固随之而消灭,但若其中一个请求权因已达目的以外之原因而无法行使,例如因时效而消灭,则他一请求权(时效较长者),仍犹存续。又两个请求权既属独立,从而债权人得分别为处分,或让与不同之人,或自己保留其中一个而将另一个请求权让与他人。

在德国倡导请求权自由竞合说最力之学者,当推 Dietz 教授。Dietz 于 1934 年在其名著《侵权行为责任与债务不履行责任之竞合》(Anspruchskonkurrenz bei Vertragsverletzung und Delikt)一书,一方面极力反驳法条竞合说之不当,一方面阐述自由竞合说之优点,论述之彻底,推理之严密,体系之完整,虽普受赞赏,但终不为通说所采取。1962 年,Dietz 教授在汉堡所举行第六届比较法国际会议(Ⅵ Internationales Kongress für Rechtsverleichung in Hamburg 1962)中,就侵权责任与债务不履行责任作专题报告,依然坚持自由竞合说,所不同者,系对赔偿范围略有修正,即认为《德国民法》第 842 条及第 843 条(相当于"民法"第 193 条),形式上虽规定于侵权行为法,但系损害赔偿之一般原则,故对基于契约所生之请求权亦应适用。[①]

(2) 请求权相互影响说(einwirkende Anspruchskonkurrenz)。德国判例、学者之通说虽采请求权竞合说,但却认为两个绝对独立之请求权之理论不合实际,有违法规目的,从而采相互影响之见解,认为两个请求权可以互相作用,契约法上之规定可适用于基于侵权行为而生之请求权,反之亦然。其根本思想在于克服承认两个独立请求权所发生之不协调或矛盾。[②] 兹就若干重要问题,说明请求权相互作用之方式:① 就责任要件

---

① Dietz, Das Problem der Konkurrenz von Schadensersatzanspruchen bei Vertragsverletzung und Delikt, RabelsZ 1962, S. 181, 205.

② 参见 RGZ 85, 185; 88, 317; 103, 363; 116, 214; 118, 142; BGHZ 9, 302; 17, 214/217; 24, 188/191; 32, 1942/03, 297/302; Enneccerus/Lehmann, Schuldrecht, 1959, S. 232.

言，债务人依法律规定仅就故意或重大过失，或具体轻过失负责任时，此项责任限制在侵权行为亦应适用，即债务人亦须具有故意或重大过失或具体轻过失时，始成立侵权行为。② 就时效言，法律对于契约上请求权规定短期间时效者，该项短期间时效对侵权行为之请求权亦应适用。③ 就损害赔偿范围言，伤害身体或健康者，被害人基于侵权行为所得主张较广泛之赔偿(参阅《德国民法》第842条及第843条)，对基于契约而生之请求权，亦有适用余地。④ 就抵消言，《德国民法》第393条规定，因故意侵权行为而负担之债，其债务人不得抵消，此项限制抵消之规定对于故意违背契约责任之行为，亦适用之。

3. 请求权规范竞合说(Anspruchsnormenkonkurrenz)

请求权竞合说支配德国判例学说数十年，屹立不坠，但最近则备受批评。在此方面，贡献最大者，为权威民法学者Larenz教授。Larenz一方面剖析请求权竞合说之缺点，另一方面则建立了一种新的理论，强调一个具体生活事实符合债务不履行及侵权行为两个要件时，并非产生两个独立之请求权。论其本质，实仅产生一个请求权，但有两个法律基础，一为契约关系，一为侵权关系。[①]

依请求权竞合说之基本理论，不法侵害他人权益之一般义务与契约上之特别义务，系两个独立之法律义务。Larenz认为，此项观点难以成立。假若这两个义务具有同一内容，则不得侵害他人权利之一般义务，因契约上特别义务而强化、具体化，但绝非双重化，故债务人基于违约或不法行为所侵害者，并非是两个义务，仅是一个义务，故仅产生一个请求权，只能一次履行、一次起诉、一次让与；依请求权竞合说，被害人得将基于契约而生之债权让与他人，而自己保留基于侵权行为而生内容相同之债权，如此势必认为被害人与受让人为连带债权人，均得自己起诉，此对债务人言，实所不堪，就法律系属及既判力言，亦难接受。依新诉讼标的之理论，法院应对基于陈述之事实所导出诉之请求(即所请求之给付)为判决，至原告基于何种法律规范基础请求，在所不问；依请求权竞合说，原告基于债务不履行主张之赔偿之诉经驳回确定后，尚得根据侵权行为主张赔偿同一损害，此与新诉讼标的理论，尚有不合。

---

① Larenz, Schuldrecht Ⅱ, 1965, S. 416ff. 并请参见 Nikisch, Zur Lehre vom Streitgegenstand im Zivilprozessrecht, AcP 154, 269ff.

据上理由,Larenz 教授强调,应采取一项新的理论,即认为仅产生一个统一之请求权,其规范基础则为多数。至于一个请求权得否多次成立,则应就各个请求权基础分别审查之。于此应特别注意者,因请求权基础不同,举证责任亦不一致。假若某一请求权基于某项法律基础不成立时,不能因此排除依其他基础成立之可能性。此项原则,并非绝对。在立法者例外规定减轻债务人之注意程度之情形,如在《德国民法》第 599 条、第 690 条及第 708 条之情形,此项原则亦受限制。质言之,债务不履行之损害赔偿,因法律所要求注意程度较低而不成立时,侵权行为亦不能成立,不然此项法律特别规定,将失其意义;在此情形,法律欲排除基于一般抽象轻过失而生之赔偿责任,请求权竞合说认为,两个请求权独立并存,对此甚难说明。依契约而订定之责任限制,原则上对所有可能之请求权,均应适用。消灭时效如何适用,甚有疑义,若请求权仅依某项法律规范成立时,则依其所规定之时效,故关于慰藉金,应适用《德国民法》第 852 条规定。若请求权系依两个法律基础而成立者,则仅能有一个统一之时效期间,在原则上为债务不履行之时效期间。

Larenz 教授所提出之新理论,甚受重视,赞同者日增,大有取代请求权竞合说之趋势。Georgiades 氏曾著专书,阐扬 Larenz 之见解,形成一个有系统严密之理论体系,其主要论点可归纳为下列数项:① 在同一当事人间,某特定事实符合侵权行为及债务不履行之要件,而同一损害赔偿为内容者,并非产生数个独立之请求权,而仅系一个统一之请求权。② 此项统一请求权兼具契约与侵权行为两种性质。③ 此项统一请求权之内容,综合各个规范而决定之,请求权既系基于两个法律依据而成立,则其地位不能减弱,仅能加强,故债权人得主张对己有利之法律效果,但依法规目的,应适用某项规范者,不在此限。就发生言,同一事实具备债务不履行及侵权行为者,仅发生一个单一请求权。某项事实,未具备债务不履行要件,但构成侵权责任要件者,亦构成侵权责任,但对此有一项重要例外,即依法律规定,债务不履行以故意或重大过失或具体轻过失为成立效力者,此项限制在侵权行为亦适用之,故债务人之行为仅具抽象轻过失,虽侵害债权人之权利,亦不构成侵权责任;再就赔偿范围言,债权人得主张对其有利者,故在身体健康受侵害之情形,得主张《德国民法》第 482 条以下(相当于台湾地区“民法”第 193 条以下)之赔偿;就让与言,请求权既为单一,故债权人仅能对之为单一之让与,不能如请求权竞合说,债权人得让与基于债务不履行而生之债权，而保留基于侵权行为而生之债权；就时效言，即为统一请求权，故应适用统一时效，原则上应适用长期间时效，因其有利于债权人之故。但法律为尽速了结当事人间之关系，特别规定短时效期间者，例如关于定作人之损害请求权之短期时效（《德国民法》第638条），则应适用此项短时效期间，以实现法律之目的。[①]

（四）学说判决之检讨

1. 学说

台湾学者对于契约责任与侵权责任之竞合问题，未著专书讨论。通常仅在教科书中简单加以说明，立论尚欠详密。有主张法条竞合说者，如郑玉波先生。[②] 史尚宽先生赞同请求权竞合说，并采自由竞合之理论，略谓："债权之侵害，同时侵害其他权利，则不必问其与契约上之义务履行有无关系，即可另构成侵权行为，盖此一现象并不包入他一现象之内；以侵权行为之责任，限于重大过失者应有明示或可明知之意思，始为有效，从而契约上之责任，限于重大过失者，不当然抛弃或限制侵权行为之责任，例如受寄人利用寄托物而毁损之者，该寄托契约虽限制负重大过失责任，与寄托关系独立发生之侵权行为责任，不因而减轻。因契约而阻却违法时，例如医师为患者施行手术而伤害其身体，不为不法，然因过失而误伤之，则仍构成侵权行为与契约违反。"[③]梅仲协先生亦主张请求权竞合说[④]，但采互相竞合之理论，即以为："通常关于契约之损害，非即侵权行为也。惟损害契约之事实，同时合于'民法'第184条以下之规定者，亦应认为有侵权行为之存在。例如受寄人侵占寄托物；或医生于受托实施之手术，怠于注意，致害及病人之健康者，于此情形，既系损害契约，其行为又属构成侵权行为之事实。契约之损害，同时又系侵权行为者，被害人得就基于契约而生之请求权及基于侵权行为而生之请求权，两者之中，择一主张：因该两种请求权，内容相同，发生竞合之关系也。在行使因侵权行

---

① Georgiades, Anspruchskonkurrenz, S. 167ff，对此书之批评，参见 Arens, Zur Anspruchsnormenkonkurrenz bei meheren Haftungsgründen, AcP 170, 392f.

② 参见郑玉波：《民法债编总论》，第300页。

③ 史尚宽：《债法总论》，第209页。

④ 参见梅仲协：《民法要义》，第138页；并请参见马元枢：《侵权行为及债务不履行之损害赔偿责任范围》，载《法令月刊》第25卷第11期（1974年11月），第3页。

为而生之请求权时,依'民法'第197条规定,其时效期间,仅有2年耳。所宜注意者,依契约之性质,基于法律之规定,或当事人之约定,关于特种之债,债务人之责任,有一定限制者,倘行为人不负契约上之责任时,亦不复负担侵权行为责任。例如受寄人系无偿的保管寄托物,依法仅负个性过失之责任,设或该保管物因其轻过失而罹于消灭者,此时受寄人既未违反契约,自不能谓为不合法,故寄托人亦不能依'民法'第184条之规定,请求损害赔偿。"

王伯琦先生曾发表《契约责任与侵权责任之竞合》专文,分析精密、体系严谨,为少见之卓越论文,原则上系采法条竞合说,其主要论点,计有两项:① 债务人之行为同时构成债务不履行及侵权责任时,如当事人有明白约定,依其约定;当事人对于得否主张侵权行为,虽无明白约定,但对于契约责任已有特约者,则显见其已有排除侵权责任之意思,不得在约定责任以外,另依侵权行为请求赔偿;当事人对于契约责任如无约定,则应从有关契约责任之法律,以定其责任,债权人亦不得舍此而引用侵权责任之规定。② 债务人之行为与履行债务无关而构成侵权行为时,在普通情形,当负侵权责任,如因契约之约定或法律之规定,债务人所负之注意义务较侵权行为责任之注意义务为轻,均不得另依侵权行为责任,否则将违反法律之意思及当事人原有之意思。惟有应注意者,王伯琦先生尚认为排除侵权行为责任之意思,在故意或重大过失责任及侵害人身权之责任,不生效力。例如旅客运送,对于旅客之伤害,纵使有不得主张侵权责任之约定,其约定亦应为无效,盖以其有关人身权之侵害也。又如出卖人故意不告知其瑕疵,则一方构成债务不履行,一方亦得选择主张其侵权责任。①

在1971年台上字第1611号判决,光宏铁工厂承制蒸汽锅,因装置之螺丝钉不合规定,并擅将蒸汽锅之工作压力由3.97 kg/cm^2 改定为5 kg/cm^2,超出安全范围,致买受人操作之际,发生爆炸,致生损害。买受人主张侵权行为,判决认为不无疑问,其理由为:在当事人间既有法律关系之联系,似无成立侵权行为之余地。

1971年台上字第200号判决亦采同样观点,认为:"因侵权行为而发

---

① 参见王伯琦:《契约责任与侵权责任之竞合》,载《大陆杂志》第11卷第4期,该文之摘要,另见氏著:《民法债篇总论》,第177页。

生损害赔偿者，系指当事人间原无法律关系之联系，因一方故意或过失行为，不法侵害他方权利之情形而言，被上诉人之子被人刺伤，送至上诉人处救治，依其情形显已发生医师与病人间之契约关系，故损害发生前当事人间尚不能谓无法律关系之联系。上诉人纵因过失违反善良管理人之注意义务，亦仅生债务不履行之损害赔偿责任，被上诉人能否依据上开第194条规定，对上诉人请求赔偿非财产上之损害，非无疑问。”

综观上开两件判决，似采严格法条竞合主义，即在当事人间有法律关系联系存在时，即排除侵权行为责任。1966年台上字第228号判决谓：无因管理成立后，管理人因故意过失不法侵害本人之权利者，侵权行为仍可成立，非谓无因管理后，即可排斥侵权行为之成立。无因管理亦为法律关系，故就此判决理由以观，似又认为侵权责任与基于无因管理所生之责任得予并存。此点姑不具论，但就前述两案言，“最高法院”倾向于认为在当事人间有契约之联系时，侵权行为即不能成立，似无疑问（请参阅1933年上字第1311号判例）。

2. 检讨

（1）法条竞合说之克服。法条竞合说认为契约责任为特别规定，故应排除侵权责任。此项理论，甚难赞同。此可从概念逻辑、法律目的及当事人利益诸方面观察之。先就概念逻辑言：所谓某一项规范（A）为他一项规范（B）之特别规定（lex specialis）者，必须A规范除包括B规范之一切要件特征外，尚具有其他特别因素，如以图表示之，则A=x+y+2，而B=x+y。x、y两个要件为A、B两个规范所共有，但A另有z之要件特征，使其具有特别性。据此以言，法条竞合说之成立，必须符合两个前提条件，即违反契约（或债务不履行）系一种侵权行为，而此项侵权行为之要件，与其他侵权行为相较，并具有特别性。[①] 于此首应确定者，系债权是否属于“民法”第184条第1项所称之“权利”？对此，学者甚有争论。[②] 有谓凡权利均应受法律之保护，不容他人侵害，故债权亦可为侵权行为之客体。梅仲协先生则谓：债权被侵害时，只能依第184条第1项下段之规定请求赔偿，盖债权系相对权，仅得对抗特定之债务人，若债务人以外之第三人，就他人已成立之债之关系予以损害者，则属损害债权人之法益，

① 参见Dietz, Anspruchskonkurrenz, 1934, S. 72f.

② 参见郑玉波：《民法债编总论》，第152页。

而非直接的损害其债权也。[①] 依余所信,以否定说较为可采。"民法"第184条所称之权利,既不包括债权,则从概念逻辑而言,侵害债权原则上即不构成侵权行为。退一步言,纵承认侵害债权有时得构成侵权行为,因民法关于侵权行为,非采一般概括原则,系采列举主义,各个侵权行为类型处于平等并存关系,故亦不能认为债务不履行此项侵权行为,具有特别之性质。[②]

法律之适用,非纯为概念逻辑之推演,实系价值评断及当事人间利益之衡量。[③] 再从此项观点以论,亦不宜认为契约责任当然排除侵权责任,否则将产生不利于债权人(被害人)之严重后果,此在侵害人身权之情形最为显著。依"民法"第193条规定,不法侵害他人身体或健康者,被害人如因此丧失或减少劳动能力或增加生活上之需要时,得向加害人请求赔偿,并得依"民法"第195条请求慰抚金;依"民法"第194条之规定,不法侵害他人致死者,被害人之父、母、子、女及配偶,虽非财产上之损害,亦得请求赔偿相当之金额。被害人对于第三人负有法定扶养义务者,加害人对于第三人亦应依第192条第2项负赔偿责任。德国学者Hellwig主倡法条竞合说最力,亦认为《德国民法》第842条以下(相当于台湾地区"民法"第192条以下)规定,对于契约责任亦应适用。[④] 王伯琦先生亦明白承认侵害人身权及故意或重大过失两种情形,侵权行为仍有适用余地。[⑤] 法条竞合说既不能贯彻其理论,自难认为具有排斥侵权行为之性质。

(2) 请求权竞合说之缺点。依请求权自由竞合之理论,基于债务不履行及侵权行为所生之两个损害赔偿请求权,绝对独立,其内容各依其所据以成立之规范判断之,互不相涉,债权人得择一请求之。此说体系严谨、推论精密、易于适用,是其优点,但不合当事人利益,使法律特别减轻债务人注意义务及特别短时效期间之规定成为具文,有违立法目的。尤其是债权人得个别任意处分两个请求权,非但造成诉讼上之困扰,亦与一

---

① 参见梅仲协:《民法要义》,第139页。此为德国学者之通说:Esser, Schuldrecht Ⅱ, S. 403.

② Diets, S. 88.

③ Larenz, Methodenlehre der Rechtswissenschaft, 1969, S. 206f.

④ Hellwig, JZ 1906, 1289.

⑤ 参见王伯琦:《大陆杂志》第11卷,第4期,第114页。

般法律感情有违。①

请求权互相影响说,试图在契约责任及侵权责任两个互相冲突之场合,寻其可行之途径,借功能的观念,斟酌当事人之利益及法律目的,个别检讨冲突之所在,排除不调和之处,使竞合之两个请求权互相修正,其结果虽较自由竞合说为合理。但既承认两个请求权得互相作用,则事实上已放弃两个请求权独立并存之概念。②

(3)请求权规范竞合说之可采性。请求权规范竞合说认为同一事实同时具备侵权行为及债务不履行之要件,且均以损害赔偿为给付内容时,仅产生一项请求权,具有两个法律基础,其内容系结合两项基础规范而决定之,债权人得主张对其有利之部分,但应特别斟酌法律之目的。此项理论符合当事人利益,避免请求权自由竞合说之缺点,兼采请求权互相影响说之特色,使实体法上请求权之概念与新诉讼标的理论趋于一致,颇具可采性,应值吾人注意。

三、结　　论

契约责任与侵权责任之关系历经长期讨论,依然众说纷纭,尚无定论。在可预见之将来,亦难有一致之见解。但经各国(地区)判例、学说之研究,已建立一项基本共同认识,即决定契约责任与侵权责任之关系,不能纯依逻辑推理,而应探求立法意旨及平衡当事人之利益。

在1971年台上字第1611号判决一案,出卖物具有瑕疵,致侵害买受人权利,在1972年台上字第200号判决一案,医生未尽善良管理人之注意致病人死亡,"最高法院"认为,当事人间既有法律关系之联系,尤其是契约关系,无成立侵权行为之余地,从而否认被害人基于侵权行为而生之损害赔偿请求权。所谓"侵权行为之成立,原指当事人间无法律关系而言"。此项理由,立论简略,何以当事人间有法律关系存在,即不能成立侵权行为,未见说明,其置法律目的及当事人利益于不顾,实值商榷。

依请求权规范竞合说,在上开两件判决,被害人得主张基于侵权行为

---

① Georgiades, S. 84f.

② Hermann Eichler, Die Konkurrenz der vertraglichen und deliktischen Haftung im deutschen Recht, AcP 162, 401f.

而生赔偿利益,固无疑问。就请求权竞合说,无论采自由竞合或相互影响理论,侵权责任亦均独立成立。即在采法条竞合说,王伯琦先生所承认应适用侵权行为之例外情形,恰好适用于上述两个判决。由是可知,判决均有瑕疵,不能赞同。[①] 在医生手术疏忽致人于死之情形,判决认为死者父母不能依侵权行为之规定,主张"民法"第194条之请求权,医生仅应负债务不履行责任。病人既死,人格已灭,自无从主张契约责任;死者之父母非契约当事人,当无请求权[②],似无人可向医生追究民事责任!如此,当事人间若有法律关系存在时,在履行义务之际,尽可致人于死地,而不负民事责任,违背常理,甚为显然,质诸"最高法院",其以为然乎?

附　　录

1988年11月1日　1988年第十九次民事庭会议决议(二)

院长提议:

A银行征信科员甲违背职务故意勾结无资力之乙高估其信用而非法超贷巨款,致A银行受损害(经对乙实行强制执行而无效果),A银行是否得本侵权行为法则诉请甲为损害赔偿?有甲、乙二说:

甲说认为,(肯定说—请求权竞合说)债务人之违约不履行契约上之义务,同时构成侵权行为时,除有特别约定足认有排除侵权责任之意思外,债权人非不可择一请求,A银行自得本侵权行为法请求甲赔偿其损害。乙说认为,(否定说—法条竞合说)侵权责任与契约责任系居于普通法与特别法之关系,依特别法优于普通法之原则,应适用契约责任,债务不履行责任与侵权责任同时具备时,侵权责任即被排除而无适用余地,盖契约当事人有就责任约定或无约定而法律有特别规定(依第535条前段、第590条前段、第672条前段规定,债务人仅就具体过失负责;依第410

① 关于日本法上之学说判例,请参见川岛武宜:《契约不履行と上不法行为との关系について一请求权竞合论に关する一考察》,载《民法解释学の诸问题》,昭和40年,第1页(尤其第115页以下);四宫和夫:《请求权について》,载《法学协会杂志》,(一) 90(5.1)709;(二) 90(6.1)855;(三) 90(9.1)1139.

② 1965年台上字第951号判例谓:"不法侵害他人致死者,其继承人得否就被害人如尚生存所应得之利益,请求加害人赔偿,学者间立说不一。要之,被害人之生命因受侵害消灭时,其为权利主体之能力即已失去,损害赔偿请求权亦无由成立,则为一般通说所共认,参以民法就不法侵害他人致死者,特于第192条及第194条定其请求范围,尤应解为被害人如尚生存所应得之利益,非被害人以外之人所得请求赔偿。"("'最高法院'判决要旨"1969年版,上册,第78页。)

条、第434条、第544条第2项规定,债务人仅就重大过失负责),而侵权责任均就抽象过失负责,如债务人仍负侵权责任,则当事人之约定或法律特别规定之本意即遭破坏,岂非使法律成具文,约定无效果,故A银行与甲间并无约定得主张侵权行为时,即不得向甲为侵权行为损害赔偿之请求。

以上二说,应以何说为当,提请公决。

决议:判例究采法条竞合说或请求权竞合说,尚未尽一致。惟就提案意旨言,甲对A银行除负债务不履行责任外,因不法侵害A银行之金钱,致放款债权未获清偿而受损害,与第184条第1项前段所定侵权行为之要件相符。A银行自亦得本于侵权行为之法则请求损害赔偿,甲说核无不当。

研究报告:查契约责任(债务不履行)无侵权行为责任,为大陆法系各国争论已久之问题。考其发生争论,不外如下原因:

(1) 近代私法在财产法上设有所有、占有、侵权行为、不当得利、契约、债务不履行、契约解除等诸制度,而以此诸制度来保护财产之归属及其移转。并设各种请求权之规范以为其保护手段。惟在设立各该保护制度时,对诸制度及各种请求权之规范间之关系,并未作缜密之考虑,于是所制定者,成为各自独立不相关联之规则,而发生社会生活所生之一个事实,可适用复数请求权规范之情形。

(2) 近代私法学者间,已确立,苟有合于抽象的法律要件之具体的生活事实存在时,在理论上必然发生法律效果(主要者为权利,义务之变更)之共识见解。以上两点相互结合,于是发生请求权竞合之问题。

契约不履行与侵权行为同为损害赔偿责任发生之原因,但各有其不同之理论基础,似不相关联,但二者均以赔偿因违法行为所生他人之损害为目的,有其共同之性质。惟因其分属两种不同之规范,也就发生二种不同之责任。契约责任(债务不履行)以具有特别之契约关系为前提,发生于有契约关系之当事人间。侵权行为则无须此种特别关系,无论对何人均可能发生,其成立要件及效果,本来就有差异。例如,对过失之举证责任,损害及赔偿之范围,过失相抵、时效、能否抵销,是否连带负责,均可能有所不同。一个社会事实,具备该二者之构成要件时,应如何处理,有两种不同之见解。

（1）请求权非竞合说（法条竞合说）：认为所发生之一个损害，仅应成立一个责任，并无成立两个责任竞合之余地。一个事实纵然具备发生两个责任之要件，但此应视为法律条文在外观上之竞合，非请求权之实质的竞合，仅应适用有特别关系之契约责任（债务不履行责任）之规定。此时债务不履行责任之规定成为侵权行为责任之特别法，否认请求权之竞合。其理论基础为：如认为可以适用侵权行为之规定，则有关契约责任之特别规范将成为具文，实际上可能发生不当之结果。法国学说、判例多采此说。日本主此说者有松本蒸治、川岛武宜、加藤一郎、石田文次郎、中川善之助、小町谷操三。原为少数说，但逐渐成为有力之反对说。台湾学者王伯琦亦采此说。

（2）请求权竞合说：认为一个损害之发生，具备侵权行为及债务不履行之两要件者，发生两个请求权（该两个请求权竞合发生），被害人即债权人得选择其一行使之。其理论根据为：① 两者为不同之请求权，并无否定竞合或互相排斥之理由。② 债权人得择一行使，对债权人较有利。为德国（采新诉讼标的理论）及日本之多数说。鸠山秀夫、我妻荣、戒能通孝、加藤正治、中岛玉吉，横田秀雄、胜本正晃均采此说。台湾学者郑玉波、史尚宽、王泽鉴、梅仲协等亦采此说。日本判例自大审院连合部明治45年（1911年）3月23日判决（判例）以来均采此说。

但近年来，为避免请求权竞合说之短处，将单纯之请求权竞合说加以修正，认为该两请求权虽各自独立并存，但相互影响，如法系规定债务人仅就重大过失负责任时，亦唯有重大过失时始负侵权行为责任。如债务不履行规定有较短之时效时，对侵权行为亦有其适用。学者称之为请求权相互影响说，日本及西德均有此修正之倾向。现仍采彻底之请求权竞合说者几乎无之。

台湾判例并不一致，采法条竞合说者如1933年上字第1311号、1954年台上字第752号判例、1976年台上字第2136号、1982年台上字第2412号判决。采请求权竞合说者如1959年台上字第1179号、1963年台上字第188号、1967年台上字第3064号判例、1980年台上字第1402号判决。采请求权竞合说并加以修正者，如1984年台上字第209号判决称："查侵权行为与债务不履行之请求权竞合时，债权人固非不得择一行使之，惟关于债务人应负之损害赔偿责任，若于债务不履行有特别规定，则债权人于依侵权行为之规定请求赔偿时，除别有约定外，仍应受该特别规定之限制”。1984年台上字第4361号判决称:“按租赁物因承租人失火而毁损灭失者,以承租人有重大过失为限,始对出租人负损害赔偿责任,民法第四百三十条已有特别规定。是则承租人如仅为轻过失时,出租人自不得以侵权行为为理由,依民法第一百八十四条第一项之规定请求损害赔偿。”

给付不能

一、判　　决

（一）1972年台上字第428号判决

本件被上诉人起诉主张：渠于1968年5月8日，向上诉人陈国辉承买坐落于林口乡菁埔段菁埔小段2之3号、2之5号（许银桂所有）、2之2号、2之4号（许木春继承许福荫等所有，尚未办继承登记）及同段湖仔小段240之2号（许志铭所有）等旱地五笔，由许清河、张道义为连带保证人，约定于1年内办理所有权移转登记，否则，愿连带赔偿所收之价金及定金，既因此所受之损害，被上诉人已如约于1968年5月8日及6月3日，两次付给陈国辉价金共新台币（下同）1548312元。但因土地原业主许银桂、许志铭二人拒绝盖章，而且原业主许木春，尚未办继承登记，亦无法移转登记与陈国辉，致陈国辉不能办理移转登记与被上诉人，而迁延至"行政院"于1969年1月11日，颁布"（在禁建2年之期间内）林口特定区内之私有土地应制止其买卖、交换或赠与，违反此项规定者其土地所有权之移转无效"之命令，至于给付不能，是本件土地买卖，应为无效等情，求为命上诉人连带如数返还所付价金，及自1969年5月14日起，至清偿日止，按银行核定放款日拆二分之一计算迟延利息之判决，上诉人则谓：订立土地买卖契约后，上诉人即如约将移转登记文件交由代书赖心灵办理移转登记，因被上诉人未能指定有自耕能力之人为登记权利人，故未能办理移转登记，以致迁延，过失不在上诉人，至于禁止土地移转之命令，为上诉人于订约时所不能预见，且仅限2年，现在亦已解禁等语，资为抗辩，本院按：以不能之给付为契约标的者，其契约为无效，第264条第1项前段定有明文。此其不能,不以嗣后不能而有不同,且因给付不能使契约无效后纵变更为可能,亦不能使无效之契约恢复为有效。本件两造就系争土地订立买卖契约后,其标的上述系争土地,因"行政院"于1969年1月11日颁布禁止买卖移转之命令,即已无效,此固非两造于订约时所能预见,即不可归责于双方当事人之事由,但契约既已无效,两造又无第246条第1项但书规定之特约,亦不因在诉讼中解禁而使之恢复为有效,至无效前,其未能如约办理移转登记之责在何方,乃另一问题,于契约因违反禁止之规定而无效者无影响,依第226条第2项规定,被上诉人请求返还价金及支付法定利率利息为正常,原审为上诉人败诉之判决,虽未全以此为理由,但其结果,仍无不当,上诉论旨仍执陈词,任意指摘,声明废弃原判决,非有理由。

(二)1972年台上字第1425号判决

本件上诉人主张:系争屏东县麟洛乡麟洛段40之11、40之15、40之26、40之27、40之34号五笔土地,均为第一审共同被告萧云贵承领之土地,未办理所有权登记,嗣于1958年11月间售予徐新德及被上诉人,亦未办理移转登记,继由徐新德及被上诉人转售予伊,并约定俟萧云贵缴清地价完成所有权登记后,依次办理移转登记,立有买卖契约书为凭,其后缴清地价,萧云贵迄不办理所有权登记,徐新德及被上诉人亦怠于请求萧云贵办理移转登记,以致伊迄未能完成所有权移转登记,又伊向徐新德及被上诉人购买后转售予案外人邱文英,因未能于约定期限履行移转登记,致邱文英拒付尾款新台币6万元,计损失此款自1968年5月1日起至1971年8月底止之利息共28 080元等情,求为命被上诉人萧云贵移转登记后,应将系争土地更移转登记予伊,并连带赔偿伊28 080元本息之判决,而被上诉人则以系争土地均系徐新德出卖予上诉人部分土地,与渠等无关等词,资为抗辩,原审以被上诉人及徐新德联名与上诉人订立之不动产买卖契约凭证记载徐新德及被上诉人共同出卖与上诉人土地中,虽有系争五笔土地在内,但萧云贵售予被上诉人及徐新德之土地,并不包括系争五笔土地在内,有萧云贵与被上诉人等订立之承领地出让约书附卷可稽,则上诉人即无从代位被上诉人行使请求权之余地,其请求命被上诉人于萧云贵移转登记后更移转登记与上诉人,应为无据。又被上诉人将系争五笔土地售予上诉人,既非被上诉人所有,自系以不能之给付为标的,得请求被上诉人赔偿因该契约无效所受损害,其请求赔偿因迟延给付所生之损害,亦为无据,因将第一审所为有利于上诉人之判决废弃改判,于法洵无违背。按给付迟延以给付之可能为前提,如为不能,则为给付不能,无生给付迟延之余地。上诉论旨声明废弃,难谓有理。

二、评　　释

(一) 契约法上之核心问题

给付不能是契约法上的核心问题之一,现行"民法"详为规定,设有四个条文,即:第 246 条第 1 项规定,以不能之给付为契约标的者,其契约无效;第 247 条第 1 项规定,当事人于订约时,明知给付不能或可得而知契约系以不能之给付为标的者,应负信赖利益之赔偿责任;第 225 条第 1 项规定,因不可归责于债务人之事由致给付不能时,债务人免给付义务;第 226 条第 1 项规定,因可归责于债务人之事由致给付不能时,债权人得请求损害赔偿[①],给付不能可分为自始不能与嗣后不能(第 211 条);客观不能与主观不能。给付不能究为自始与嗣后,系以契约成立时为判断标准,给付于订约时已属不能者,为自始不能;反之,于订约后始成为不能时,为嗣后不能。至于给付不能究为主观与客观,则以不能是否基于债务人个人事由而决定,即给付因债务人个人事由而不能者,为主观不能;反之,给付为任何人所不能提出者,是为客观不能。[②] 就各种给付不能之类型,加以组合,可得四种形态:

(1) 自始客观不能,例如出卖之名画于订约时业已灭失。

(2) 自始主观不能,例如出卖之名画属于他人所有。

(3) 嗣后客观不能,例如业已出卖之名画于交付前灭失。

(4) 嗣后主观不能,例如甲将名画出卖予乙之后,再将之让售予丙,并已交付,则对乙而言,甲之给付不能为嗣后主观不能。

---

① 其他重要条文,为第 266 条及第 267 条,适用于双务契约,但仍以第 225 条及第 226 条为其基础。

② 关于给付不能分类之说明,请参见史尚宽:《债法总论》,第 365 页以下;陈和慧:《论现行民法关于给付不能之规定》,载《法令月刊》,第 24 卷第 12 期,第 7 页以下;关于主观不能与客观不能之区别,Soergel/Reimer Schmidt, Vorbem. 19f. vor §275,作有更详细说明,可供参考。

第246条、第247条、第225条及第226条等规定,构成"现行法"上给付不能之基本体系,而所谓给付不能又有主观与客观,自始与嗣后之别,则前述各条所谓之给付不能,尤其是第246条所谓之给付不能,究指何种情形而言,甚有疑问。给付自始主观不能在"现行法"上有无规定,其法律效果如何?颇值研究。"最高法院"对诸此问题有甚多判例,兹试加整理、综合、分析、检讨之,并以此为基础,讨论其他有关给付不能之问题,以供参考。

(二)第246条规定之给付不能

1. 自始客观不能

(1)"最高法院"见解。第246条第1项规定:"以不能之给付为契约之标的物,其契约为无效。"此项规定,简洁有力,与"法律行为违反强制或禁止之规定者无效"(第71条),"法律行为有悖于公序良俗者无效"(第72条),鼎足而立,构成法律行为无效要件之一,系契约法上一项重要的基本原则。

对于第246条及第247条之解释适用,著有判决,兹择具有代表性者三则,先列述于后,再为说明:

① 1962年台上字第2101号判例谓:"查本案契约即因出卖人即上诉人以不能之给付为标的而归无效,则买受人即被上诉人所得请求赔偿之范围,依第247条第1项自以因信契约有效所受之损害为限。此即所谓消极的契约利益,亦称之为信赖利益,例如订约费用、准备履行所需费用,或丧失订约机会之损害等是。至于积极的契约利益,即因契约履行所得之利益,尚不在请求赔偿之列。讼争买卖内之227号之73土地,早在出卖前即1953年间即征收放领完毕(此句为作者根据判决前文所附加),系自始给付不能,为被上诉人所自认,又227号之7土地,因上诉人之父徐有丁已于1949年2月7日死亡(见卷附土地登记誊本记载),上诉人所为继承权之抛弃,应早在出卖前即于得继承之时起两个月内即已为之,其于1954年5月间又将业已抛弃之应继分卖予被上诉人,亦系以不能之给付为契约之标的,依上说明,被上诉人似仅得请求上诉人赔偿消极的契约利益,其竟诉请判令按土地坪数以时价赔偿损害,是否正常,即有再行斟酌

之必要。”①

② 1972 年台上字第 428 号判决谓:“以不能之给付为契约标的物者,其契约为无效,第 246 条第 1 项前段定有明文,此其不能,不以嗣后不能而有不同,且因给付不能使契约无效后纵变更为可能,亦不能使无效之契约恢复为有效。本件两造就系争土地订立买卖契约后,其标的上开系争土地,因‘行政院’于 1969 年 1 月 11 日颁布禁止买卖移转之命令,即已无效,此固非两造于订约时所能预见,即不可归责于双方当事人之事由,但契约既已无效,两造又无第 246 条第 1 项但书规定之特约,亦不因在诉讼中解禁而使之恢复为有效,在无效前,其未能如约办理移转登记之责在何方,乃另一问题,于契约因违反禁止之规定而无效者无影响,依第 226 条第 2 项规定,被上诉人请求返还价金及支付法定利率利息为正当,原审为上诉人败诉之判决,虽未全以此为理由,但其结果,仍无不当。上诉论旨仍执陈词,任意指摘,声明废弃原判决,非有理由。”②

③ 1972 年台上字第 1425 号判决谓:“又被上诉人将系争五笔土地售予上诉人,既非被上诉人所有,自系以不能之给付为标的,得请求被上诉人赔偿因该契约无效所受损害,其请求赔偿因迟延给付所生之损害,亦为无据。……按给付迟延以给付之可能为前提,如为不能,则为给付不能,无生给付迟延之余地。”

(2) 分析检讨。在 1962 年台上字第 2101 号之 1 案,出卖之标的物,一为经征收放领完毕之土地,一为业已抛弃继承权而由他人取得之土地,判决认为自始给付不能,但究为主观不能抑或为客观不能,则未明确表示。1972 年台上字第 1425 号判决亦属关于出卖他人土地之问题,判决认为,契约因标的给付不能无效。1972 年台上字第 428 号判决更认为,嗣后不能亦可适用第 246 条规定,使买卖契约无效。

关于上述三则判决,可从两方面加以检讨。就方法论言,第 246 条所称给付不能系民法上最基本的概念,“最高法院”并未参酌学说理论,详加探讨,一方面一般人民(包括诉讼当事人)甚难把握其论点,他方面亦可造成法律适用之不确定。就内容言,以他人土地为买卖标的物,因为仍

---

① 参见《判例要旨》,1969 年版,上册,第 116 页。判决全文,参见王玉成、苏吉雄、谢庆辉合编:《最新民刑法律判解汇编》,1972 年,第 104 页。

② 参见《法令月刊》,第 23 卷,第 9 期,第 32 页。

有履行之可能,原属主观不能,如是观之,判决似认为“民法”第 246 条之给付不能亦兼指主观不能而言,然此项论点是否妥适,不无疑问。又在 1972 年台上字第 428 号判决,认为嗣后不能亦得适用第 246 条规定,买卖契约无效,此项见解使嗣后不能与自始不能在概念上之区别陷于混乱,与“现行法”体系,是否符合,尤有商榷余地。

第 246 条所称之给付不能,台湾学说判例多认为专指客观不能。史尚宽先生谓:“兹所谓不能,须为客观的不能,仅主观的不能,不妨契约成立。”①梅仲协先生谓:“于订约之际,以客观之不能为标的者,例如在订立船舶买卖之时,该船舶已经沉没,则此项契约系属客观不能,其契约应为无效。”②王伯琦先生谓:“此之不能指自始客观不能而言。”③郑玉波先生谓:“此之不能应指自始不能,客观不能及永久不能而言。”④然则何以契约以客观不能之给付为标的,应为无效?对此,洪逊欣先生之说明最为明确:“法律行为之标的,既无实现之可能,则纵令以‘国家法’对当事人之私法自治予以助之,亦无从促其达成目的。”⑤

上开学者见解,全值赞同,第 246 条之给付不能,应专指自始客观不能,兹更举两点理由加以补充:

① 就法制比较观点言,所谓契约以不能之给付为标的物者无效,系基于罗马法学家 Celus 所创“impossibilium nulla est obligato”而来⑥为欧陆各国法典所采用,《德国民法》第 306 条规定:“Ein auf unmögliche Leistung gerichteter Vertrag ist nichtig.”《瑞士债务法》第 20 条规定:“Ein Vertrag, der einen unmöglichen oder widerrechtlichen Inhalt hat oder gegen die guten Sitten verstoßt, ist nichtig.”德国、瑞士两国民法所谓“Unmöglichkeit”一语,系专指客观不能而言,至于主观不能则另以“Unvermögen”一字表示

---

① 史尚宽,前揭书,第 488 页。

② 梅仲协:《民法要义》,第 171 页。

③ 王伯琦:《民法债编总论》,第 195 页。

④ 郑玉波:《民法债编总论》,第 331 页。

⑤ 洪逊欣:《民法总则》,第 331 页。

⑥ 关于“impossibilium nulla est obligatio”之理论,请参见郑玉波编译:《罗马法要义》,第 31 页及第 32 页。欲对此问题从事进一步研究者,请参见 Rabel, Unmöglichkeit der Leistung-eine kritische Studie zum Bürgerlichen Gesetzbuch, in: Festschrift für Bekker, 1907, S. 171-237,现亦载于 Gesammelte Aufsätze, Bd. Ⅰ, 1965, S. 1-55,及所引述之资料文献。

之,此为判例学者之通说[①],台湾地区"民法"第 246 条系仿自德国、瑞士立法例,应作相同之解释。

② 从契约本旨言,当事人双方意思表示趋于一致时,契约即为成立,为贯彻私法自治原则,应尽量承认其效力。契约以客观不能之给付为标的者无效,此项理论之依据何在,颇有争论。依吾人之见解,此非基于逻辑之必然性,盖法律在此种情形,尽可承认契约之效力,而令债务人赔偿因其不能履行致债权人所受之损害。又依第 350 条规定,出卖之债权或其他权利纵不存在,买卖契约仍为有效,由是可知,以客观不能之给付为标的者,契约仍为有效,自逻辑观点言,并非不可能。[②] Larenz 教授认为,《德国民法》第 306 条规定系基于事实需要而作之价值判断,盖在给付客观不能之情形,契约自始即失其目的,失其意义,失其客体(zweck-, sinn- und gegenstandslos),使之不发生任何效力。[③] 由是言之,契约以客观不能之给付为标的者无效,此项原则既难有一令人完全满意之理论依据,则在主观不能之情形,债务人犹可履行,自无使契约无效之必要,自立法政策言,亦应作限制之解释。[④]

所谓自始客观不能,系指于契约订立时,其给付即为任何人所不能提出者而言。有基于自然法则者,例如标的物于订约前业已灭失;有基于法律之规定者,例如某物被禁止融通;亦有基于经济事实理由者,例如约定在台湾海峡寻找细针,此在技术上或为可能,但就经济事实言,则毫无意义,故应认为是客观不能。由是可知,给付是否客观不能,不能纯依自然物理观点加以判断,必须斟酌社会经济一般观念而为决定。[⑤]

给付若属自始客观不能,以之为标的之契约即属无效。反之,给付若为可能,契约即为有效,至于该项给付对于债权是否具有利益或价值,在所不问。[⑥] 关于此点,德国杜塞尔多夫高等法院 1953 年 2 月 27 日判决一

---

① 关于《德国民法》第 306 条之解释适用,参见 Staudinger/Werner, § 306; Larenz, Schuldrecht Ⅰ, 1971, S. 83f.; Enneccerus/Lehmann, Schuldrecht, 1959, S. 1934f.; Oser, Kommentar zum Schweizerischen Zivilrecht, V. Bd. 1934, Bem. zu § 20, S. 131f.

② Rabel, Gesammelte Aufsätze, S. 4f.

③ Larenz, Schuldrecht Ⅰ, S. 84,对此问题,论述最详,可供参考。

④ 参见 Zweigert, SJZ 1948, 146.

⑤ 参见史尚宽,前揭书,第 363 页;Esser, Schuldrecht Ⅰ, 1969, S. 203f.

⑥ Larenz, Schuldrecht Ⅰ, S. 85.

案具有启示性。[①] 有某大商贾重金聘请占星家,根据星象变化,以卜凶吉,对其公、私业务,提出建议。杜塞尔多夫高等法院认为此项约定给付,无论在自然科学之意义及法律之意义上言,均属客观不能,依《德国民法》第 306 条规定,应属无效。德国学者对此甚有批评,认为观察天象星座而提出建议,系属一项可能之给付,在科学上是否正确,对当事人是否有利,具有何等价值,可置而不问,故契约仍为有效。[②] 此项见解,可供参考。

2. "民法"第 247 条规定与缔约过失(culpa in contrahendo)

学者史尚宽、郑玉波诸氏均认为,第 247 条第 1 项规定:"契约因以不能之给付为标的而无效者,当事人于订约时知其不能或可得而知者,对于非因过失而信契约为有效致受损害之他方当事人,负赔偿责任",为一种订约(或缔约)上之过失责任[③],又"最高法院"亦承认"订约上过失"此项概念[④],但均未进一步以此为基础创造一项缔约过失之法律基本原则。

当事人一方于缔约之际,因未尽必要之注意,致损害他方权益者,除以不能之给付为标的外,尚有其他情形,可归为两种主要类型:

(1) 契约缔约之障碍,其最主要之情形,系因表意人之过失,致使相对人引起误解,遭受不利益,或致契约未能缔结,或致未能以相对人应可期待之内容成立契约,例如甲与乙商谈购买乙之房屋,甲拟于某日前往乙处查看房屋,乙在数日前已将该栋房屋让与他人,惟未将此事适时通知甲,致甲徒劳往返。若乙适时通知,甲之旅费即可节省,则其所受之损失,实因乙未尽通知义务所致。又如契约表面上虽属缔结,但因当事人一方之过失致不合意而未成立。[⑤]

(2) 侵害相对人之生命法益或所有权:例如顾客踩到电梯上之香蕉皮跌倒受伤,遭受损害;店员疏忽将墨水泼在顾客衣服之上。

关于缔约之际因一方当事人之过失致相对人遭受损害之情形,台湾

---

① 判决全文,请参见 NJW 1953, 1553.

② 参见 Voss 对本案之批评,NJW 1953, 1553.

③ 参见史尚宽,前揭书,第 489 页;郑玉波,前揭书,第 332 页。

④ 参见 1972 年台上字第 656 号判决。

⑤ 参见梅仲协:《民法要义》第 93 页谓:"当事人所欲订立之契约,其必要之点不合意时,契约固属不能成立,但当事人一方,因可归责于自己之事由,使事实不克臻于明了,致引起他方当事人误解,酿成不合意者,则应负契约过失(culpa in contrahendo)之责任,该他方当事人因契约不成立而蒙受损害时,得请求相对人赔偿消极利益。"

“现行法”既未设一般规定，则依消极保守之观点，或有认为仅能依侵权行为之规定加以解决。若进一步加以省察，将可发现依“侵权行为法”处理此等类型案例，具有三项缺点：

(1) 依“民法”第 184 条之规定，受“侵权行为法”保护者，仅属权利，“一般财产”本身不与焉，故因他方当事人缔约上过失，致支出费用，遭受损失者，在侵权行为法上即乏救济之道。

(2) 依第 188 条之规定，雇用人对受雇人之不法行为，得证明其于选任监督已尽相当注意而免责。由于分工合作系现代企业之特色，使用他人补助从事一定业务，系属不可避免之事，雇用人举证免责后，被害人仅能向资力较弱之受雇人请求赔偿，殆无保障。诚然，“民法”设有衡平规定，堪称周密，但此为例外特殊规定，不能执为常则，雇用人免责之可能性，始终存在。①

(3) 侵权行为法上之所谓损害，通常系指现存利益之减损，在缔约上过失，被害人所遭受者系因所期待契约不成立或无效致丧失契约上之给付请求权，可否依侵权行为法请求赔偿，尚有疑问。

侵权行为法对于因缔约上过失所生损害之保护，未臻周密，具如上述，为保护被害人，实不能不另寻救济之道。按侵权行为法所保护者系一般之法益，而在缔约上过失之情形，当事人实已处于一种特殊地位，因其磋商行为或交易接触，由一般关系进入特殊联系关系，换言之，即由契约外之关系进入契约关系之范围或其前阶段，依诚实信用原则，互负有通知、保护、说明等义务，适用契约法上之原则，较符当事人之利益状态。

基上所述，以第 91 条、第 247 条及第 110 条为基础，建立一项基本原则，诚有必要，即当事人为订立契约而接触、磋商时，因未善尽通知、保护、照顾、忠实等义务，致他人遭受损害者，应负赔偿责任。就方法论言，此种创造活动，殊可赞同，并为法院之权利及义务。按良好之法官造法，必须符合三项要求②：① 所提出之规则能同样适用于一定之案件类型(Falltypus)。② 法律要件与法律效果之结合，系基于法律上之考虑，旨在实践一项实体之法律原则(ein materielles Rechtsprinzip)。③ 所创造之规则必

① 关于雇用人侵权行为责任，尤其是举证负责问题，参见拙文：《雇用人无过失侵权责任的建立》，载于本书第 1 页。

② Larenz, Kennzeichen geglückter richterliche Rechtsfortbildung, 1965, S. 13f.

须与既存之法律秩序融为一体,以维护法律秩序内在之一致性。缔约上过失制度之建立,依余所信,完全符合此三项原则。就要件而言,系以契约磋商行为或交易接触为对象,范围足资确定,并由此要件而产生了各种注意、保护、通知义务。其所以使违反诸此义务之人:依契约法之原则,负赔偿责任,旨在实现信赖原则(Vertrauensprinzip),整个缔约过失制度亦可由此而纳入契约法上理论。①

(三)"民法"第225条及第226条之给付不能

1. "最高法院"见解

"民法"第225条及第226条规定所谓之给付不能,指嗣后不能及客观不能,为学说判例所共认,无待评论。② 但是否兼指主观不能而言,尚有争论,有详加研究之必要。

1933年上字3180号判例谓"民法上所谓给付不能系指依社会观念其给付已属不能者而言,买受人无支付价金之资力,按诸社会观念不得谓为给付不能。"所谓依社会观念之给付不能,有认为即系指客观不能:"所谓给付不能者,谓在社会一般观念上认为不能之意。给付不能有言主观及客观不能之分,此所谓不能,系指客观不能及嗣后不能而言。所谓客观不能,谓在一般社会观念上咸认不可能而言。"③

关于嗣后给付不能,除前开1933年上字第3180号判决外,尚著有若干判例,但均未再就"给付不能"此项概念详为说明,兹先选录六则重要判例于后④,再试为分析:

(1)本件系争之变压器两件,其一件之交付期限于1937年10月19日届满,其时上海战事正在进行,被上诉人工厂所在地之浦东属战事地带,不久即告沦陷,既为上诉人所不争,原判决认定该一件因不可归责于被上诉人之事由以致给付不能,依第225条第1项之规定,被上诉人免其给付义务,自无不合。至被上诉人在其给付期以后,是否恢复工作。又可

① 以上论述及culpa in contrahendo之一般问题,请参见拙文:《缔约上之过失》,载本书。

② 参见史尚宽,前揭书,第369页;梅仲协,前揭书,第172页;王伯琦,前揭书,第160页;郑玉波:前揭书,第278页。

③ 赵公茂:《民法概要》,修订版1969年,第101页。另请参见胡长清:《民法债编总论》,第290页;洪文澜:《民法债编通则释义》,第229页。

④ 《判例要旨》,1969年版,第99页以下。

制造上诉人所定造之变压器，于其已因给付不能免除给付之义务，并无影响(1941 年沪上字第 209 号判例)。

(2) 债之关系发生后给付不能者，无论其不能之事由如何，债权人均不得请求债务人为原定之给付，此观于第 225 条及第 226 条之规定自明。物之交付请求权发生后，其物经法律禁止交易致为不融通物者，给付即因法律上之规定而不能。其禁止交易在诉讼系属中者，为原告之债权人如仍求为命被告交付该物之判决，自应认其诉为无理由，予以驳回(1942 年上字第 391 号判例)。

(3) 物之出卖人固有使买受人取得该物所有权之义务，惟买卖契约成立后，出卖人为二重买卖，并已将该物之所有权移转于后之买受人者，移转该物所有权于原买受人之义务即属不能给付。原买受人对于出卖人仅得请求赔偿损害，不得请求为移转该物所有权之行为(1941 年上字第 1253 号判例)。

(4) 房屋之租赁一经出租人移转占有后，出租人能否收回房屋应受法律之限制，非可任意终止租约，故纵令某甲与某乙间之租约已合法成立，某甲并负有交付租赁物之义务。但此项义务之履行，既在某甲将房屋另租他人移转占有之后，自不能谓无法律上之障碍。此项障碍应包括于给付不能观念之中，原判决以给付不能为理由，驳回某乙请求交屋之诉，尚无不当(1948 年上字第 8141 号判例)。

(5) 租赁之房屋因天灾或其他事变致全部灭失者，依“民法”第 225 条第 1 项、第 266 条第 1 项出租人免其以该房屋与承租人使用之义务。承租人亦免其支付租金之义务，租赁关系当然从此消灭。原承租人对于原出租人嗣后重建之房屋无租赁权(1950 年台上字第 1020 号判例)。

(6) 当事人约定运输国际之买卖标的物，因订约后输入方之法令变更，其物禁止输入时，亦属因不可归责于双方当事人之一种情形，依第 225 条第 1 项、第 226 条第 1 项、第 2 项之规定，出卖人免其以出卖物输入于禁止输入国交付买受人之义务，买受人亦免其支付价金于出卖人之义务，其已支付部分得依关于不当得利之规定请求返还，其买卖关系即当然从此消灭，自无待于解除(1955 年台上字第 383 号判例)。

2. 分析检讨

上述(1)及(5)之判例系关于事实不能，(2)及(6)之判例系关于法律不能，均属于客观不能之情形。(3)之判例系关于双重买卖而出卖人已将所有权转登记于后之买受人(第三人),此为交易上最常见之问题,如何处理,不无疑问。日本大审院早期判决认为,应视出卖人能否从第三人买回而决定,若出卖人不能买回已可确定时,则解释为给付不能①;大审院后来改变态度,以为得即认定是给付不能②;最高裁判所亦踏袭此项理论③,我妻荣教授认为符合交易实情而赞同之。④ 依德国判例学说,出卖人将标的物让与第三人,系属主观不能(Unvermögen),但若出卖人证明其仍得取回者,则仅构成一时不能,尚不负不履行之损害赔偿责任。⑤ 台湾学者史尚宽氏谓:“出卖人将出卖之物移转于第二买受人,致其给付不能者,为主观的不能。”⑥由是观之,前述(3)之判例之事实似属主观不能之情形。(4)之判例系关于双重租赁,亦应认为是主观不能,“最高法院”虽谓此属“法律上的障碍”,但与(2)及(6)之判例的案情有别,非属法律不能,盖出租人仍可与承租人协议解除契约取回房屋再为交付,以履行其义务。⑦

据上分析,可知“最高法院”在实际上认为,“民法”第225条及第226条之给付不能兼指客观不能与主观不能两种情形而言。学者史尚宽、王伯琦、郑玉波诸先生均采此种见解⑧,吾人亦深表赞同,兹再从利益衡量之观点⑨,举两点理由说明之:

---

① 大判明治34·3·13民3卷41页。

② 大判大正2·5·12民327页;大判大正10·11·22民197页等。

③ 最高判昭35·4·21民930页。

④ 参见我妻荣:《新订债权总论》,昭和41年,第143页。

⑤ Enneccerus/Lehmann, S.131f.; Palant/Danckelmann, §275 Anm.2为德国学者通说;判例RC 52, 95亦采同样见解。

⑥ 史尚宽,前揭书,第367页。

⑦ 请参见1955年4月12日民刑庭总会决议:“出租人诉请承租人返还房屋经假执行交付房屋后,出租人即将房屋另租他人,定有期限,嗣经最终判决,出租人败诉,承租人逐诉请出租人交付房屋,继续使用,出租人则以该房屋另租他人,租期未满不能收回为抗辩,本件情形出租人虽已将房屋另租他人,但不得认为给付不能。

⑧ 参见史尚宽,前揭书,第363页;郑玉波:前揭书,第278页;王伯琦:前揭书,第161页注1谓:“胡长清及洪文澜均认为此之不能,指嗣后客观的不能而言,似非确论例如雇佣契约成立后,债务人因病不能给付劳务,是谓主观不能,当亦可免其给付义务也。”

⑨ 关于民法上利益衡量(Interessenabwägung)之一般问题,请参见Larenz, Methodenlehre der Rechtswissenschaft, 1969, S.50f.其他专门著作请参阅Heck, Gesetzauslegung und Interessenjurisprudenz, AcP 112, 1f.; H. Stoll, Begriff und Konstruktion in Lehre der Interessenjurisprudenz, in: Festschrift für Heck, Rümelin u. A. B. Schmidt, 1931; Rudolf Müller-Erzbach, Reichsgericht und Interessenjurisprudenz, RG Festschrift, Bd. Ⅰ, S.161f.日本最近文献,参阅甲斐道太郎:《民法解释における“利益衡量论”》,载《法律时报》第549号(昭和49年46卷1号),并载《现代法と“法の解释”特集》,第47页以下。

(1) 就债权人利益而言,论者所以欲将主观之不能排除于给付不能概念之外者,无非认为债务人得以个人事由之借口给付不能免责,有害债权人利益,危及交易安全。此项顾虑,诚然重视,但所谓给付不能与给付困难并不相同,债务人无任意主张给付遭遇障碍而不负履行义务之可能。

(2) 就债务人利益言,若给付不能不兼指主观不能,则矿工因车祸而切除双手,教师因病成哑,不能演讲,均仍应负履行义务,殊失事理之平,与现代法保护债务人之基本原则,似有未符。

3. 以社会观念为决定标准

嗣后给付不能,应包括客观之不能及主观之不能在内。换言之,在嗣后不能,客观不能与主观不能,不必区别。至于给付是否不能,不论主观之不能或客观之不能,均不得依物理法则而判断,应就个别案件,视具体情形斟酌交易观念而决定。史尚宽、王伯琦及郑玉波先生似均采此见解。[①] 德国学者亦然。[②] 日本学者我妻荣对此说明更详。[③] 由是观之,所谓“依社会观念而决定之给付不能”,从学说理论及判例加以观察,非仅指客观之不能,应兼指主观不能之情形而言。

4. 种类之债、货币之债与给付不能

嗣后不能兼指主观不能及客观不能而言,已如上述。债务人因非可归责于自己事由致给付不能者,免给付义务。然此规定仅适用于特定之债。在种类之债,于主观不能时,不问其不能之原因如何,债务人均应负责,必其给付所自出之一切种类之标的物,或给付所自出之特定数量,全部罹于消灭,丧失其融通性者,始可谓客观不能,债务人于无故意或过失之情形,得予免责。民法对此原则虽未规定[④],但判例肯定之:

(1) 被上诉人主张上诉人于1940年11月27日出卖予被上诉人之8寸软片100打,已于同月29日交付50打,其余50打经被上诉人于同年12月1日去函催交,上诉人遂于原函批以片日内,由碚运送到即送上不

---

① 参见史尚宽,前揭书,第369页;郑玉波:前揭书,第278页。

② 参见Esser, aaO. S,203。

③ 参见我妻荣,前揭书,第144页。

④ 《德国民法》第279条规定:“仅以种类指示债务之标的物者,同种类之给付如属可能,债务人纵因不可归责于自己之事由致给付不能时,亦应负责。”(参见台大法律学研究所编译:《德国民法》第317页)蔡章麟教授对本条有如下之注解:“本条系对第275条第2项之重要例外规定。其意旨乃在斟酌债务人苟有资金即得给付以种类指示之标的物,而要求债务人就自己之财政的给付不能,应彻底负其责任。”

误字样,业经原审查据被上诉人提出之函件认定属实。上诉人对于此项认定并未有所指摘,是其出卖之软片仅以种类指示;并非特定物,通常不致给付不能。且上诉人应为给付之期,系在1940年12月间,纵令当时软片来源已属稀少,亦仅给付困难,不得谓为给付不能。上诉人乃主张依第225条第1项之规定,免其给付义务,殊无理由(1943年上字第4757号判例)。

(2)松柴债务系仅以种类指示给付物之债务,并非特定物给付之债务,纵令上诉人所称积存之松柴,在杭州时被毁灭非虚,亦不生给付不能之问题(1948年上字第7140号判例)。

在货币之债,其给付之标的物系债务数额之抽象价格,故属价格之债,而非种类之债。惟就给付不能之问题言,种类之债的规定亦可准用。基此,判决乃认为在金钱债务,债务人不得主张主观给付不能而免责。1931年上字第233号判决谓:"金钱债务不容有不能之观念,即有不可抗力等危险,亦应由其负担,决不能借口损失及人欠未收以冀减免责任。"此项见解,殊可赞同。①

(四)自始主观不能

1. 基本理论

"民法"第246条所谓之给付不能专指自始客观不能,而第225条及第226条所谓之给付不能又系指嗣后不能而言,已如上述。因此即产生一项疑问,即自始主观之不能,其法律效果如何,此为民法理论上最有疑义问题之一。依吾人见解,现行"民法"关于自始主观之不能虽无明文,但此项问题,就整个法律之内在体系观之,应设规定而未规定,系法律漏洞,应予补充。②

(1)契约以主观不能之给付为标的物者有效。合法成立之契约以有效为原则,仅在法定例外情形始归无效,而第246条又系指客观之不能,

① 关于种类之债及货币之债与给付不能之问题,参见梅仲协,前揭书,第151页以下;王伯琦,前揭书,第115页以下;郑玉波:前揭书,第212页以下。关于货币之债之特别问题,Spiros Simitis, Bemerkung zur rechtlichen Sonderstellung des Gelds, AcP 159, 406f. 论述甚详,可供参考。

② 关于法律漏洞(Rechtslücke)之一般问题,请参见Larenz, Methodenlehre der Rechtswissenschaft, S. 395ff.; Canaris, Die Feststellung von Lücken im Gesetz, 1964. 关于自始主观不能为法律漏洞之问题,请参见Larenz, aaO. S. 368f.; Fikentscher, Schuldrecht, S. 193f.

故依法律之价值判断,对于主观不能之情形,应采反面推论,认为契约有效。①

主观自始之不能,不影响契约之效力,但债务人不能履行其义务时,应负何种损害赔偿责任?在学说上有谓:“给付之主观不能,不影响债之关系之效力,债务人不为给付时,应负担损害之赔偿之义务,故由吾人观之,凡约定以主观的不能之给付为债之标的物者,即借此损害赔偿之方法,以保护债务人之履行也。”②此项见解,诚属正确,但债务人所负担之赔偿究为履行利益之损害抑或为信赖利益之损害,又此损害赔偿责任应否以可归责于债务人之事由为要件,均有待进一步说明。

学说上有认为自始主观之给付不能应与嗣后不能同视,适用第225条及第226条规定,换言之,即以有无归责之事由,决定债务人应否负不履行之损害赔偿责任。③ 亦有主张债务人应依缔约上过失(culpa in contrahendo)之原则负责,即认为债务人违反必要之阐明注意义务,故对信其给付能力之相对人,应赔偿其信赖利益之损害。④ 债务人就其缔约时之给付能力,应负担保责任,无论就给付承诺之本旨、信赖原则及交易安全,并参酌第353条所规定债权或其他权利出卖人之责任,均应作此解释,故不问债务人有无过失,除不可抗力外,均应赔偿债权人之履行利益之损害。⑤

(2) 出卖他人之土地。关于自始主观不能之一般原则,已略述如上,兹再就实务上最常见之出卖他人权利(尤其是土地)之情形讨论之。

1972年台上字第1425号判决谓:“……被上诉人将系争五笔土地售于上诉人即非被上诉人所有,自系以不能为标的,得请求被上诉人赔偿因契约无效所受之损害……”此项见解,颇有商榷余地。

---

① Larenz, aaO. S. 368f.; Fikentscher, S. 193; Oertmann, Anfängliches Leistungsvermögen, AcP 140, 129;梅仲协,前揭书,第172页;王伯琦,前揭书,第113页及195页;史尚宽,前揭书,第488页,对此问题之说明至为详尽,最具参考价值。

② 梅仲协,前揭书,第172页。

③ 参见王伯琦,前揭书,第160页。

④ 参见Titze, Die Unmöglichkeit der Leistung, 1900; Zweigert, SJZ 1949, 416; Boehmer, JZ 1950, 392.

⑤ 此亦为德国通说;学说方面:Blomeyer, Allgemeines Schuldrecht, 4 Aufl., 1969, S. 87f.; Enneccerus/Lehmann, S,129; Larenz, aaO. S. 86f.; Oertmann, aaO. S. 147。关于债务人担保责任之性质及其限制等问题请再参见Esser, Schuldrecht, Bd. Ⅰ, S. 207; Fikentscher, aaO. S. 194. 判例方面:RGZ 69, 357; BGHZ 8, 231; 11, 22; BGHZ, NJW 1960, 728; MDR 1963, 404.

德国、日本学说判例均认为,以他人之权利为标的物之买卖契约有效。[①] 其采无效说者,有《法国民法》(第 1599 条)[②],法国民法之所以以出卖他人权利之契约无效,主要是因其对买卖标的物所有权之移转,采意思主义,认为所有权因契约之成立,即移转于买受人之故。[③]

在台湾现行民法,应认为出卖他人土地,非属客观不能,盖出卖人仍可使买受人取得标的物之权利,如自他人买来移转于买受人或使他人径行移转于买受人,故为主观不能之典型事例,买卖契约有效成立。[④]

惟应注意者,以他人之物为买卖之标的物,而该物依法不得融通者,应构成客观不能。又出卖他人之物亦得因违反公序良俗而无效。误以他人之物为自己所有而出卖者,系法律行为而生义务之内容错误,得依第 88 条规定撤销其意思表示。双方当事人皆知悉买卖标的物为第三人所有者,亦非客观不能,无第 246 条适用,出卖人仍负有使买受人取得所有权之义务,惟依第 351 条规定,买受人于契约成立时,知有权利之瑕疵者,出卖人不负担保责任,但契约另有订定者,不在此限。[⑤]

据上所述可知,以他人土地为标的物之买卖契约有效。在此种买卖

---

① 以他人之土地为买卖标的物,属于主观不能,契约有效,为德国学说判例之一致见解,参见 RGZ 80, 249; Staudsnger/Wemer, §306 Anm. 13;《日本民法》第 560 条以下关于出卖他人之权利,设有明文规定,其在解释适用之问题及学说判例,参见《注释民法》(14)《债权》(五),柚木馨编集,第 130 页以下。

② 《法国民法》第 1599 条规定:La vente de la Chose d'autrui est nulle; elle peut donner lieu à des dommages-intérêts lorsquc l'acheteur a ignoré que la chose fût a autrui。关于本条之解释适用,参见《现代外国法典丛书》(17)、《法兰西民法Ⅳ·财产取得法(三)》,1956 年,(神户大学外国法研究会编),第 23 页;〔日〕田村耀郎:《フランス民法における他人の物の売卖》,载《名古屋法学政论集》,第 1 页(1974 年 10 月)。

③ 关于法国民法所采之意思主义,参见史尚宽:《物权法论》,第 20 页;郑玉波:《民法物权》,第 35 页。

④ 参见戴修瓒:《民法债编各论》(上)第 6 页谓:"财产权不必现在属于出卖人所有者,虽他人之权利,亦得以之为买卖之标的物,盖买卖仅在使出卖人负担移转财产权于买受人之债务,非以即行移转,为其契约成立要件,故以他人之权利为买卖之标的物,亦得成立买卖契约";史尚宽:《债法总论》,第 489 页谓:"他人之物之出卖,因出卖人得取得其物以消除其障碍,故不当然使契约无效";梅仲协,前揭书,第 172 页,谓:"所谓主观不能,仍仅债务人本身不能为给付也。如上例,买卖物之马,系属于第三人所有,而该第三人不愿以此马为给付是。如付之主观不能,不影响于债之关系之效力……"郑玉波:《民法债编各论》(上)第 7 页,谓:"财产权不必于买卖成立时属于出卖人,就他人之权利而为出卖,其买卖亦属有效。"

⑤ 此段论述,参见 Staudinger/Ostler, §433 Anm. 6.

通常当事人均订有履行期;无履行期之约定者,依买卖之性质及其他情形而决定之(参阅第 315 条)。履行期届至时,出卖人已使买受人取得权利者,给付义务即告履行;履行期届至时,若仍不能使买受人取得权利,出卖人应负担保责任,赔偿买受人履行利益之损害。

三、结　　论

以上系以历年判例及新近两则判决为基础,讨论有关给付不能之若干基本问题[①],分三点言之:

(1)"民法"第 246 条所称之给付不能,系专指自始客观之不能。1972 年台上字第 428 号判决认为,嗣后不能亦可适用本条规定,使买卖契约无效。此项论点,甚有误会。

(2)关于自始主观之不能,"民法"未设规定,应认为不影响契约效力。出卖他人土地是主观不能之典型事例,买卖契约有效,出卖人届期不能使买受人取得所有权者,应负担保责任,不论有无过失,均应赔偿买受人履行利益之损害。1972 年台上字第 1425 号判决认为,以他人土地为标的物之买卖契约无效,出卖人仅须赔偿买受人信赖利益之损害。此项观点亦有误会。

(3)第 225 条及第 226 条所称之给付不能,除客观不能外,尚应包括主观之不能在内。"最高法院"采此见解,且以社会观念作为决定之标准;又关于种类之债及货币之债,其认为,债务人不得主张给付不能而免责,可资赞同。

---

① 就某一特殊问题整理判例之综合研究,确有必要。参见张龙文:《基地租赁若干问题》,载《法学丛刊》第 68 期,第 115 页,此种研究方法,甚有提倡之价值。

不动产赠与契约特别生效要件之补正义务

一、判　　决

（一）1951年台上字第1496号判例

赠与契约之成立以当事人以自己之财产为无偿给予他方之意思表示，经他方允受为要件。此项成立要件不因其赠与标的物之为动产或不动产而有差异，以动产为赠与标的者，其成立要件具备时即生效力。以不动产为赠与标的者，除成立要件具备外，并须登记始生效力。此就"民法"第406条与第407条之各规定对照，观之甚明，故第407条，关于登记之规定属于不动产赠与之特别生效要件而非成立要件，其赠与契约尚具备上述成立要件时，除其一般生效要件尚有欠缺外，赠与人应即受其契约之拘束，就赠与不动产负为补正移转物权登记之义务，受赠人且有此项请求权。

（二）1952年台上字第175号判例

以非经登记不得移转之财产为赠与者，在未为移转登记前，其赠与不生效力，固为第407条所明定，但当事人间对于无偿赠与不动产之约定如已互相表示意思一致，依"民法"第153条第1项之规定，其契约即为成立，纵未具备赠与契约特别生效之要件，也难谓其一般契约之效力亦未发生，债务人自应受此契约之拘束，负有移转登记使生赠与效力之义务。

（三）1955 年台上字第 1287 号判例

上诉人所称被继承人某甲之分产行为如系赠与性质，虽不动产之赠与非经登记不生效力，但某甲以讼争不动产无偿给予其四子，双方意思表示既经互相一致，依"民法"第 153 条第 1 项之规定，其一般契约之效力，即已发生，某甲即应受其拘束，负有依约履行，使生赠与效力之义务。此项义务因某甲之死亡应由其继承人概括继承，被上诉人为继承人之一，自不能违反此契约而请求确认，其就讼争不动产仍有应继份，并命上诉人协同办理继承登记。

二、评　　释

（一）"最高法院"见解

"民法"第 407 条规定，以非经登记不得移转之财产为赠与者，在未为移转登记前，其赠与不生效力。所谓非经登记不得移转之财产，以不动产最主要（参阅第 758 条）。关于本条的解释适用，著有甚多判决，其经选录在 1970 年新编《判例要旨》的，就有三个之多，足见其在实务上的重要性。

就上述三个判例的内容综合分析之，"最高法院"的基本见解可归纳为三点，即：① 不动产赠与契约经当事人意思表示趋于一致时，即为成立。② 移转登记系不动产赠与契约的特别生效要件。③ 不动产赠与契约既已成立，虽未具备特别生效要件，但仍发生一般契约之效力，赠与人应受此契约的拘束，负有补正登记以使受赠人取得所有权之义务。上述论点在理论上及实务上均有检讨的余地。

（二）第 407 条之立法目的

前述判决最值商榷之点，系其完全疏于究明第 407 条之立法目的，一切的疑义均出乎于此。立法目的之探求，系解决疑难问题的钥匙，应先明白确定。

赠与契约如何缔定，各国或地区规定互有不同。在现实赠与，赠与契约成立的同时即已履行，较为简单，无待详论。应特别说明的，系赠与契约先成立后履行，即所谓赠与约束的问题。依《德国民法》的规定，在赠与约束,其约定应由法院或公证人作成公证证书,始生效力,惟此项方式的欠缺得由所约定给付的提出而获得补正(《德国民法》第580条)。又依《瑞士债务法》第243条规定,赠与约束须经订立书面始生效力,其以土地或土地上之物权为赠与时,非经公证不生效力。

依台湾"民法"第407条规定,以不动产为赠与者在该不动产应为移转登记前,该赠与不生效力。依同法第758条规定,不动产物权的移转,非经登记,不生效力。故不动产物权移转行为之完成仍成为不动产赠与契约之生效要件。此项规定甚为奇特,与德国、瑞士诸国法律均有不同,具有保护赠与人之特别目的。按赠与系无偿契约,赠与人无对价而给付财产,法律乃特设规定,减轻赠与人的责任(参阅第410条规定),或缓和契约的拘束力(参阅第416条以下规定)。第407条系对不动产赠与的成立或生效设严格要件,旨在使赠与人不致因一时情绪冲动,思虑欠周,贸然应允将不动产等价值贵重之物品无偿给予他人,即受法律上的拘束,可免遭受财产上的不利益。依现行法规定,赠与人在办理移转登记前,犹有慎重考虑的机会。德国、瑞士诸国民法所以规定赠与契约(尤其是关于不动产物权)应订立书面或公证者,均出于保护赠与人之趣旨。

(三)"民法"第407条与第408条之关系

第407条的立法意旨,经阐明如上。依第408条规定,赠与物未交付前,赠与人得撤销其赠与,其一部已交付者,得就未交付之部分撤销之。前项规定于立有字据之赠与,或为履行道德上之义务而为赠与者,不适用之。然则,第407条与第408条之关系如何?此为赠与法上一项重要疑义问题,有待究明。

"最高法院"对此似迄未表示意见,在学说上有两种不同之见解。梅仲协先生认为,第407条专指不动产等非经登记不得移转的财产权,而第408条则以动产为对象。[①] 钱国成先生认为,第408条对于不动产亦有适用余地。[②] 最近郑玉波先生更明白采取此项观点[③],并以为,与第407条互为配合,可得以下结论:① 未为登记前,赠与物亦未为交付者,因赠与

---

① 参见梅仲协:《民法要义》,第269页。

② 参见钱国成:《民法判解研究》,第43页。

③ 参见郑玉波:《民法债编各论》(上),第156页。

尚未生效，不必撤销。② 已为移转登记，而赠与物亦已为交付者，不得撤销亦毫无问题。③ 未为移转登记，但赠与物业已交付者，因赠与尚未生效，固无法撤销，但既已交付，应解为事实上业已履行，受赠人不为移转登记，使该赠与发生效力之义务。④ 已为移转登记，但赠与物尚未交付者，若单就赠与物尚未交付之点观之，固得撤销，然既已移转登记，其效力自较已交付者犹强，举轻明重，自亦不得撤销。

上述两种不同见解，在适用上出入甚巨，结果殊有差异。第 408 条之规定，应系以动产为规律对象，盖自文义言，第 408 条虽未载明动产或动产上之权利诸字义，但交付二字在台湾现行法上通常均指动产权利；再就体系言，第 407 条既系指不动产物权，则第 408 条当系指动产物权，前后方能互相呼应；第 408 条既言撤销，当系以赠与契约完全成立及生效为前提，否则不生撤销问题。至于认为在不动产物权之赠与，未为移转登记者，赠与尚未生效，固无法撤销，但若已交付，则应解为事实上业已履行，受赠人有为移转登记，使该赠与发生效力之义务，此项见解，将不动产之交付解为事实上业已履行，尚有疑问。交付不同于移转登记，不具同等效力。又赠与契约既未生效，受赠人为何负有移转登记义务？

据上所述，吾人认为，第 407 条专指不动产物权等非经登记不得移转之权利，而第 408 条则专以动产为对象，二者之适用范围，各有分际，不宜混淆。

（四）所谓之“一般契约之效力”

“最高法院”认为，不动产赠与虽未经登记，不具特别生效要件，但当事人既有第 153 条之合意，则发生“一般契约之效力”，赠与人应受“此契约”之拘束，负有移转登记之义务。

所谓“一般契约之效力”此一概念，究指何而言，甚感不解。或谓系指“一般契约”之效力，然在民法上所谓契约，或为买卖，或为保证，或为赠与，或为其他无名契约，似无所谓之“一般契约”，因此亦无“一般契约”之效力之可言。契约因当事人互相意思表示趋于一致而成立，第 153 条设有明文。然债编通则所称之契约并非系所谓之“一般契约”，其所规定者，仅系各种契约之成立方式而已。由是观之，“一般契约”之效力纯属虚构，欠缺法律上之依据。

或有认为，判决所称之“一般契约之效力”，系指契约之“一般效力”，然此究指何而言，亦费思索。契约之效力，并无一般与特别之分。契约若具备成立要件及生效要件，则发生法定或约定之效力。契约虽已成立，但欠缺特别生效要件者，原则上在当事人间并不产生契约上之权义关系，何以在此种情形，仍发生"一般效力"，且以债务人负履行特别生效或成立要件义务为其内容，颇为玄妙，甚难理解。

（五）补正特别生效要件之义务

1. 特别生效要件

契约者，双方互相意思表示一致之法律行为也。法律行为之成立，必须具备一定之要件，通说认为此项成立要件，可分为一般成立要件（当事人、标的及意思表示）及特别成立要件，例如方式之履行或物之交付。法律行为成立之后，并非必然发生效力，其效力之发生，更须具备一定之生效要件，依通说生效要件（或有效要件），并得区别为一般生效要件（法律行为之当事人须具有行为能力，标的须为可能、确定、适法及意思表示须无瑕疵等）及特别生效要件，例如附条件或期限法律行为之条件成就或期限到来，遗嘱人之死亡等。①

"民法"第407条规定，不动产赠与契约在未经登记前，"不生效力"，此究为赠与契约之特别成立要件，抑或为其特别生效要件尚值研究。惟"最高法院"认为系特别生效要件，此系法律行为要件之分类问题，暂不详论。应予指出的是，特别成立要件或特别生效要件之不具备，其法律效果，实际上尚无差异，即在两种情形，该法律行为所意图实现之法律效果，均不发生，当事人不得主张基于该法律行为（尤其是契约）所生之权利。

2. 特别生效要件补正义务

契约之特别生效要件若不具备，契约上之权利义务固不发生，然则因契约生效得享有利益之人，可否请求相对人补正特别生效要件？此不可一概而论，因情形而有不同，应分别论之。

在物权契约，例如关于不动产物权之设定或移转，除当事人之合意外，尚须订立书面或移转登记，此即为物权行为之特别成立或生效要件。物权行为通常系在履行债权行为，基于债之关系，债务人既负有履行债务

① 关于成立要件及生效要件之分类，参见洪逊欣：《民法总则》，第259页；王伯琦：《民法总则》，第198页注1，论述特详，颇值参考。

之义务,故应完成物权行为之特别成立或生效要件,使债权人之债权能获满足。

惟就债权契约而言,原则上当事人之一方不能请求他方补正特别成立或生效要件,例如交付标的物或履行方式,否则法律规定此项特别要件,则毫无意义。再者,特别生效或成立要件,多具有特别立法目的,例如履行方式或订立书面,在使当事人慎重其事。第 407 条所以规定以履行物权行为为赠与契约之生效要件者,更寓有保护赠与人之深意,依判决之见解,赠与人负有补正移转登记之义务,则第 407 条无存在之必要。

3. 预约说之分析

有学者认为,此项未具备特别生效要件之赠与,得视为一种预约。[①]按照民法,使用借贷及消费借贷均属要物契约,非经交付标的物,不生效力,学说上颇有主张当事人意思一致即构成预约,借用人得据此以请求缔结使用或消费借贷契约,其目的显在克服此等契约之要物性,对于此项见解,吾人甚难理解,盖消费借贷或使用借贷之要物性,系古代罗马法残留之遗迹,自立法政策而论,似无存在之意义,固不妨借预约之理论,予以排除。

第 407 条规定,具有保护赠与之特别目的,其保护程度或超越常理之处,亦未可知。在立法论上或可改为非经订立书面不生效力,或非经订立书面,在履行前得随时撤销(参阅《日本民法》第 550 条规定)。无论如何,立法目的,应予尊重,不得任意排除,预约说使受赠人得据此以请求赠与人履行不动产赠与契约,显然违背立法目的,似难苟同。

(六) 促进法律进步之判例

法院判决,或解释法律疑义,或补充法律漏洞,或创造新的制度,具有促进法律进步之功能,此为法院之权力,亦为其义务。然则,“最高法院”关于“民法”第 407 条规定之解释,可否认为系创造法律之活动?其甚少将其价值判断及推理过程清楚明确地表现在判决文之上,其所以一再使用虚玄无据之概念,排除第 407 条之适用,究为何故,不易确定,依吾人之揣测,或在强调中华传统中“重然诺”之古训,以为赠与人既有无偿给予财产之意思,理应受其拘束,不应出尔反尔,事后反悔,拒不履行。

---

① 参见郑玉波,前揭书,第 149 页。

然法官造法,非可专凭恣意及个人主观价值判断为之,必须在方法论上有适当之依据。良善之法官造法,至少必须符合两个要求:① 实践一项实体之法律原则。② 所创造之规则必须与既存之法律秩序融为一体,契合无间,以维护法律秩序价值判断统一性。依余所信,判决之见解,与此两项要求均不相符。“重然诺”为道德规范,非属法律原则。道德与法律虽时常重叠交切,但并非必须一致。不动产价值重大,为避免赠与人基于一时感情,慨然将之无偿应允给予他人,此第 407 条所由设也。立法者保护赠与人纵有偏厚,法院亦应尊重,不得擅自变更。

“民法”第 408 条系以动产为规律对象,前经述明。赠与人在交付标的前,尚得撤销,若依其见解,则不动产赠与登记前,似不得撤销。一般言之,不动产价值较动产为贵重,如是,轻者、贱者,赠与人得依第 408 条拒绝给付;贵者,重者,反而有所不能,法律之价值判断,显失平衡。依钱国成及郑玉波二位先生见解,第 408 条对于不动产亦有适用余地,则赠与人在“交付”前,原则上亦得“撤销”,判例之适用范围,亦大受限制矣!

三、结　　论

综据上述,关于“民法”第 407 条之三个判例,忽视立法目的,所谓“一般契约之效力”,纯属虚构,甚难理解,实难谓为妥适之法官造法。在 1952 年 3 月 3 日曾召开民刑庭总会,就此问题从事检讨。对甚多疑义未能详予究明,仍然维持既有判例之见解,令人遗憾。“最高法院”不轻易变更判例,或为维持法律适用的安定性,然妥适的判例,固应循而不变,对于有疑义的判例,则应阐明其价值判断,澄清其概念,确定其适用范围,俾人民有所遵循。经审慎研究之后,若发现判例具有重大瑕疵,不宜维持时,则应毅然放弃,宁可牺牲一时法律的安定,务必实现实体的法律正义,这实在是我们所期望的。

无法律上原因之财产损益变动

一、统一说与非统一说及不当得利之类型化

(一) 判例

1. 1929 年上字第 1192 号判例

凡无法律上原因,而因他人之给付受利益,致他人受损害者,应负归还其利益之义务。

2. 1930 年上字第 475 号判例

因他人之给付而受利益者,为给付之原因消灭时,应将所受利益返还。

3. 1933 年上字第 3771 号判例

债权人本于确定判决,于债务人为强制执行受金钱支付者,该确定判决如未经其后之确定判决,予以废弃,纵令判决内容不当,亦非无法律上原因而受利益。

4. 1934 年上字第 1528 号判例

因履行契约而为给付,该契约经撤销者,给付之目的既归消灭,给付受领人受此利益之法律上原因即已失其存在,依第 179 条之规定,自应返还其利益。[①]

---

① 参见《判例要旨》,1969 年版,上册,第 60 页。本文引用判例,均为《判例要旨》,不再个别注明。

（二）评释

1. 统一说与非统一说

财产的变动所以构成不当得利，应该予以返还，乃是因为此项变动欠缺法律上的原因（第179条），因此无法律上原因是不当得利制度上最基本、最重要的概念，必须确实加以澄清。财产的变动是否具有法律上的原因，在方法论上，可依两种途径加以判定：① 提出一个共同的概念，说明一切无法律上原因的损益变动（统一说）；② 就个别情形，分别决定损益变动有无法律上原因（非统一说）。

主倡统一说的学者所提出的共同概念，未尽一致，或为"公平"，或为"正义"，或为"权利"，或为"债权"，质言之，即认为财产的变动，违反公平或正义，抵触正法，欠缺权利或债权时，为无法律上原因。[①] 至于非统一说，奥国学者 Wilburg 教授倡导最力，并提出完整的理论基础。Wilburg 氏认为，可区别为因给付而受利益及因给付外事由而受利益两种基本类型，分别情形，探求财产变动在法律上之原因。[②] Wilburg 氏的理论经德国学者 v. Caemmerer、Esser、Larenz 诸氏的阐扬[③]，形成了严密的理论体系，已成为德国、奥地利、瑞士各国的通说，并为日本学者所接受。[④]

2. 台湾"最高法院"见解

关于如何论断财产的变动在法律上的原因，有统一说与非统一说两种理论，互相对立，已如前述。在所公布的判例判决中，似未曾使用正义、公平、正法、权利等抽象概念，就无法律上之原因，作统一性的说明。相反，"最高法院"系就各种损益变动情形，分别判断财产变动在法律上之原因，基本上系区别基于给付而受利益及因给付以外事由而受利益两种基本类型，此在前面所引述的四则判例中，可清楚地看到，兹不再加说明。

---

① 参见王伯琦：《民法债篇总论》，第56页；史尚宽：《债法总论》，第73页；郑玉波：《民法债编总论》，第106页；蔡秀雄：《民法上不当得利之研究》，第47页。

② 参见 Wilburg, Die Lehre von der ungerechtfertigten Bereicherung nach österreichischem und deutschem Recht, 1934.

③ v. Caemmerer, Bereicherung und unerlaubte Handlung, in: Festschrift für Rabel, 1954, S. 333; Esser, Schuldrecht, Bd. Ⅱ, 1969, S. 330ff.; Larenz, Schuldrecht, Ⅱ, 1965, S. 364f.

④ 最新资料请参见加藤雅信：《类型化による不当得利の再构成》；（一）《法学协会杂志》90（7.2）946；（二）90（12.15）1527；（三）91（1,70）70；（四）91（9.48）1366.

3. 统一说的检讨

对损益变动是否具有法律上原因,采取统一说的,颇有其人。王伯琦先生谓:“第179条系就不当得利之情形,为一般之规定,并非如其他民法就不同之情形为个别之规定。且该条之所谓无法律上之原因,系就利益之受领人方面而言,至为明显。故依民法之解释,应以采统一说为宜。惟统一说中,无一能作概括之说明,与其削足适履,无如分别说明之为愈。”[①]郑玉波先生谓:“统一说未能概括,非统一说未免琐碎,然则民法上究应采取何说?曰:应采统一说之权利说也,盖第179条系就不当得利为统一规定,而非个别规定,故不能不采统一说,而统一说中只有权利说比较妥当,故不能不采权利说也。”[②]

学者一方面认为统一说所提出的概念,欠缺概括性,不足统一说明所有不当得利之情形,而他方面又坚持应采统一说,不外两个理由:① “民法”第179条规定系就不当得利为统一规定,故就无法律上之原因,应为统一的说明。② 非统一说依不同情形而为说明,失诸琐碎。此两项见解,似尚欠缺绝对的说服力,兹分三点加以讨论:

(1) 第179条对不当得利虽采概括规定,但在法律逻辑上并非当然须采取统一说不可。我们所提出的理论,其基本功能在于判断何种财产变动欠缺法律上的原因,因此必须从法律适用的观点,确定统一说及非统一说,究以何者较为可采。[③]

(2) 统一说所提出的各种观念,欠缺周密性。正义或公平,并无具体内容,失诸空洞,而且任何法制,究其根源,无不基于公平、正义的理念,固非仅不当得利制度而已。学者有认为,财产变动虽合于法律形式规定,但违反实体正义时,端赖不当得利请求加以调节,故实体正义为判断有无法律上原因的标准。然而,借衡平的理念以济实体法之不足,在早期法律形式主义时代,固有其功能,但在今日已失其依据。至于权利说,以受领利益有无权利为标准,对于因法律规定而取得利益,虽容易说明,但对非债清偿等因给付而受利益的情形,反将难以解释,盖在此情形,其债务纵不存在,其移转给付物的物权行为仍为有效,受益人虽有物权,但终不能谓

---

① 王伯琦,前揭书,第58页。

② 郑玉波,前揭书,第115页。

③ 此种方法上的基本认识,参见 v. Caemmerer, S. 335.

其非不当得利。所谓债权说,主要在于强调不当得利请求权旨在治疗"法律因采物权行为无因性而自创之伤痕",虽然能够说明基于给付而生不当得利之情形,但关于非基于给付而生损益的变动,例如时效取得,显然不易解释。总而言之,统一说所提出的各种概念,或失诸空洞,或偏于一隅,似不足作为决定损益变动是否具有法律上原因之标准。①

(3) 所谓非统一说失诸琐碎,初视之下,虽似如此,其实并不尽然,因为可将各种不当得利的情形,依一定的观点组成类型,建立完整的体系,不但无零乱、琐碎的缺点,反而有助于法律的解释适用。

4. 不当得利之类型构成

(1) 基本类型体系。无法律上原因获得利益,致他人受损害者,应负返还义务,此项概括条款,适用于具体案件之际,必须加以具体化。然而欲求法律适用的安定,必须依照一定的观点,将各种不当得利的情形组成类型。"最高法院"将不当得利分为基于给付及基于给付外两种基本类型,诚属正确。兹先为整理,再加说明:

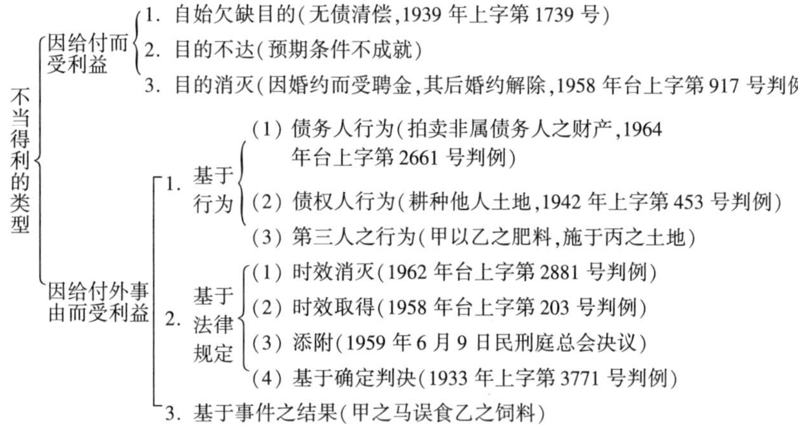

(2) 基于给付而生不当得利类型。在不当得利类型构造上,以给付(Leistung)为最重要、最具决定性的基本概念。所谓给付,通常是指履行债务的行为,而与清偿具有相同的意义。但在不当得利法上,给付系指有意识地增益他人之财产(eine bewußte vorgenommene Vermögensmehrung)。此种增益他人财产的行为,具有双重之目的性(doppelte Finalität):① 增加

① 对于统一说的检讨,参见 Wilburg, v. Caemmenr aaO.

他人的财富;② 达成某种目的。此种强调目的之给付概念,具有两项功能:一方面可依因增加他人财产所欲实现之目的,组成因给付而生不当得利的类型;他方面可用以确定给付关系(Leistungsverhältnis),解决如何认定不当得利请求关系当事人的问题。[①]

给付之目的,可分为三类:① 清偿法定义务(如因侵权行为而生的赔偿义务)。② 清偿因基础行为而生的义务;此种基础行为有的是有因的负担行为(例如买卖),有的是无因的负担行为(如债务约束或债务承诺)。③ 直接创立一种有因的债务行为(如现实赠与或要物契约),在此种情形,必须因物之交付而发生财产变动,始使该项债务行为成立或生效。[②] 诸此基于给付而生的损益变动,是否有法律上之原因,端视给付目的是否实现而定;给付之目的若已实现,则他方的受领即有法律上之原因,不生不当得利问题;反之,若给付之目的未能实现,则无论其为自始欠缺目的(如非债务清偿,误偿他人之债),目的不达(例如预期条件不成就),或目的消灭(例如订婚而受聘金,其后婚约解除),其损益之变动,均无法律上之原因。

(3) 因给付外事由而生不当得利的类型(Bereicherung in sonstiger Weise)。非基于给付而发生的财产变动,另外构成一种不当得利的类型,其情形较为复杂,可分别为三类:① 基于行为,或为得利人的行为(例如消费他人物品,强制拍卖非属债务人财产或无权处分等),或为受损人之行为(例如错误喂养他人之牛,耕种他人土地),或为第三人之行为(例如甲以乙之肥料施于丙之地中)。此三者之中,以基于得利人之行为而生的不当得利,在实务上最为重要,学说上特称为“因侵害而生之不当得利”(Eingriffskondition)。[③] ② 基于法律规定,例如消灭时效、取得时效、添附,以及基于具有瑕疵之确定判决为强制执行而受领利益等。③ 基于事实,例如 A 池中之鱼,跃入 B 之池中。非基于给付而生之财产变动,是否具

---

① 关于不当得利法上给付之概念,请参见 Kotter, Zur Rechtsnatur der Leistungskondition, AcP 153, 193; Scheyhing, Leistungskondition und Bereicherung in “Sonstiger Weise,” AcP 157, 371; Zeiss, Leigtung, Zuwendungszweck und Erfüllung, JZ 1963, 7.

② 参见 Esser, Schuldrecht Ⅱ, S. 337.

③ 参见 Mestmacker, Eingriffserwerb und Rechtsverletzung in der ungerechtfertigten Bereicherumg, JZ 1558, 521; Jakobs, Eingriffserwerb and Vermögensverschiebung in der Lehre von ungerechtfertigter Bereicherung, 1964.

有法律上之原因,系以受益人有无取得此项利益之权利而定;在基于法律规定而生损益变动之情形,尚须审究该项法律是否有使受益人终局取得该利益之意思。

(4) 类型体系的开放性。上面所提出不当得利的类型结构,不是闭锁的、固定不变的,而是开放的,具有弹性的,因事态的变化,可以根据现行“民法”规定,参酌有关立法例,随时加以调整,容纳新的不当得利类型。不当得利类型化,还可以使我们更清楚地认识各种不当得利的成立要件,尤其是最有争论的直接损益变动性理论,对于法律的解释适用,甚有助益。

二、婚姻不成立与聘金礼物之返还

(一) 判例

1. 1954 年台上字第 158 号判例

上诉人主张因被上诉人恶意遗弃,经第一审判决离婚确定在案,其所收受之聘金、饰物及支付之酒水费 200 元,依不当得利之规定,被上诉人应负返还之义务。按因离婚而消灭之婚姻关系,并无溯及既往之效力,在离婚前之婚姻关系既已成立,自不发生不当得利问题,上诉人所为不当得利之主张,殊难谓为有据。

2. 1958 年台上字第 917 号判例

凡订立婚约而授受聘金礼物,固为一种赠与。此种赠与并非单纯以无偿移转财物为目的,实系预想他日婚约之履行,而以婚约解除或违反为解除条件之赠与,嗣后婚约经解除或违反时,当然失其效力;受赠人依“民法”第 179 条,自应将其所受利益返还于赠与人。

3. 1958 年台上字第 1469 号判例

婚约之聘金系附有负担之赠与,上诉人既不愿履行婚约,则依第 412 条第 1 项、419 条第 1 项,被上诉人自得撤销赠与,请求返还赠与物,纵解除婚约之过失系在被上诉人,亦仅生赔偿之问题,不能为拒绝之论据。

4. 1961 年台上字第 351 号判例

聘金乃一种赠与,除有解除条件之赠与于条件成就时失其效力,赠与人得依第 179 条之规定,请求受赠人返还其所受之利益外,不得以此为因判决离婚所受之损害,而依同法第 1056 条第 1 项请求赔偿。

5. 1966 年 3 月 28 日民刑庭总会决议

为订立婚约所付之聘金,究系附有负担之赠与,抑解附有解除条件之赠与,本院 1958 年台上字第 1469 号与同年台上字第 917 号判例见解不同,应否删除,议决:两判例并存。

(二) 评释

1. 法律上之性质

因订立婚约而给予聘金或礼物,于婚姻不成立时应如何处理,外国或地区立法例多设有规定,《德国民法》第 1301 条规定:"婚姻不能缔结者,婚姻当事人之任何一方,得依不当得利之规定,请求他方返还其所为之赠与或礼物。婚姻因当事人一方之死亡而解消者,有疑义时,推定无返还请求权。"[①]《瑞士民法》第 94 条规定:"婚约者互赠之礼物,于婚约解消时得请求返还;赠礼已不存在者,依不当得利之规定处理之。婚姻因当事人一方死亡而解消者,不得请求返还。"[②]

"民法"关于聘金礼物于婚姻不成立时,应否返还之问题,未设明文规定,因此在适用上乃产生若干疑义。依"最高法院"的见解,于婚姻解除时,受领之聘金礼物,即成为无法律上原因,应予返还。为支持此项结论,曾提出两种不同的见解,先则认为,聘金为附解除条件的赠与,以婚约的解除或违反为条件而成就(1958 年台上字第 917 号判例);继而认为,订立婚约所交付的聘金为附有负担之赠与(1958 年台上字第 1469 号判例)。1966 年 3 月 28 日民刑庭总会决议认为,此两则不同见解之判例,可以并存。由于法律上价值判断具有相对性,对某项特殊法律问题,同时有两种理论可以解释,经常有之,不足为奇,但于此应特别研究的是,上述两项见解是否有并存的价值。

"附有负担之赠与"的见解,依笔者的分析,并不具有充分的理论依据。依"民法"第 412 条规定,赠与附有负担者,如赠与人已为给付,而受赠人不履行其负担时,赠与人得请求履行其负担或撤销其赠与,因此,附

---

① 《德国民法》第 1301 条之解释适用上之问题,参见 Cernhuber, Lehrbuch des Familienrechts, 1964, S. 68 及所引述之资料。

② 关于《瑞士民法》第 94 条之解释适用,参见 P. Tuor, Das Schweizerische Zivilgesetzbuch, 1968, S. 129.

有负担的赠与,使受赠人负有一定给付义务,并以得请示履行为原则。结婚在法律上的性质,原非可认为系属给付行为,且以不得强制请求履行为原则,故以结婚为赠与之负担,是否符合当事人意思及社会一般观念,似有疑问。

再应检讨者,系以聘金为附解除条件赠与之见解。所谓条件,系使法律行为效力之发生系于将来客观上不确定事实成否之附从的意思。条件本身亦为意思表示,而赠与又为契约,当事人必须合意,附条件之赠与始能成立。然而,交付聘金或礼物时,当事人明示约定附以解除条件者,其例绝少,因此此项附解除条件之意思表示,仅能依社会一般观念,认为系属默示意思表示。此种认定原属拟制,未必尽符当事人原意,在法律解释方法论上,容有疑义,然而由于现行“民法”对婚姻不成立时,聘金之处理,未设明文规定,而此种见解在理论上较附有负担赠与说为圆通,似较可采。

2. 条件成就与法律上之原因

诚如上述,因订立婚约而交付聘金或礼物,在解释上得认为是以婚姻不成立为解除条件的赠与。条件成就时,赠与即失其效力,给付之目的因而消灭,聘金或礼物之受领,乃失其法律上之原因,应依不当得利之规定,负返还之义务。然而,在何种情形,始得认为赠与之解除条件成就,不无疑问,原则上应斟酌社会观念,探求当事人之意思,加以决定,兹分三种情形,试加讨论。①

(1) 解除婚约。在法定解除婚约之情形(第976条),得认为条件成就,固无问题。在合意解除婚约之情形,除当事人有相反的约定外,亦应认为条件成就,聘金、礼物等应予返还,较能符合社会观念及一般习惯,1958年台上字第917号判例,亦采同样见解。

(2) 死亡。婚约因一方死亡而解消时,德国、瑞士立法例设有明文排除赠礼之请求返还。在台湾现行法的解释上,除当事人另有约定外,依社会通念,原则上应认为条件不成就,从而不发生返还问题。1932年院字第838号解释谓:“男女订婚后,未及成婚而有一方死亡者,依从前律例,固有不追财礼之明文;若依现行‘民法’亲属编之规定,订定婚约无须聘财,纵使事实上付有财礼,亦只为一种赠与,不得因赠人或受赠人死亡而

---

① 参见戴炎辉:《亲属法》,第64页(尤其是注1)。

撤销赠与,请求返还赠与物。”此项见解,原则上应可赞同,但在例外情形下,似仍应斟酌赠物之性质,假如赠与物系属传家之宝时,准予请求返还,似较合理。

(3) 离婚。夫妇离婚时,当初所收受之聘金,应否依不当得利规定予以返还,1954 年台上字第 158 号判例采否定说,略谓:“按因离婚而消灭之婚姻关系,并无溯及既往之效力,在离婚前之婚姻关系既已成立,自不发生不当得利之问题。”此项见解可资采取,盖聘金或礼物之赠与,原为期待婚姻之缔结,赠与之目的因婚姻缔结而告实现,其后之离婚系属另外之事,对已达之目的,不生影响。

3. 请求返还之范围

订立婚约所赠与之聘金及礼物,于婚约解除时得依不当得利规定请求返还,“最高法院”著有判例(参阅 1958 年台上字第 917 号),应无疑问。订婚时所支付之宴客费用,是否亦在请求返还之列,虽曾提及,但未有明确表示(参阅 1954 年台上字第 158 号判例所称之酒水费),依笔者的见解,此项宴客费用,系为庆祝订婚成立而支出,非预为婚姻成立而为之给付,似不在请求之列。

至于婚约当事人于订婚后来往之书信,于婚姻不成立时,得否依不当得利规定,请求返还,台湾的判例学说均未提及。德国学者有认为书信系感情的表现,事涉私密,应予肯定。[①] 可供参考。

三、消 灭 时 效

(一) 1962 年台上字第 2881 号判例

本件上诉人主张于 1960 年 2 月间,因受加害人殴伤,原可请求赔偿医药费、雇工代劳动费及精神慰藉金共 8 525 元,但因损害赔偿请求权已罹于时效而消灭,特诉请被上诉人返还同额之不当得利。按因时效而免负义务,虽得认为系受利益,但法律规定时效制度,其目的,即在使受益人取得其利益,故除另有不当得利请求权与之竞合之情形外,不能谓无法律上之原因而受利益。本件上诉人受被上诉人殴伤,当时,对于被上诉人仅

---

① 参见 Gernhuber, Familienrecht, S. 龄及第 423 页注 3 所引之参考资料。

有侵权行为之损害赔偿请求权,并无不当得利返还请求权与之竞合,可得选择行使之情形存在,则于侵权行为之损害赔偿请求权罹于时效后,即无行使不当得利请求权可言,原审基此以驳回上诉人之上诉,于法并无不同,上诉论旨,主张得依“民法”第 197 条第 2 项之规定,请求返还不当得利,显有误会,应予驳回。

(二)评释

1. 因消灭时效而获得之利益

在讨论消灭时效与不当得利的问题,首先必须确定的,是债务人因消灭时效所获得的究为何种利益。“最高法院”谓:“因时效而免负义务。”查台湾地区“民法”关于消灭时效之规定,系仿自德国立法例,与日本民法不同。日本民法规定时效消灭为某种权利消灭的原因,依德国民法及台湾地区“民法”规定,权利不能因时效而消灭,固无论矣,即基于权利而生之请求权亦不因时效而消灭;消灭时效的完成,仅足使义务人取得抗辩权,得拒绝其应为的给付。请求权纵因债务人行使抗辩权而消减,其债权仍属存在,债务并未因此而免除,仅其请求权被排除。[①]

2. 时效利益在法律上之原因

本件债权人之损害赔偿请求权罹于时效,债务人的债务虽未因此而免除,但取得了时效抗辩权,得拒绝给付,其财产本应减少而未减少,获有利益,致债权人受有损害惟消灭时效制度基于法律规定,旨在维持交易安全及法律秩序之和平,故具有法律上之原因,债务人虽获有利益,仍不构成不当得利。采此见解[②],可资赞同。

3. “民法”第 197 条第 2 项之适用

第 197 条第 2 项规定“损害赔偿之义务人,因侵权行为受利益,致被害人受损害者,于损害赔偿请求权之时效完成后,仍应依关于不当得利之规定,返还其所受利益于被害人”。本案原告曾主张得适用此项规定,“最高法院”认为显有误会,应予驳回,就本案事实而论,诚属正确。第 197 条第 2 项所称之利益,系指加害人因侵权行为而获得之积极利益,例如窃取他人家具,布置自己之客厅,则被害人因家具被盗之损害赔偿请求

---

① 参见梅仲协:《民法要义》,第 113 页;洪逊欣:《民法总则》第 550 页。

② 参见王伯琦,前揭书,第 57 页;史尚宽,前揭书,第 79 页;郑玉波,前揭书,第 150 页。

权,虽罹于时效,但仍得依不当得利之规定,于得行使时起15年内请求加害人返还其家具。本案上诉人所请求者既非属此种利益,自无第197条规定适用之余地。

4. 不当得利与侵权行为之竞合

“最高法院”谓:“因时效而免负义务,虽得认为系受利益,但法律规定时效制度,其目的,即在使受益人取得其利益,故除另有不当得利请求权与之竞合之情形外,不能谓无法律上之原因而受利益。”其似认为:因时效免负义务,受有利益,若有不当得利请求权与之竞合时,即不能谓无法律上原因而受利益。此项见解,显不足采取,盖时效利益既具有法律上之原因,自不能因有其他不当得利请求权与之竞合,突然变为无法律上之原因,此一则混淆法律体系,二则违反请求权竞合之基本理论,应不致采取此见解,为避免争议,《判例要旨》理由中所谓“故除有不当得利请求权与之竞合之情形外”,宜予删除。

四、互借支票使用在法律上之原因

(一) 1960年台上字第851号判例

当事人间为经济周转上所必需约定互开支票以利使用,事所恒有,但此种情形除有特别意思表示外,未有不使双方因此互负支付对价之义务者,故如一方因他方之票据受有财产上之利益,而一方票据反因存底匮乏未能兑现时,其受此利益之法律上之原因即已失其存在,依“民法”第179条之规定,自应将其所受之利益返还。

(二) 评释

1. 互借支票使用之法律上性质

甲乙两人互开支票以利使用,在形式上虽为两个单独的票据行为,但在实际上则构成一个整体的法律关系,“最高法院”谓:“除当事人有特别意思表示外,未有不使双方因此互负支付对价之义务。”亦认为在当事人间存在着一种契约关系。此种互负支付对价的契约,究属何种类型,虽有待确定,但原则上应适用双务契约的规定。在此种理论前提下,若双方当事人的支票皆获兑现,互负之对价债务,已获清偿,固不生问题;但若甲的支票获得兑现,而乙的支票未获兑现,则在法律上如何处理,尚有疑问。

2. 法律上之原因

依“最高法院”之见解,在上述情形,应适用不当得利之规定,即“如一方因他方之票据之兑现受有财产上之利益,而一方票据因存底匮乏未能兑现时,其受此利益之法律上原因即已失其存在。”此项观点,似有研究余地。盖互借支票使用既然发生互负支付对价之义务,则在当事人间应有契约关系存在,因此一方之受益仍基于契约关系,具有法律上原因,并不构成不当得利,受损之他方仅能依互借支票使用之契约关系,请求他方支付对价或主张票据上之权利,而无主张不当得利之余地。①

在互负支付对价义务,具有双务性之契约关系,一方当事人之不履行,不能认为是给付目的不达,尤其不能认为给付目的消灭,故不能主张给付原因消灭,发生不当得利。② 设有丙、丁两人以书籍互易,若丙已交付其书,而丁尚未能交付或所交付之书系盗窃赃物时,丁受领丙书系基于有效之互易契约,具有法律上之原因;丙若未能受领对待给付,或其所受领之书为所有人追夺时,仅得依债务不履行或权利瑕疵担保之规定,请求救济,不得以不当得利为理由,向丁请求返还其所受领之书。在互借支票使用时,一方不能兑现之情形,亦应依相同原则处理,而不能适用不当得利之规定。

五、时效取得

(一) 1958年台上字第203号判例

不当得利须以无法律上之原因而受利益,致他人受损害为其成立要件。其因时效而取得权利,“民法”既有明文规定,与无法律上之原因而受利益之情形有别,不生不当得利之问题。

---

① 郑玉波亦谓:“在双务契约,已为给付一方,不得以他方未为对待给付,即将自已之给付视为不当得利,而请求返还,盖他方之受益既非无法律上之原因,而此方尚另有债务履行请求权,故不当得利返还请求权无从成立也。”(前揭书,第129页。)

② 参见 Soergel/Mühl, Bem. 144 vor §812.

(二) 评释

1. 问题之说明

以所有之意思,和平公然占有他人之动产或不动产达一定期间者,得因此取得标的物之所有权,是谓时效取得。此项制度自罗马法以来,一般均加承认,第 768 条至第 772 条亦设有详细规定。[①] 时效完成后,占有人取得为标的物之所有权,但丧失所有权之人,得否依不当得利之规定,向时效取得人主张返还其获得之利益(所有权)? 换言之,时效取得是否具有法律上原因? 此为民法学上一项有名的争议问题。

2. 判例学说

依"最高法院"的见解,因时效取得权利,"民法"设有明文规定,非为无法律上之原因而受利益。在学说上亦均认为时效取得并不构成不当得利。时效取得具有法律上原因,可谓是判例学说的一致见解。[②]

关于时效取得与不当得利之关系,在德国法上则无定论。帝国法院(Reichsgericht)在 1930 年 10 月 6 日一项判决(RCZ 130,69)所采的见解,最具代表性,并为争论的重点,特先为介绍,查原告于 1908 年以继承财产中 66 件 Adolf von Menzel 的名画,赠与慕尼黑国家美术馆。原告于 1914 年因精神病被宣告禁治产。监护人以原告于赠画时无行为能力,其赠与行为及移转所有权行为均属无效,请求慕尼黑国家美术馆返还赠与物,并于被告主张时效取得抗辩时,再主张该项基于无效契约而取得之所有权为无法律上之原因,构成不当得利。地方法院判决原告胜诉,高等法院废弃原判决,联邦法院再废弃高等法院判决,其理由略谓:

"……在普通法时代,时效取得必须具备法律上名义(justus titus),具有法律上原因,因此时效完成后不得再主张不当得利。现行'民法'关于

① 以所有之意思,5 年间和平、公然占有他人之动产者,取得其所有权(第 768 条);以所有之意思,20 年间和平、继续占有他人未登记之不动产者,得请求登记为所有人(第 769 条);以所有之意思,10 年间和平、继续占有他人未登记之不动产,而其占有之始为善意并无过失者,得请求登记为所有人(第 770 条);占有人自行中止占有或变为不以所有之意思占有,或其占有为他人侵夺者,其所有权之取得时效中断。但依第 949 条或第 962 条之规定,恢复其占有之者,不在此限(第 771 条)。前 4 条之规定,于所有权以外财产权之取得,准用之(第 772 条)。关于上述规定之解释适用,参见史尚宽:《物权法论》,第 63 页;郑玉波:《民法物权》,第 65 页;姚瑞光:《民法物权论》,第 60 页。

② 参见史尚宽:《物权法论》,第 74 页,论述最详,足供参考。

时效取得难不再以 justus titus 为要件,但学说尚多认为应排除不当得利请求权。但在最近则引起争论,有主张应视构成时效取得基础之'自主占有'之取得是否具有法律上原因而定,如果'自主占有'之取得系无法律上之原因,则得主张不当得利占有返还之诉(conditio possessionis),依《德国民法》第 818 条第 1 项规定,并得请求返还基于此项占有而取得之所有权。亦有学者认为时效取得制度使法律关系趋于稳定,依法律之目的,基于时效而取得所有权,应属终局确定,并不发生不当得利请求权。本院细加斟酌,认为前说较为可采。法律对此未设规定,但不得因《德国民法》第 951 条规定而采反面解释。依本院见解,如采后说,将导致不合理结果,例如一个有行为能力之人将他人之物赠与第三人,则该受赠人依善意取得规定,虽取得其所有权,但依《德国民法》第 916 条第 1 项第 2 款之规定,在 30 年内仍应负返还之义务。反之,例如赠与人无行为能力,则受让人在 10 年后即可依时效规定取得所有权,不必依不当得利规定负返还义务。此种差别待遇,诚非法律所意欲,如此偏厚时效取得人,实乏依据。综据上述,本案原告若系无行为能力人,基于无效赠与而将付占有者,得请求返还系争之绘画。"

德国联邦法院此项判决,多数学者表示赞同①,认为应以构成"时效取得"基础之"自主占有"之取得是否有法律上之原因,而决定原所有人是否得主张不当得利请求。兹举一例加以说明。A 将某画出卖予 B,其后于精神丧失之际,将该画交付予 B,在此情形,买卖契约有效,但物权行为无效,不发生所有权移转之法律效果,经过 10 年后(在台湾为 5 年),B 得依时效之规定,取得该画的所有权,但由于 B 之"自主占有"系基于有效的买卖契约而来,具有法律上之原因,故不构成不当得利。反之,假若 A 于买卖契约成立之际即已精神丧失,则债权行为与物权行为俱为无效,B 之取得占有即无法律上之原因,其基于占有而取得之所有权仍构成不当得利,应负返还之义务。

为支持此项见解,德国学者曾提出两点理论依据:

(1) 若认为时效取得本身具有法律上原因,不构成不当得利,将造成法律适用不公平的现象,申言之,在买卖契约不成立,但物权行为有效之情形,买受人基于有效之物权行为已取得标的物之所有权,不得再依时效

① Westermann, Sachenrecht, 1966, S. 247; Baur, Sachenrecht, 1970, S. 509f.

规定，取得所有权，因此应依不当得利规定负返还所有权之义务；反之若物权行为亦为不成立或无效时，买受人因未能取得标的物所有权，于法定期间经过后，得主张时效取得。[①]

（2）Westermann 教授强调应该严格区别所有权绝对归属（absolute Zuordnung）与当事人相对关系（relative Beziehung）两种情形。申言之，即就物权言，由时效取得人取得完全所有权，但就当事人言，则原所有人得主张不当得利请求权，此在一方面可使法律关系趋于明确，维护交易安全，他方面亦可平衡当事人间的利益状态。[②]

4. 结论

关于时效完成后，原所有人得否向时效取得人主张不当得利，虽有争论，Westermann 教授所提出"绝对归属"与"相对关系"之理论，亦有相当理由，殊值重视。但在现行法上，时效取得制度原在维护法律秩序之安定，就法律规范意旨言，应该为时效取得系终局的、确定的，具有法律上原因，丧失所有权之人无主张不当得利请求权之余地。台湾地区通说见解，实堪赞同。至于德国判例及部分学者所顾虑法律适用上之公平问题，主要是由于物权行为无因性而产生，盖若不采取无因性之理论，则买卖契约（债权行为）不成立或无效时，物权行为亦受其影响，买受人既未取得标的物之所有权，故可完成时效取得之要件。为使法律之适用及利益衡量趋于一致，有德国学者认为在债权行为（买卖）无效或不成立，而物权行为有效之情形，在经过法定期间后，买受人仍可因时效而取得标的物之所有权[③]，可资参考。

六、添　　附

（一）判例

1. 1942 年上字第 453 号判例

上诉人在两造因确认买卖契约无效案判决确定后，仍将系争土地强行耕种，其所用籽种肥料及牛工、人工等损失，非由于被上诉人之侵权行

---

① Baur, Sachenrecht, S. 510.

② Westermann, Sachenrecht, S. 248.

③ 参见 Lent/Schwab, Sachenrecht, 1964, S. 144.

为,固不得请求赔偿,但被上诉人就上诉人耕种所获之农产品,如已收取,显系无法律上之原因而受利益致他人受有损害,则上诉人所施用之籽种、肥料及牛工、人工等项,依不当得利之法则尚非无请求返还之权。

2. 1959 年 6 月 9 日民刑庭总会决议

某甲有房屋一栋,出租于某乙使用,嗣后该房屋经台风摧毁,某乙未得甲之同意,出资就原有房屋一部分旧材料重新建筑房屋一栋,原有房屋既经台风摧毁,不复存在,某甲就原有房屋所有权即随之丧失,嗣后某乙出资重新建筑房屋,该新建房屋,即应由乙原始取得,某甲不得就新建房屋主张所有权,虽新建房屋中一部分材料系取自某甲原出租之房屋,然某甲仅得就丧失材料向乙请求赔偿或返还不当得利。

3. 1967 年台上字第 2346 号判例

上诉人主张对系争房屋曾加以装修,纵属真实,然其所购买之砖瓦、塑胶板等既因附合于债务人之不动产而成为系争不动产之成分,无单独所有权存在,亦无足以排除强制执行之权利。

(二) 评释

1. 物权法上之归属

异主之数物,因人为或自然的原因,互相结合成为一物,事所恒有,在民法上计有附合、混合及加工三种情形,在学说上统称为添附。附合,指两个以上属于不同所有人之物互相结合,在交易上认为一物者而言,有动产与不动产附合(如植树于他人土地,利用他人水泥修建房屋)及动产与动产附合(如丝线织成鞋花,纸糊于窗)。混合,指异其所有人之动产,互相混合成为一物,不能识别,或识别需费过巨者而言(如甲酒与乙酒混合,金块与银块熔成合金块)。加工,指就他人之动产,加以制作或改造使成新物者而言(如织棉成布,雕物成艺术品)。在上述情形,关于附合物、混合物及加工物之所有权如何处理,民法采取三项原则:

(1) 能恢复原状者,各归其主,例如动产与不动产附合尚未成为不动产之重要成分者,该动产所有人得随时取回。

(2) 添附之数物价值相等,不能定其主从关系者,维持现状,使各物主形成共有关系。"民法"第 812 条规定,动产与他人之动产附合,非毁损不能分离或分离需费过巨者,各动产所有人按其动产附合时之价值,共有合成物。

（3）维护现状，但就添附物重定所有权使专归属某人独有，其情况有三：① 动产因附合而成为不动产之重要成分者，不动产所有人取得动产所有权；② 附合之动产或动产混合有可视为主物者，该主物所有人取得合成物之所有权；③ 加工于他人之动产，其所增加之价值显逾材料之价值者，其加工物之所有权属于加工人。[①]

应特别加以说明的是1967年台上字第2346号判例："上诉人主张对系争房屋曾加以装修，纵属真实，然其所购买之砖瓦、塑胶板等既因附合于债务人之不动产而成为系争不动产之成分，无单独所有权存在，亦无足以排除强制执行之权利。"砖瓦等物尚未附合成为房屋之重要成分时，其所有权应未变动，仍属上诉人所有，自得提起异议之诉。反之，假若砖瓦等物已经附合成为房屋之重要成分，则由房屋所有人取得该动产所有权，上诉人已丧失其所有权，自不得提起异议之诉。"最高法院"所谓上诉人无单独所有权，系指上诉人已丧失其砖瓦、塑胶板之所有权，易言之，物之重要成分之上，不能有单独所有权存在。

2. 债权法上之补偿：不当得利请求权

（1）规范意义。法律就添附物重定其所有权，使专归某人独有时，他人之动产所有权及该动产上之其他权利，即归于消灭。然而此种损益之变动，纯然出于社会经济的考虑，旨在维护物之使用价值，在法律上非有使动产所有人或其他权利人无端丧失其权利之理由，因此第816条规定，丧失权利而受损害者，得依关于不当得利之规定，请求偿金。换言之，即以债权法上不当得利请求，补偿物权法上权利之丧失（schuldrechtlicher Ausgleich bei sachenrechtlichem Rechtsverlust）。[②]"民法"第816条规定，具有特别规范意义，因为若无此条规定，则基于添附而生之损益变动，是否具有法律上原因，得否构成不当得利，将不免发生争论。

（2）独立之不当得利请求权。依第816条规定，因添附而丧失权利者，得依关于不当得利之规定，请求偿金。所谓"依关于不当得利之规定请求偿金"，在解释上有两种可能，① 一旦发生添附情事，丧失权利之人即得径向取得所有权之人，请求返还偿金；② 此种请求权之成立，必须具

---

① 参见史尚宽：《物权法论》，第127页；郑玉波：《民法物权》，第106页；姚瑞光：《民法物权论》，第113页。

② Baur, Sachenrecht, S. 477f.

备不当得利之要件,即损益之间除无法律上原因外,须有直接变动关系。在前者仅指不当得利之法律效果(Rechtsfolgenverweisung),在后者则为兼括构成要件(Tatbestandsverweisung),认为基于添附而生损益变更之不当得利请求权,是一种独立不当得利之类型。[①]

1959年6月9日民刑庭总会曾讨论以下案件,某甲有房屋一栋出租于某乙使用,嗣后该房屋经台风摧毁,某乙未得某甲之同意,出资就原有房屋一部分旧材料重新建筑房屋一栋。就此事实,采取两项见解:① 原有房屋既经台风摧毁,不复存在,某甲就原有房屋所有权即随之丧失,嗣后某乙出资重新建筑房屋,该新建房屋即应由乙原始取得。② 原有房屋的材料已成为新建房屋之一部分,甲已丧失其所有权,仅得向乙请求赔偿或返还不当得利。此之所谓不当得利应系指基于第816条规定而发生者而言。“最高法院”对于前述解释上之疑义,并未加以说明。

因添附而发生之不当得利请求权,既属独立不当得利类型,故其成立必须具备不当得利之要件,即他方取得所有权,受有利益,无须法律上之原因,而损益变动之间须有直接关系。[②] 例如A以建筑材料出售予B,B使用该批材料修建C之房屋,假若A与B间之债权行为及物权行为俱属无效时,则C之取得所有权虽是基于附合之规定,但由于其与B之间有承揽等契约存在,具有法律上原因,不构成不当得利。[③] 此种类型的不当得利,在性质上属于非基于给付而生之损益变动,也就是所谓基于侵害而生之不当得利请求权(Eingriffskondition),因此在当事人之间若有给付关系存在时,亦无主张之余地。例如A将材料出卖予B,B使用该材料修造房屋,在此种情形,假若A与B之买卖契约不成立,则A仅能依“民法”第179条规定主张其权利,不得依同法第816条规定而请求偿金,盖A之丧失所有权乃基于有效之物权行为,而非基于动产与不动产之附合。[④]

(3) 请求权之内容。依第179条规定,无法律上之原因而受利益。

---

① Baur, Sachenrecht, S. 479. 关于此项准用问题在方法论上的讨论,参见 Larenz, Methodenlehre der Rechtswissenschaft, 1969, S. 198f.

② 此亦为德国学者之通说,参见 BGH NJW 1954, 793, 794; 1961, 452;台湾学说似亦采此见解,但未详为说明,参见史尚宽:《物权法论》,第136页。

③ 参见 Berg, Bereicherung durch Leistung und in sonstiger Weise in den Fällen des 951 Abs. 1, AcP 160, 505.

④ Westermann, Sachenrecht, S. 263.

致他人受损害者,应返还其利益,因此所应返还者,系受领原物或原权利。申言之,对于物,应移转其占有,对于权利,应依各该权利之移转方法,将其权利移转于受损害之人。但所受领之利益,依其性质或其他情形,不能原物返还时,则例外应偿还其价额。

至于基于添附而生之不当得利请求,依"民法"第816条之规定,则仅得请求赔偿金(Wertersatz),立法目的当在避免因恢复原状而毁损物的经济价值。赔偿金系以受人因添附于所有权变动时,所获财产之增加为准据而计算。

于此应特别讨论者,系1942年上字第453号判例。本件上诉人在两造确认买卖契约无效判决确定后,仍将系争土地强行耕种,"最高法院"认为:"被上诉人就耕种所获之农产品如已收取,显系无法律上之原因而受利益,致他人受有损害,则上诉人所施籽种、肥料、牛工、人工等项依不当得利之法则尚无请求权。"在他人土地施肥插种,依第811条之规定应由土地所有人取得其所有权。所施用之籽种、肥料、牛工、人工等为耕种人所受之损失,得依不当得利规定而为请求。但就上述判文观之,似认为上诉人得否主张不当得利,应视被上诉人是否取得耕种所获之农产品而定。此项见解,似有商榷余地,盖农产品在法律上既属于被上诉人所有,收取与否,对不当得利之成立,应无影响。农产品纵未收取,上诉人就其施用之籽种肥料亦得请求返还其价额。被上诉人因添附所受之利益系上诉人所用之籽粒、肥料等,而非被上诉人所获之农产品。

七、确定判决与强制执行

(一)判例

1. 1933年上字第3771号判例

债权人本于确定判决,于债务人为强制执行而受金钱之支付者,该确定判决,如未经其后之确定判决予以废弃,纵令判决之内容不当,亦非无法律上之原因而受利益。

2. 1964年台上字第2661号判例

执行法院拍卖查封之不动产,以其价金分配予各债权人者,纵该不动产嗣后经确定判决,认为不属于债务人所有不能移转予买受人,而买受人因此所受价金之损害，亦只能向直接受其利益之债务人请求偿还，各债权人所受清偿之利益系另一原因事实，除有恶意外，不能认为与买受人所受之损害有直接因果关系，自不负返还其利益之责任。

(二) 评释

1. 内容不当之确定判决

内容不当之判决，于未经确定时，当事人得依法定程序请求废弃。该项判决若已告确定，具有既判力，胜诉之一方当事人基于此项确定判决，依强制执行或其他方式受领给付后，败诉之一方发现该项判决内容不当，在未依法废弃前，得否依不当得利规定，请求返还其所为之给付？换言之，胜诉一方当事人受领给付是否具有法律上之原因？

依“最高法院”之见解，债权人本于确定判决，于债务人为强制执行而受金钱之支付者，该确定判决，如未经其后之确定判决，予以废弃，纵令判决内容不当，亦非无法律上原因而受利益。此项见解，甚为正确，特略为引申加以说明：具有形式既判力之形成判决，例如减少违约金，具有创设效力，使财产损益变动，具有完全法律上之原因。至于给付判决及确定判决虽不具有创设原因之效力，但为维持实体既判力，避免重新审究法院所命给付或所确定给付义务是否确实合法，故应否认债务人得再主张不当得利请求权。①

2. 具有瑕疵之强制执行

具有瑕疵之强制执行，以错误拍卖非属债务人(第三人)财产为最重要之类型。依其见解，在此种情形，拍定人原则上不能取得拍卖物之所有权。但拍定人已支付价金，受有损失，因此得否向已受领价金之债权人或债务人，依不当得利之规定请求返还，甚值研究。②

依其见解，拍定人仅能向直接受其利益之债务人请求偿还，而不能向已受价金之债权人主张。盖各债权人所受清偿之利益，系另一原因事实，除有恶意外，不能认为与买受人所受之损害有直接因果关系。据上述判文观之，似认为拍卖第三人财产，因受领价金分配而生之损益变动，并无

---

① Esser, Schuldrecht Ⅱ, S. 336.

② 参见 v. Caemmerer, Bereicherungsanspruch bei Verpfändung fremder Sachen, in: Festschrift für Lewald, 1953, S. 443f.；拙文：《强制拍卖非属债务人财产与拍定人之地位》，载本书；蔡秀雄：《民法上不当得利之研究》，第171页，论述甚详，可供参考。

法律上原因,此项观点实可赞同,盖强制执行与确定判决不同,纯属程序问题,在法律上言,殊无使债权人或债务人取得分配价金之理由。

然而有疑义者,系“最高法院”认为,债务人直接受有利益,故有返还之义务。此项见解的成立,须以债权人因价金之分配系属清偿,致债务消灭为前提。拍卖第三人财产之情形,价金之分配是否即可认为系属债务人之清偿,诚有疑问。若拍卖第三人财产受领价金可视为清偿,而不必返还,则债权人尽可随意拍卖第三人财产满足其债权矣!再者,此种理论显然违反债务人之意思,并剥夺其在法律上得主张抗辩及抵消之权利。又“最高法院”所谓:“各债权人所受清偿之利益,系另一原因事实,除有恶意外,不能认与买受人所受之损害,有直接因果关系”,显有误会,盖损益变动是否具有直接性,应就客观情事判断,与当事人主观意思无涉。本件判例见解,甚有疑义,实有再予检讨之必要。

八、结　　论

(一)判例与不当得利之演进

关于不当得利制度,台湾现行“民法”仿照德国、瑞士、日本等国或地区立法例,设一般规定,但欲采取更为概括精简的立法技术,例如《德国民法》关于不当得利共设 11 个条文(《德国民法》第 812 条至第 822 条),台湾“民法”仅设 5 条规定(第 179 条至第 183 条),可谓极尽抽象化之能事,此为其不当得利法的特色。

在台湾“民法”此种立法体例之下,法律的解释适用,殊非易事。有的立法例原设有的规定,例如《德国民法》第 816 条规定:“① 无权利人就标的物为处分,而该处分对权利人为有效者,无权利人应将其因处分所得的利益返还权利人;② 处分为无偿者,基于该处分直接取得法律上利益之人,负担同一义务。”台湾“民法”既未设相同规定,则应否采同一解释,发生争议。更重要的是,“无法律之原因”、“一方受利益致他方受损害”、“不法原因之给付”、“所受利益已不存在”等抽象概括的概念,应如何加以解释或具体化的问题。

法律对于某项制度,假如采取具体列举的规定方式,则法律的适用将较为稳定,法院创造法律的范围亦较狭小;反之,倘若立法者采取抽象概括的立法技术,则法律的适用将多依赖法院的解释,法院造法的范围较为广泛,其责任益显重大。

现行"民法"实施迄今已多年,"最高法院"判决一向未曾作系统的公布,关于不当得利判决的数量,无从查稽。唯1969年度新编《判例要旨》,录有1927年至1968年有关不当得利的判例,共计28则;民刑庭总会决议收录了两则有关不当得利的决议;此外,"司法院公报"及《法令月刊》亦选载有若干判决。其40余年的审判活动,创造了数十则有关不当得利的重要判决。如何从事整理、分析、批评,对建立不当得利法之理论体系,实为法律学者的责任。

(二)检讨综合意见

关于损益变动在法律上之原因,"最高法院"采取非统一说,区别基于给付而受利益及因给付外事由受利益两种基本类型,分别情形,探求财产变动在法律上之原因,在方法论上,实为正确。此种类型研究,可以建立不当得利完整之体系,并有助于法律之解释适用。

至就各种不当得利之类型言,"最高法院"认为,基于消灭时效、时效取得、添附、法院确定判决所取得之利益,具有法律上之原因,实堪赞同。但其若干见解,尚有斟酌余地,仅列举三点,以供参考:

(1)关于因婚约而收受礼物聘金,判例有认为系附有负担之赠与,有认为系附有解除条件之赠与。二说不宜并存,取舍之间,应以后说较为可采。

(2)两人互借支票使用,诚如"最高法院"所言,当事人互有支付对价之义务,故如一方因他方之票据之兑现受有财产上利益,而一方票据反因存底匮乏未能兑现时,仅发生契约上债务不履行之关系,应不构成不当得利。

(3)在拍卖非属债务人不动产之情形,不能取得标的物所有权之拍定人,何以不得向受领价金之债权人主张不当得利,"最高法院"所提出之理由是:"债权人所受清偿之利益,系另一原因事实,除有恶意外,不能认为与买受人所受之损害有直接因果关系。"拍卖第三人财产而受领分配价金,为何可认为系债务人之清偿?为何不当得利损益变动关系,会以受领人恶意与否作为判断标准?其负有说明之义务![1]

---

[1] 参见拙文:《强制拍卖非属债务人财产与拍定人之地位》,载于本书第281页。

恶意占有人对有益费用之不当得利请求权

一、判　　决

1972 年台上字第 1004 号判决。[①]

本件上诉人承租被上诉人之坐落台北市敦化南路 355 巷 49 号房屋，应给付被上诉人自 1969 年 12 月 16 日起至 1970 年 11 月 15 日止每月按新台币 2 500 元计算之房租计 27 500 元，并赔偿自 1970 年 11 月 16 日起至 1971 年 8 月 6 日止按租金额计算之损害金 21 666 元，合计 49 166 元，上诉人所不争执，惟以被上诉人曾答应房屋排水及自来水给付问题未解决以前，不再计收租金，复经上诉人屡次催告修缮水管、化粪池及屋漏，均置不理，因经自行修缮，此项免除之租金为 3 个月份，连同修缮费用均在应行扣除之列云云，资为抗辩。原审以上诉人自 1969 年 11 月 15 日承租被上诉人所有上开房屋以后，即于同年 12 月 11 日通知被上诉人房屋水管无水可开，大小便亦不能如厕使用，又房屋排水系统纠纷未能解决，促请在 1970 年 12 月 15 日以前解决，否则自同年 12 月 15 日起至 1970 年 6 月 15 日止不再付租，被上诉人接受通知后，于 1969 年 12 月 12 日函复上诉人称，可将已收租金全数退还由上诉人在附近暂觅居处，如上诉人不同意则在问题未解决前，不再计收租金，至于所请在 1969 年 12 月 15 日以前解决问题，恐难办到，且如于问题解决后，仍要求嗣后几个月不付租，在情理上未尽恰当等语，有卷附来往信件可稽，嗣上诉人并未迁出，又因被

---

① 载《法令月刊》第 24 卷第 7 期，第 22 页。

上诉人延不修缮,乃于1970年2月17日雇工改装水管使水流畅通,用去8 750元,有建信水电行收据为证,上诉人主张扣除此项费用核无不当,又被上诉人已同意于修缮前不收租,上诉人已付至1969年12月15日止之租金,其自1969年12月16日起至1970年2月15日止两个月份租金计5 000元亦非被上诉人可得请求,计应扣除13 750元,至于上诉人主张扣除之修缮费等有:(1) 1970年2月25日修缮化粪池及水箱用去9100元。(2) 1970年3月12日防漏油漆用去4 700元。(3) 1970年7月16日修缮化粪池用去5 700元。(4) 1970年11月27日修理化粪池及马桶一座用去7 300元,关于(1)(2)(3)部分,上诉人未能提出修缮人名单以供调查,其中(1)(2)部分收据二纸系"清洁打蜡包办中心"出具,调由该中心修缮化粪池及防漏油漆,已不足凭信,况上诉人于1970年10月17日致上诉人之妻戴粹娴函称:"关于化粪池部分本人前虽请工清除池内而可使用,惟在近数日来又不能使用"云云,并未提及曾经修缮化粪池,尚难认(1)(3)部分支出系属真实,又上诉人在1970年3月12日所谓修缮防漏以前及1970年7月16日修埋化粪池以前,均未限期催告被上诉人修缮,依"民法"第430条不得请求偿还其费用或从租金中扣除之,依上诉人1970年10月17日函又称屋漏又称化粪池已不堪使用,是纵认该两项修缮为真实,亦已失其现存价值,依"民法"第431条亦不得请求偿还其费用,关于(4)部分纵令属实,但系在被上诉人以上诉人欠租止约起诉请求迁让以后之支出,此项费用已非得认为承租人就租赁物支出之有益费用,第430条、第431条有关扣除或偿还之规定已无适用余地,此部分上诉人抵消抗辩亦难成立,从而上诉人应给付之金额为35416元,因将第一审就此部分所为不利于被上诉人之判决废弃改判,关于就(1)(2)(3)部分之论断于法并无不合,关于(4)之部分,按恶意占有人因保存占有物所支出之必要费用,固得依关于无因管理之规定请求偿还(第957条),其所支出之有益费用,固亦得依不当得利之规定请求返还,但恶意占有人不得于其负担使用代价返还扣除之,应另行请求,是原判决认(4)之部分之抵消抗辩不能成立,所据理由虽未尽惬,但于结果仍无不合,上诉人之上诉应认为无理由。

二、评　　释

(一)“最高法院”三项见解

上诉人承租被上诉人之房屋,陆续为之修缮水管、屋漏、化粪池等,支出费用甚巨,主张应自所欠之租金中抵消扣除。据二审法院之事实认定,有的修缮项目欠缺凭据,不足采信;有的修缮价值已经不存在,依“民法”第431条规定,不得请求偿还。凡此均属事实认定,无庸详论。

值得特别研究的,是关于承租人于1970年11月27日修理化粪池及马桶一座,支出费用7 300元之偿还问题。依据事实认定,此项修缮是在出租人以承租人欠租止约起诉请求迁让后,始行为之。基此事实,“高等法院”认为:此项支出费用已非得认为承租人就租赁物支出之有益费用,第430条及第431条有关扣除或偿还之规定已无适用余地,承租人之抗辩权亦难成立。“最高法院”亦认为承租人所主张之抗辩不成立,但所持理由,与“高等法院”则有不同,略谓:“恶意占有人因保存占有物所支出之必要费用,固得依关于无因管理之规定请求偿还(第957条),其所支出之有益费用固得依不当得利之规定请求返还,但恶意占有人不得于其所负担使用代价返还扣除之,应另行请求。”

综上所述,可知“最高法院”在本案采取三点见解:

(1) 承租人欠租止约后,修缮租赁物,客观上增加其价值,即所谓有益费用者,能否请求返还,依“民法”第953条以下关于占有恢复关系之规定解决。

(2) 恶意占有人对于所支出之有益费用,仍得依不当得利规定,请求返还。

(3) 恶意占有人就其得主张返还之费用债权,不得与其应支付之租金,互为抵消,必须另行起诉请求。

第一点之见解,原则上可予赞同;第二点意见与现行规定之体系及目的,似有违背;第三点见解欠缺法律依据,与一般法理亦未尽相符,似有商榷余地。

(二)“民法”第953条以下规定之适用范围

第953条以下系规定占有人对于恢复请求人返还占有物时,所发生之权利义务关系。诸此规定仅适用于无权占有之情形①,盖从文义言,既然区别占有人为善意抑或为恶意,以定其责任范围,显然系以无权占有为前提,并且不论其为自主占有抑或为他主占有,均有适用余地。再者,于有权占有之情形,占有或是基于典权、地上权、质权等物权关系,或是基于租赁、借贷等债之关系,在返还请求人与占有人之间,既有基础法律关系可资遵循,原无适用第953条以下规定之必要。②

然则,占有基础法律关系消灭后,例如在租赁契约终止之情形,当事人间之权义将如何决定?终止前之关系,仍应依原契约规定处理,虽无问题,但终止后之关系如何解决,不无疑问。“最高法院”似认为租赁契约既经终止,承租人负有返还租赁物之义务,已失其占有之依据,故应构成无权占有,此项见解,原则上可予赞同;至于在契约解除之情形,因当事人须互负恢复原状之义务仍受契约法之规律,从而当事人间之权义关系应依契约法之原则处理,不适用无权占有之规定③,并予说明。

(三)恢复请求人得主张权利之竞合

占有恢复请求人关于占有物之返还得主张之权利,因占有人系善意抑或为恶意而有不同。其中最主要者,系关于占有物灭失、毁损时之赔偿责任。依“民法”第953条规定,善意占有人因可归责于自己之事由,致占有物灭失或损毁者,对于恢复请求人仅以因灭失或毁损所受之利益为限,负赔偿责任。反之,恶意占有人或无所有意思之占有人因可归责于自己之事由,致占有物灭失或毁损者,对于恢复请求人负损害赔偿之责任(第956条)。

恢复请求人除上述权利外,是否亦能主张侵权行为或不当得利等其他请求权?质言之,第953条等是否为特别规定,排除一般规定之适用?

---

① 此项问题,在德国原亦甚有争论,但自Raiser,教授多次极力阐释后,已成为德国通说,Raiser, Eigentumsanspruch und Recht zum Besitz, in: Festschrift für Martin Wolf, 1952, S. 133f.

② 参见郑玉波:《民法物权》,第399页。

③ Raiser, S. 134, 140; JZ 1958, 684; 1961, 529; Baur, Sachenrecht, 1970, S. 81f.

此为一项甚有争论之问题。[1] 台湾学者有认为占有物返还一事,仍然不免与无因管理,侵权行为等问题相伴而生,其时究竟适用何种规定,当事人得自由选择,如发生请求权竞合,权利人不妨择其有利者行使之。[2] 实务上之观点如何,迄未见明确判决,就本案观之,在第953条以下并未规定恶意占有人对有益费用有请求权,而"最高法院"认为其仍得主张不当得利,据此而推论,似亦认为不当得利,侵权行为等一般规定,仍有适用之余地。

然依吾人之见解,恢复请求人依第953条以下规定得主张之请求权与其他请求权之竞合关系,不能纯从形式推论,一概予以承认或加以否认,而应斟酌立法目的决定之:

(1) 就侵权行为之适用性言,第953条既然规定善意占有人仅以灭失或毁损所受之利益为限,负赔偿责任,立法目的显然在于优遇善意占有人。因之,为贯彻此项立法意旨,纵善意占有人之行为符合"民法"第184条规定之要件,原则上亦不发生侵权责任。反之,依"民法"第956条规定,恶意占有人以及无所有意思之占有人,因可归责于自己之事由,致占有物灭失或毁损者,应负赔偿责任,论其要件,与侵权行为责任并无重大不同,故在适用上不生显著歧义,若其行为不合第956条之规定,而具备侵权行为之要件者,例如恶意占有人无权处分标的物,仍应依第184条规定负责,自不待言。

(2) 就不当得利请求权言,关于占有物之使用收益,为贯彻第953条优遇善意占有人之趣旨,自应认为恢复请求人不得主张不当得利。占有人无权处分,擅自出售占有物,受有价金者,则不论其为善意或恶意,均应依不当得利之规定,负返还义务。

(四) 恶意占有人有益费用请求权

关于就占有物支出之费用,占有人是否得为请求,依民法规定,亦视占有人是否善意及该费用之性质而定,善意占有人对于必要费用,原则上得请求返还,其范围并无限制,但若已就占有物取得孳息者,则例外不得

---

① 此为德国民法学上最有争论之问题之一,资料文献判例甚多,不能一一列举,其详请参见 Westermann, Sachenrecht, 1966, S. 138f.

② 参见史尚宽:《物权法论》,第526页;郑玉波:前揭书,第400页。

请求偿还。善意占有人就有益费用虽亦得请求返还,但须于占有物现存之增加价值限度内为之,若占有物经改良后,其增加之价值已不存在时,则不得再为请求。

至于恶意占有人,依"民法"第957条规定,因保存占有物所支出之必要费用,对于恢复请求人,得依关于无因管理之规定,请求偿还。至于有益费用,法无请求偿还之规定,"最高法院"认为仍得依不当得利请求,似有商榷余地①,分五点说明之:

(1)就当事人利益言,有益费用之支出,在客观上虽然增加占有物之价值,但此项价值未必符合请求恢复人之主观利益,因此,若承认占有人得为请求,势必增加恢复请求人之负担与困扰。何况,恶意占有人明知其为无权占有人,负有返还义务,就此种强迫加于他人身上之利益(aufgedrängte Bereicherung)②,应自己负担损失,不得请求偿还。

(2)就立法目的言,法律区别占有人为善意及恶意,异其求偿之范围,其所以规定恶意占有人就有益费用不得请求偿还,原含有制裁之意思。

(3)就法律体系言,倘若恶意占有人得依不当得利规定请求有益费用,则依此法理类推之,恶意占有人就其所支出之有益费用,若不违反恢复请求人明示或可得而推知之意思时,亦得依无因管理之规定,全部请求返还。如此,恶意占有人费用请求权与善意占有人将无区别。

(4)就不当得利原则言,"最高法院"之所以认为恶意占有人得依不当得利之规定,请求有益费用之偿还者,或许是认为不当得利之规定,系属衡平规定,为道德规范之法律化,应该尽量予以适用,以济现行规定之不足。实则,不当得利之规定,并不超越实体法,本身仍为实体法之一部分,其适用范围亦应受法律规定之拘束。③ 恢复请求人在客观上虽受有利益,但此乃出于法律之规定,具有法律上之原因,故不负返还义务。

(5)就比较法之观点言,台湾地区现行"民法"关于恢复占有所生之权义关系,系仿自德国、瑞士立法例。依德国、瑞士民法规定,恶意占有人对于有益费用均不得请求。依瑞士之判例学说,恶意占有人不得另依不

---

① 同说,郑玉波,前揭书,第405页;异说,史尚宽,前揭书,第531页。

② 关于Aufgedrängte Bereicherung之一般问题,参见Schindler, Die aufgedrängte Bereicherung beim Ersatz von Impensen, AcP 165, 459f.

③ von Caemmerer, Bereicherung und unerlaubte Handlung, Gesammelte Schriften Ⅰ, 1968, S. 209f.

当得利规定别为请求。[①] 德国联邦法院更有详细说明,在 BGHZ39,168 一案[②],B 在 F 地建造房屋,擅自整修邻近 K 所有之废地,设置工寮及堆放材料。K 向 B 请求返还土地并补偿使用土地之利益。B 主张偿还整建 K 地所支出之费用,德国法院否认 B 之请求权,略谓:"B 不得依不当得利之规定而为主张,纵认为 K 因 B 整理废地增加其财产,亦不得认为系无法律之原因而取得利益。依《德国民法》第 996 条之规定[③],恶意占有人不得请求有益费用,若承认不当得利请求权之存在,则法律所非难者,将可依迂回方式而达成,逃避法律目的,甚为明显。"德国、瑞士之学说判例实具参考之价值。[④]

综据前述,可知依现行"民法"之规定,恶意占有人就其所支出之有益费用不得请求返还,"最高法院"认为,仍得依不当得利之规定主张之,此项见解,似有斟酌余地。

(五) 恶意占有人之抵消权

恶意占有人对于所支出之必要费用,得依无因管理之规定请求,法有明文。关于有益费用,"最高法院"认为得依不当得利规定请求返还。然则,恶意占有人是否得以此种债权与其对请求恢复人应负之债务(如租金),依第 334 条规定,互相抵消?"最高法院"采取否定说,认为恶意占有应另行起诉。此项论点依据何在,未见说明,似在惩罚恶意占有人,然就现行之规定分析之,此种见解似有未妥。

"民法"第 324 条规定,二人互负债务而其给付种类相同,并均届清偿期者,得以其债务,与他方之债务互相抵消。至于抵消之禁止,除当事人约定外,法律明文禁止者,计有四项,即禁止扣押之债;因故意侵权行为而负担之债;受债权扣押命令之第三债务人于扣押后始对其债权人取得之债权;约定向第三人为给付之债务(详阅第 338 条以下规定)。

现行规定并无禁止恶意占有人不能以其债权,对恢复请求人主张抵消之规定;因此,此项禁止实为"最高法院"所创设。诚然,其具有创造法律,

---

① 参见 P. Tuor, Das Schweizerisches Zivilgesetzbuch, 1968, S. 455.

② 关于本案之说明,参见 Soergel/Mühl, Bem. 2, vor § 996.

③ 参见台大法律学研究所编译之《德国民法》。

④ 关于比较法与法律之解释适用,参见 Zweigert, Rechtsvergleichung als universale Interpretationsmethode, RabelsZ 15(1949/50)5.

促进法律进步之权利与义务，但必须在方法论有一定之依据，质言之，即须符合其他禁止规定之内在判断标准，以及依公平正义观念。

就民法禁止抵消之规定加以分析，似难发现含有一项共同之基本原理可资适用，其与禁止恶意占有人主张抵消，最称相近者，系第 339 条因故意侵权行为而负担之债禁止抵消之规定。第 339 条所以禁止以故意侵权行为而负担之债为抵消者，旨在防止债权人不致因有债权之存在，故意损害债务人权益，希图抵消，以脱卸其责任，故具有保护债务人之目的。[①] 无权占有人对标的物支出费用，尤其是必要费用，与故意损害他人权益而负担债务者，相去甚远，难以相提并论，似无类推适用，禁止抵消之余地。“最高法院”令占有人另行起诉，徒增讼累，似值商榷。

① 参见梅仲协：《民法要义》，第 234 页。

善意取得权利之抛弃与损害赔偿

一、判　　决

1972 年台上字第 656 号判决。[①]

本件台南县柳营乡路东段 205 之 1、之 12、之 13、之 14 及之 15 田共五笔，面积各为 0.7006、0.0848、0.0319、0.0359 及 0.0588 公顷，原为被上诉人之故父苏金隆所有，苏金隆生前于 1956 年间，奉"行政院"1956 年台内字第 2576 号征收令，将内中一笔即 205 之 1 号征收为嘉南农田水利曾德元埤水库用地，领取补偿地价新台币 16 925.4 元及转业费 11283.6 元，讵迄今尚未将该征收地原所有权涂销移转登记，以致被上诉人于 1970 年 2 月 3 日以继承为原因将上开五笔土地一并移转登记为被上诉人共有，并于同年 7 月 14 日提供该五笔土地为诉外人黄胜雄担保对上诉人设定最高限额 15 万元之抵押权，该诉外人结果欠债百余万元延不清偿，上诉人乃请求拍卖抵押物。执行中发觉，205 之 1 号土地既被征收于前，已非债务人等所有，乃任由执行法院对该一笔停止执行，旋又声请撤回执行，嗣又因其余四笔，四次减价拍卖，无人承买，再复全部撤回执行之声请，此为两造不争之事实，上诉人执是并以被上诉人明知内中一笔已被征收非其所有，竟为之设定抵押权，有债务自始给付不能兼有侵权行为之情形，求为命被上诉人之赔偿 15 万元抵押权额及其法定利息之判决，原判决认上诉人之请求为非正当，无非以："依土地法所为之登记有绝对真实之公信力，若有第三人本于现存之登记而取得权利，除有恶意之情形外，应受法律之保护，本件两造对于至本件言词辩论终结日止，两造之所有权

---

① 载《法令月刊》第 24 卷第 3 期，第 23 页。

及抵押权仍然存在土地登记总簿上,迄未有所变动悉所不争,上诉人亦非不主张系信赖登记而接受抵押权之设定,则取得执行名义之后,自应不问征收与否勿碍于行使执行程序债权人之权利,乃对于执行法院停止该一笔拍卖之处分,放弃异议权利,反而先后自动撤回全部执行之权利,实出于其一己之误解,纵有损害,殊与被上诉人无涉,并无给付不能或侵权行为之情形"为其理由,第查被上诉人因继承而取得土地登记簿上之所有人名义,并无"土地法"第 43 条规定之适用,其所为继承登记并无绝对效力,对于被征收之 205 之 1 号土地,仍为无权利人,虽上诉人信赖登记而取得合法有效之抵押权,应受第 43 条之保护,但上诉人舍弃此项法律上保护而请求被上诉人赔偿非因过失订约之损害,或因被上诉人诈欺之侵权行为之损害,系上诉之自由,原审未见及之,仅凭上揭理由,遽为上诉人不利之判决,殊嫌速断,上诉论旨声明废弃,非无理由。

二、评　　释

(一) 善意取得制度

在本案,首先需要研究的,是抵押权善意取得之问题。为促进交易安全,台湾设有善意取得制度。就动产言,以动产物权之移转或设定为目的而善意受让动产之交付者,除法律另有规定外,纵为移转或设定之人,无移转或设定之权利,受移转或设定之人,仍取得其权利(第 801 条、第 886 条及第 948 条以下规定)①;就不动产言,"民法"虽未设明文,但依"土地法"第 43 条规定,土地之登记具有绝对效力,所谓绝对效力系指公信力而言,故善意依赖土地登记者,其所取得之权利,仍受法律之保护。②

本件抵押人(被上诉人)所继承之土地,原已被征收为嘉南水利会水库用地,但未经涂销移转登记,故仍登记为其所有。此项因继承而取得权利,系基于法律之规定,而非基于法律行为,故继承人纵为善意,仍不能依第 43 条规定取得所有权,"最高法院"亦采此见解,殊堪赞同。被上诉人

① 参见姚瑞光:《民法物权论》,第 405 页。

② 参见台上字第 96 号判决,《判例要旨》,1969 年版,上册,第 445 页。

为担保他人债务,以该继承所得之土地设定抵押权者,系属无权处分,债权人若为善意,则可依“土地法”第43条规定取得抵押权,此为各审所认定之事实,并为本案判决之基础。

(二)善意取得权利之抛弃

本件上诉人依法律之规定,已取得抵押权,然而此项善意取得之权利是否可以抛弃,为本案争议问题。于此,有两种情形必须加以区别:

(1)抛弃法律之保护,主张自始不取得权利。

(2)抛弃依法律规定业已取得之权利。

依吾人见解,善意取得系为维护交易安全而设之制度,法律要件一旦具备,即发生权利之得丧变更,取得人之意思如何,在所不问,故取得后不得以拒受法律之保护为理由,认为自始即未取得该项权利。

至于善意取得人愿意抛弃其所取得之权利,原则上得任意为之。抛弃系单独行为,在动产所有权之抛弃,虽无须向特定人为意思表示,但须抛弃对该动产之占有。质权之抛弃则应向直接受利益之人以意思表示之,并交付动产。不动产物权之抛弃,须经登记始生效力(第758条)。[①] 在本件,抵押权人仅撤回其强制执行之声请而已,尚不生抛弃之效力。

(三)以抛弃为理由请求损害赔偿?

善意取得之权利得予抛弃,已如上述。然则,权利取得人得否以抛弃为理由,认为受有损害而请求赔偿?原审认为抵押权既属存在,抵押权人自己撤回执行,纵受有损害,亦与抵押人无涉,无给付不能或侵权行为之情形。

“最高法院”认为抵押权人得舍弃此项法律上之保护,而请求被上诉人(抵押人)赔偿非因过失订约上之损害或因被害人诈欺之侵权行为之损害,其未详述判决理由,仅谓:“此为当事人之自由”,至所谓“非因过失订约上损害”,与上诉人所主张者比照观之,系指基于“民法”第247条规定,因给付不能,契约无效而生之损害。“最高法院”此项见解,甚有商榷余地,分三点言之:

---

① 参见郑玉波:《民法物权》,第46页;姚瑞光,前揭书,第38页。

（1）就权利归属言：善意取得之规定，既已取得抵押权，在法律上该项抵押权已归属债权人，若为抛弃，亦系处分自己之财产，与抵押人无涉。

（2）就交易安全言：善意取得人若得随时自由抛弃其依法已取得之权利，并以此为理由，向相对人请求损害赔偿，势必将使法律关系失其确定性，对于交易安全，殊有妨害。

（3）从损害赔偿观点言："最高法院"认为抵押权人得主张因给付不能而生之损害，甚有疑问。在本案，被上诉人系为他人债务而提供抵押，论其性质，系属第三人物上担保，与债权人并无债之关系，似不致发生自始给付之不能损害赔偿之问题，上诉人依法律之规定，而取得抵押权，交易目的既已达到，固不能认为受有损害。同理，抵押权人亦不能以诈欺为理由，主张侵权行为上之损害赔偿。

三、结　　论

在本件，认为债权人得自由抛弃善意取得法律之保护而主张非因过失订约或诈欺之侵权行为向设定不动产抵押之第三人（物上担保人）请求损害赔偿。善意取得某种权利，系基于法律规定而发生，不能因当事人自由意思而改变。善意取得权利之抛弃，系处分自己财产，不得以此作为请求损害赔偿之理由。"最高法院"所采的"法律保护自由抛弃"说，势将破坏善意取得制度及交易安全，应难赞同。

强制拍卖非属债务人财产与拍定人之地位

一、判　　决

1971年台上字第2777号判决。[①]

本件被上诉人损害赔偿案,系伊所标得上诉人指封之不动产,竟为嘉南农田水利会诉请涂销登记,因而伊支付之价金新台币20310元,毫无对价,此项损害,既系由于上诉人之任意指封而发生,且有上诉人出具之指封切结为据等情,为其原因事实。原审误认为被上诉人系基于不当得利之法律关系而请求,已有未合!且债权人指封债务人以外第三人之不动产,致使得标人于给付价金并取得权利后,复为真正权利人诉求涂销其所有权登记时,应视债权人之指封,系基于误认?抑系基于故意或过失不法侵害得标人之权利?而断定该债权人应否对得标人负损害赔偿责任,原审未就此阐明,率命上诉人给付被上诉人损害金,亦属于法有违。上诉论旨,指摘原判决违法,声明废弃,非无理由。

二、评　　释

(一) 强制拍卖之法律性质

债权人为实现债权,得依法定程序,对债权人之财产为强制执行,拍卖变价受偿。若债权人错误指封债务人以外第三人之财产(尤其是不动

---

① 载《"司法院"公报》第14卷第8期,第6页。

产),且该第三人未及于执行终结前提起异议之诉(参阅“强制执行法”第15条),迨拍卖完成,价金分配于债权人之后,始发现事实真相时,滋生甚多复杂之难题。首先必须确定的,是拍定人能否取得标的物之所有权,因而产生强制拍卖法律性质的争论。

此种由执行机关就债权人所指封之标的物为变卖之行为,其性质若何,大别之约有二说:① 私法行为说,谓强制拍卖的性质类似民法上的买卖;② 公法行为说,谓强制拍卖类似公用征收,有为拍定人创设原始取得所有权之效力。此两种理论,争执已久,迄无定论。[①]

“最高法院”系采取私法行为说,认为拍卖系私法上买卖之一种,故拍卖债务人以外第三人之不动产者,拍定人原则上不能取得标的物之所有权,虽已给付价金,真正权利人仍得诉请涂销登记。在此种基本理论前提之下,产生甚多疑义,强制拍卖本质上既然是民法上的买卖的一种,则出卖人究为何人,是债务人抑或为债权人?若拍定不能取得拍卖标的物之所有权,则在法律上得主张何种救济,维护其利益?

对于上述问题之见解,或见诸民刑庭总决议,或见诸判例,曾先后数度变更,最近判决之见解更有突出性之转变。以下拟就拍定人之救济方法,以其得请求的对象,分债务人及债权人两方面述之。

(二) 拍定人对债务人得主张之权利

1. 权利瑕疵担保

依1942年9月12日民刑庭总会决议:“‘强制执行法’上之拍卖,应依通说解为买卖之一种(参照‘强制执行法’第69条,第113条),并认债务人为出卖人,甲乙基于对丙之执行名义,声请执行,误认戊之不动产为丙所有,拍卖于丁,由戊诉经确定判决命丁返还者,丙虽于拍卖时,确信该不动产为伊所有,亦应负第349条之担保责任。至丙无资力时,‘民法’既未如外国或地区立法例就此设有特别规定,丁即不得以此为理由,请求甲乙返还价金。”

---

① 参见史尚宽:《物权法论》,第266页(公法行为说);郑玉波:《民法物权》,第248页(公法行为说);姚瑞光:《民法物权》,第240页。在德国初期有采私法买卖说者,例如M. Wolff, Die Zwangsvollstreckung in eine dem Schuldner nicht gehörige bewegliche Sache, in: Festgabe für Hübler, 1905;亦有采取公私法混合说者,例如Stein, Grundfragen der Zwangsvollstreckung, 1913, S. 94ff. 但在今日则均采公法行为说矣!

此项解释认为“强制执行法”上之拍卖为私法上之买卖,纵令拍卖之不动产非属债务人所有时,亦将债务人视为出卖人,债务人应负权利瑕疵担保责任。此种理论含有以下疑难之点:

(1) 强制拍卖系公权力之实施,其性质与民法之拍卖有异,何能相提并论?

(2) 债务人若是标的物之出卖人,则执行推事或执行员究处于何种地位?债务人就其行为应否依“民法”第224条规定负责。

(3) 标的物既然非属债务人所有,为何仍以其为出卖人,并令其负权利瑕疵担保责任?债务是否消灭?若为消灭,其法律依据如何?在私法买卖说之理论下,诸此问题,均有待澄清,“最高法院”亦迄未为详细之阐明。

2. 不当得利

“最高法院”在另一个案情类似之案件,另采不同观点,认为拍定人得依不当得利之规定,向债务人请求返还其所支付之价金。1964年台上字第2261号判例略谓:“执行法院拍卖查封之不动产,以其价金分配于各债权人者,纵该不动产嗣后复经确定判决认为不属于债务人所有,不能移转于买受人,而买受人因此所受价金之损害,亦只能向直接受其利益之债务人请求偿还,各债权人所受清偿之利益,系另一原因事实,除有恶意外,不能认与买受人所受之损害有直接因果关系,自不负返还其利益之责任。”

如前所述,依“最高法院”之见解,“强制执行法”上之拍卖,其性质既为私法上之买卖之一种,并以债务人为出卖人,则在此理论前提下,本件判例之理由,确实令人感到困惑,盖买卖契约若未经解除,则出卖人(债务人)受领价金系有法律上原因,根本不发生不当得利问题;反之,买卖契约若经解除,当事人亦仅负恢复原状之义务,亦与不当得利请求权无关,因此在上述情形,“最高法院”认为,债务人就其所受领之价金,构成不当得利,诚有疑问。①

---

① 契约解除后之恢复原状请求权与不当得利请求权之关系如何,甚有争论。钱国成氏认为契约解除后根本不生不当得利问题(“论债权行为与物权行为之关系”,《台大法律学刊》,第3期),此说甚属正确,盖解除契约旨在使契约了结,恢复原状,论其性质,与不当得利并无关涉。

(三)拍定人对债权人得主张之权利

1. 侵权行为

在1971年台上字第2777号判决又改变态度,将拍定人得请求之对象由债务人移至债权人。此项转变,饶有趣味,依吾人之推测,或许是基于以下三种理由:①“最高法院”本身发觉前述1942年决议及1964年判决互相冲突,无法自圆其说,不得不另寻根据。②为使拍定人多获赔偿机会。盖强制拍卖既然是有关机构所作的行为,拍定人身受其害,不能不设法予以救济。③债权人指封错误,既已就卖得价金受偿,若可置身事外,不负责任,则任何债权人均将随意指封拍卖第三人财产,非仅有违正义公平原则。

1971年台上字第2777号判决认为:“应视债权人之指封系基于误认,抑或基于故意或过失,不法侵害得标人之权利,而断定该债权人应否对得标人负损害赔偿责任。”此项观点,颇值检讨。“最高法院”认为,债权人错误指封债务人以外第三人之财产,若有故意或过失,应对得标人(拍定人)负损害赔偿责任。此项责任之基础为何,判决文中明确指出,但就文义观之,似系指侵权行为而言。债权人故意或过失查封债务人以外第三人之不动产者,系侵害该第三人之权利,应构成侵权行为,虽无疑义,但对拍定人而言,依“民法”规定是否成立侵权行为,尚有研究余地。

侵权行为责任之成立要件,法律设有严格规定,其目的在于不使赔偿范围漫无限制,致影响个人之活动。“民法”第184条第1项前段规定:“因故意或过失不法侵害他人权利者,负损害赔偿责任。”由是可知,侵权行为责任之成立以侵害他人权利为前提条件。权利者,享受特定利益之法律上之力也,如物权、智慧财产权、人格权、亲属权、社员权等,侵害之者,应负赔偿责任。至一般财产上之不利益,本非属于权利受到侵害,纵由于他人故意或过失行为所致,原则上不得请求损害赔偿,仅于例外情形,即以故意违背善良风俗之方法,致他人遭受财产之损失时(第184条第1项后段),始发生赔偿问题。此为现行“侵权行为法”之基本原则①,亦为第184条第1项前段及后段区别所在,应予注意。

---

① 参见史尚宽:《债法总论》,129页;郑玉波:《民法债编总论》,第146页以下;Larenz, Schuldrecht Ⅰ, 1965, S. 403.

就本件而论，债权人查封债务人以外第三人之不动产，致他人参加应买并支付价金后，不能取得其物之所有权，致其财产有所支出，遭受损害者，若非可认定债权系出于故意以违背善良风俗之方法，加损害于买受人（拍定人）者，则因其非属侵害他人权利，不构成侵权行为，“最高法院”认为，侵害拍定人之权利应构成侵权行为，似有误会。

2. 不当得利

拍定人原则上不能以其未能取得所有权，认系权利受害，向指封错误之债权人请求损害赔偿，已如上述。然则拍定人就其支付之价金，是否享有不当得利请求权，在本案原审法院采肯定见解，“最高法院”认为误认法律关系，但未说明理由，前述1964年台上字第2661号判决对此有所论述，本案或采同样见解，亦未可知。

1964年台上字第2661号判决所以否认拍定人得对债权人主张不当得利，主要是根据损益变动直接性之理论，质言之，即“债务人系直接受益人，而债权人所受利益系另一原因事实，除有恶意外，不能认与买受人之损害具有直接因果关系。”在拍卖本质上系民法上买卖之一种之理论前提下，买卖契约之当事人为债务人（出卖人）及拍定人（买受人），则拍定人不能向买卖契约外之第三人，就其支付之价金主张不当得利，自属当然。在契约关系上，一方当事人无法律上原因受有损害者，仅能向受领给付之相对人请求返还，不能向其他第三人主张不当得利。有疑义者，系“最高法院”认为债权人若具有恶意，则可构成不当得利，此点甚有误会，损益变动是否具有直接性，应纯就客观事实判断，与当事人主观意思无涉，不宜混淆。

（四）根本问题之检讨

1942年9月22日之民刑庭总会决议认为拍定人得向债务人主张权利瑕疵担保，于1964年台上字第2661号，却认为得向债务人依不当得利规定请求返还价金，在1971年台上字第2777号判决又改弦更张，另辟蹊径，认为若债权人指封错误系出自故意或过失者，拍定人亦得对其不法行为,请求损害赔偿。[①] 前两种见解,互有冲突,盖权利瑕疵担保系以买卖契约存在为前提,而依不当得利请求返还价金,则系以买受人无法律原因而受领为要件,二者性质迥异,互为排斥,似难并存,拍定人不能同时享有此两种权利。至于债权人查封错误,致拍定人支出金钱,遭受财产损失,因非系侵害权利,在原则上亦不构成侵权行为。

"最高法院"一再变更见解,当系为使无法取得所有权之拍定人,获得赔偿机会,用意虽佳,但因此却造成法律适用的不安定,实非善策。一再变更其法律见解,甚至造成矛盾冲突现象,不禁令人怀疑其理论前提是否未尽妥适,致推论结果滋生疑义。釜底抽薪,根本解决之道,应在重新确定拍卖的法律性质,建立有系统的理论。拍卖私法行为说有无商榷余地?若其基本理论正确,则以债务人为出卖人是否是一项忽视事实,不切实际的拟制,使法律关系趋于复杂,难以处理?若必欲坚持私法行为说,在拍卖第三人财产之情形,似可改以债权人为出卖人,由其负权利瑕疵担保责任,使问题较易解决,并符合事理。鉴于强制拍卖在实务上之重要性,至盼能即召开民刑庭总会,就旧有观点,再加检讨,并研究公法行为说有无可供采用之处[②],他方面亦深望专家学者,能就此发表高见,共同讨论,获一可行之结论。本文仅指出若干疑难问题,以供参考而已。[③]

---

① 依1943年7月28日"办理强制执行案件应行注意事项"第33条规定:"拍定之不动产,因执行异议之结果,应归属于第三人,其拍卖当然失效,应将该不动产返还于第三人,执行法院所发给之权利移转证书,可由执行法院径予撤销,拍定人若因此受有损害,应由请求查封人负赔偿之责。"查封人何以对拍定人之应负赔偿责任,其法律基础如何,甚有疑问,所可能主张者,系侵权行为,而此依吾人之见解,原则上难以成立。

② 参见陈荣宗:《法院拍卖之理论基础》,载《台大法学论丛》,第3卷第2期(1974年10月)第331页。

③ 采公法行为说所产生之问题,尤其是关于丧失所有物者之救济方法,请参见 Lüke, Die Bereicherungshaftung des Gläubigers dei der Zwangsvollstreckung in eine dem Schuldner nicht gehörige bewegliche Sache, AcP 155, 533ff.

典权设定后何以不得再设定抵押权？

一、判　　决

1964年度台上字第1354号判决。[①]

本件系争之坐落云林县斗六镇中正路博仁巷16号之1至16号之6砖木竹造平房六栋，原为第一审共同被告洪诸所有，洪于1954年10月22日以新台币85 000元出典于上诉人，期限5年，经设定典权登记，并将房屋交付上诉人使用收益。在典权存续期间，洪诸又就该房屋设定抵押权登记与被上诉人等以为债权之担保，嗣因典期届满，洪诸经过两年未以原典价回赎，上诉人依法取得典物所有权，并已办妥所有权登记，以及被上诉人等以洪诸就抵押权担保之债权逾期未为清偿，乃请法院查封拍卖供抵押之系争房屋，是为双方所不争，上诉人主张其就系争房屋之所有权依法系属原始取得，应有排除强制执行之权利，请求判决台湾嘉义地方法院1962年台执字第1760号、第1761号强制执行事件就系争房屋之执行程序应予撤销，原审虽以典权人依“民法”第923条第2项规定取得典物之所有权者，照“司法院”院字第3908号及第2193号解释意旨，均系认为继受取得，即与因继承于登记前已取得不动产所有权者无异，出典人洪诸未于典期届满后两年内向上诉人回赎，其回赎权固已消灭，而由上诉人取得其所有权。但被上诉人等在洪诸回赎权未消灭前，亦即上诉人未取得所有权以前，与洪诸设定之抵押权，依照继受取得之法理，自难因其所有权之移转，使抵押权随之而消灭，且抵押权原得追及其物之所在，而行使权利，被上诉人等设定抵押权既在上诉人取得系争房屋所有权以前，依第

---

① 载《“司法院”公报》第7卷第1期，第6页。

867 条规定,其抵押权更不因之受有影响,因而维持第一审为上诉人败诉之判决。按不动产所有人于同一不动产上设定典权后,能否设定抵押权,在民法物权编施行前(1930 年 5 月 5 日施行)之解释例,固采肯定说(参照"司法院"1929 年 12 月 23 日院字第 192 号解释),但在"民法"物权编施行后,依第 918 条第 1 项,既仅规定出典人于典权设定后,得将典物所有权让与他人,非如第 866 条及第 867 条,特以明文准许不动产所有人设定抵押权后,除得将该不动产让与他人外,尚得设定地上权及其他权利。自应认为典权成立后,不得设定其他之物权,包括抵押权在内。盖典权依第 882 条规定,既得为抵押权之标的物,倘许出典人就同一不动产为债务之担保,而以典物设定抵押,不但权利行使发生冲突,且使法律关系愈趋复杂,殊非社会经济之福,此其一。且纵令认为典权设定后,得设定抵押权,然典权一经设定,所有人已不能就该不动产使用收益,其所余者实即回赎权,在回赎期限届满前,该所有权(回赎权)尚可执行拍卖,但迄回赎期限届满,典权人之典权尚属存在(第 762 条),而所有权人又不得回赎,是其拍卖者已无内容,陷于一面无人拍卖,一面典权人就其因回赎期限满所取得之所有物,永留一个不生不灭之抵押权存在之状态,显失立法本意,此其二(见"最高法院"1964 年 10 月 27 日民刑庭总会决议)。本件被上诉人与原所有人洪诸就系争房屋设定抵押权系在上诉人就该房屋取得典权以后,既为两造所不争,依上说明被上诉人已不得将该典物付之拍卖;反之,上诉人则可本于典权就执行命令,以异议之诉,对被上诉人主张排除强制执行,原审见未及此,不利于上诉人之断定,自属无可维持,应依已确定之事实,自为判决,俾臻适法。

二、评　释

(一) 数种物权之并存性

所有权具有用益及交换价值,法律为使其功能尽量发挥,裨益社会经济,特别规定就前者得设定用益物权,就后者得设定担保物权。"民法"所规定之用益物权,仅限于不动产,计有典权、地上权、永佃权及地役权四种,其所以不承认动产用益物权,主要是由于交易上无特别需要及公示之困难。至于担保物权,依现行"民法"规定,在不动产仅有抵押权,在动产则有质权及留置权两种。

据上所述，可知“民法”规定物权之种类，计有八种，可别为所有权及定限物权（包括用益物权及担保物权）两个基本类型。在同一标的物，虽然不能存在两个所有权，但一个所有权，得由数人享有而形成共有关系。至在同一标的物上，所有权得与其他任何一种定限物权并存，后者之效力甚且优先于前者，此为基于权能分化，于所有权上得设定其他物权之当然结果，无待详论。

然则，在同一标的物上能否设定数种物权？此关涉物权排他优先效力问题，较为复杂。析而言之，可别为以下数项疑问：即① 在同一标的物上得否设立数种相同或不同之担保物权？② 在同一标的物上得否设立数种相同或不同之用益物权？③ 用益物权与担保物权在同一标的物上能否并立？

关于担保物权之并存性，就抵押权言，“民法”设有明文。依第865条规定，不动产所有人因担保数债权，得就同一不动产上，设定数个抵押权，并以登记之先后定其次序。至于数种动产保护物权能否并存，因依“民法”规定，质权及留置权系以占有标的物为其成立及存续要件，易滋疑义。“最高法院”似未著判决，学说则多承认就同一标的物，得设定多数质权或留置权①，而质权与留置权亦得并存于同一标的物上。② 至其次序，则依一般原则，以成立之先后订立。③

至于用益物权，因其系对标的物为使用收益，在内容上不免发生排斥现象。依物权排他效力，于同一标的物设定某一物权之后，不得设立内容与之不相容之其他物权，故原则上，就同一标的物两种用益物权，不论其种类及效用是否相同，均难并存。构成例外者，只有地役权而已，质言之，即一方面两个地役权，例如通行役地权或汲水权，得共存于同一供役地上，他方面地役权亦能与其他用益物权并存无妨，尤其是消极地役权。消极地役权者，谓以使供役地所有人不为一定行为为内容之地役权，例如不建立妨害需役地观望高楼之地役权，供役地所有人之义务在于不作为，故

---

① 参见史尚宽：《物权法论》，第324页；郑玉波：《民法物权》，第313页。

② 参见史尚宽：《物权法论》，第463页。

③ 参见郑玉波：《各种动产担保相互关系之分析》，载《法令月刊》，第25卷，第8期（1974年8月），第5页。

于设定地役权后,纵再设定永佃权,二者内容亦不生冲突,可相容并存。①

在实务上特别滋生疑义者,系用益物权及担保物权之并存问题。民法仅在不动产设有用益物权,不动产上担保物权又仅抵押权一种,因此问题之争点,乃在于抵押权与典权、地上权、永佃权及地役权之并存性及位序关系。就设立时间言,有抵押权设定在前者,亦有用益物权设定在前者,其效力若何,实值研究。

(二)抵押权设定在先,用益物权设定在后之效力

不动产所有人设定抵押权后,仍得于同一不动产设定地上权及其他权利,但其抵押权不因此而受影响,第866条设有明文,所谓其他权利,系指典权、地上权、永佃权及地役权等用益物权而言。

抵押权设定后,虽不妨再设定用益物权,但抵押权不因之而受影响。所谓抵押权不受其影响者,一般言之,固指后设定之用益物权仍无碍于抵押权人就抵押物行使其变价权及受偿权,但在具体实施抵押权之际,仍有若干疑义争点,具见于"最高法院"声请大法官会议解释之呈文中,略谓:"查某甲以其所有之不动产一笔,为某乙设定抵押权后再出典于某丙,嗣某乙声请拍卖抵押物,因有典权存在无人承买,此际,执行法院可否将典权除外,仅拍卖抵押所有权,以所得价款清偿抵押权。如所余价款已不足偿还某丙典价时,其典权是否仍归消灭,而由执行法院径行通知地政机关,涂销某丙之典权登记(另由某丙向某甲请求赔偿损害),抑或仍应由某乙于拍卖前,以抵押权人地位,或由拍定人于买受后,以所有权人地位向某甲与某丙提起涂销典权登记之诉,事关法律疑义,理合呈请钧院解释示遵。"

对于"最高法院"所提出之疑义,大法官会议议决释字第119号,作有如下解释:"所有人于其不动产上设定抵押权后,复就同一不动产与第三人设定典权,抵押权自不因此而受影响。抵押权人届期未受清偿,实行抵押权拍卖抵押物时,因有典权之存在,无人应买,或出价不足清偿抵押权,执行法院得除去典权负担,重行估价拍卖。拍卖之结果,清偿抵押债权有余时,典权人之典价,对于登记在后之权利人,享有优先受偿权。执行法

① 参见刘志敭:《民法物权》上卷第2章第3节,此书内容甚佳,惜在台似未重版,关于刘氏见解,请参见郑玉波:《民法物权》,第25页注1。

院于发给权利移转证书时,依职权通知地政机关涂销其典权之登记。”此项解释合乎法理,兼顾事实,诚属妥适。

(三)用益物权设定在前,抵押权设定在后之效力

设定抵押权后,再就同一不动产得设定用益物权,法有明文。至于设定用益物权后,就同一不动产得否再设定抵押权,则无规定。“最高法院”在1964年台上字第1354号判决中,认为设定典权后,不得设定抵押权。至于是否亦禁止设定其他用益物权,虽未明言,但就判决理由推论之,似倾向采肯定说。

“民法”第918条第1项明定:“出典人于典权设定后,得将典权之所有权,让与他人。”第866条规定:“不动产所有人设定抵押权后,于同一不动产上,得设定地上权或其他以使用收益为目的之物权,或成立租赁关系。但其抵押权不因此而受影响。”“最高法院”据此规定,以为典权设定后,不得再设定抵押权,纯从形式推论,欠缺积极说服力。不动产出典后,出典人仍享有所有权,自得将之让与他人,实为当然之理,纵无第918条之规定,亦应作肯定解释,故不得据该条规定推论出典人仅得以让与所有权为限,而不得设定其他权利。同理,亦不得由第866条推论典故设定后,不得再设定抵押权。上述两条规定,从逻辑观点言,既可反面解释,亦可类推适用。究以何者为当,不能纯依概念与形式推论,应依据物权法之基本原则及当事人之利益状态决定。①

为此,“最高法院”特提出两项实质论点,支持其见解,一为社会经济福利,二为立法本意。立论堪称严密,颇值赞赏,然此两项论点是否妥适,仍有审酌之余地。

1. 社会经济福利

“最高法院”认为典权既依“民法”第882条之规定,得作为抵押权之标的物,倘许出典人复就同一不动产为债务之担保,而以典物设定抵押,不但权利行使发生冲突,且使法律关系愈趋复杂,殊非社会经济之福。

设定典权后,就同一不动产再设抵押权,法律关系固然趋于复杂,但

---

① 关于反面解释(Umkehrschluss)及类推适用(Analogie)之问题,请参见 Engish, Einführung in das juristische Denken, 1965, S.144f.; Larenz, Methodenlehre der Rechtswissenschaft, 1969, S.368f.

其复杂性与抵押权设定后再设定典权,而典权人又依第 882 条设定以其典权作为抵押权标的物之情形,略无不同,后者既为法律所容许,“最高法院”自无禁止前者之理由。

又同一标的物上数种权利重叠,系现代物权法之特色,最能发挥物权之功能,既符合当事人之利益,复可促进社会经济福利。权利尽管重叠,若有一定次位序关系可资依循,绝不致发生冲突情事。抵押权设定后,就同一不动产再设定典权者,抵押权之效力优于典权,不受后设定之典权之影响,其详已见上述。同理,典权设定后再定抵押权者,典权之效力优先于抵押权,不受后设定抵押权之影响。权义关系,井然有序,何冲突之可言,“最高法院”之顾虑,似无依据。

2. 立法本意

“最高法院”认为纵令于典权设定后,得设定抵押权,然典权一经设定,所有人已不能对该不动产使用收益,其所余者,实即回赎权,在回赎期限届满前,该所有权(回赎权)尚可执行拍卖,但迄回赎期限届满,则典权人之典权尚属存在(“民法”第 762 条),而所有权人又不得回赎,是其拍卖已无内容,陷于一面无人拍买,一面典权人就其回赎期限届满所取得之所有物,永留一个不生不灭之抵押权存在之状态,显失立法本意。在法学方法论上,立法本意常被引用为法学上辩论(juristic argumentation)之一种手段①立法本意,事实上颇难认定,容易流为主观之揣测,因此假立法本意之名,强调自己主观论点者,时常可见,故引用立法本意,宜特别慎重,对之审究检讨,尤须力求严谨。

设定典权后再设定之抵押权,其效力既然劣于典权,不能除去典权而为拍卖(参阅前引大法官会议释字第 119 号),因此应买之人甚为有限,固属实情,但不可谓必无人应买,此当视典价、典期及标的物价值而定,不可一概而论。债权人既知有典权设定在先,仍愿再设定抵押权者,对其利益自有斟酌,殊无禁止之必要。何况典权既定有期限,若出典人为回赎时,则抵押权拍卖机会又增多。倘出典人不为回赎,抵押权人亦得代为清偿典价而为回赎,此项清偿行为,抵押权人具有利害关系,典权人不得拒绝

① 关于 Juristic Argumentation 在方法论上之检讨,在英美及欧陆法学界近年来颇受重视,论述甚多,可供参考,《法哲学及社会学论丛》(Archiv für Rechts-und Sozialphilosophie. 简称 ARSP)曾有专集讨论,详见 Die Juristische Argumentation, 1972, Beiheft, Neue Folge NR. 7, ARSP.

(第 311 条第 2 项)。若典物价值重大,而典价偏低,除抵押权人乐意代偿,使典权消灭,增益其抵押权功能外,第三人亦愿意先为拍卖,俟典权届满时,再清偿典价,取得完全所有权,故所谓“无人应买”,实未尽然。

又所谓“一面无人拍买,一面典权人就因其回赎期限届满所取得之所有物,永留一个不生不灭之抵押权存在之状态”。此项见解,颇有疑义。典权期限届满时,出典人及抵押权人均得回赎。出典人或抵押权人不为回赎时,则由典权人取得典物所有权(第 923 条第 2 项及第 924 条)。在此种情形,抵押权是否继续存在?此点当视典权人因除斥期间之经过而取得典物所有权,性质上为继受取得,抑为原始取得而定之。史尚宽先生认为,典权人系依民法之规定,因出典人回赎权之消灭而原始取得所有权。[①] 余深以此说为是,盖所有权与典权各异其种类,典权人若非原始取得,何能由典权一变而为所有权?依原始取得之理论,出典人于出典后,再就典物所设之负担,均归消灭,如是观之,在法律上自不致永留一个不生不灭之抵押权存在之状态。

三、结 论

用益物权之目的,在乎取得物之使用收益价值;担保物权之目的,在乎取得物之交换价值。内容各有不同,应可并存无妨。抵押权设定后,就同一不动产,得再设定用益物权,法有明文。典权(用益物权)设定后,“最高法院”虽认为不得再设定抵押权,学者多加非议[②],吾人亦韪其说,以为实无禁止之必要。

在同一不动产上,权利重叠,正所以发挥其功能。以登记先后,定其次序,可谓层次井然,实无冲突混淆之虞。至于后设之抵押权,有无实益,不可一概而论,当事人斟酌具体情况,自有权衡,此为“民法”之私法自治精神,“最高法院”强予禁止,是否裨益社会经济福利,符合立法本旨,似尚有研讨之余地。

---

① 参见史尚宽:《物权法论》,第 432 页。

② 参见姚瑞光:《民法物权论》,第 352 页,对此判决,论述甚详,可供参考。郑玉波:《论典权与买卖、抵押及租赁之关系》,载《军法专刊》,第 10 卷,第 8 期(1973 年 8 月 1 日)第 5 页。

同一不动产上后设定之抵押权会妨害先设定之典权？

一、大法官释字第139号解释①

（一）解释文

不动产所有人于同一不动产设定典权后，在不妨害典权之范围内，仍得为他人设定抵押权。本院院字第192号解释毋庸变更。

（二）解释理由书

按典权乃支付典价，占有他人之不动产，而为使用收益之权，与抵押权之系不移转占有，为担保债务之履行而设定之担保物权，其性质并非不能相容。不动产所有人于同一不动产设定典权后，其所有权尚未丧失，在不妨害典权之范围内，再与他人设定抵押权，"民法"物权编既无禁止规定，自难认为不应准许。本院院字第192号解释毋庸变更。

二、评　　释

（一）问题的说明

不动产所有权人于同一不动产设定典权后，可否再设定抵押权？依"司法院"院字第192号解释："按不动产所有权人将标的物出典于人后，

---

① 载《"司法院"公报》第16卷第11期，第6页（1974年11月11日）。

依法虽有不得重典之限制，但所有权既未丧失，故于不妨害典权之范围内，仍得为他人设定抵押权。至典权与抵押权在已实行登记制度之省份，均非登记不生对抗效力，若两者均已登记，自应以先后为准。”

1964 年台上字第 1354 号判决则采不同的见解，认为：惟按不动产所有人于同一不动产上设定典权后，能否设定抵押权，在“民法”物权编施行前（1930 年 5 月 5 日施行）之解释例，固采肯定说（参照“司法院”1929 年 12 月 23 日院字第 192 号解释），但在“民法”物权编施行后，依第 918 条第 1 项，既仅规定出典人于典权设定后，得将典物所有权让与他人。非如第 866 条及第 867 条，特以明文准许不动产所有人设定抵押权后，除得将该不动产让与他人外，尚得设定地上权及其他权利，自应认为典权成立后不得设定其他之物权，包括抵押权在内，盖典权依第 882 条规定，既得为抵押权之标的物，倘许出典人就同一不动产为债务之担保，而以典物设定抵押，不但权利行使发生冲突，且使法律关系愈趋复杂，殊非社会经济之福，此其一。且纵令认为典权设定后，得设定抵押权，然典权一经设定，所有人已不能对该不动产使用收益，其所余者实即回赎权，在回赎期限届满前，该所有权（回赎权）尚可执行拍卖，但迄回赎期限届满，典权人之典权尚属存在（第 762 条），而所有权人又不得回赎，是其拍卖已无内容，陷于一面无人拍买，一面典权人就其因回赎期限届满所取得之所有物，永留一个不生不灭之抵押权存在之状态，显失立法本意，此其二。

基于上述“司法院”院字第 192 号解释及 1964 年 5 月 14 日台上字第 1354 号判决，“司法行政部”乃以不动产所有权人于同一不动产设定典权后可否再设定抵押权，在解释适用上不无疑义，呈请“行政院”转大法官会议解释。

（二）“最高法院”见解

关于 1964 年台上字第 1354 号判决，笔者在拙文《典权设定后何以不得再设定抵押权？》曾试加分析，兹为说明方便，特摘录如下：

第 918 条第 1 项规定：“出典人于典权设定后，得将典物所有权，让与他人。”第 866 条规定：“不动产所有人设定抵押权后，于同一不动产上，得设定地上权或其他以使用收益为目的之物权，或成立租赁关系。但其抵押权不因此而受影响。”“最高法院”据诸此规定，遂谓典权设定后，不得再设定抵押权，纯从形式推论，欠缺积极说服力。不动产出典后，出典人仍享有所有权,自得再将之让与他人,实为当然之理,纵无第 918 条之规定,亦应作肯定解释,故不得据该条规定反面推论出典人仅得以让与所有权为限,而不得设定其他权利。同理,亦不得由第 866 条推论典权设定后,不得再设定抵押权。"最高法院"尚提出两项实质论点,支持其见解,一为社会经济福利,一为立法本意。此两项论点是否妥适,似仍有审酌之余地。

1. 社会经济福利

"最高法院"认为典权既依第 882 条之规定,得作为抵押权之标的物,倘许出典人复就同一不动产为债务之担保,而以典物设定抵押,不但权利行使发生冲突,且使法律关系愈趋复杂,殊非社会经济之福。

设定典权后,就同一不动产再设定抵押权,法律关系固然趋于复杂,但其复杂性与抵押权设定后再设定典权,而典权人又依"民法"第 882 条规定以其典权作为抵押权标的物之情形,略无不同,后者既为法律所容许,"最高法院"自无禁止前者之理由。

又同一标的物上数种权利重叠,系现代物权法之特色,最能发挥物权之功能,既符合当事人之利益,复可促进社会经济福利。权利尽管重叠,若有一定位序关系可资依循,绝不致发生冲突情事。抵押权设定后,就同一不动产再设定典权时,抵押权之效力优于典权,不受后设典权之影响,实无任何疑义。同理,典权设定后就同一不动产再设定抵押权者,典权之效力恒优先于抵押权,不受后设定抵押权之影响,权利关系,井然有序,无冲突之可言,"最高法院"之顾虑,似无依据。

2. 立法本旨

"最高法院"认为:"纵令于典权设定后,得设定抵押权,然典权一经设定,所有人已不能对该不动产使用收益,其所余者,实即回赎权,在回赎期限届满前,该所有权(回赎权)尚可执行拍卖,但迄回赎期限届满,则典权人之典权尚属存在(第 762 条),而所有权人又不得回赎,是其拍卖已无内容,陷于一面无人拍买,一面典权人就其回赎期限届满所取得之所有物,永留一个不生不灭之抵押权存在之状态,显失立法本意。"在法学方法论上,立法本意常被引用为法学上论证(juristic argumentation)之一种手段。但立法本意,事实上颇难认定,容易流为主观之揣测,因此借用立法本意之名,强调自己主观论点,时常可见,故引用"立法本意",宜特别慎重,对之审究检讨,尤须力求严谨。

设定典权后再设定之抵押权，其效力既然劣于典权，不能除去典权而为拍卖（参阅大法官会议释字第119号解释），因此应买之人甚为有限，固属实情，但不可谓必无人应买，此当视典价、典期及标的物价值而定，不可一概而论。债权人既知有典权设定在先，仍愿再设定抵押权者，对其利益自有斟酌，殊无禁止之必要。何况典权期限届满后，若出典人为回赎，则抵押物拍卖机会自又增多，纵令出典人不为回赎，抵押权人亦得代为清偿典价而为回赎。此项清偿行为，抵押权人具有利害关系，典权人不得拒绝（第311条第2项）。若典物价值重大，而典价偏低，典期又不甚长久，除抵押权人多愿代为清偿，消灭典权，增益其抵押权功能外，第三人亦可能愿意先为应买，俟典权届满时，再清偿典价，取得完全所有权，故所谓“无人应买”，实未尽然。

又所谓“一面无人拍买，一面典权人就因其回赎期限届满所取得之所有物，永留一个不生不灭之抵押权存在之状态。”此项见解，从法律观点言，颇有疑义。典权期限届满时，出典人及抵押权人均得回赎。出典人或抵押权人不为回赎时，则由典权人取得其所有权（参阅第923条第2项及第924条）。在此种情形，抵押权是否继续存在？此点当视典权人因除斥期间之经过取得典物所有权，性质上为继受取得，抑或为原始取得而定。史尚宽先生认为，典权人依“民法”之规定，因出典人回赎权之消灭而原始取得所有权。① 余深以此说为是，盖所有权与典权各异其种类，典权人若非原始取得，何能由典权一变而为所有权？依原始取得之理论，出典人于出典后，再就典物所设之负担，均归消灭。如是观之，在法律上自不致永留一个不生不灭之抵押权存在之状态。

用益物权之目的，在乎取得物之使用收益价值；担保物权之目的，在乎取得物之交换价值，内容各有不同，应可并存无妨。抵押权设定后，就同一不动产，得再设定用益物权，法有明文。典权（用益物权）设立后，“最高法院”虽认为不得再设抵押权，学者多加非议，吾人亦韪其说，以为实无禁止之必要。

在同一不动产上，权利重叠，正所以发挥其功能，民法既设有登记制度，以成立先后，定其次序，可谓层次井然，原无冲突混淆之虞。至于后设定之抵押权，有无实益，不可一概而论，当事人斟酌具体情况，自有权衡，

---

① 参见史尚宽：《物权法论》，第432页。

此为现代法之私法自治精神,"最高法院"强予禁止,是否裨益社会经济福利,符合立法本旨,似不无商榷余地。

(三)对第139号解释的分析

"司法院"大法官仍采取原院字第192号的见解,认为,"不动产所有人于同一不动产设定典权后,在不妨害典权之范围内,仍得为他人设定抵押权"。原则上采肯定说,但就文义而言,似附有条件限制,即再设定抵押权,须"在不妨害典权之范围内",始得为之,故可称为"相对肯定说"或"附条件肯定说"。对此解释,大法官会议曾提出两项理由,即:① 典权乃支付典价,占有他人不动产,而为使用收益之权,与抵押权之系不移转占有,为担保债务履行而设定之担保物权,其性质并非不能相容。② 不动产所有人于同一不动产设定典权后,其所有权尚未丧失,再与他人设定抵押权,物权编既禁止规定,自难认为不应准许。

须说明的是,从上述两项理由所能道出的结论,仅是:"不动产所有人于同一不动产设定典权后,仍得再设定抵押权"而已,对"在不妨害典权之范围内"此项条件,并未说明,故就此点而论,大法官释字第139号解释理由似未足支持其"解释文","解释理由"尚欠完备。

大法官释字第139号解释,对于"在不妨害典权之范围内"始得再设定抵押权此项条件,既未加说明,则仅能在法理上加以研讨。首先须要究明的前提问题是:在同一不动产,后设定的抵押权,有无妨害先设定典权的可能性?在"现行法"上,数种不同物权得在同一不动产上并存,如用益物权(典权)与担保物权(抵押权)者,其效力系依成立的先后而定,即先成立的物权优先于后成立的物权,而所谓"优先效力",系指先设定的物权其效力并不受后设立物权的影响。[①] 准是而言,后设立的抵押权似无妨害先设定典权之可能:① 再设定抵押权后,典权人原享有使用及收益的权利,并不受影响。② 抵押权实行时,关于典权人的地位,或为其典权仍继续存在于被拍卖土地之上,或为典权人有异议之权,皆无遭受损害

① 关于物权的并存位序关系及所谓物权优先效力,参见郑玉波:《民法物权》,第25页;姚瑞光:《民法物权论》,第5页;郑玉波:《论动产担保物权位序关系》,载《法令月刊》第25卷第8期(1974年8月)第5页,论述甚详,可供参考。

之虞。[①] ③ 典权人于出典人不回赎时，即原始取得典物所有权，后设立的抵押权归于消灭。[②] 由是观之，大法官释字第 139 号解释所谓“不妨害典权之范围内”，此项“条件”一方面实无“成就”的可能，似属赘词，他方面更足造成法律适用的不安定，使当事人及地政登记机关无所适从，似非妥当。

（四）两则不同意见

对释字第 139 号解释，有两位大法官提出不同意见，其中一项不同意见认为：“不动产所有人于同一不动产设定典权后，不得再设定抵押权，院字第 192 号解释应予变更。”其所提出的理由为：按物权编施行后，依“民法”第 918 第 1 项仅规定出典人于典权设定后得将典物之所有权让与他人，并无如“民法”第 866 条之类似规定，自应认为不得再于同一不动产上设定抵押权。依现行事例，抵押权人依第 873 条为拍卖抵押物之声请，须依“强制执行法”第 4 条第 5 款，经法院为许可之裁定以取得执行名义，然后始可据以开始执行，为查封及拍卖，而同法第 15 条又规定第三人就执行标的物，有足以排除强制执行之权利者，得于执行终结前，向债权人即声请执行人提起异议之诉，至何者为就执行标的物有足以排除强制执行之权利，按诸历来判解，则援“强制执行法”施行以前之 1933 年 5 月 22 日“司法行政部”通令施行 1934 年“中央政治会议”第 432 次会议决议准予补行备案之补订“民事执行办法”第 7 条所列举者为准据，即所有权人、典权人、质权人、留置权人得提起异议之诉，盖所有权以外之物权，如典权、质权、留置权，均以物之占有为存在要件（参照第 884 条、第 898 条、第 911 条、第 928 条、第 938 条），如丧失占有，则物权消灭，故认其有排斥强制执行之诉权，以资救济，因而典权与抵押权，在同一不动产上，即生抵触现象，例如甲（抵押权人）依“强制执行法”第 4 条第 5 款声请为许可强制

---

① “最高法院”采取后说，1955 年台上字第 721 号判例：“强制执行法”第 15 条所谓就执行标的物有足以排除强制执行之权利者，系指对于执行标的物有所有权、典权、留置权、质权存在情形之一者而言，占有依第 940 条之规定不过对于物有事实上管领之力自不包括在内。1959 年台上字第 421 号判例：“强制执行法”第 15 条所谓就执行标的物有足以排除强制执行之权利者，不仅指对于执行标的物有所有权而言，即有典权、留置权、质权存在情形之一者，亦包括之，故第三人就执行标的物上苟有典权存在，则不问其曾否经过回赎之除斥期间而取得典物之所有权，均得对债仅人提起异议之诉。

② 参见史尚宽：前揭书，第 432 页。

执行之裁定以后，请求查封拍卖抵押物，而乙（典权人）即据同法第15条，参酌前补订“民事执行办法”第7条，提起异议之诉，将如何解决耶？本院1929年12月23日院字第192号解释认设定典权后得再设定抵押权，但物权编施行后典权无如第866条之类似规定，又补订“民事执行办法”施行后强制执行之实务上，典权亦为足以排除抵押权实行之权利，则同一不动产上设定典权后，不能设定抵押权，了无疑义，上开解释应予变更。

此项不同意见所以采否定的见解，其理论依据有二：① 第918条第1项及第866条的反面解释，然此项论点纯从概念立论，欠缺积极说服力，前已述及，兹不赘述。② “强制执行法”上典权人的异议之诉。然依吾人见解，以程序法上的规定，排除实体法权利之创设，是否妥适，不无疑问。③ 由异议权的存在反而可推论抵押权之并存性，盖若不承认抵押权之存在，则根本不发生典权人于此情形得主张异议之诉之问题。至于债权人是否会因有典权人异议权的存在而不设定效力较弱的抵押权，则纯属当事人利害关系自我权衡问题，与在法律上得否设定，应属二事，似无冲突可言。

关于同一不动产于设定典权后，得否再设定抵押权，否定说固不可采，大法官会议采肯定说而附以“在不妨害典权之范围”之条件，亦易滋疑义。依吾人见解，宜采绝对肯定说，不必附以条件，加以限制。在第139号解释中另一位大法官提出不同意见，其论点与本文见解基本上甚为相近，谨录之如次，用供参考：

依第918条之规定，出典人于典权设定后，得将典物之所有权让与他人，典权人对于前项受让人仍有同一权利。出典人于设定典权后，典物之所有权纵因抵押权人行使其抵押权而让与第三人，典权人对该第三人有同一之权利，自难谓典权人之典权因抵押权之设定，而受影响。且典权为绝对权，对世人均得主张其权利。典权人于典期届满后经过2年，出典人不以原典价回赎者，即取得典物之所有权（第923条第2项）。此项权利系法律赋予典权人，典权人对于抵押权人自得主张其权利，请求涂销其抵押权之登记。亦难谓典权人之典权因设定在后之抵押权而受影响。

由上开说明，于典权设定后设定之抵押权，并无任何情形可以妨害典权。本审查会通过之解释文所谓：“在不妨害典权之范围内，仍得设定抵押权”，究竟有何种情形设定在后之抵押权可以妨害设定在前之典权，难以了解。“司法院”院字第 192 号解释原附有“在不妨害典权之范围内”之条件,且备此种条件,方许出典人设定抵押权,似难谓无问题。而声请机关对于此项问题并不发生疑义,声请解释,本院不便为之变更。自应仅就其发生“不动产所有人于同一不动产设定典权后可否再设定抵押权”之疑义,在其声请之范围内为之解答。从而本解释文所附“在不妨害之范围内”之条件似应删除。否则,在适用上将难免发生问题。故本解释文应修正为:不动产所有人于同一不动产设定典权后,仍得设定抵押权,本院院字第 192 号解释毋庸变更。

耕地承租人事先抛弃优先承受权的效力

一、大法官释字第124号解释

（一）解释文

依“耕地三七五减租条例”第15条第1项之规定，承租人于耕地出卖或出典时，有优先承受之权。必须出租人将卖典条件以书面通知承租人后，始有表示承受或放弃承受之可言。此项规定，自不因承租人事先有抛弃优先承受权之意思表示而排除其适用。

（二）解释理由书

查“耕地三七五减租条例”第15条第1项规定，耕地出卖或出典时，承租人有优先承受之权，出租人应将卖典条件以书面通知承租人。承租人在15日内未以书面表示承受者，视为放弃。其立法意旨乃本于扶植自耕农之基本政策，使承租人于耕地出卖或出典时，依当时之卖典条件，有优先承受之权，并就卖典条件通知承租人，限定以书面为之，以确保承租人之权益。其优先承受之权，系于耕地出卖或出典时始行发生，且必须出租人将卖典条件以书面通知承租人后，始得表示承受或放弃承受，此项规定，自不因承租人事先有抛弃优先承受权之意思表示而排除其适用。无论其意思表示系向出租人或向其他承租人为之，其时既无卖典之情事与条件，则法定之优先承受权尚未发生，自无所谓消灭或丧失之问题。嗣后如遇耕地出卖或出典时，出租人仍应依上开条项之规定，将卖典条件以书面通知承租人。承租人未于15日内以书面表示承受者，始发生视为放弃之效果。[①]

二、评　释

(一) 问题之说明

"耕地三七五减租条例"第 15 条规定:① 耕地出卖或出典时,承租人有优先承受之权,出租人应将卖典条件以书面通知承租人。承租人在 15 日内未以书面表示承受者,视为放弃;② 出租人如因无人承买或受典,而再行贬价出卖或出典时,仍应照前项规定办理;③ 出租人如违反前两项规定,而与第三人订立契约者,其契约不得对抗承租人。耕地承租人优先承受权在实务上极为重要,诉讼案件甚多,法律问题颇为复杂,例如关于优先承受权的法律性质究为形成权抑或为订约请求权,以及关于优先承受权的效力究为债权性抑或为物权性,学者甚有议论,见解不一。[②] 其中最为特殊的,是关于优先承受权事先抛弃的问题。"最高法院"原采肯定说,"监察院"认为不无疑义[③],经提请大法官会议,于 1968 年 8 月 23 日作成解释,改采否定说,但其立论观点,尚值研究,时隔多年,偶然阅及,以事关法律适用,特再加讨论。

(二) 大法官之两项基本见解

"最高法院"台上字第 2385 号判例,认为耕地承租人得在出租人出卖或出典耕地前,抛弃其优先承受权,略谓:耕地出租人出卖耕地者,如不依"耕地三七五减租条例"第 15 条第 1 项所定条件,书面通知承租人优先承买,而与第三人订立契约者,依同条第三项之规定,其契约不得对抗承租人。所谓不得以其契约对抗承租人,固系指该项以买卖为原因而成立之移转物权行为对于承租人不生效力而言,惟优先承买权亦为权利之一种,原则上因抛弃而消灭。承租人就其优先承买权,倘曾向出租人为抛弃之

---

① 参见"司法院":《大法官会议解释汇编》(1974 年 11 月),第 297 页。

② 关于优先承受权的规定的一般问题,请参见杜温斯:《土地法论》,第 139 页;史尚宽:《土地法原论》,第 201 页;黄栋培:《土地法释义》,第 109 页;杨与龄:《耕地三七五减租条例实用》,第 119 页;郑玉波:《论先买权》,载《法令月刊》,第 25 卷,第 12 期(1974 年 12 月),第 8 页;拙文:《优先承买权之法律性质》,载于本书第 313 页。

③ 参见"司法院":《大法官会议解释汇编》,第 298 页。

意思,日后即不得再行主张及行使。而依"强制执行法"所为之拍卖仍属买卖性质,拍买人为买受人,执行法院仅代表债务人,立于出卖人地位,故拍卖前承租人向出租人所为先买权之抛弃,于拍卖时有效力。[①]

大法官释字第124号解释,采取与"最高法院"完全相异的见解。解释文及解释理由,已录之于前。此项解释采取两个基本见解:

(1)"耕地三七五减租条例"第15条所规定之承租人之优先承受权,系于耕地出卖或出典时始行发生。

(2)必须出租人将卖典条件以书面通知承租人,始得表示承受或放弃承受。此两项见解,似尚有讨论的余地。

(三)优先承受权的发生时期

权利的发生,有基于当事人的法律行为者,有基于法律的规定者。就优先承受权言,其由当事人以契约订定者,"民法"虽无明文,但依契约自由原则,自应承认其为有效,但仅具有债权之效力;约定承受权于契约订立时,随即发生,实无疑问。至于法定优先承买权,以"耕地三七五减租条例"所规定者,最为重要,此项权利系于耕地租赁契约成立时,随即发生,而于出租人出卖或出典耕地时得为行使,学说判例均同此见解。[②] 权利的发生与权利的行使,系属不同层次的概念,似有严格区别的必要。

大法官释字第124号解释所以认为承租人的优先承受权,于出租人典卖耕地时,始行发生,其在实体法的依据,是"耕地三七五减租条例"第15条第1项规定:"耕地出卖或出典时承租人有优先承受权。"然而此项规定的真正意义,不外指承租人于耕地出卖或出典时,即得表示承买,此为权利行使问题。"民法"第919条规定:"出典人将典物之所有权让与他人时,如典权人声明提出同一价额留买者,出典人非有正当理由,不得拒绝。""土地法"第104条第1项规定:"基地出卖时,承租人有依同样条件优先购买之权,房屋出卖时,基地所有权人有依同样条件优先购买之权。"同法第107条第1项规定:"出租人出卖或出典耕地时,承租人有依同样条件优先承买或承典之权。"均应作此解释。

---

① "最高法院"《判例要旨》,1969年版,上册,第471页。

② 参见郑玉波,前揭书,第10页以下;第2385号判例亦以此见解为其判决理由的基础。

（四）出租人通知义务与优先承受权的行使

"耕地三七五减租条例"第15条第1项后段规定，"出租人应将卖典条件通知承租人"，是为保障承租人利益而设，以便利优先承受权的行使；同段所称"承租人在15日内未以书面表示承受者，视为放弃"，是以拟制的立法方式解释当事人意思，期能尽早确定优先承受权是否行使，以维护交易上的安全与便捷。承租人优先承受权的性质系属形成权，于耕地出卖或出典时，即得行使，出租人是否通知，在所不问。所谓"必须出租人将卖典条件以书面通知承租人后，始得表示承受或放弃承受"，此项见解不但在"现行法"上欠缺依据，而且会造成损害承租人权益的情事，盖假若出租人已将耕地出卖或出典于第三人，而不为通知，则依此大法官会议的解释，承租人势必永远无法表示承受，以对抗出租人与第三人所订立的契约，此与"耕地三七五减租条例"第15条第3项规定，似未尽相符，对承租人的保护，显欠周到。

（五）事先抛弃之效力

耕地承租人于耕地租赁契约成立时，即取得优先承受权，而于耕地出卖或出典时即得行使，已如上述。因此真正的争点似在于承租人于耕地出卖或出典前预先抛弃优先承受权的效力问题①，而非在于此项权利何时发生。

权利是法律赋予个人享受特定利益的力量，原则上得为抛弃，但在例外情形，为保护权利者个人的利益或社会公益，法律设有权利（或能力）不得事先抛弃的规定，例如"民法"第16条规定"权利能力及行为能力不得抛弃"；第17条规定"自由不得抛弃"；第147条后段规定"不得预先抛弃时效之利益"，及第764条规定"物权，除法律另有规定外，因抛弃而消灭"。

权利原则上既然得予抛弃，而"耕地三七五减租条例"又无禁止事先抛弃的规定，因此"最高法院"认为，"优先承买权亦为权利之一种，原则上因抛弃而消灭"，实不能谓无相当理由。然而，某项特定权利得否抛弃，

---

① 关于解释法律应符合宪法的价值判断（Verfassungskonforme Auslegung des Gestzes），参见Larenz, Methodenlehre der Rechtswissenschaft, 2. Aufl. 1969, S. 319f.

除“法律”明定者外,法院尚应斟酌立法目的,依解释的方法,予以认定,但为新生私法自治原则,应力求慎重。“耕地三七五减租条例”规定承租人优先承受权,立法意旨既然本于扶植自耕农的基本政策,因此为保护承租人的权益,在解释上认为此项优先承受权不得事先抛弃,似较妥适。

三、结　　论

耕地承租人优先承受权是一项基于社会政策而产生的重要制度,“最高法院”认为得事先抛弃,固有疑义,而大法官会议认为此项权利于耕地出卖或出典时始行发生,且必须于出租人以书面通知承租人时,承租人始得表示承受或表示抛弃,虽出于保护承租人之目的,但法理上仍待斟酌,并有损害承租人之虞,用意虽佳,尚难赞同。依吾人所信,承租人的优先承受权于耕地租赁契约成立时,即行发生,只要有耕地出卖或出典情事,不待出租人通知,承租人即得表示承受或表示放弃。至于耕地出卖或出典前的预先抛弃,应解为无效,以贯彻扶植自耕农的政策,维护承租人之利益。

矿工工资优先受偿权

一、判　　决

1967年台上字第2043号判决。①

本件原判决将原第一审所为有利于上诉人之判决废弃，改判准被上诉人等对于振山实业股份有限公司所欠彼等工资新台币903 394.5元，就基隆地方法院1963年执勤字第792号执行案款内优以受偿，系被上诉人均系振山实业股份有限公司（以下简称振山公司）所属煤矿数年以上之继续性工人，而非包工及论件计资之工人，并已加入劳工保险为被保险人，及依“工厂法”规定每月分上下两期支付工资，则被上诉人与振山公司有雇佣关系存在，以及振山公司共欠被上诉人工资903 394.5元，业经被上诉人于上诉人基于抵押权声请拍卖该公司财产执行案内，请准参与分配在案之诸事实，非惟已据被上诉人提出振山公司工资未付清册，执行法院分配表等件为证，并有卷附“台湾劳工保险局”代电可稽，且为上诉人所不争执。查振山公司所属煤矿业已于1963年2月即停工歇业，被上诉人皆系公司煤矿之工人，依“矿场法”第15条“应尽先清偿所欠矿工工资”之规定，此项工资，不但优于普通债权而受偿，同时亦有优先担保物权之效力，庶足保护劳工贯彻社会立法精神，此观于公布尚未施行之“劳工契约法”第29条就此曾为具体保护之规定可以知之为其理由。按一般民事法规定之优先权，有物权优先权与债权优先权两种，前者如“民法”第865条所定者是，后者如“海商法”第24条，“矿场法”第15条及“奖励投资条例”第31条所定者是，债权优先权，虽亦如担保物权，目的在以债务

---

① 载《“司法院”公报》，第10卷第8期，第6页。

人之总财产或特定财产依法律之规定先于其他债权受偿,但两者之效力,则仍有差异,一般担保物权,因其具有对世效力,故原则上仍应以物权之效力为优,但法律另有规定者则不在此限,“矿场法”第 15 条或“奖励投资条例”第 31 条仅规定“应尽先清偿所欠矿工工资”或“优先受偿”而未如“海商法”第 24 条第 2 项明定其效力在抵押权之前,则其效力即应解为仍在担保物权之后,担保债务之成立,并不一定损害于劳工。反之,担保债务之成立,恒使濒于困境矿场之财产有所增加,因而有利于该矿场之劳工。若认工资优先于担保物权,谁复愿意扶持濒于困境之矿场,而提供资金?而操调节金融任务之银行因不能预知矿业者何时可能破产或歇业,势将不敢从事对于矿业者之贷放业务,于是矿业者将多因周转不灵而停闭,其影响之巨,可想而知,原判仅凭上揭理由,竟遽将第一审所为有利于上诉人之判决废弃改判,殊嫌速断,仍应认为有发回更审之原因。

二、评　　释

(一)“最高法院”两项见解

保护劳工系现代社会法治之基本任务。工资劳工之报酬,亦为劳工生活之所依赖,应予特别保护。为改良劳工及农民生活,增进其生产技能,应制定保护劳工及农民之法律,实施保护劳工及农民之政策。其他法律更设有详细规定:就工资本身言,有最低工资之制度(参阅“基本工资暂行办法”);就工资支付方式言,必须以当地十足之通用货币给付(“工厂法”第 21 条);就支付之时期言,必须定期,至少每月二次(“工厂法”第 21 条)。工厂亦不得预扣工资为违约金或赔偿之用(“工厂法”第 25 条)。又为保障劳工之生存权,“矿场法”第 15 条更规定:“矿业权者于歇业或破产时,应尽先清偿所欠矿工工资。”

“最高法院”在本件解释“矿场法”第 15 条规定时认为,矿工工资虽优先于一般债权,但其效力仍在抵押权等一般担保物权之后,所持理由计有两点:

(1) 矿工工资系属债权优先权,非为物权优先权,除法律如“海商法”第 24 条明定其效力在抵押权之前外,则其效力应解为仍在担保物权之后。

(2) 抵押权之效力若不能先于矿工工资,则银行势将不敢对矿业者贷款,矿业者将多因周转不灵而倒闭,对于矿工亦非有利。

判决及其理由,不符“矿场法”第 15 条之规范目的,违背保护劳工之基本社会政策,似有检讨余地。

(二) 矿工工资优先受偿权之性质

“最高法院”将优先权分为物权优先权与债权优先权,前者如抵押权,后者如“海商法”上之优先受偿权及“矿场法”上之优先受偿权,并认为“债权优先权虽亦如担保物权,目的在以债务人之总财产或特定财产,依法律之规定先于其他债权受偿,但两者之效力,则仍有差异。一般担保物权因其具有对世效力,故原则上仍应以物权之效力为优……”为期明了,特将上述见解,表示如后:

- 优先权
  - 物权优先权
  - 债权优先权
    - “海商法”第 24 条
    - “矿场法”第 15 条
    - (以上二者)类如担保物权,但不具对世效力——除法律另有规定外,其效力后于物权优先权

“最高法院”将“海商法”上及“矿场法”上之优先受偿权认为系属债权优先权,不具物权性,故其效力,除有特别规定外,当然在抵押权之后,似有疑义。优先受偿权与抵押权确有不同之处:① 就发生原因言,优先受偿权均属法定,故又称为法定优先受偿权,而抵押权则以意定为原则,法定为例外。② 就标的物言,民法上之抵押权系以特定之不动产为客体,而法定优先受偿权系存在于债务人特定财产或全部财产之上。但二者皆优先于一般债权受偿,故均具有对世效力,具有物权性[①],因此台湾学者多将优先受偿权与抵押权并列,认为系属担保物权之一种形态。[②]

---

① 参见金世鼎:前揭论文谓,“优先受偿权系由法律所定特种债权者,就债务人之全部或特定财产(动产或不动产)优先受偿之担保物权”,又谓“优先受偿权系法定之权利,具有担保物权之性质,为民法或特别法所创设之特种物权,其效力强大,得就债务人之全部财产或特定财产出售价金优先其他有担保之债权清偿”(第 168 页)。

② 桂裕:《海商法》,第 166 页:“优先权为特定船舶之价金、运费、从属权利或利益(即附属费)等项优先受偿之权利,海商法虽未明定其为物权,但性质上固属担保物权之一种也。”甘其绶:《海商法论》,第 87 页谓:“船舶优先权为海商法所创设之物权,为担保物权之一种。”关于海商法上优先权性质之各种不同学说,请参见黄文滨:《海商法优先权之研究》,载《法学丛刊》,第 72 期,第 19 页以下;陈计男:《论船舶优先权》,载《法学丛刊》,第 62 期,第 68 页以下。

法国、日本立法例更明白规定法定优先权为担保物权。[①] 由是可知,“最高法院”否认矿工工资优先权之物权性,并认为矿工工资受偿的效力当然在抵押权之后,此项理由似未充分。

抵押权与矿工工资优先权均同属担保物权,已如上述,在竞合之情形,其位序如何决定[②]甚有困难。“最高法院”以船舶优先权之效力先于船舶抵押权[③],法有明文,矿场以未设相同规定乃进而反面推论矿工工资优先权之效力当然在抵押权之后,此系纯从形式推论,缺乏积极说服力。解释适用“矿场法”第 15 条规定,必须探求立法意旨及斟酌社会政策而决定之,此亦为“最高法院”解释原“都市平均地权条例”第 32 条所采之态度。按依该条例规定,土地增值税由“执行法院于买受人所缴价款内,除法律另有规定,优先于一般债权代为扣缴”。土地增值税亦属法定优先权,依该条文义而论,是否优先于抵押权,似较“矿场法”第 15 条更有疑问,然“最高法院”参酌立法目的及社会政策,认为土地增值税之效力优先于抵押权[④],此应为解决抵押权与工资优先受偿权位序关系,所应采何之方法?

(三)法律之社会作用

“最高法院”为支持其论点,尚提出一项特别理由,认为若不承认抵押权之效力先于矿工工资受偿权,则银行势将不愿贷款与矿场,矿业者将陷于周转不灵而倒闭。“最高法院”除形式概念推论外,尚以法律之社会经济作用作为解释法律之标准,在方法论上确为一项重大进步,值得赞

---

① 参见《日本民法》第 303 条以下关于先取特权之规定,有关论著,请参见我妻荣:《担保物权法》,第 48 页以下;《法国民法》第 2095 条规定。法国法系之制度,请参见金世鼎:前揭论文。

② 关于优先受偿权之分类,请参见注 1 所揭著作及论文。关于优先受偿权之竞合位序一般问题及各立法例,请参见金世鼎:前揭论文,第 172 页。

③ 参见桂裕:前揭书,第 145 页(尤其是第 169 页)以下之论述。

④ 1970 年台上字第 1415 号判决,推理严密,立论深远,理由详尽,尤其能摆脱若干立法者之主观意思,而以法律本身客观规范意旨为解释目的,令人赞佩,堪为典范。关于本判决之背景及所牵涉之问题,请参见马元枢:《论土地增值税之扣缴问题》,载《法令月刊》第 20 卷第 10 期第 10 页;游开亨:《评土地增值税与抵押权之争》,载《法学丛刊》67 期第 1 页及其所引述之资料文献。

佩。[①] 但应注意者,此种解释方法,本身亦含有若干困难,所谓法律之社会作用,在从事法社会学之实际调查前,容易流为主观判断,欠缺实证基础。

银行是否会因矿工工资享有优先受偿权,致不愿对矿业者贷款,"最高法院"并未能提出确实论据。银行之放款最重视者,厥为借款者之资本、生产营运能力及信用,矿工工资优先受偿权之有无,应非决定性之因素。诚然,法定优先权不以登记为成立要件,欠缺公示性,不免有害抵押权。[②] 但银行凭其专业及信用调查可以预估该工资之数额,酌定放款数额,似无遭受损害之虞。依实施"都市平均地权条例"第 32 条新设规定,土地增值税应优先一切债权及抵押权扣缴,未闻银行曾以此为理由而拒绝土地抵押放款,盖土地增值税亦可预为计算。又如"海商法"虽明定法定优先受偿权之效力于抵押权,对于银行设定船舶抵押权,似亦不生影响。[③] 由是言之,所谓承认矿工工资优先性势将使矿业者倒闭,此项论点,在积极证明前,似尚不能采为否认矿工工资优先受偿之理由。

(四) 符合社会正义之法律解释

"矿场法"第 15 条所谓应尽先清偿工资,应该解释为优先于一切债权及抵押权。依本条规定矿工工资优先权仅限于矿场歇业或破产之场合,因为在此种情形,矿工有特为保护之必要,从而若工厂并未歇业或尚未破产,概无主张矿工工资优先之余地。由是可知,立法者对于矿工工资优先权设有严格之限制,对于抵押权人之利益并有适当权衡,"最高法院"似未注意此项隐藏在行使优先权要件之后的价值判断。

"矿场法"第 15 条规定矿工工资受偿,应优先于抵押权,纵有疑义,

---

① 此种解释称为法社会学之法律解释方法,请参见 Manfred Rebinder, Einfürung in die Rechtssoziologie, 1971; Larenz, Methodenlehre der Rechtswissenschaft, Z. Aufl. 1969, S. 66ff. , 434ff.

② 担保物权因欠缺公示性所引起之问题,在"民法"有法定抵押权(第 513 条),易启诈欺之门,引起困扰(关于法定抵押权与一般抵押权之位序问题,郑玉波:《民法债编各论》,1970 年,第 375 页,论述甚详)。法定优先权既不以登记或占有标的物为要件,欠缺公示性,其他债权人难免受其影响,法国法系采优先权制度之民法典,为补救此类缺陷,特规定一般优先受偿权之行使应就债务人之动产价金受偿(《法国民法》第 2104 条及第 2105 条)。《日本民法》第 335 条更规定动产不足清偿优先受偿权人之债权时,先就未曾供担保之不动产受偿。参见金世鼎,前揭论文第 175 页;我妻荣:《担保物权法》,第 62 页;至关于公示原则之问题,请再见史尚宽:《物权法论》,第 27 页;郑玉波:《民法物权》,第 2 页。

③ 据在银行界服务之朋友告知,各银行均有办理船舶抵押。

为保障矿工之生存权,亦应采肯定说,此为解释劳工法令的基本原则。工资为矿工出卖劳力之报酬,出卖血汗之对价,在未受清偿前,沉淀于矿场之资产部,但本属于矿工所有,不容任意剥夺,较诸土地增值税,尤为显然。工资具有绝对神圣性,必须特予保护,始足实现社会正义。①

(五)"立法政策"上之若干问题

最后尚有与此有关之三项立法政策问题,须略加说明。

(1) 具有优先性之工资债权应否设有一定期间之限制?

(2) 除工资外,津贴、退休金、损害赔偿是否亦应优先清偿?

(3) 矿工以外劳工之工资是否亦应享有优先受偿权?

已公布尚未施行之"劳动契约法"第 29 条规定:劳动报酬于雇方破产及其歇业前 1 年内已届给付期者,对于雇方财产有最先请求清偿之权。依本条规定,具有优先性之债权,有一个期间之限制②;所称报酬之范围似亦较工资为广泛;享有优先权之主体,且不限于矿工。另依《德国破产法》第 61 条规定,于雇主破产时,破产前 1 年到期之工资、红利、退休金及基于劳工关系而生之损害赔偿请求权,概优先于一切债权及抵押权等受偿③,其规定内容,与劳动契约法之内容,无重大差异。由是可知,依劳工法之发展趋势言,凡处于从属地位为他人服劳务者,就其工资及类似之债权,于雇主破产时,均应享有最优先之受偿权,但为调和当事人之利益,享有优先性之债权,在期间上则应予适当限制,此在制定保护工资之法规时,应予注意。

---

① 参见杨与龄:《矿工工资优先问题》,载《法令月刊》第 20 卷第 6 期第 5 页,亦同此见解。

② 杨与龄氏前揭论文,认为参见"劳动契约法"第 29 条规定及"海商法"规定,应解为于矿业权者破产及歇业前 1 年内已届给付期之工资,即所欠工资,其期间未满 1 年者,得优先抵押权而受清偿。杨氏基本上亦认为矿工工资应绝对优先,立论充分,甚可赞同,期间之限制,可使抵押权于放款前易为估计,确可促进资金之融通,立法政策或可考虑,但解释"现行法",是否径可采用,尚待斟酌。

③ 参见 Nikisch, Arbeitsrecht, Bd. Ⅰ, 1961, S. 445; Hueck/Nipperdey, Arbeitsrecht, 7. Aufl. 1963, S. 355f.

优先承买权之法律性质

一、判　　决

1971 年台上字第 2438 号判决。①

本件上诉人以两造因另案确认优先承买权事件，经成立和解，其内容为被告（被上诉人）承认原告（上诉人）对于苏澳镇中山路 100 号房屋产权二分之一之优先购买权存在，因有宜兰地方法院公证处以新台币 45000 元为价金之买卖契约在先，伊遂将同样价金于为被上诉人拒绝受领后，提存于法院提存所，然被上诉人迄不办理所有权移转登记等情，求为命被上诉人将系争房屋所有权移转登记与上诉人之判决。原审将第一审所为如上诉人声明之判决废弃，并驳回上诉人在第一审之诉，其所持理由，无非以两造和解时，被上诉人仅承认上诉人对系争房屋二分之一优先承买之权利，并未表明价格，两造间之买卖契约，尚难谓已成立，上诉人徒凭被上诉人承认有优先承买权一语，请求被上诉人办理所有权移转登记，殊有未合等词，为其理由。惟查优先承买权之主要内容，乃赋予先买权人以附有条件之形成权，因此先买权人附有条件之形成权之行使，使权利人与义务人之间，成立义务人与第三人所订立同样条件之买卖。本件被上诉人与第三人就系争房屋所有权如先有买卖契约之存在，而上诉人并以此项买卖为其主张先买权之条件时，则两造间因上诉人形成权之行使而成立之买卖，即不能谓无价金之约定，或以未另定价金，而认为两造间并未成立买卖关系。原审以两造未于和解当时表明买卖价金，认其买卖契约尚未成立，显属误会。上诉论旨，指摘原判决不当，求予废弃，非无理由。

---

① 载《“司法院”公报》第 14 卷第 7 期，第 9 页。

二、评　　释

（一）约定与法定优先承买权

优先承买权云者，谓特定人依约定或法律规定，于所有人（义务人）出卖动产或不动产时，有依同样条件优先购买之权利。台湾习惯法上虽有优先承买权之制度，但现行“民法”则未设规定，与《德国民法》则在债编设有“人之优先承买权”，而于物权编设有“物之优先承买权”之立法例[①]，殊有不同。依私法自治原则，当事人基于交易需要，亦得为优先承买权之约定，但此仅具债权上之效力，自不待言。

至法定优先承买权，在现行法上主要两种：① 依“土地法”第 104 条规定：“出租人出卖基地时，承租人有依同样条件购买之权，房屋出卖时，基地所有人有依同样条件承买之权利。前项优先权人于接到出卖通知后 10 日内不表示者，视为放弃。”又依第 107 条规定：“出租人出卖耕地时，承租人有依同样条件优先承买之权。第 104 条第 2 项之规定于前项承买准用之。”② “耕地三七五减租条例”第 15 条规定：“耕地出卖或出典时，承租人有优先承受之权。出租人应将卖典条件以书面通知承租人。承租人在 15 日内未以书面表示承受者，视为放弃。出租人如因无人承买或受典而再行贬价出卖或出典时，仍应照前项规定办理。出租人违反前二项规定而与第三人订立契约者，其契约不得对抗承租人。”法定优先承买权在于不使房屋所有权与基地所有权分属二人，或便利佃农成为自耕农，以促进“耕者有其田”之实现，具有特别立法目的，旨在贯彻土地政策。

优先承买权，在实务甚为重要，诉讼案件甚多，“最高法院”著有甚多判例，其中最基本的问题，系关于优先承买权法律性质，本文拟以此为讨论重点，并附带说明其他问题。

（二）法律性质

关于法定优先承买权之性质，“最高法院”1942 年上字第 672 号判例

① Larenz, Schuldrecht Ⅱ, 1965, S. 104; Baur, Sachenrecht, 1970, S. 176ff.; Westermann, Sachenrecht, 1966, S. 621f.

谓:"'土地法'第173条所定承租人之优先承买权即为承租人对于出租人之买卖契约订立请求权。出租人出卖耕地时承租人依同样条件声明承买者,出租人有承诺出卖之义务。若出租人于出卖耕地时未通知承租人径与他人订立买卖契约,将耕地所有权移转于他人,其承诺出卖之义务即不能履行,对于出租人只能依'民法'第227条第1项请求赔偿损害,不得对于承买耕地之他人主张优先承买该耕地。"1955年台抗字第76号判例亦谓:"'土地法'第104条后段所谓房屋优先承买权,系指买卖契约订立请求权而言。"

本案所涉及的,是约定之优先承买权,"最高法院"认为:"优先承买权之主要内容,乃赋予先买权人以附有条件之形成权,由先买权人附有条件之形成权之行使,使权利人与义务人间成立义务人与第三人所订立同样条件买卖。"

据上述可知,"最高法院"关于法定优先承买权及约定优先承买权之法律性质,与立法持不同见解,即以前者为买卖契约订立请求权,而以后者为附条件之形成权。于此,产生两项疑问:① 法定优先承买权与约定优先承买权之法律性质,应否相同? ② 若不宜区别,则究以何说为当?

法定优先承买权和约定优先承买权之成立方式虽有不同,但基本性质应无差异,故关于其法律性质,应为统一解释。依买卖契约订立请求权之理论,买卖契约之成立,尚须义务人之同意,论其实质,无异于要约,因此义务人得予拒绝,与一般买卖契约之成立,并无区别,不能合理说明优先承买权之本质。优先承买权,无论其为法定或约定,论其性质,系属形成权,即优先承买权人得依一方之意思,形成以义务人出卖与第三人同样条件为内容之契约,无须义务人(出卖人)之承诺。惟此项形成权附有停止条件,须俟义务人出卖标的物于第三人时,始得行使。[①]

"最高法院"1969年台上字第1920号判决曾谓:"优先承买权系承租人对于出租人得请求其为一定法律行为之权利,此项权利,乃于出租人将租赁物出卖时发生,承租人有此权利之结果,反面即形成出租人有应其请求之债务。"学者有据此项推论"最高法院"认为优先承买权为形成权之

---

① 此为德国学者之通说。史尚宽先生亦赞同形成权说:《土地法原论》,第218页;杨与龄:《耕地375减租条例实用》,第135页以下。

一种[①],不无误会,盖形成权(Gestaltungsrecht)此一概念在法律上有固定之意义,系指权利人得利用其法律上所赋予之权利,以单独行为使权利发生变动[②],与“最高法院”所指者,迥然有异。所谓:“承租人有优先承买权,即形成出租人有应其请求之债务。”此段判决理由,法理上有欠圆通,除“形成”一语未臻精确,易生误解外,“债务”一词亦属牵强,债务是与债权相对称之概念,盖订立契约请求权,论其本质,既非为债权,自不得谓出租人负有债务也。

(三)优先承买权之效力

约定优先承买权人,于义务人出卖标的物时,得即行使其权利,形成买卖契约,不待义务人(出卖人)之同意,原则上并以出卖人与第三人约定之同一条件为内容。所应注意者,是出卖人与第三人所订立买卖契约之效力,并不因优先承买权之行使而受影响。出卖人对于优先承买权人及第三人均负有移转标的物所有权之义务。出卖人欲对优先承买权人履行,并避免第三人主张损害赔偿时,必须与该第三人约定,仅在优先承买权不行使之场合,始负履行义务。反之,出卖人对第三人为履行时,违反其对优先承买人之义务,应负损害赔偿责任。约定优先承买权仅具债之效力,故原则上不得对第三人主张任何权利,但权利人为担保基于行使优先承买权所成立买卖契约上之请求权,得在土地登记册为预告登记,使出卖人所为妨害其利益之处分,对其不生效力。

至法定优先承买权之效力若何,依“最高法院”之见解,土地法上之优先承买权,仅具债权之效力,故耕地所有权已移转于他人者,不得对于承买耕地之他人,主张优先承买该地,仅能对于出租人,请求损害赔偿。有学者认为,法定优先权具有物权效力,盖以为法定先买权,无须为预告登记,权利本身已具有预告登记之效力。[③] 依笔者所见,仍以其见解为是,其理由有三:① “土地法”第104条及第107条,既未明定此项优先承买权具有物权性,似不得如此解释。② 优先承买权之物权性对第三人之影响甚巨,必须有公示之表征方法,依现行法规定,房屋及基地之租用,不

---

① 参见张龙文:《基地租赁若干问题》,载《法学丛刊》,第68期,第115页。

② 参见梅仲协:《民法要义》,第6页;洪逊欣:《民法总则》,第56页;史尚宽:《民法总论》,第20页。

③ 参见杨与龄,前揭书,第140页。

必登记,第三人无由知之,难免遭受不测之损害。③ 承租人为保护自己的权利,得为预告登记。

至“耕地三七五减租条例”上承租人之优先承买权,通说认为其有物权性质。依该条例第 15 条第 3 项规定,如违反前两项规定,而与第三人订立契约者,其契约不得对抗承租人。所谓“其契约”究指何而言,又所谓不得对抗承租人其意义若何,不无疑问。1958 年台上字第 151 号判例谓:“耕地出卖时,承租人有优先承买之权,出卖人应将买卖条件以书面通知承租人,如有违反是项规定而与第三人设立契约者,其契约不得对抗承租人,为‘耕地三七五减租条例’所规定。所谓不得对抗承租人者,即出租人(即出卖人)与承买人不得主张基于买卖而承租人之优先承买权为之消灭之意,故承租人如未接获出卖条件之书面通知,仍非不得请求确定其就耕地有优先承买权之存在。”出租人与第三人订立买卖契约,为承租人行使优先承买权之条件,故优先承买权不因该项买卖契约而消灭,实为当然之理,无待规定,“最高法院”引用“耕地三七五减租条例”第 15 条第 3 项加以说明,似无必要,而且未能清楚说明“不得对抗承租人”之意义。

1960 年台上字第 2358 号判例谓:“所谓不得以其契约对抗承租人,系指该项以买卖为原因而成立之移转物权行为,对于承租人不生效力。”又 1971 年台上字第 2340 号判决亦谓:“……其未通知者,该物权移转契约对于承租人即不生效力。”此项判决之见解,较为可采,从而优先承买权人得请求涂销登记,并要求出卖人履行移转标的物所有权之义务。

(四) 优先承买权之行使与义务人之赔偿责任

约定优先承买权如何行使,依当事人之约定,当事人未为约定时,依交易习惯及诚信原则,解释契约内容而定之。

在法定优先承买权,基地或耕地出租人负有通知义务。权利人于接到通知后 15 日内未以书面表示承买者,视为放弃。出租人出卖基地或耕地,未经通知,但承租人已知者,能否行使其权利,法无明文,为保护权利人之利益,应作肯定之解释。

在出租人将租赁不动产出卖予第三人,于办理所有权移转前,承租人得行使优先承买权,固无问题。若出租人已将不动产之所有权办理登记移转予第三人时,承租人之地位如何?对此应分别情形处理之。“耕地三七五减租条例”上耕地承租人之优先承买权,既具有物权性,故移转所有权之处分行为，不得对抗承租人，承租人仍得行使优先购买权，至于土地法上之优先承买权，1969年台上字第1902号判例谓："如出租人将租赁物出卖于第三人，致该债务归于履行不能者，应依'民法'第226条和第227条规定，对于承租人负损害赔偿责任。原来之请求权，即已于此时因履行不能，变为损害赔偿请求权。再出租人所为之买卖行为，于行为时，明知有损害于承租人之此项优先权，以受益人于受益时就知其情事者为限，承租人得声请法院撤销之，是承租人之撤销权，与损害赔偿请求权，系属两事，承租人不行使撤销权，或其撤销权经过1年除斥期间而消灭，亦不影响其损害赔偿请求权。"此项判决内容，有两点须加讨论。

(1) 应检讨的是承租人损害赔偿的依据。优先承买权系形成权，为单独行为，因权利行使，使买卖契约成立，论其性质，并非形成出租人有应承租人请求之"债务"，已见前述，故出租人出卖土地，未经通知承租人即移转土地所有权于买受人者，并非系出租人违反其应承租人请求订立契约之债务不履行，而是违反通知义务，侵害形成权，致其不能行使，故应负损害赔偿责任。

(2) 所谓优先承买权人得以出租人及第三人之买卖行为，于行为时，明知有损害于承租人优先承买权，而声请法院撤销之，"最高法院"此项见解，似有疑问，盖优先承买权之行使，系以出租人和第三人订有买卖契约为条件，故不能径认为此项买卖行为有害优先承买权，而为撤销，否则将自相矛盾。其得撤销者，系移转所有权之物权行为。至承租人能否行使撤销权，应视情形而定，不能一概而论，论者有谓："债权人撤销权之行使，系为全体债权人之利益，而非为特定债权人之利益发生效力。是故承租人之优先承买权虽被侵害，变为损害赔偿之债权，但出租人尚有赔偿该损害之资力时，应解为承租人不得行使撤销权。"[①]此项见解，可值参考。

(五) 强制拍卖与优先承买权

优先承买权之行使，系以义务人与第三人缔结买卖契约为条件。优先承买权于强制拍卖之情形，能否适用，不无疑问，"最高法院"采肯定说，1960年台抗字第83判例谓："强制执行法上之拍卖，应解释为买卖之一种，即拍定人为买受人而以拍卖机关代替债务人，立于出卖人之地位，

---

① 参见张龙文，前揭论文，第115页。

故出卖人于出卖时应践行之程序，例如依‘耕地三七五减租条例’第 15 条规定，应将买卖条件以书面通知优先承买权之承租人，使其表示意愿等，固无妨由拍卖机关为之践行，但此究非‘强制执行法’第 12 条所谓执行时应遵守之程序，纵令执行法院未经践行或践行不当，足以影响承租人之权益，该承租人亦只能诉请求救济，不能引用该条规定为声请或声明异议。”

在强制拍卖之情形，优先承买权若亦得行使，应买之人势必锐减，卖价难免偏低，一方面不利于债权人及拍卖物之所有人，他方面亦不免造成偏惠优先承买权人之结果。就法定优先承买权言，为贯彻土地政策，或有扩张其适用范围之必要，但在约定优先承买权，似应采限制解释。《德国民法》第 512 条规定：“出卖依强制执行之方法或由破产管理人所为者，不得行使先买权。”可供参考。

父母非为未成年子女利益处分其财产之效力

一、判　　决

1971 年台上字第 3043 号判决。[①]

本件上诉人主张:伊父谢万得非为伊等利益,擅将伊母郑断购赠伊等之特有财产,即坐落台南县仁德乡新田段第 290 号等八笔土地,为被上诉人提供担保设定抵押权,此项抵押权对于伊等既不应发生效力,但该八笔土地俱经被上诉人声请执行拍卖,而拍卖价金又均为被上诉人取去,于是诉求被上诉人为如数赔偿损害,并算付法定利息之判决。被上诉人则以:因上诉人之父谢万得经商需款,故假其亲友多人名义,向伊借用肥料,约定以稻谷清偿。启料谢万得到期不能履行,遂以上诉人名义之土地设定抵押权,但系争土地既系谢万得所购买,上诉人又非因赠与或继承而取得,即无"民法"第 1088 条第 2 项之适用,资为抗辩,原审斟酌全辩论意旨及调查证据之结果,以上诉人虽主张系争土地系伊母郑断出资所购赠,故属于伊等之特有财产,郑断系谢万得之妾,郑断所称系争土地之价金系伊由娘家带来一部分,伊贩卖花生及芝麻等赚得一部分。查郑断既为人妾,其娘家即难信其为富有,且渠非从事大宗买卖之人,何能盈余若许金钱?且据当时办理系争土地之代书郭金木到庭证称:系争土地有四笔,系伊经手所办,买主为谢万得,郑断没有来,定金系谢万得交给卖主的,嗣后抵押权设定契约书亦是证人写的,上诉人的母亲郑断及其祖母有写同意书,是

① 载《"司法院"公报》,第 14 卷第 8 期,第 7 页。

说未成年人需要学费,故以其地向农会抵押。而另一代书李清风亦到庭证明:谢万得以其子即上诉人名义购买土地,一部分系伊所办等语。从而上诉人所举各证人证明系郑断出资为上诉人购买土地,即非可采,且谢万得以其子女即上诉人之名义置产,应推定系提出财产为上诉人作长期经营,故在该价额限度以上诉人名义承担债务,提供担保,不能谓为无效。被上诉人声请拍卖抵押物,即无不合云云,为得心证之理由,遂将第一审所为命被上诉人赔偿损害之判决废弃。改判驳回上诉人在第一审之诉,于法洵无违背。上诉论旨,除就原审取舍证据认定事实之职权行使,任意指摘外,并以参与第一次更审判决之推事,参与第四次更审判决,系属违法相攻击,求予废弃判决,非有理由。

二、评　　释

(一)无效说:"最高法院"之基本见解

"民法"第1088条规定,子女之特有财产由父管理。父不能管理时,由母管理。父母对于子女之特有财产有使用收益之权,但非为子女之利益不得处分之。所谓特有财产,指未成年子女因继承、赠与其他无偿取得之财产(第1087条)。至父母是否为子女利益处分特有财产,当就具体事实,主观客观因素加以决定。若父母之处分非为女子利益,其效力若何,"最高法院"著有甚多判例,可谓是实务上重要之问题。

1964年2月25日民刑庭总会决议谓:"父母若非为子女之利益而以子女名义承担他人债务,及为他人提供担保,依照第1088条,限定继承之立法意旨暨公平诚实原则,除其子女于成年后自愿承认外,不能对子女生效。"1964年台上字第2611号判例则谓:"父母非为其子女之利益而处分子女特有财产者,其处分无效。"1964年台上字第1456号判例,亦采取同样见解。由是可知,父母非为子女利益而处分其特有财产,该处分行为无效,系"最高法院"之基本见解。①

父母非为其子女利益不得处分其特有财产,此项规定未直接关涉公益,应非属强制禁止规定,故违反之者,处分行为不宜谓为无效。台湾学

① 本文所引判决,参见"最高法院"《判例要旨》,1969年版,上册,第380页。

者主张无效说者,似无其人,依效力未定说或无权代理之理论。[①] 处分行为必俟未成年人成年后自为承认始生效力,法律关系久悬不决,不免有害交易安全,亦非妥适。多数学者认为,父母非为其子女利益处分其特有财产之行为,对第三人仍为有效,但父母应依委托之规定,对子女负损害赔偿责任。[②] 此项见解似较合乎当事人之利益状态及法律规定意旨,殊值赞同,盖此项规定系预防父母对于子女财产之运用,有滥用亲权之虞,较为警戒,原着重于父母处分行为是否利于未成年人。再者,第 1088 条所规定者,系父母与未成年子女之内部关系,第三人实无从查知。

（二）无效说之修正:父母处分其赠与未成年子女财产之效力

1. 1964 年 2 月 25 日民刑庭总会决议

在实务上,父母先以未成年子女名义置产,继而代为设定抵押权,提供担保债务,案例甚多。父母以未成年人名义置产,论其性质,当为赠与,故所置财产系属子女之特有财产,法定代理人就之所为之处分,依前述之基本见解,应属无效,但此非仅有违常理,而且易启诈欺之门,妨害交易安全。为此,1964 年 2 月 25 日民刑庭总会乃作成决议谓:"……子女之财产如系由父母以其子女之名义购置,则应推定系提出财产为子女作长期经营,故父母以子女名义置产后,复在该价额限度内,以子女名义承担债务,提供担保,不能概谓为无效。"前引 1971 年台上字 3043 号判决,亦持相同论点。此项见解旨在缓和无效说之弊端,用意虽佳,但在法律解释学方法论上,似有疑问。

(1)"最高法院"系借用"推定"之方式,避免采取无效说。按推定可分为事实上之推定及法律上之推定。所谓事实上之推定系指法院依已明了之事实,根据经验法则,依自由心证推定其他有争执之事实,当事人无须就该事实,直接举证而言。至所谓法律上推定,系指法律规定(A)之要件事实(甲)(即推定事实),有待证明时,通常就该事实易于证明之另个事实(乙)(即前提事实)获得证明时,另无相反之证明,则认为(甲)事实已获证明之事,为其他法律规定(B)(即推定规定)所规定者而言。[③] 判

① 参见史尚宽:《亲属法论》,第 607 页。

② 参见戴炎辉:《亲属法》,第 302 页;陈棋炎:《民法亲属》,第 272 页;李宜琛:《现行亲属法论》,第 142 页。

③ 参见骆永家:《民事举证责任论》,第 124 页以下,第 141 页以下。

决所称之推定,与事实上推定无关,甚为明显。至于法律上之推定,顾名思义,以有法律规定为前提,法院原则上不得擅自为之。再就判决内容观之,实借推定之名,另创法律规范,实难赞同。或有认为,“最高法院”所称之推定,实系“视人”,然视为亦属拟制,欠缺说服力。①

(2) 依“最高法院”之见解,父母以子女名义设定担保者,其法律效力将因特有财产来源不同,而生差异,即就一般特有财产设定抵押者,是否有效,以是否为未成年人利益为断;反之,特有财产为父母所赠与者,处分之效力以是否超过标的物价值为标准,至于是否有利于未成年人,可不必问。此种区别,违反事理,似不足采取。

此项解释,推究言之,具有政策上之考虑,即在避免未成年人之父母,先以其子女名义置产,然后设定抵押,担保父母或第三人之债务,再借言其处分非为其未成年人之利益,主张其为无效,要求涂销抵押权登记,致加损害于债权人。此项顾虑,确有所据,然为达保护债权人之目的,似不必采取此种迂回之途径,盖如前所述,父母非为其子女利益处分其财产者,非如“最高法院”所信,系当然无效。在解释上应认为,此项处分对第三人仍生效力,故父母以未成年子女名义置产,再设定抵押担保债务者,该抵押权之设定对债权人仍为有效。

2. 1964 年台上字第 1456 号判例

在 1971 年台上字第 3043 号判决,系父母直接以未成年人名义购置财产。但在实务上,常有父母向他人购买不动产,约定出卖人径行移转登记为未成年人之名义,其后父母再代为设定抵押,于获得利益后,复主张所设定抵押权,非为子女利益,应为无效。1964 年台上字第 1456 号判例谓:“按父母向他人购买不动产,而约定径行移转登记为其未成年人子女名义,不过为父母与该他人间,为未成年子女利益之契约(第 269 条第 1 项之契约),在父母与未成年子女之间,既无不动产之法律行为,自难谓该不动产系由父母之赠与,故父母事后就该不动产取得代价,复以未成年人名义,为第三人提供担保而设定抵押权,不得借口非为子女利益而处分应属无效,而诉请涂销抵押权登记。”

---

① 关于“视为”与“拟制”之理论,参见 Esser, Wert und Bedeutung der Rechtsfiktion, 2. Aufl. 1969; Fischer, Fiktionen und Bilder in der Rechtswissenschaft, AcP 117, 140f.; Larenz, Methodenlehre der Rechtswissenschaft, 2. Aufl. 1969, S. 199ff.

依之见解,父母依第三人利益契约为子女所购置之不动产,非为赠与,故未构成未成年人之特有财产,从而规避第1088条之适用,其保护债权人之目的,固属正确,但所采方法,似未尽妥适,在第三人利益契约,要约人(即父母)之所以使第三人(未成年人)取得利益者,必有其原因,就本案而论,应为赠与,从而未成年人所取得之不动产应构成其特有财产,实无疑问。"最高法院"认为,在父母与未成年子女之间,既无不动产之法律行为,自难谓不动产系由父母之赠与,此项见解根本否认第三人利益契约之对价关系,似不可采。父母处分未成年子女特有财产,非为未成年人之利益,对第三人仍属有效,前已述明,依此理论,债权人之利益可获保护,其之解释,固亦达同一目的,但法理略嫌牵强,似有斟酌余地。

(三)对普通财产(非特有财产)之处分

依"民法"第1088条第1项规定,父母对子女特有财产有管理及处分权。所谓特有财产依"民法"第1087条之规定,系指因继承、赠与或其他无偿取得之财产,至于特有财产之代位物亦应认为属于特有财产。除此之外,未成年人之其他财产,例如依营业、劳力所得者(第85条规定),皆属非特有财产。就因营业所得之非特有财产,关于其营业,未成年子女仍有处分权(第85条),但若非关于其营业,或其营业之允许已经父母撤销时,未成年人子女对其非特有财产即无处分权。

于此欲特别讨论的是,父母对其未成年子女之非特有财产有无管理权或处分权之问题。"最高法院"对此未曾直接表示意见,但其在上开1964年台上字第1456号判决曾认为,父母依第三人利益契约为子女购置不动产者非为赠与,故不能认为该标的物系特有财产,从而抵押权之设定,应为有效。据此而推论,"最高法院"似倾向于认为父母对未成年子女之非特有财产享有处分权,且不论其处分是否为未成年人之利益,皆为有效。

上述对判决之解释,若属无误,则该项见解,殊有疑问。特有财产者,无偿取得也,非特有财产者,多为营业劳动取得,本应特受保护也,然依"最高法院"见解,在前者非为子女利益之处分无效,在后者则为有效,法律价值判断,显失平衡,是否妥适,诚有疑问。

(四) 判例变更与“民法”之修正

据前所述,可知父母对未成年人之特有财产之处分,非为其利益者,“最高法院”先采无效说之基本见解,后来发现此项见解不足保护第三人,有害交易安全,特再加修正,或采推定之方式,或否认第三人利益契约之对价关系,认为其处分仍有效力,用意虽佳,但在法理上尚有待斟酌。依吾人之见解,无效说之基本见解自始既有未妥,无论如何辗转解释,均不能彻底解决问题,徒使法律适用趋于混乱而已。因此根本解决之道,应在于废除无效说之理论,对良好的判决固应择善固执,但若确信某项基本理论显有疑义,则应毅然放弃,重新建立新的理论基础,宁可暂时牺牲法律之安定性,而实践实质的妥当性。

关于未成年人财产之管理及处分,尚涉及非特有财产问题,“民法”对此未设规定,如何处理,不无疑问。现行“民法”将未成年人子女财产因其来源不同分为特有财产及非特有财产,在立法政策上是否妥适,实值研究。再应特别注意者,一方面认为父母非为子女利益处分其特有财产者,其处分无效,但在他方面却又认为:“父母为其未成年子女之法定代理人,有权代理其子女为法律许可之法律行为,保证行为法律并未禁止法定代理人为之,则法定代理人代未成年人子女为保证行为,自难依第 1088 条第 2 项但书之规定,认为无效(1964 年台上字第 2611 号)。”保证人系以全部财产代负履行他人债务,故保证行为不利未成年人之程度,远逾就其特有财产设定抵押,因此此项判例似乎过分拘泥概念形式推论,对利益衡量及未成年人之保护,似有忽略。

现行“民法”在解释适用上所以产生甚多疑义,主要是因为其规定过于简陋之故,如今“司法行政部”正从事民法修改研究工作,盼能对未成年人财产之管理、使用、收益、处分等问题,亦加注意,在立法上设妥善规定。为此,特提出两点意见,用供参考:① 未成年子女之财产,不宜分为特有财产及非特有财产,而区别父母对其管理及处分之权利;② 为保护未成年人利益及交易安全,父母处分未成年子女财产(尤其是不动产),或作成绝对不利未成年人之法律行为(例如保证),应事先得到亲属会议(或法院)之允许。